鮫島尚信在欧外交書簡録

鮫島文書研究会編

思文閣出版

鮫島尚信像(山本芳翠画／東京大学教養学部美術博物館蔵)

明治初年頃（石黒敬章氏蔵）

少弁務使時代（ベルリンにて）
（石黒敬章氏蔵）

弁理公使時代
（石黒敬章氏蔵）

駐仏特命全権公使時代
（鮫島武之氏蔵）

旧パリ日本公使館全景
（75 avenue Marceau）

旧パリ日本公使館入口

Diplomatic Guide の標題紙と目次（鹿児島純心女子大学蔵）

鮫島尚信の死亡記事
(*Le Monde illustré*, le 11 déc. 1880／国立国会図書館憲政資料室寄託鮫島尚信文書)

モンパルナス墓地における鮫島尚信の葬儀
(*Le Monde illustré*, le 18 déc. 1880／同上)

鮫島尚信の墓(モンパルナス墓地)

原本表紙（鹿児島純心女子大学蔵）

書簡〔3〕1870年11月24日付　澤外務卿よりビスマルク伯爵宛鮫島少弁務使信任状（写）

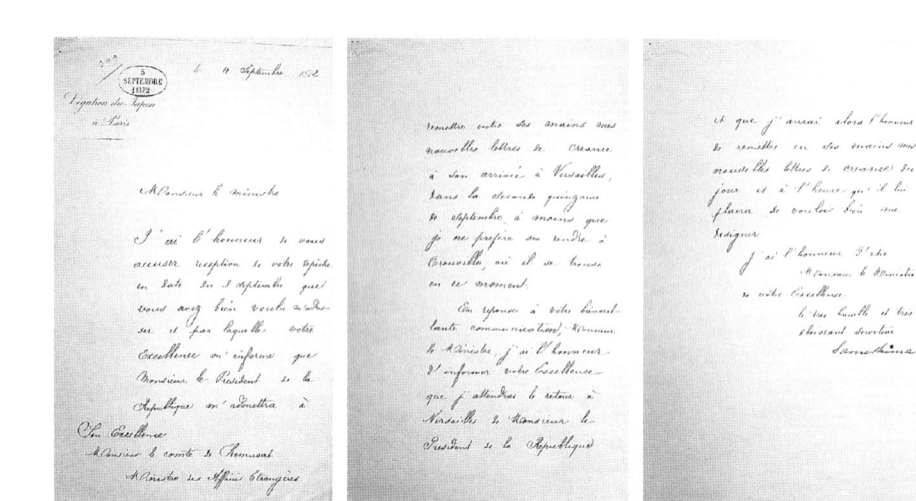

1872年9月4日付外相レミュザ伯爵宛鮫島尚信書簡の原本（フランス外務省外交文書館蔵）
Ministère des Affaires étrangères, le fonds du Protocole (série A, carton 39, dossier 1) des Archives diplomatiques.

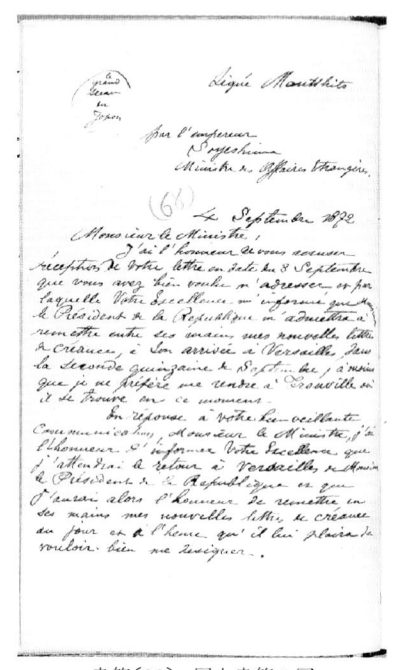

書簡〔86〕　同上書簡の写

鮫島尚信の特命全権公使信任状原本の控（フランス外務省外交文書館蔵）

同上信任状の仏訳（フランス外務省外交文書館蔵）
Ministère des Affaires étrangères, le fonds du Protocole (série A, carton 39, dossier 2) des Archives diplomatiques.

書簡〔232〕 同上仏訳の写（1874年5月25日付翻訳）

書簡〔160〕　1873年3月6日付　ボアソナード宛鮫島尚信書簡（写）

書簡〔343〕　1875年10月4日付
ドゥカーズ外相宛中野健明書簡（写）
（下から9行目に西園寺の名が見える）

書簡〔346〕　1875年10月18日付
ドゥカーズ外相宛中野健明書簡（写）
（磯部四郎ら7人の司法省留学生の名が記されている）

序

　日本における外交官の歴史を知る者は意外に少ないのではあるまいか。近代的な外交制度がまだ確立していなかった維新直後の日本において、外交官なるものを派遣すること自体、至難の業であったに違いない。そもそも外交という言葉そのものが定着しておらず、それはしばしば「外国交際」と呼ばれていた。「外国交際」を担当する人間を、「弁務使」あるいは「公使」と称することはあっても、外交官とはいわなかった。公文書には、単に「ジプロマチクエゼント」と記されるのみであった。
　その「ジプロマチクエゼント」第一号が鮫島尚信である。明治初期に、鮫島が初代駐仏公使としてヨーロッパで活躍したことは、おおむね日本外交史上でも知られているが、現地における活動の実態は、鮫島が三十代半ばで早世したこともあって、これまで見えてこなかった。1994年の春、パリで発見された在仏日本公使館のCorrespondance envoyée depuis 1871 jusqu'à [　]（1871以降の発信記録）は、そうした不鮮明な領域を大きく浮び上がらせた。記録された書簡は、英・仏両文合わせて442通にのぼる。いずれも鮫島が弁務使および公使としてフランスに在勤中の1871年から77年にかけて、英・独・仏その他のヨーロッパ各国の外相をはじめとする政府要人や学界、産業界の人々に宛てて出された公信であった。
　公務の控えのための筆写本とはいえ、われわれにとって、それは衝撃的な史料であった。早速、犬塚孝明の発案で、学際的な「鮫島文書研究会」を組織し、その解読と分析にとりかかった。日本人にとってヨーロッパの外交慣行がいかに馴染みにくいものであったかを、鮫島が訂正推敲を重ねたはずの多くの書簡群が物語っていた。明治初年における対ヨーロッパ外交実務の形成過程と、そこでの日本の外交官をとりまく実情、そして近代日本外交史上

における初期在外公館の位置と役割を知りえたことが、この研究の第一の成果であった。

　第二に、近代日本の骨格となった法律・軍事・教育・産業・郵便など西洋近代諸制度導入の窓口としての在外公館の重要性が明らかになったことにより、従来の岩倉使節団中心の制度移入論とは異なった視点からの制度史研究が可能となった。また、新生日本の厳しい外交実務の中で、現地での日本文化紹介のための努力もはらわれていたことも判明した。

　なお、各書簡に含まれる内容は、現代の学問諸分野に広範にまたがるものが少なくない。翻訳については、思わぬ誤解や不適切な用語がまぎれ込んでいるのではないかと危惧している。読者の御批判、御示教を仰ぎたい。

目　次

序

凡　例

書誌事項……………………………………松田　清………xxi

第 I 部

原文篇……………………………………………………… 1

第 II 部

翻訳篇……………………………………………………241

　注　釈………………………………………犬塚孝明………470

　索　引(人名・事項)…………………松田　清・横山俊夫………528

第 III 部

解説篇……………………………………………………549

　黎明期日本外交と鮫島尚信……………………犬塚孝明………551

　フレデリック・マーシャルと鮫島尚信………………横山俊夫………589

あとがき

書 簡 一 覧

(原文篇・翻訳篇)

〔1〕グランヴィル伯爵閣下　1871年2月6日 ……………………………………3・243
〔2〕ビスマルク公閣下　1871年4月4日 ……………………………………………4・244
〔3〕フォン・ビスマルク伯爵閣下　1870年11月24日 ……………………………5・244
〔4〕ジュール・ファーヴル閣下　1871年7月3日 …………………………………6・245
〔5〕フランス国外務大臣閣下　明治3年閏10月2日 ………………………………7・246
〔6〕モンブラン伯爵　明治3年閏10月2日 …………………………………………7・246
〔7〕フレデリック・マーシャル殿　1871年7月19日 ……………………………8・247
〔8〕シャルル・ド・レミュザ閣下 ……………………………………………………9・247
〔9〕ビスマルク公　1972年1月6日 ………………………………………………10・248
〔10〕ティエール弁護士　1872年1月6日 …………………………………………10・248
〔11〕エストリーヌ商会　1月6日 …………………………………………………10・249
〔12〕フォン・ブラント　1872年1月8日 …………………………………………11・249
〔13〕P・テュイヤール殿　1872年1月9日 ………………………………………11・250
〔14〕T・N・ヘンリー氏　1872年1月9日 ………………………………………12・250
〔15〕〔大臣殿宛〕　1871年11月27日 ……………………………………………12・250
〔16〕ドンドルフ氏　1871年12月26日 ……………………………………………13・251
〔17〕C・スチュアート殿〔オリエンタル銀行頭取〕　1871年12月26日 ……13・251
〔18〕将軍殿〔シセー〕 ………………………………………………………………13・252
〔19〕将軍殿　1871年12月21日 ……………………………………………………14・252
〔20〕外務大臣閣下 ……………………………………………………………………14・253
〔21〕局長殿　1871年10月 …………………………………………………………15・254
〔22〕ジュール・ド・レセップス男爵殿　1872年7月19日 ……………………16・254
〔23〕ブロック　1872年9月22日 …………………………………………………17・255
〔24〕シュネ大佐　1872年1月9日 …………………………………………………18・256
〔25〕ドンドルフ　1872年1月10日 …………………………………………………18・256
〔26〕アーニム伯爵　1872年1月12日 ………………………………………………18・256
〔27〕ブリュネ大佐　1872年1月12日 ………………………………………………19・257
〔28〕ランソン将軍　1872年1月15日 ………………………………………………19・257
〔29〕J・J・ダニエル師　1872年1月15日 ………………………………………20・258

〔30〕フォン・シーボルト男爵　1872年1月16日‥‥‥‥‥‥‥‥20・258
〔31〕ゴビン・デル・ベットマン　1872年2月5日‥‥‥‥‥‥‥21・259
〔32〕陸軍大臣　1872年2月5日‥‥‥‥‥‥‥‥‥‥‥‥‥‥‥21・259
〔33〕シーボルト　1872年2月6日‥‥‥‥‥‥‥‥‥‥‥‥‥‥22・260
〔34〕C・スチュアート　1872年2月7日‥‥‥‥‥‥‥‥‥‥‥22・260
〔35〕フルスト・ファン・クーレン氏　1872年2月8日‥‥‥‥23・261
〔36〕ランソン将軍　1872年2月12日‥‥‥‥‥‥‥‥‥‥‥‥23・261
〔37〕マルクリー中佐　1872年2月20日‥‥‥‥‥‥‥‥‥‥‥23・262
〔38〕外務大臣　1872年2月28日‥‥‥‥‥‥‥‥‥‥‥‥‥‥24・262
〔39〕同　2月28日‥‥‥‥‥‥‥‥‥‥‥‥‥‥‥‥‥‥‥‥24・262
〔40〕チャールズ・スチュアート殿　1872年3月6日‥‥‥‥‥25・263
〔41〕チャールズ・スチュアート殿　1872年3月6日‥‥‥‥‥25・263
〔42〕モンブラン伯爵　1872年3月9日‥‥‥‥‥‥‥‥‥‥‥26・264
〔43〕イタリア公使　1872年3月18日‥‥‥‥‥‥‥‥‥‥‥‥26・264
〔44〕ランソン将軍　1872年3月18日‥‥‥‥‥‥‥‥‥‥‥‥26・265
〔45〕ランソン将軍　1872年3月18日‥‥‥‥‥‥‥‥‥‥‥‥27・265
〔46〕サン・シャマ火薬製造所所長　1872年3月21日‥‥‥‥28・266
〔47〕モンブラン伯爵　1872年3月23日‥‥‥‥‥‥‥‥‥‥‥28・266
〔48〕チャールズ・スチュアート殿　1872年4月6日‥‥‥‥‥29・267
〔49〕外務大臣　1872年5月6日‥‥‥‥‥‥‥‥‥‥‥‥‥‥30・268
〔50〕フォン・シーボルト男爵　1872年5月16日‥‥‥‥‥‥‥30・268
〔51〕陸軍大臣　1872年5月30日‥‥‥‥‥‥‥‥‥‥‥‥‥‥31・269
〔52〕世界同盟会長　1872年5月31日‥‥‥‥‥‥‥‥‥‥‥‥31・269
〔53〕ラ・フランス紙編集長　1872年6月1日‥‥‥‥‥‥‥‥32・270
〔54〕C・スチュアート殿　1872年6月4日‥‥‥‥‥‥‥‥‥33・271
〔55〕フルーリ・エラール氏　1872年6月6日‥‥‥‥‥‥‥‥33・271
〔56〕アメリカン・ジョイント・ナショナル・エイジェンシー　1872年6月7日‥‥‥34・272
〔57〕フォン・ボルスブルック伯爵閣下　1872年6月11日‥‥‥‥‥‥35・272
〔58〕リヴィエール・デュドネ鑑定人事務所　1872年6月13日‥‥‥‥35・273
〔59〕ジョン・ペサリック殿　1872年6月14日‥‥‥‥‥‥‥‥36・273
〔60〕アメリカン・ジョイント・エイジェンシー　1872年6月14日‥‥‥‥36・274
〔61〕文部大臣　1872年6月19日‥‥‥‥‥‥‥‥‥‥‥‥‥‥37・275
〔62〕日仏協会会長　1872年6月20日‥‥‥‥‥‥‥‥‥‥‥‥38・275
〔63〕外務大臣　1872年6月26日‥‥‥‥‥‥‥‥‥‥‥‥‥‥38・276

〔64〕デュ・ブスケ　1872年6月26日 …………………………………… 39・276
〔65〕外務大臣　1872年7月4日 …………………………………………… 39・277
〔66〕フォン・ポルスブルック伯爵閣下　1872年7月18日 ………… 41・278
〔67〕ジョン・ペサリック　1872年7月20日 ……………………………… 41・278
〔68〕ジョン・ペサリック　1872年7月23日 ……………………………… 42・279
〔69〕バス勲爵士ハリー・パークス卿　1872年7月23日 …………… 43・280
〔70〕キャンベル・ダグラス殿　1872年7月23日 ……………………… 43・280
〔71〕A・J・クローゼン氏　1872年7月25日 …………………………… 44・281
〔72〕レミュザ伯爵　1872年7月25日 …………………………………… 44・281
〔73〕ジョン・ペサリック　1872年7月28日 ……………………………… 45・281
〔74〕C・スチュアート　1872年7月28日 ………………………………… 45・282
〔75〕オイレンブルク伯爵　1872年7月30日 …………………………… 46・283
〔76〕A・J・クローゼン　1872年8月9日 ………………………………… 46・283
〔77〕チーズマン氏　1872年8月9日 ……………………………………… 47・284
〔78〕ジョイント・ナショナル・エイジェンシー　1872年8月11日 …… 47・284
〔79〕海軍大臣〔ポテュオー少将〕　1872年8月11日 ………………… 48・285
〔80〕C・P・シェファー　1872年8月15日 ………………………………… 48・285
〔81〕ビスマルク公　1872年8月20日 …………………………………… 49・286
〔82〕外務大臣　1872年8月27日 ………………………………………… 49・286
〔83〕ウトレー殿　1872年8月27日 ………………………………………… 50・287
〔84〕フォン・シーボルト男爵　1872年8月28日 ……………………… 50・287
〔85〕鮫島尚信の信任状の翻訳 ………………………………………… 51・288
〔86〕〔大臣宛〕　1872年9月4日 …………………………………………… 52・288
〔87〕〔大臣宛〕　1872年9月5日 …………………………………………… 52・289
〔88〕クルジエ伯爵　1872年9月28日 …………………………………… 53・289
〔89〕〔大臣宛〕　1872年9月21日 ………………………………………… 53・290
〔90〕〔大臣宛〕　1872年9月21日 ………………………………………… 54・290
〔91〕外務大臣　1872年10月3日 ………………………………………… 54・290
〔92〕海軍大臣　1872年10月5日 ………………………………………… 54・291
〔93〕C・A・マックヴィーン　1872年10月8日 …………………………… 55・291
〔94〕外務大臣　1872年10月26日 ……………………………………… 56・292
〔95〕ボードイン博士殿　1872年10月31日 …………………………… 56・293
〔96〕ベルギー国およびオランダ国外務大臣　1872年11月4日 … 57・293
〔97〕ジョン・ペサリック　1872年11月4日 ……………………………… 58・294

| 〔98〕ルーヴル美術館館長殿　1872年11月4日……………58・295
| 〔99〕タバコ製造所所長殿　1872年11月4日……………59・295
| 〔100〕〔大臣宛〕　1872年11月……………59・295
| 〔101〕ジョン・ペサリック　1872年11月13日……………60・296
| 〔102〕ヘンリー・シャーバン　1872年11月15日……………60・297
| 〔103〕〔大臣宛〕　1872年11月19日……………61・297
| 〔104〕ドンホフ伯爵　1872年11月29日……………61・298
| 〔105〕オド・ラッセル卿　1872年9月30日……………62・298
| 〔106〕グトー・ビロン子爵閣下　1872年11月30日……………62・298
| 〔107〕〔編集長宛〕　1872年12月6日……………62・299
| 〔108〕オリエンタル銀行頭取宛　1872年12月15日……………63・299
| 〔109〕文部大臣　1872年12月15日……………63・300
| 〔110〕トムソン・ベナー社　1872年12月15日……………64・300
| 〔111〕〔大臣宛〕　1872年12月14日……………64・300
| 〔112〕〔局長宛〕　1872年12月5日……………64・301
| 〔113〕エメ・アンベール氏　1872年12月15日……………65・301
| 〔114〕フィレ・オーヴァベック氏　1872年12月15日……………65・302
| 〔115〕オリエンタル銀行頭取宛　1872年12月19日……………66・302
| 〔116〕ジョン・ペサリック　1872年12月22日……………66・303
| 〔117〕ド・バラン閣下　1873年1月3日……………67・303
| 〔118〕シャーバン宛　1872年12月26日……………67・304
| 〔119〕オリエンタル銀行頭取宛　1872年12月28日……………68・304
| 〔120〕ジョン・ペサリック殿　1872年12月31日……………68・305
| 〔121〕レミュザ伯爵閣下　1873年1月3日……………69・305
| 〔122〕ド・ズイレン・ド・ネイフェルト男爵閣下　1873年1月9日……………69・306
| 〔123〕＊1873年1月10日……………70・306
| 〔124〕マレイ・アンド・ハッチンズ事務所　1873年1月12日……………70・307
| 〔125〕ドンドルフ宛　1872年12月13日……………71・307
| 〔126〕O.B.〔オリエンタル銀行〕頭取宛　1873年1月13日……………71・308
| 〔127〕シャーバン殿　1873年1月13日……………72・308
| 〔128〕外務大臣閣下　1873年1月24日……………73・309
| 〔129〕外務大臣　1873年1月23日……………74・310
| 〔130〕警視総監〔ルノー〕　1873年1月25日……………74・311
| 〔131〕パリ駐在ベルギー公使　1873年1月27日……………75・311

〔132〕パリ駐在オランダ公使　1873年1月27日 ……………………75・312
〔133〕モンブラン伯爵　1873年1月28日 …………………………76・312
〔134〕ジュール・ド・レセップス男爵　1873年1月28日 ……………76・312
〔135〕大臣殿　1873年1月29日 ……………………………………77・313
〔136〕マレイ・アンド・ハッチンズ事務所　1873年1月29日 ………77・314
〔137〕オリエンタル銀行頭取　1873年1月29日 …………………78・314
〔138〕局長殿　1873年1月30日 ……………………………………79・315
〔139〕1873年1月30日 ………………………………………………79・315
〔140〕外務大臣　1873年2月4日 …………………………………79・315
〔141〕パリ駐在トルコ大使　〔2月4日カ〕 …………………………80・316
〔142〕マレイ・アンド・ハッチンズ事務所　1873年2月3日 ………81・317
〔143〕1873年2月9日 ………………………………………………81・317
〔144〕総監殿　1873年2月13日 ……………………………………81・317
〔145〕局長殿　1873年2月13日 ……………………………………82・318
〔146〕税関所長殿　1873年2月14日 ………………………………82・318
〔147〕レセップス男爵　1873年2月14日 …………………………83・319
〔148〕モラール殿　1873年2月14日 ………………………………83・319
〔149〕〔駐仏〕オランダ公使　1873年2月15日 ……………………84・320
〔150〕モンブラン伯爵　1873年2月21日 …………………………84・320
〔151〕外務大臣　1873年2月20日 …………………………………86・321
〔152〕ガブリエル・ルビエ殿　1873年2月21日 …………………86・322
〔153〕ファン・デル・フーフェン殿　1873年2月21日 ……………86・322
〔154〕大臣殿　1873年2月20日 ……………………………………87・323
〔155〕1873年3月3日 ………………………………………………88・324
〔156〕〔駐仏〕ベルギー公使　1873年3月4日 ……………………88・324
〔157〕ドイツ国外務大臣殿　1873年3月4日 ……………………89・325
〔158〕リヨン商工会議所会頭　1873年3月5日 …………………89・325
〔159〕大臣殿　1873年3月5日 ……………………………………89・325
〔160〕ボアソナード殿　1873年3月6日 ……………………………90・326
〔161〕ド・レミュザ殿　1873年3月14日 ……………………………90・326
〔162〕ド・レミュザ殿　1873年4月23日 ……………………………91・327
〔163〕〔パリ〕割引銀行社長　1873年4月25日 ……………………91・327
〔164〕外務大臣殿　1873年4月25日 ………………………………91・327
〔165〕ジュール・ド・レセップス　1873年4月3日 …………………92・328

〔166〕外務大臣　1873年5月1日……………………………92・328
〔167〕陸軍大臣　1873年5月2日……………………………93・329
〔168〕〔駐仏〕ベルギー公使　1873年5月6日………………93・329
〔169〕外務大臣　1873年5月6日……………………………94・330
〔170〕陸軍大臣　1873年5月20日…………………………94・330
〔171〕ド・ビュック・クレマン殿　1873年5月22日………95・330
〔172〕ジョン・ペサリック　1873年5月26日………………95・331
〔173〕ド・ブローイ公爵　1873年5月27日…………………96・332
〔174〕ジュバン　1873年6月2日……………………………96・332
〔175〕マレイ・アンド・ハッチンズ事務所　1873年6月7日…96・332
〔176〕公爵殿　1873年6月12日……………………………97・333
〔177〕ペルシャ国シャルジェ・ダフェール　1873年7月7日…97・333
〔178〕アルクール伯爵殿　1873年7月8日…………………98・334
〔179〕ジョン・ペサリック　1873年7月8日………………98・334
〔180〕ジャック・ヴァルセール　1873年7月11日…………99・335
〔181〕モラール殿　1873年7月25日………………………99・335
〔182〕オリエンタル銀行頭取　1873年7月26日……………99・335
〔183〕外務大臣　1873年8月1日……………………………100・336
〔184〕〔駐仏〕スペイン公使　1873年7月14日……………101・337
〔185〕ジョン・ペサリック　1873年8月20日………………101・337
〔186〕外務大臣　1873年8月21日…………………………102・338
〔187〕〔大臣宛〕1873年9月2日……………………………102・339
〔188〕〔大臣宛〕1873年9月7日……………………………103・339
〔189〕〔大臣宛〕1873年9月18日……………………………103・339
〔190〕〔大臣宛〕………………………………………………104・340
〔191〕〔大臣宛〕1873年9月20日……………………………105・341
〔192〕〔局長宛〕………………………………………………105・341
〔193〕H・シャーバン　1873年10月25日……………………105・341
〔194〕スタンフォード氏　1873年10月25日…………………106・342
〔195〕〔駐仏〕トルコ大使　1873年10月26日………………106・342
〔196〕ド・ブローイ公爵　1873年11月20日…………………106・343
〔197〕〔大臣宛〕1873年11月28日……………………………107・343
〔198〕ドゥカーズ　1873年11月29日………………………107・343
〔199〕ヴィルモザン・アンドリュー会社　1873年11月29日…108・344

〔200〕外務大臣　1873年12月11日 ………………………………… 108・344
〔201〕フォン・キルヒ博士　1873年12月13日 ………………… 108・345
〔202〕フォン・ビュロー男爵　1873年12月16日 ……………… 109・345
〔203〕公爵殿　1873年12月22日 ………………………………… 109・346
〔204〕ソワン・ダルガンビ　1873年12月23日 ………………… 110・346
〔205〕アルクール伯爵　1873年12月26日 ……………………… 110・347
〔206〕外務大臣　1873年12月27日 ……………………………… 111・347
〔207〕日仏協会会長　1873年12月30日 ………………………… 112・348
〔208〕外務大臣　1873年12月31日 ……………………………… 112・348
〔209〕外務大臣　1874年1月6日 ………………………………… 113・349
〔210〕外務大臣　1874年1月12日 ………………………………… 113・349
〔211〕外務大臣　1874年1月31日 ………………………………… 114・350
〔212〕1874年2月7日 ……………………………………………… 115・351
〔213〕メサジュリー郵船会社部長　1874年2月19日 …………… 115・351
〔214〕ジーバー　1874年2月20日 ………………………………… 116・352
〔215〕ヘンリー・シャーバン　1874年2月24日 ………………… 116・352
〔216〕ヘンリー・シャーバン　1874年2月26日 ………………… 117・353
〔217〕ヘンリー・シャーバン　1874年3月5日 ………………… 117・353
〔218〕メサジュリー社部長殿　1874年3月5日 ………………… 117・353
〔219〕急行貨物課課長殿　1874年3月5日 ……………………… 118・354
〔220〕ソシエテ・ジェネラル銀行理事　1874年3月7日 ……… 119・355
〔221〕P・ギル商会殿　1874年3月7日 ………………………… 120・356
〔222〕P・ギル商会殿　1874年3月12日 ………………………… 121・356
〔223〕外務大臣　1874年3月16日 ………………………………… 121・357
〔224〕共和国検事代理殿　1874年3月31日 ……………………… 122・358
〔225〕〔ヘンリー・シャーバン〕　1874年3月31日 ……………… 123・358
〔226〕外務大臣　1874年5月4日 ………………………………… 123・359
〔227〕外務大臣　1874年5月4日 ………………………………… 124・359
〔228〕外務大臣　1874年5月4日 ………………………………… 124・360
〔229〕外務大臣　1874年5月11日 ………………………………… 125・360
〔230〕フォン・ビュロー閣下　1874年5月21日 ………………… 125・361
〔231〕ドゥカーズ公爵　1874年5月22日 ………………………… 126・361
〔232〕外務大臣　1874年5月23日 ………………………………… 126・361
〔233〕外務大臣　1874年5月23日 ………………………………… 128・363

[234] 1874年5月31日 …………………………………………… 128・363
[235] 外務大臣　1874年6月1日 ………………………………… 128・363
[236] モルトケ伯爵　1874年6月3日 …………………………… 129・364
[237] 外務大臣　1874年6月3日 ………………………………… 129・364
[238] デュマ殿　1874年6月6日 ………………………………… 130・365
[239] バルム殿　1874年6月8日 ………………………………… 131・366
[240] ビュロー男爵殿 ……………………………………………… 131・366
[241] ビュフェ殿 …………………………………………………… 132・367
[242] オリエンタル銀行頭取　1874年6月20日 ………………… 133・367
[243] アルクール伯爵　6月26日 ………………………………… 133・368
[244] ビスマルク公殿下　1874年7月20日 …………………… 133・368
[245] モルトケ伯爵　7月26日 …………………………………… 134・369
[246] オリエンタル銀行頭取　7月21日 ………………………… 135・369
[247] フルーリ・エラール　1874年8月4日 …………………… 135・370
[248] デュポン殿　1874年8月4日 ……………………………… 136・370
[249] ドゥカーズ公爵殿　1874年8月9日 ……………………… 137・371
[250] フルーリ・エラール殿　1874年8月9日 ………………… 137・372
[251] デュポン殿　1874年8月9日 ……………………………… 138・372
[252] ル・ゴーン殿　1874年8月10日 ………………………… 138・373
[253] S・C・ド・アバン男爵殿　1874年8月12日 …………… 139・373
[254] ドゥカーズ公爵　1874年8月13日 ……………………… 139・374
[255] フルーリ・エラール　1874年8月13日 ………………… 140・374
[256] オリエンタル銀行頭取　1874年8月24日 ……………… 140・375
[257] オリエンタル銀行頭取　1874年8月26日 ……………… 140・375
[258] ブロック殿　〔1874年〕9月1日 ………………………… 141・375
[259] オリエンタル銀行頭取　1874年9月3日 ………………… 141・376
[260] モルトケ伯爵殿　1874年9月3日 ………………………… 142・377
[261] ド・ラ・ロンシエール・ラ・ヌリ海軍中将　1874年9月9日 …… 142・377
[262] ド・ビュロー殿　1874年9月14日 ……………………… 143・377
[263] ド・ラ・ヴェガ・ド・アルメジオ・エ・ド・モス侯爵　1874年9月16日 … 144・378
[264] 本間　1874年9月20日 …………………………………… 144・379
[265] ドゥカーズ公爵　1874年9月24日 ……………………… 146・380
[266] 〔公爵宛〕　〔18〕74年9月28日 ………………………… 147・381
[267] 本間　〔1874年〕9月27日 ……………………………… 147・382

〔268〕〔公爵宛〕〔18〕74年9月29日 ················· 148・382
〔269〕〔公爵宛〕〔18〕74年10月8日 ················· 148・383
〔270〕メサジュリー郵船会社部長 〔18〕74年10月13日 ······ 149・383
〔271〕〔公爵宛〕 1874年10月20日 ··················· 150・384
〔272〕オリエンタル銀行頭取 1874年10月28日 ··········· 151・385
〔273〕ドンドルフ 1874年10月31日 ··················· 151・386
〔274〕ド・ビュロー殿 〔18〕74年11月6日 ············· 152・386
〔275〕ド・ビュロー殿 〔18〕74年11月6日 ············· 152・387
〔276〕メサジュリー郵船会社部長 〔18〕74年11月6日 ····· 153・387
〔277〕陸軍火工学校校長 〔18〕74年11月6日 ············ 154・388
〔278〕ホルツェンドルフ教授 1874年11月19日 ·········· 154・389
〔279〕メルシエ少佐殿 1874年11月12日 ··············· 155・389
〔280〕アドルフ・ストローヴ殿 〔18〕74年11月12日 ····· 156・390
〔281〕〔公爵宛〕 1874年11月12日 ··················· 156・390
〔282〕オリエンタル銀行頭取 1874年11月17日 ·········· 156・391
〔283〕トレラ博士 1874年11月19日 ··················· 157・391
〔284〕オリエンタル銀行頭取 〔18〕74年11月20日 ······· 157・392
〔285〕ドゥカーズ公爵 〔18〕74年11月22日 ············ 158・392
〔286〕〔公爵宛〕 1874年12月24日 ··················· 158・393
〔287〕〔公爵宛〕 1874年12月6日 ···················· 159・393
〔288〕ドゥカーズ公爵 1874年12月25日 ··············· 159・393
〔289〕メサジュリー郵船会社支配人代理 1875年1月2日 ··· 160・394
〔290〕日本学会会長 1875年1月3日 ··················· 160・394
〔291〕ボドゥリ 〔18〕75年1月8日 ··················· 161・395
〔292〕ドゥカーズ公爵 1875年1月9日 ················· 161・395
〔293〕オリヴィエ殿 1875年1月9日 ··················· 162・396
〔294〕ドゥカーズ公爵 1875年1月10日 ················ 162・396
〔295〕ルピシエ夫人 1875年1月21日 ·················· 163・397
〔296〕ルピシエ夫人 ································ 163・397
〔297〕ブロック 1875年1月29日 ······················ 164・397
〔298〕スイス公使・ポルトガル公使・ベルギー公使・スペイン代理公使
　　　　1875年1月29日 ····························· 164・398
〔299〕ブロック 1875年2月1日 ······················· 165・399
〔300〕ルピシエ夫人 1875年2月15日 ·················· 165・399

[301] ベルソ殿　1875年2月20日………………………………166・400
[302] ソワン・ダルガンビ　1875年3月2日……………………167・400
[303] オリヴィエ　1875年3月8日………………………………167・401
[304] ドゥカーズ公爵　1875年3月13日…………………………168・401
[305] オリエンタル銀行頭取　1875年3月13日…………………168・402
[306] ドゥカーズ公爵　1875年3月17日…………………………169・402
[307] スタンプフレ　1875年3月18日……………………………169・403
[308] オリエンタル銀行頭取　1875年3月22日…………………170・404
[309] スタンプフレ　1875年3月25日……………………………170・404
[310] パリ造幣局局長　1875年4月6日…………………………171・405
[311] ドゥカーズ公爵　1875年4月6日…………………………171・405
[312] H・アーレンズ社　1875年4月29日………………………172・406
[313] ドゥカーズ公爵　1875年4月29日…………………………172・406
[314] ドゥカーズ公爵　1875年4月29日…………………………173・406
[315] 頭取　1875年5月1日………………………………………173・407
[316] H・アーレンズ社　1875年5月12日………………………174・407
[317] 頭取　1875年5月17日………………………………………174・408
[318] エコール・ポリテクニク校長　1875年5月21日…………174・408
[319] ヴィリエ将軍　1875年6月3日……………………………175・409
[320]〔大臣宛〕　1875年6月7日………………………………175・409
[321] レイユ男爵　1875年6月12日………………………………176・409
[322] ドゥカーズ公爵………………………………………………176・410
[323] ソワン・ダルガンビ　1875年6月21日……………………177・411
[324] ジャンサン殿　1875年7月2日……………………………178・412
[325] コワンテ殿　1875年7月8日………………………………179・412
[326] レイユ男爵　1875年7月10日………………………………179・413
[327] ドゥカーズ公爵　1875年7月13日…………………………179・413
[328] オリエンタル銀行頭取　1875年7月22日…………………180・414
[329] ドゥカーズ公爵　1875年7月27日…………………………180・414
[330] ドゥカーズ公爵　1875年8月6日…………………………181・415
[331] ドゥカーズ公爵　1875年8月10日…………………………181・415
[332] ドゥカーズ公爵　1875年7月27日…………………………182・415
[333] ド・コホフスキー将軍　1875年7月28日…………………182・416
[334] レモン・ド・カンプー殿　1875年8月4日………………183・417

〔335〕＊レモン・ド・カンプー氏任命状 …………………………………… 184・418
〔336〕ドゥカーズ公爵　〔18〕75年8月4日 ……………………………… 185・418
〔337〕ジャンサン殿　〔18〕75年8月24日 ……………………………… 185・419
〔338〕ドゥカーズ公爵　〔1875年〕8月30日 …………………………… 186・419
〔339〕〔公爵宛〕　〔18〕75年8月30日 …………………………………… 186・419
〔340〕〔公爵宛〕　〔1875年〕9月13日 …………………………………… 186・420
〔341〕〔公爵宛〕　1875年9月24日 ……………………………………… 187・420
〔342〕〔公爵宛〕　〔1875年〕9月27日 …………………………………… 187・421
〔343〕〔公爵宛〕　1875年10月4日 ……………………………………… 188・421
〔344〕1875年10月6日 …………………………………………………… 188・422
〔345〕ド・カンプー　1875年10月11日 ………………………………… 189・422
〔346〕ドゥカーズ公爵　〔18〕75年10月18日 …………………………… 189・423
〔347〕1875年11月20日 …………………………………………………… 190・423
〔348〕ド・ラ・ロンシエール・ラ・ヌリ中将　1875年4月7日 ………… 191・424
〔349〕ドゥカーズ公爵　1875年12月2日 ………………………………… 191・424
〔350〕＊公爵 ……………………………………………………………… 191・424
〔351〕グルベール・ボルニオ毛皮商会　〔18〕75年12月11日 ………… 192・425
〔352〕ドゥカーズ公爵　〔18〕75年12月16日 …………………………… 192・425
〔353〕ポール・ジェルヴェ殿　1876年1月12日 ………………………… 193・426
〔354〕警視総監　1876年1月21日 ………………………………………… 193・426
〔355〕司法大臣宛　1876年1月30日 ……………………………………… 194・427
〔356〕オズー博士　1876年2月8日 ……………………………………… 194・427
〔357〕1876年2月14日 …………………………………………………… 195・428
〔358〕ドゥカーズ公爵　〔18〕76年2月15日 …………………………… 195・428
〔359〕ライアンズ卿　〔18〕76年2月15日 ……………………………… 196・428
〔360〕〔公爵殿〕 …………………………………………………………… 196・429
〔361〕ベルソ殿　〔18〕76年3月3日 …………………………………… 196・429
〔362〕ペルドリ殿　〔18〕76年3月9日 ………………………………… 197・430
〔363〕サントス男爵　〔18〕76年3月13日 ……………………………… 197・430
〔364〕モンブラン伯爵　〔18〕76年3月14日 …………………………… 198・431
〔365〕モリス・ブロック殿　〔18〕76年3月14日 ……………………… 198・431
〔366〕〔公爵宛〕　1876年3月20日 ……………………………………… 199・431
〔367〕〔公爵宛〕　〔18〕76年3月22日 …………………………………… 199・432
〔368〕ド・シェヌヴィエール殿　〔18〕76年3月29日 ………………… 200・432

| 〔369〕オリエンタル銀行頭取　〔18〕76年4月3日·····················201・433
| 〔370〕メサジュリー郵船会社局長　〔1876年〕4月14日·········201・434
| 〔371〕1876年4月22日··202・434
| 〔372〕〔公爵宛〕　1876年5月3日··202・434
| 〔373〕外務省〔外務大臣宛〕　1876年5月25日······················202・435
| 〔374〕オリエンタル銀行　1876年6月7日······························203・435
| 〔375〕オリエンタル銀行　〔18〕76年6月8日·························204・436
| 〔376〕ドゥカーズ公爵　〔18〕76年6月2日····························204・436
| 〔377〕オリエンタル銀行　〔18〕76年7月13日························204・437
| 〔378〕〔公爵宛〕　1876年8月2日··205・437
| 〔379〕〔公爵宛〕　〔1876年〕8月2日···································205・438
| 〔380〕ドゥヴェルデール弁護士殿　1876年8月7日················206・438
| 〔381〕ドゥカーズ公爵　〔18〕76年8月24日···························207・439
| 〔382〕パレスチナ国際委員会事務総長殿　1876年9月···········207・439
| 〔383〕テスレーヌ・ド・ボール閣下　〔18〕76年9月16日·········207・440
| 〔384〕ドルアン・ド・リュイ殿　〔18〕76年9月16日·················208・440
| 〔385〕〔公爵宛〕　〔18〕76年9月16日·································209・441
| 〔386〕オリエンタル銀行頭取　〔18〕76年10月2日·················209・441
| 〔387〕ドゥカーズ公爵　〔18〕76年10月12日·························210・442
| 〔388〕ドゥカーズ公爵　〔18〕76年10月12日·························210・442
| 〔389〕〔18〕76年10月23日···211・443
| 〔390〕オリエンタル銀行頭取　〔18〕76年10月24日···············211・443
| 〔391〕ドゥカーズ公爵　〔18〕76年10月28日·························212・443
| 〔392〕クランツ殿　〔18〕76年10月27日································212・444
| 〔393〕〔万国博覧会〕委員長　〔18〕76年10月27日·················212・444
| 〔394〕オリエンタル銀行頭取　〔18〕76年10月25日···············213・444
| 〔395〕在シェルブール海軍司令　〔1876年〕10月30日············213・445
| 〔396〕ドゥカーズ公爵　〔18〕76年11月6日···························214・445
| 〔397〕オリエンタル銀行頭取　〔18〕76年11月9日·················214・445
| 〔398〕アルクール伯爵　〔18〕76年11月11日·························215・446
| 〔399〕ドゥカーズ公爵　〔18〕76年11月14日·························215・447
| 〔400〕ラミ宛　〔18〕76年12月2日·······································216・447
| 〔401〕オリエンタル銀行頭取　〔18〕76年12月11日···············217・448
| 〔402〕ガテュモー殿　〔18〕76年12月22日····························217・448

〔403〕ドゥカーズ公爵　〔18〕77年1月12日	217・449
〔404〕クランツ殿　〔18〕77年1月19日	218・449
〔405〕テスレーヌ・ド・ボール	218・449
〔406〕ドゥカーズ公爵　〔18〕77年1月20日	219・450
〔407〕ドゥカーズ公爵　〔18〕77年1月22日	219・450
〔408〕ドゥカーズ公爵　〔18〕77年1月24日	220・451
〔409〕電信局長　〔1877年〕2月3日	220・451
〔410〕博覧会委員長　〔1877年〕2月3日	221・451
〔411〕オリエンタル銀行頭取　〔1877年〕2月5日	221・452
〔412〕電信検査官　〔18〕77年2月14日	221・452
〔413〕ドゥカーズ公爵　1877年2月15日	222・453
〔414〕オリエンタル銀行頭取　1877年2月	222・453
〔415〕オリエンタル銀行頭取　〔1877年〕4月6日	223・453
〔416〕師範学校校長　1877年4月9日	223・454
〔417〕ドゥカーズ公爵　〔18〕77年4月9日	224・454
〔418〕世界周遊旅行協会会長殿　〔18〕77年4月24日	224・455
〔419〕ドゥカーズ公爵　〔18〕77年5月3日	225・455
〔420〕ドゥカーズ公爵　〔18〕77年4月30日	226・456
〔421〕ロベール殿　〔18〕77年4月30日	226・457
〔422〕オリエンタル銀行頭取　〔18〕77年4月30日	227・457
〔423〕ドゥカーズ公爵　1877年5月8日	227・457
〔424〕〔ジェルヴェ氏宛〕　1877年5月11日	228・458
〔425〕〔ジャンサン氏宛〕　〔18〕77年5月11日	228・458
〔426〕オズー博士　1877年5月1日	228・459
〔427〕オリエンタル銀行頭取　〔18〕77年5月29日	229・459
〔428〕オズー博士　〔18〕77年5月30日	229・460
〔429〕登記局局長　〔18〕77年6月5日	230・460
〔430〕ベルソ殿　〔18〕77年6月5日	230・461
〔431〕レモン・ド・カンプー殿　〔18〕77年6月5日	230・461
〔432〕〔公爵宛〕　1877年8月1日	232・462
〔433〕ベルジェ殿宛　1877年8月6日	233・464
〔434〕〔副領事殿〕　1877年8月10日	234・465
〔435〕〔副領事殿〕　1877年8月14日	235・465
〔436〕〔ブロック氏殿〕　1877年8月16日	235・466

〔437〕ドゥカーズ公爵　〔18〕77年9月19日……………………………236・466
〔438〕ヴェルニ氏……………………………………………………236・467
〔439〕ドゥカーズ公爵　〔18〕77年10月9日………………………237・467
〔440〕ドゥカーズ公爵　1877年10月22日……………………………238・468
〔441〕〔公爵宛〕　1877年10月23日……………………………………239・469
〔442〕弁護士ドゥヴェルデール殿　1877年10月30日………………239・469

凡　例

1　本書は、原文篇・翻訳篇（註釈・索引）・解説篇の三部構成とした。
2　原文篇・翻訳篇ともに、書簡の配列は原本通りとし、便宜上、書簡左上に〔　〕で通し番号を付した。
3　原文篇では、翻刻にあたり次のような配慮をした。
　①宛名は左上、日付は右上に、結語・署名は右下に揃えた。
　　原文では、これらの位置は一定しない。ただ、いずれも発送された書簡そのものではなく、それらの手控え記録のための、複数の人物による筆写本であることに鑑み、あえて同じ体裁に整え、読みやすくした。
　②段落は、原則として原文通りとした。
　③原文に欠字または空白がある場合は、[　]で示した。
　④原文に削除訂正語句があり、訂正前の語句も読める場合で、しかも筆記者の単純な誤記（たとえば1行分とばし写しや誤字）の訂正ではないと考えられるものは、<　>内に削除された語句、[　]内に訂正語句を示した。
　⑤斜線で全文が抹消された書簡については、書簡番号の右肩に＊印を付した。
　⑥句読点は、読解の便のために望ましい場合に限り、最少限補った。
　　原文では、筆写の緩急に応じて句読点がかなり略されている。
　⑦普通名詞ながら固有名詞的に使われている語の語頭は、英文書簡の場合、原文の多数例に従い、大文字表記とした。たとえば日本政府を my Government と記すような場合である。
　⑧単語の綴りは、明らかな誤記とわかる場合には改めた。意味不明の語はそのままにして語末に[*sic*]を付した。

もっとも、原文には、英文書簡中に仏語表記が、仏文書簡中に英語表記が、かなりの頻度で混入している。ほとんどの場合、筆写にたずさわった人たちの手癖によるものとみてよい。そこで、本文中にあって、特別な意味を込めて使われたと考えられる場合以外は、英語または仏語で置き換え、言語の統一をはかった。たとえば、英文書簡中のgouvernementは、原則としてgovernmentに替えた。ただし、日付や地名表記、氏名の前の肩書きなどへの混入は、読み通す際に支障を来さないゆえ、そのままにした。たとえば、janvierとJanuary、La HayeとThe Hague、M.とMr.のような語の混交である。

　仏文書簡中のアラビア数字による金額等の数量表記において、カンマやピリオドの用法が英語式になっている場合には、フランス語式に改めず、そのままとした。

⑨文章そのものに文法的な誤りがあると思われるものも散見されるが、それらについては、性数にかかわるもの以外には手を加えずそのままにし、必要に応じ当該箇所に[sic]を添え、推定可能な脱字については、[　]を付して補った。

⑩なお、⑦以下の訂正は、仏文の場合は、原則として現代正書法に従い、英文の場合はオックスフォード大学出版局刊行の辞書類ならびに編集手引類によった。

4　翻訳篇では、訳出、表記において次のような配慮をした。

①宛名は左上、日付は右上に、結語・署名は右下に揃えた。宛名の記されていない書簡については、推定しうるもののみ、左上に〔　宛〕で示した。英文でtoもしくは仏文でàが前置されているものには、「宛」の字を付した。

②段落は、原則として原文通りとした。

③原文に欠字または空白がある場合は、〔欠字〕または〔　〕で示した。

④原文に削除訂正語句があり、訂正前の語句も読め、単なる誤字の訂正ではないと考えられる場合には、〈　〉内に削除された語句の訳、〔　〕内

に訂正語句の訳を掲げた。

⑤斜線で全文が抹消された書簡については、書簡番号の右肩に＊印を付した。

⑥原文で判読困難の語句については、〔判読不能〕と記した。

⑦翻訳者の短い註記が望ましい場合には、当該箇所に〔　〕で囲い挿入した。

⑧頭語は「拝啓」、結語は「敬具」にあえて統一した。

　やや単純化が過ぎるようであるが、原文で略記されてしまっている場合も多く、またそうでない場合も、現代日本語では単調になってしまったこの種の用語に多様な古語をあてることは、かえって読者を混乱させかねないと考えたためである。必要に応じ、原文篇を参照されたい。

⑨文中にあらわれる二人称については、貴族や大臣への極めて儀礼的な書簡をのぞき、原則として「貴殿」に統一した。必要に応じ、原文篇を参照されたい。

⑩訳語が未だ熟さず後考を要すると思われる場合には、その訳語の後に原語を〔　〕で囲い掲げた。また、訳文の文体は、資料的価値を第一義に考え、原文の構造をできるだけとどめるよう心がけた。結果として、やや生硬な逐語訳になっている場合が多いことを了解されたい。

5　翻訳篇注釈の部に関しては、出典をできるだけ明記するよう努めたが、伝記関連の事典類については、繁を避けるため、この部の末尾に参考文献として列挙するにとどめた。

書　誌　事　項

松　田　　清

　原本はフォリオ判の記録簿1冊である。寸法は縦33.5cm、横21.5cm、厚さ4 cmある。半皮紙装丁で、小口には天地、前小口とも同じ羽模様がほどこされている。毎葉表裏ともに青色の横罫（33行）が入った洋紙271葉を綴じ合わせ、表紙の見返しには薄褐色のマーブル紙を使用している。第271葉の裏は裏見返しのマーブル紙が貼り合わされている。洋紙には製紙業者名と製造年を示す「E Towgood/1870」との透かし文字、およびブリタニア（Britannia）と呼ばれる王冠、女王、十字楯からなる透かし文様が認められる。このような既製の記録簿を発信記録として使用したものと思われる。

　表紙の中央にペン書きで「Correspondance/envoyée/Depuis 1871 jusqu'à　　　」と3行にわたって題名の書き入れがある。その上部に異筆で「Correspondances Envoyées/de 1872 à　　　」とペン書きした方形の洋紙（縦7.7cm、横12.8cm）が貼られている。表紙の右肩には「j6/08」とペン書きした円形ラベルが貼られ、背表紙の上端には「6F」との書き入れがある。これらの整理番号の意味は不明である。

　罫紙全271葉に頁付けはなく、第1葉および後半の103葉は書き入れのない白紙状態である。第2葉表から第168葉表まで167葉にわたって、総計442通の書簡がほぼ発信順に複数の手で書写されている。期間は1870年11月24日から1877年10月30日までの7年にわたる。使用言語は99通が英文、343通が仏文である。第10書簡の宛名と住所、第39書簡、第100書簡、第114書簡、第141書簡それぞれの日付、第143書簡の日付の訂正および第11書簡全文は青鉛筆で補記されたものであるが、他の書簡はすべて青または黒のインクによるペン書きである。第88葉のみが2葉の前小口を貼り合わせて1葉とし、内側に2葉の切り取り跡がみられる。第88葉と第89葉の間も1葉切り取られている。書簡の文章に欠落がないので、これらの切り取りは書写の際に行われたものと判断される。

　第1書簡から第154書簡までは記録者が書写後に赤鉛筆または青鉛筆で書き加えた整理番号がみられる。赤の番号は「Nº1」から「Nº12」まで、および漢数字による「一」「二」「三」の2種からなり、青の番号は「(1)」から「(143)」までの一連番号、および「49bis」「50bis」「96bis」「140bis」である。

　表紙に多少の汚れはあるものの、全体として保存状態は良好で、虫損や破損の箇所はない。

第 I 部　原文篇

Correspondance envoyée

[1]

Langham Hotel, London
February 6 1871

The Right Honourable Earl Granville, K. C.
Secretary of State for Foreign Affairs.

My Lord,

The Government of His Majesty the Emperor of Japan, my August Sovereign attaching the greatest importance to the promotion of the friendly relations existing between Great Britain and Japan have appointed and accredited me to your Lordship as their Chargé d'Affaires.

In informing your Lordship of my arrival in London I have the honour to enclose a copy of my letters of credence and to request your Lordship to name a day when I can have the honour of presenting the original in person.

I have the honour to be
your Lordship['s]
most obedient and very humble servant

Signed Sameshima Shoben mushi

Translation of the credential letter

The Principal Secretary of State for
Foreign Affairs of Great Britain

The constitutional changes which have taken place in the Empire of Japan resulting in the firm Establishment of a Monarchical Government have impressed our Government with the necessity of placing the friendly relations already so happily existing between Great Britain and Japan on a still more direct and intimate footing. With this view the Government of Japan has appointed and begs to accredit to your Lordship Dugoï Sameshima Naonobu to reside in your country with the character of Chargé d'Affaires(Sho ben mushi) of Japan.

His probity and integrity of character and zeal and devotion to the service of his country have gained the entire confidence of our Government and I have therefore the honour to request your Lordship to give full Credence to all the communications he shall have occasion to address to you in my name and I beg to recommend him to your Lordship's good offices to aid and support him in the discharge of the duties of his mission.

This is the wish of the government of Japan which I have the honour to communicate to your Lordship by Command of His Majesty the Emperor. I beg leave to avail myself of this opportunity to convey to your Lordship the expressions of my best and sincere wishes for the prosperity and happiness of your Country.

    Sawa jusan mi Kiowara no Nobuyoshi
      The principal Minister of Foreign Affaires

[2]

              Hôtel de Rome, Berlin
                  4 April 1871

His Serene Highness
The Prince von Bismarck
Chancellor of German Empire.
Prince,

  The Government of His Majesty the Emperor of Japan, my August Sovereign attaching the Greatest importance to the promotion of the friendly relations existing between German Empire and Japan have appointed and accredited me to your Serene Highness as their Chargé d' Affaires.

In informing your Serene Highness of my arrival in Berlin I have the honour to enclose a copy of my letters of Credence and to request your Serene Highness to name a day when I can have the honour of presenting the Original in person.

I have the honour to be your
Serene Highness['s]
Most obedient and very
humble servant

Sameshima Shoben Mushi

[3]

2nd Wooro, 10th month, 3rd year, Meitchi
24 novembre 1870

To His Excellency
Count von Bismarck Schönhausen
Chancellor of the North German Confederation.

The Constitutional changes which have taken place in the Empire of Japan resulting in the firm establishment of a Monarchical form of Government have impressed our Government with the necessity of placing the friendly relations already so happily existing between the North German Confederation and Japan on a still more direct and intimate footing.

With this view the Government of Japan has appointed and begs to accredit to your Excellency Jugoi Sameshima Naonobu to reside in your Country with the character of Chargé d'Affaires(Shoben Mushi) of Japan.

His probity and integrity of character and zeal and devotion to the service of his Country have gained the entire confidence of our Government and I have therefore the honour to request your Excellency to give full Credence to all the communications he shall have occasion to address to you in my name and I beg to recommend him to your Excellency's good offices to aid and to request you to support him in the discharge of the duties of his mission.

This is the wish of the Governement of Japan which I have the honour to communicate to your Excellency by Command of His Majesty the Emperor.

I beg leave to avail myself of the opportunity to convey to your Excellency the expressions of my best and sincere wishes for the prosperity and happiness of Your Country and assurance of my most distinguished consideration.

Signed Sawa Sammi Kyowara no Nobuyoshi
The principal minister for Foreign Affairs

[4]

Hôtel Chatram, le 3 juillet 1871
Paris

A Son Excellence
Monsieur Jules Favre,
ministre des Affaires étrangères.

J'ai l'honneur de porter à la connaissance de Votre Excellence que je suis arrivé à Paris pour exercer la fonction du chargé d'affaires du Japon dans laquelle qualité le gouvernement du Japon m'avait nommé et accrédité auprès du gouvernement français par la lettre de notre ministre des Affaires étrangères que j'ai eu l'honneur de présenter personnellement à Bordeaux le 27 janvier 1871.

Etant désireux de me faire l'honneur de présenter mon respect à votre Excellence, je m'empresse de vous prier de vouloir bien me faire connaître quand votre Excellence daignera me recevoir.

Veuillez agréer, Monsieur le Ministre, l'assurance de mes considérations respectueuses.

Saimeshima

[5]

le 2nd 10me moi(Wouro)[*sic*]
3ème année de Meithi

A Son Excellence
Monsieur le Ministre des Affaires étrangères de France.

J'ai l'honneur de porter à la connaissance de Votre Excellence que le gouvernement japonais, ayant nommé Jugoï Sameshima Naonobu comme (Shoben Mushi) chargé d'affaires du Japon pour être accrédité auprès du gouvernement français, a démis le comte de Montblanc, le sujet français, auquel le gouvernement japonais avait dans le temps confié la fonction officielle.

J'avais déjà l'honneur de faire communication à cet égard à Monsieur le Ministre de France au Japon et j'ai été également chargé pour l'ordre spécial de Sa Majesté l'empereur d'en communiquer à Votre Excellence.

Veuillez agréer l'assurance de mes considérations très respectueuses.

(Signé) Sawa Jusanmi Kiyowara no Nobuyoshi
Ministre des Affaires étrangères du Japon.

[6]

2nd 10me moi(Wouro)[*sic*]
3ème année de Meithi

A Monsieur le Comte de Montblanc.

J'ai l'honneur de vous communiquer que le gouvernement de Sa

Majesté le Tenno, ayant nommé Jugoï Sameshima Naonobu pour être accrédité auprès du gouvernement français pour traiter les affaires diplomatiques, vous remercie de la fonction officielle que le gouvernement japonais vous avait confié comme Ko-mu-Benrishoku à Paris pour faciliter les affaires entre deux pays.

Je saisis cette occasion pour vous transmettre l'expression d'une grande satisfaction qu'éprouve le gouvernement japonais pour le zèle et le dévouement que vous avez sans cesse montrés pendant que vous étiez en office.

J'ai l'honneur de vous faire cette communication par l'ordre spécial de Sa Majesté le Tenno.

Avec respectueuse considération,

      Sawa Ju San mi Kiyo wara no Nobuyoshi

[7]

               19 July 1871
                  Paris

To Frederic Marshall, Esq.

Dear Sir,

With reference to our conversation yesterday morning in regard to the various matters on which we advise I regret that my instruction from my Government do not permit one to offer you more than £ 50 a month by way of renumeration for your services.

In making this proposal to you it is clearly understood that I do not ask for the whole of your time and that this arrangement if you should accept it shall in no way constitute a precedent in the event of my being hereafter in the position of making a permanent agreement with you. It is also understood that this arrangement is terminable at the option of either party at the expiration of each month.

I am Sir

yours faithfully

Sameshima

[8]

le 7 août 1871
Paris

A Son Excellence
Monsieur Charles de Rémusat,
ministre des Affaires étrangères.

 J'ai eu l'honneur de recevoir la lettre que Votre Excellence m'a adressée en date du 3 courant par laquelle Votre Excellence m'annonce sa nomination au poste du ministre des Affaires étrangères.
 Je m'empresse d'offrir à Votre Excellence l'expression de ma félicitation la plus vive. Je serais heureux de me trouver en rapports personnels avec Votre Excellence et en même temps vous pouvez être assuré que je ferais tout ce qui dépendra de moi, pour que les bonnes relations qui unissent nos deux pays puissent se fortifier et s'étendre.
 Je désirerais vous présenter personnellement, Monsieur le Ministre, mes compliments à l'occasion de la nomination de Votre Excellence et je me rendrai à Versailles dans ce but, le jour que Votre Excellence voudra bien m'indiquer.
 Recevez, Monsieur le Ministre, l'assurance de la considération la plus distinguée avec laquelle j'ai l'honneur d'être de Votre Excellence, le très humble et obéissant serviteur.

Sameshima

[9]

6 January 1872

Prince Bismarck.

Sir,

I had hoped to be able to make a visit to Berlin in order to present personally to your Excellency my compliments and felicitations on the occasion of the New Year.

Finding myself unable to do so immediately and not wishing to allow further delay to occur, I beg leave to express to your Excellency by letter my very sincere and most respectful good wishes.

I profit by this opportunity to renew to your Excellency the expression of my profound desire to do all which depends on me to cement the friendly relation which with your Excellency's aid, have grown up between the North German Confederation and Japan.

[10]

6 janvier 1872

Thiers, avocat, 34 rue de la Harpe.

Monsieur,

Vous vous êtes offert comme candidat pour la position de légiste français au service du gouvernement japonais, et je vous ai dit que je vous écrirai à ce sujet.

Il est devenu certain aujourd'hui que mon choix se fixerait sur un autre des candidats. Je vous en informe sans retard pour ne pas vous faire attendre inutilement.

[11]

6 Jan, Paris

Estrine et Cie, Marseille.

En réponse à votre lettre du 4 courant, j'ai à vous informer que le paquet que vous m'avez expédié m'est parvenu ce matin.

Je n'ai pas encore reçu le connaissement. Quand il arrivera, je vous l'enverrai.

[12]

le 8 janvier 1872, Paris

Von Brand, 19 Koniggratzen Strasse,
Berlin.

Monsieur,

J'ai eu le plaisir de recevoir votre très aimable lettre du 2 courant: je vous en remercie.

Voici la copie du traité que je suis sur le point de signer avec le légiste français. Il faudra que le légiste allemand que vous choisirez l'accepte sans modification, car nous provoquerions de la jalousie entre les deux si les conditions n'étaient pas identiques.

Je ne désespère pas de vous voir avant votre départ de Berlin, car je vais faire tout mon possible pour aller y passer quelques jours.

[13]

le 9 janvier 1872

M. P. Thuillard. Cabinet des dépêches officielles.

Monsieur,

J'ai l'honneur de vous informer, en réponse à votre lettre du 7 courant, que le choix des officiers qui font partie de la mission militaire japonaise est entre les mains de M. le Ministre de la Guerre.

C'est donc au ministère que les candidats devront s'adresser. J'y ai déposé une note détaillée des conditions.

[14]

le 9 janvier 1872

M. T. N. Henry, 57 rue Vincennes, Paris.

Monsieur,

J'ai l'honneur de vous informer, en réponse à votre lettre du 6 courant, que mon gouvernement, n'ayant aucunement besoin d'agents télégraphiques, il ne me sera pas possible de donner suite à votre proposition.

[15]

le 27 novembre 1871

Monsieur le Ministre,

Le gouvernement du Japon est désireux de confier l'instruction de l'armée japonaise à une commission composée de militaires français. Je suis chargé de m'adresser à ce sujet à Votre Excellence de vous prier de vouloir bien m'aider à constituer cette commission, et de m'accréditer, dans ce but, auprès de votre collègue Monsieur le Ministre de la Guerre.

J'ai préparé une note explicative des idées et des intentions du gouvernement japonais; mais comme je ne voudrais pas occuper les moments de Votre Excellence par des détails, je la réserve pour le ministère de la Guerre. Toutefois si Votre Excellence désire en prendre connaissance avant de me mettre en communication avec M. le Ministre de la Guerre, je m'empresserais de vous l'adresser.

Je profite de cette occasion pour renouveler à Votre Excellence l'expression de très haute considération avec laquelle j'ai l'honneur d'être, Monsieur le Ministre,

Votre très humble et très obéissant serviteur.

〔16〕

              le 26 décembre 1871

Monsieur Dondorf
à Francfort.

Monsieur,
 J'ai l'honneur de vous informer que par suite des instructions que je viens de recevoir de mon gouvernement, M^r. Ohara doit partir immédiatement pour les Etats-Unis pour y recevoir l'ambassade japonaise qui va visiter l'Amérique et l'Europe.
 Par conséquent, j'ai nommé M^r. Hongma pour remplir auprès de vous les fonctions qui jusqu'à présent ont été confiées à M^r. Ohara. Ce dernier avant son départ vous présentera M^r. Hongma.

〔17〕

               26 décembre 1871

C. Stuart, Esq.

My dear Sir,
 Mr. Ohara, who has thus far been engaged at Frankfurt, is at the point of leaving for the United-States.
 He is replaced at Frankfurt by Mr. Hongma.
 Will you therefore be kind enough to give order that the remittances (monthly or otherwise) which you have been making to Mr. Ohara be made henceforth in the name of Mr. Hongma.

〔18〕

                  (no date)

Monsieur le Général,
 J'ai l'honneur de vous adresser une note explicative des conditions proposées pour l'organisation de la nouvelle mission militaire au Japon.

Je ne considère pas ces conditions comme étant absolument définitives et je serai heureux de discuter avec vous toutes les modifications que vous pouvez croire utiles d'y introduire. Toutefois je dois dire qu'elles exprimaient les idées générales du gouvernement japonais sur la question.

Vous avez eu la bonté de me dire que vous me communiqueriez une liste des officiers qui ont fait partie de la première mission. Je serais heureux d'examiner cette liste et de vous faire des renseignements que je pourrai recueillir au sujet des noms qui la composent.

Je suis très sensible à l'empressement et l'obligeance avec lesquels vous avez bien voulu faire droit à ma demande au sujet de mes lettres du Japon.

Permettez-moi de vous remercier et d'espérer que je pourrai trouver l'occasion de vous rendre service à mon tour.

[19]

21 décembre 1871

Monsieur le Général,

Voulez-vous me permettre de profiter de mes relations avec vous pour vous prier de vouloir bien me dire si un Japonais peut être admis à l'école Saint-Louis, qui sert d'école préparatoire à Saint-Cyr.

Un de nos étudiants désire se faire admettre plus tard à Saint-Cyr, mais pour cela il faut qu'il entre préalablement à Saint-Louis.

Je vous serai très reconnaissant, Monsieur le Général, si vous voulez avoir l'obligeance de m'aider, si c'est possible, dans cette circonstance.

[20]

(no date)

Son Excellence le ministre des

Affaires étrangères.

Monsieur le Ministre,
 J'espère que vous voudriez bien pardonner la liberté que je prends en m'adressant directement à vous sans avoir l'honneur de vous être connu, et que vous excuseriez l'irrégularité de ma démarche en considération des circonstances où je me trouve.
 Etant le seul représentant en Europe du gouvernement du Japon, je dois nécessairement prendre sur moi d'agir officieusement au besoin vis-à-vis de gouvernements auprès desquels je ne suis pas accrédité. C'est ce que je suis contraint de faire en ce moment.
 L'empereur du Japon a envoyé aux Etats-Unis et en Europe une ambassade extraordinaire dont la mission est de préparer la révision des traités entre le Japon et les autres puissances et, en même temps, d'étudier l'organisation européenne. Quelques membres de cette ambassade sont déjà arrivés à Paris, pour commencer leurs études. Entre eux se trouve M. [ ], sous-secrétaire d'Etat au ministère de l'Instruction publique qui est chargé d'examiner les systèmes d'éducation; dans ce but il va visiter plusieurs pays européens, et surtout la Suisse.
 Je vous demande donc, Monsieur le Ministre, la permission de vous présenter M. [ ] dans l'espérance que vous ne refuseriez pas de l'aider dans ses recherches, et que vous auriez la bonté de le recommander où besoin sera.
 Mon gouvernement vous sera extrêmement reconnaissant de tout ce que vous voudrez bien faire pour nous aider dans cette circonstance, et quant à moi, Monsieur le Ministre, je vous prie d'accepter d'avance l'assurance de mes très sincères remerciements, et d'agréer l'expression de tous les sentiments.

[21]

octobre 1871

Monsieur le Directeur général,

Je suis désireux de profiter de mon séjour à Paris pour étudier les institutions françaises, dont aucune ne m'intéresse plus que l'administration des Postes.

Je vous serai reconnaissant, Monsieur le Directeur général, de vouloir bien me faciliter la visite du bureau central à Paris. Je m'y rendrai avec les secrétaires de ma légation le jour que vous m'indiquerez, dans l'après-midi.

Je vous remercie d'avance, et je vous prie, Monsieur le Directeur général, d'agréer l'expression de mes sentiments.

[22]
le 19 juillet 1872
Monsieur le Baron Jules de Lesseps.

Monsieur le Baron,

J'ai eu l'honneur de recevoir la lettre en date du 18 courant par laquelle vous me priez de ne pas attendre l'arrivée de l'ambassade extraordinaire du Japon pour faire droit à la demande de 16,800 francs que vous m'avez adressée au mois d'avril.

Je regrette, Monsieur le Baron, de me trouver dans l'impossibilité de faire ce que vous désirez. Comme je vous l'ai expliqué dans ma lettre du 1er mai, je suis sans instructions et je dois forcément attendre l'arrivée de M. Iwakoura et M. Tanabé avant de vous répondre.

Depuis que j'ai eu l'honneur de vous écrire à ce sujet il y a trois mois, de nouveaux faits sont arrivés à ma connaissance. J'ai eu occasion d'examiner les comptes et les documents appartenant à mon gouvernement qui se trouvaient entre les mains de M. Fleury Hérald; à ma très grande surprise, j'y ai trouvé des pièces qui établissent que vous avez déjà mis en avant cette même demande et qu'elle a été repoussée. Le 31 octobre 1867,

M. Fleury Hérald, en sa qualité de conseil général du Japon, vous a écrit pour vous informer conformément aux instructions de Mr Moukauyama que votre demande de 25,300 francs ne saurait être admise, vos fonctions de commissaire général du Japon à l'Exposition de 1867 devant être considérées comme purement honorifiques et gratuites, mais lorsqu'une somme de 8,500 francs vous était allouée, dont 4,500 francs pour frais de voiture et 4,000 francs pour toutes autres causes. Cette somme de 8,500 vous a été payée, apparemment sans aucune protection de votre part. Les 16,800 francs que vous m'avez réclamés en avril 1872 forment donc l'appoint des 25,300 francs que M. Moukauyama a refusé de payer en 1867.

Je regrette, Monsieur le Baron, que vous n'ayez pas jugé nécessaire de me donner connaissance de ces faits, au moment où vous avez cru devoir renouveler votre demande auprès de moi.

Recevez ....

[23]

Londres, 22 sept. 1872

Block.

Cher Monsieur,

Je ne veux pas attendre mon arrivée à Paris pour vous exprimer ma très vive et très reconnaissante appréciation des attentions que vous avez bien voulu montrer à mes compatriotes.

Nous sommes tous infiniment touchés des preuves d'intérêt et de sympathie que vous nous avez fournies.

Je viendrai, à mon retour, vous renouveler mes remerciements de vive voix; en attendant je vous prie de les agréer sous la forme insuffisante d'une lettre.

Recevez, cher Monsieur, l'assurance de tous mes sentiments de considération et de cordiale amitié.

[24]

le 9 janvier 1872

Le colonel Chenet.

Monsieur, je regrette de vous dire que, malgré mon vif désir de faire droit à la recommandation de M. von Kodelitsch, je ne vois pas le moyen d'utiliser vos services au Japon.

L'organisation de la mission militaire officielle est entre les mains de M. le Ministre de la Guerre; il n'y a aucun emploi en dehors de cette mission; il me sera donc impossible dans l'état actuel des choix de profiter des offres que vous avez bien voulu me faire.

Je vous rends ci-joint le livre que vous m'avez communiqué.

[25]

le 10 janvier 1872

Dondorf, 20 Kluberstrasse, Frankfurt.

Sir

I have duly received your letters of the 3rd and 6th instant, the former containing copy of a letter addressed by you to Mr. Ohara and the latter accompanied by details of the cases of Notes already forwarded to Japan.

[26]

le 12 janvier 1872

Comte d'Arnim,
ambassadeur d'Allemagne.

Monsieur l'Ambassadeur,

J'ai eu l'honneur de recevoir la lettre en date du 9 courant par laquelle Votre Excellence a bien voulu me faire part de sa nomination comme ambassadeur d'Allemagne à Paris.

Je prie, Votre Excellence, de recevoir tous mes sincères et cordiales félicitations à cette occasion.

[27]
                                                      le 12 janvier 1872
Capitaine Brunet, 133 Boulevard de la Reine, Versailles.

Cher Monsieur,
Je vous remercie de votre lettre du 10 courant et de la traduction de la note japonaise envoyée par Mr Outrey.

J'ai examiné avec attention les observations que vous avez bien voulu me faire sur l'organisation de la mission, mais il me semble que, comme le gouvernement japonais a dû peser tous les détails avant de rédiger les instructions écrites, il est à supposer que la liste d'officiers suffit telle qu'elle à ses besoins. Je crois par conséquent qu'il serait inutile d'en modifier la composition.

J'aurai l'honneur d'offrir mes hommages à Madame Brunet à l'occasion d'une de mes visites à Versailles.

[28]
                                                      le 15 janvier 1872
Général Renson, directeur du personnel
au ministère de la Guerre.

Monsieur le Général,
Je ne voudrais en rien intervenir dans le choix des officiers qui feront partie de la mission militaire japonaise, mais dans le cas d'égalité de mérite, je demanderais la préférence pour trois officiers qui m'ont été très vivement recommandés.

Ce sont les capitaines

Lablache de l'artillerie

de Toustain du 1er tirailleur algérien

de Trévelec de la garde républicaine

Je répète cependant, Monsieur le Général, que je ne veux en rien influencer vos décisions et que ce n'est qu'une expression de sympathie que je vous soumets ceci.

[29]

le 15 janvier 1872

Rev. J. J. Daniell, Warminster.

I have been unable to reply at an earlier date to your letter of 23 Dec. for I was obliged to delay until I could see what was the right decision to adopt on the question which you put to me.

I am very much obliged to you for your attention to the Prince and his companions and I should have been glad if they could have continued to profit by your services, but the new arrangements made are of a nature which could not allow a continuation of your tutorship.

[30]

le 16 janvier 1872

Baron von Siebold.

My dear Sir,

In consequence of the departure of M. Ohara for Washington Mr Hongma has been appointed to take his place. I ought to have informed you of this change at an earlier date, but omitted it under pressure of occupations.

I go today to Berlin, but shall be back here in 7 or 8 days.

[31]

5th February 1872

Gobin der Bettman, Frankfurt.

Gentleman,

In July last Mr Wooyeno Okura Daijo wrote to you to say that he had ceased to act as Special Commissioner of the Japanese Government for the manufacture of Bank Notes and that he had transferred his powers to me by a power of attorney executed in London on 27th June 1871.

This change was duly notified to the Japanese Government and I have now the honour to inform you that I have received in reply from the Japanese Government a letter fully confirming the substitution of my name for that of M. Wooyeno as Special Commissioner of the Bank Notes Manufacture.

[32]

le 5 février 1872

le ministre de la Guerre.

Monsieur le Ministre,

J'ai l'honneur de demander à Votre Excellence de vouloir bien admettre à l'Ecole de Saint-Cyr, à titre d'étudiant étranger, Mr K. Watari, élève du ministère de la Guerre du Japon, envoyé en Europe pour étudier l'art militaire.

J'avais d'abord désiré faire entrer M. Watari au cours préliminaire du lycée Saint-Louis, mais il paraît que, pour cela, il faudrait qu'il sache le latin et le grec. Je renonce donc à cette idée et je m'adresse à Votre Excellence dans l'espoir qu'il ne sera pas impossible de faire admettre ce jeune homme directement à l'Ecole de Saint-Cyr. Il parle français assez bien et depuis trois ans qu'il est en France, il a pu se préparer un peu dans ce but.

Le terme ayant commencé aujourd'hui, Mr Watari ne serait en retard que de quelques jours, pourvu toutefois que Votre Excellence veuille bien autoriser son admission immédiate.

[33]

6th February 1872

Siebold, Frankfurt.

I have your letter of the 2nd enclosing draft of purposed letter to Messrs Bethman and a memorandum of our account with that firm to 31 December 1871.

I enclose herewith a letter from me to Messrs Bethman in accordance with your draft.

I consider it to be quite essential that you should remain at Frankfurt until the Manufacture of the Bank Notes is terminated. If you should remain [sic] from the Japanese Government any direct instructions with reference to your stay in Europe be good enough to communicate those instructions to me before you act upon them.

[34]

7th February 1872

C. Stuart, Manager, Oriental Bank, London.

My dear Sir,

I have your letter[s] of the 29th January and 5 February, the latter enclosing copy of telegram from Yokohama.

Please to give order that the allowance of £25 per month hitherto paid at Frankfurt to M. Ohara Reinoske be regularly continued to Mr. Hongma.

[35]

le 8 février 1872

Mr Hulst van Keulen,
Buitenkant bij Nieuwebrug,
Amsterdam.

Monsieur,

Mr Van Doorn m'a apporté ici la facture des objets qu'il a achetés chez vous pour son voyage au Japon.

Je suis prêt à vous payer la somme et dans ce but, je vous prie de vouloir bien me faire savoir (en français ou en anglais) dans quelle monnaie votre compte est fait. Sont-ce des florins hollandais ou des francs français?

Aussitôt votre réponse, je vous enverrai un bon sur un banquier d'Amsterdam.

[36]

le 12 février 1872

Général Renson.

Monsieur le Général,

J'ai l'honneur de vous adresser ci-joint les observations que j'ai préparées sur le projet de conditions que M. le Colonel Marquerie m'a apporté.

Je vous serais très reconnaissant, Monsieur le Général, de vouloir bien me donner votre réponse le plus tôt possible, pour que je puisse informer mon gouvernement.

[37]

le 20 février 1872

Colonel Marquerie.

J'ai l'honneur de vous adresser une copie du projet de condition tel qu'il se trouve rédigé d'après votre dernier contrat.
 Je crois que vous l'affirmerez.

[38]

le 28 février 1872

Ministre des Affaires étrangères.

Monsieur le Ministre,
 En réponse à la lettre que vous avez bien voulu m'adresser en date d'hier, j'ai l'honneur de vous adresser la liste du personnel de la légation du Japon à Paris.

Chargé d'Affaires	Jugoi Sameshima
Secrétaire	Shioda Gondaiki
Attaché	Ossada Keitaro
id.	J. R. Goto

[39]

28 fév.

id.

Monsieur le Ministre,
 Je regrette vivement d'avoir été empêché par une attaque de griffe de me rendre à l'invitation pour mercredi que M. Feuillet de Couche a bien voulu m'apporter en personne de la part de Votre Excellence.
 M. Feuillet de Couche m'a expliqué que sa visite était motivée par le fait que je n'avais pas répondu à l'invitation écrite que Votre Excellence m'avait fait l'honneur de m'adresser il y a quelques jours. Je me hâte d'expliquer à Votre Excellence que cette invitation ne m'est pas parvenue; si

je l'avais reçue, je me serais empressé d'y répondre immédiatement en remerciant Votre Excellence de l'honneur qu'elle me faisait.

[40]

6th March 1872

Charles Stuart, Esq. Oriental Bank.

My dear Sir

No remittances from Japan have reached me for two months and I find myself without money to pay the journey out of the French Military Mission which is now in the point of leaving in order to instruct the Japanese army.

I need £4000 for this purpose and I shall be much obliged to you if you will place that sum to the credit of my account with you on your usual condition and authorise me to draw cheque on you for it so that I may use the money here.

I will repay you directly my remittances arrive. Should they be delayed a month longer I will, if you desire it, give you my draft on the Japanese Government for the amount.

[41]

6th March 1872

Charles Stuart, Esq. Oriental Bank, London.

My dear Sir,

I have your letter of yesterday informing me that you have placed £4000 to the credit of my account for which I am obliged.

I have today drawn a cheque on you for a first sum of £1000 on account of this £4000.

[42]

le 9 mars 1872

Comte de Montblanc, 8 rue de Tivoli.

Cher Monsieur,

Auriez-vous l'obligeance de me communiquer une copie des conditions auxquelles vous avez autorisé M. Chevrillon à vendre à Londres le total des objets japonais provenant de l'Exposition de 1867.

M. Chevrillon porte dans ses comptes une commission de 18% sur le prix de ces objets, en sus de 18% stipulé par le premier traité. J'hésite à croire que l'on puisse demander 32% de commission sur une affaire, et je vous serais reconnaissant si vous voulez bien me renseigner là-dessus.

[43]

le 18 mars 1872

Ministre d'Italie.

Monsieur le Ministre,

J'ai eu l'honneur de recevoir la lettre du 15 courant que Votre Excellence a bien voulu m'adresser en me transmettant une copie authentique de la Nouvelle convention télégraphique internationale qui a été conclue à Rome le 14 janvier dernier, ainsi que le tarif et le règlement qui y sont annexés.

Conformément au désir exprimé par Votre Excellence, je m'empresserais de faire parvenir ces documents à mon gouvernement.

Je saisis cette occasion pour offrir à Votre Excellence l'expression de tous mes sentiments de haute considération.

[44]

le 18 mars 1872

Général Renson.

Monsieur le Général,

J'ai eu quelques occasions de voir les officiers qui ont été désignés par vous pour faire partie de la mission militaire au Japon et de me faire une opinion sur leur compte.

Il me semble que je manquerais à mon devoir si je ne vous exprimais pas la très grande satisfaction que je ressens à leur sujet. Il me semble, autant que j'ai pu voir, que les messieurs réunissent les qualités essentielles au rôle qu'ils vont jouer au Japon, et très certainement, si je dois juger d'après mes propres impressions, ils inspireront une vive sympathie à toutes les personnes avec lesquelles ils se trouveront en relations.

Je vous remercie, Monsieur le Général, de tout ce que vous avez fait pour atteindre ce resultat, je me ferai un vrai plaisir d'informer mon gouvernement du service que vous avez bien voulu nous rendre.

[45]
le 18 mars 1872
Général Renson.

Monsieur le Général,

Mon gouvernement m'a chargé de faire une collection de tous les livres importants qui traitent de l'organisation de l'armée française et de les expédier au Japon pour qu'ils puissent faire partie de la bibliothèque qu'on est en train de former au ministère de la Guerre japonaise à Yedo.

J'ai vraiment cherché ces livres, ils n'existent pas dans le commerce.

D'autre part M. le Colonel Marquerie manifeste le désir d'emporter avec lui certains livres de même nature pour les besoins de la mission.

Dans ces circonstances, Monsieur le Général, je viens vous exprimer l'espoir que vous voudrez bien autoriser M. le Colonel Marquerie de se faire délivrer par le ministère de la Guerre les livres qu'il pourra croire nécessaires à ce double but. Je vous en serai vivement reconnaissant car il n'y a aucune autre manière de les procurer. Bien entendu, je demande la permission de les payer si cela n'est pas contraire aux règlements.

[46]

le 21 mars 1872

Directeur de la Manufacture de poudre,
à Saint-Chamas.

Monsieur le Directeur,

Le gouvernement japonais a chargé M. Inagaki, attaché au ministère des Travaux publics du Japon, de venir étudier en France l'organisation des manufactures de l'Etat.

M. Inagaki qui se trouve actuellement à Marseille est désireux de visiter la Fabrique de Poudre à Saint-Chamas.

J'ai donc l'honneur, Monsieur le Directeur, de vous prier de vouloir bien accorder l'autorisation nécessaire à M. Inagaki. Je me serais adressé à ce sujet au ministre des Finances, mais comme M. Inagaki ne doit rester que peu de temps à Marseille, je vous écrit directement dans l'espoir qu'il vous sera possible de faire droit à ma demande.

M. Inagaki sera accompagné dans sa visite d'un interprète japonais.

[47]

le 23 mars 1872

Comte de Montblanc.

Monsieur,

M. Chevrillon vient de me communiquer la correspondance qui a été échangée entre vous et lui au sujet de la vente à Londres de la collection des objets japonais.

J'y trouve deux lettres de vous, l'une du 22 avril, l'autre du 25 mai. Dans la première, vous dites à M. Chevrillon : « Vous êtes donc libre de prendre toutes les mesures pour assurer, au mieux des intérêts japonais, la liquidation qui vous est confiée.» Dans la seconde, vous lui dites : « Veuillez donc, Monsieur, agir pour le mieux des intérêts qui vous sont confiés. »

C'est sur ces deux phrases que M. Chevrillon base son obligation que vous l'avez autorisé à faire tout ce qu'il voulait, et que, par conséquent vous avez implicitement approuvé le paiement de la commission de 17% à Londres. Cet argument me paraît inadmissible; d'abord le texte n'indique rien de la sorte; ensuite, le ton général de votre seconde lettre est tellement réservé, tellement prudent qu'il est en contradiction absolue avec l'interprétation que Mr Chevrillon cherche à tirer des phrases que j'ai citées.

Il me semble que pour terminer la discussion avec M. Chevrillon, il suffirait que vous ayez l'obligeance de me dire, par écrit, si, en vous servant des deux phrases en question vous aviez l'intention d'accorder à M. Chevrillon la faculté d'accepter n'importe quelles conditions de ventes et de commission à Londres, sans vous consulter de nouveau ou si, au contraire, vous supposiez que les commissions déjà stipulées en faveur de M. Chevrillon devaient tout couvrir.

[48]

6th April 1872

Charles Stuart, Esq., Oriental Bank.

My dear Sir,

I have dicided to draw on the Japanese Government for £4000.

Will you kindly send me the draft to sign, and will you give order that my cheque be duly honoured until the £4000 are placed to my credit with you.

[49]

le 6 mai 1872

Ministre des Affaires étrangéres.

Monsieur le Ministre,

    M. Yamada, général de brigade à l'armée japonaise, vient d'arriver à Paris, chargé par mon gouvernement d'étudier l'organisation de l'armée française.

    Je serais extrêmement reconnaissant à Votre Excellence de vouloir bien recommander le général Yamada à M. le Général de Cissey de façon à obtenir les facilités et les permissions nécessaires.

    Au moment où une mission militaire française vient de partir au Japon pour la seconde fois et nous faisons tous les efforts pour assimiler nos troupes à celles de la France, il y a un intérêt particulier à ce que les études du général Yamada puissent se faire d'une manière complète.

    Je prie Votre Excellence de recevoir d'avance l'expression de mes très sincères remerciements et d'agréer l'assurance des sentiments de très haute considération avec lesquels j'ai l'honneur d'être,

de Votre Excellence
le très obéissant serviteur

[50]

16 May 1872

Baron von Siebold.

Sir,

    I received yesterday your letter dated 1st instant, enclosing 50 dollars American Currency, and a draft receipt for that sum. I return the latter with my signature.

    I consider it to be necessary that a complete set of the Frankfurt notes should be deposited at this Legation to serve for referrence if required.

Will you therefore be kind enough to take the necessary measures to this end. Of course I will give you a receipt in due form for these notes.

I also should like to have from you a complete table or one sheet of paper, similar to the one which you showed me [ ] your last visit to Paris, setting forth the table of each kind of note manufactured and forwarded to Japan, and of the supplice[sic] notes. It would be well to include in it a list of the payments made to Messrs Dondorf.

[51]

30 mai 1872

Ministre de la Guerre.

Monsieur le Ministre,

 Un délégué du ministre de la Guerre du Japon vient de traiter avec la Maison Moriceau et fils de Paris pour la fourniture de divers objets d'équipement militaire.

 Ces objets doivent être approuvés par des experts.

 Dans ces circonstances je viens demander à Votre Excellence s'il est possible de vous autoriser à faire opérer la vérification des objets en question par les experts habituels du gouvernement français qui doivent avoir une plus grande expérience de la manière que toute autre personne.

 Je suppose qu'il faudrait deux experts : l'un pour les objets en cuir, l'autre pour ceux en toile.

 Si Votre Excellence consent à faire droit à ma demande, le délégué japonais s'entendra avec les experts afin de fixer leur rémunération.

 Je prie Votre Excellence d'agréer d'avance l'expression de mes sincères remerciements et de croire à tous les sentiments de haute considération avec lesquels j'ai l'honneur d'être de Votre Excellence.

[52]

31 mai 1872

MM. Présidents de l'Alliance universelle.

Messieurs,
J'ai eu l'honneur de recevoir la lettre en date du 25 courant par laquelle vous avez bien voulu m'exprimer le désir de voir assister quelques-uns de mes compatriotes aux séances du congrès qui s'ouvrira à Paris lundi prochain.

J'ai examiné avec un vif intérêt les documents explicatifs que vous avez eu la bonté de m'envoyer, je reconnais l'utilité du but que vous poursuivez et j'aurais été heureux de venir moi-même à vos réunions si je n'étais retenu personnellement par des considérations dont vous comprendrez la nature sans que je l'explique ici.

Mais comme ces considérations ne s'appliquent aucunement à ceux de mes compatriotes qui n'ont pas de situation officielle à sauvegarder, deux d'entre eux auront le plaisir de se rendre à votre invitation. Bien entendu ils ne viendront que comme simples particuliers et sans aucune attache gouvernementale, mais j'espère que leur présence serait à constater que le Japon tient à honneur d'entrer dans la communauté des relations et de s'associer au mouvement moral et social de l'Europe.

[53]

1 juin 1872

Rédacteur en chef du journal *la France*.

Monsieur, on a attiré une attention ce matin sur un article de votre journal du 29 mai, où, après avoir reproduit des observations de la Gazette des tribunaux au sujet d'une visite que j'ai faite à la cour d'assises, vous dites [qu'] il n'y a à Paris ni ambassadeur, ni chargé d'affaires du Japon, au moins à titre officiel.

Permettez-moi de vous informer, Monsieur, que vous vous trompez. Je suis chargé d'affaires du Japon en France. J'ai remis mes lettres de créance au gouvernement français à Bordeaux le 27 janvier 1871. Comme il vous aurait été facile de vous en apercevoir, si vous aviez consulté la liste officielle des membres du corps diplomatique dressée par le ministère des Affaires étrangères.

Personnellement je n'attache aucune importance à cette rectification. Mais comme j'ai l'honneur de représenter mon pays, je tiens en ma qualité officielle à empêcher que des erreurs se propagent sur la nature de ma position. Par conséquent, je vous serais reconnaissant, Monsieur, de vouloir bien publier cette lettre dans votre prochain numéro.

[54]

4 June 1872

C. Stuart, Esq., Oriental Bank.

My dear Sir,

I have a cheque for £150, dated 1 November 1870 drawn by the Oriental Bank at Yokohama in [sic/ on] the Bank of England, payable to the joint order of Messrs Mayeda and Edziki.

You are aware that M. Mayeda is dead and that M. Etziki is serving in the British Navy. As therefore it is impossible to have the cheque endorsed to order, I shall be much obliged if you could make arrangement to cash it in some form or other. If you can do anything with it I will forward it to you. If not I suppose I must send it back to Japan.

[55]

6 juin 1872

Monsieur Fleury Hérald.

Monsieur, vous avez eu l'obligeance de me communiquer indirectement les relevés de quelques-uns de vos comptes avec le gouvernement japonais. A la même occasion, vous avez manifesté le désir de me remettre le sceau du consulat du Japon ainsi que certains objets et documents appartenant aux archives du consulat.

Il me serait utile d'avoir des copies de tous les comptes qui se sont passés entre vous et mon gouvernement. J'ai besoin de ces pièces pour préparer le règlement de toutes les questions en suspens et, en même temps, pour m'aider à bien comprendre ce qui s'est passé ici jusqu'à l'époque de mon arrivée à Paris.

Je vous serais donc reconnaissant, Monsieur, de vouloir bien me fournir des détails aussi complets que possible.

Je vous donnerais un reçu de tous les objets et documents que vous me remettrez.

[56]

7 June 1872

The American Joint National Agency, London.

Gentleman,

I have received your letter of yesterday asking me whether I can make an advance of money for outfit and travelling expenses to M. Cheseman who has been recently engaged as a surveyor in the service of the Japanese Government and how I propose to pay for certain mathematical and other instruments which have been ordered by M. McVean.

In reply, I have the honour to inform you that I have received no communication whatever from my Government with reference to either of these matters, that I never heard of M. McVean, and that, consequently, it is entirely out of my power to provide or guarantee any money for the proposes [sic] indicated.

If, hereafter, I should receive any instruction on the subject from my Government I will inform you without delay.

[57]

11 juin 1872

Son Excellence le comte von Polsbroek,
ministre de Hollande au Japon.

Excellence,

J'ai eu l'honneur de recevoir la lettre du 4 courant par laquelle vous avez bien voulu me recommander un de vos compatriotes qui désire organiser une école de filles au Japon.

N'ayant pas reçu d'instruction de mon gouvernement à ce sujet, il ne m'est pas possible de répondre officiellement à Votre Excellence. Je puis cependant exprimer l'opinion que le gouvernement ne serait pas disposé à subventionner une école de cette nature.

Toute personne peut obtenir comme Votre Excellence le sait la permission de fonder une école au Japon à ses risques et périls, se faisant payer par les élèves et sans aide de l'Etat. Mais je ne vois aucune probabilité d'une intervention financière du gouvernement.

Je serais heureux si Votre Excellence voulait bien me dire pendant combien de temps elle compte rester en Europe.

[58]

13 juin 1872

MM. Rivière et Dudonné - Experts.

Messieurs,

Me référant aux arrangements qui ont été stipulés verbalement entre nous, j'ai l'honneur de confirmer par la présente l'engagement que j'ai fait de vous payer la somme de deux mille cinq cents francs comme honoraire de l'expertise que vous vous êtes chargés de faire des objets d'équipement militaire commandés pour compte du gouvernement japonais à la Maison veuve Moriceau et fils de Paris par contrat en date du [   ] Il est entendu que cette somme du deux mille cinq cents francs est fixée à forfait de part et d'autre, qu'elle comprend tous les frais que vous pourrez avoir à faire et que moyennant cette somme vous vous chargerez non seulement de l'expertise proprement dite mais aussi de la vérification de l'emballage.

Veuillez bien m'accuser réception de la présente etc.

(signé) Mitoya

[59]

14 June 1872

John Petherick, Esq., Surbiton, Surrey.

Sir,

I have the honour to receive in due course the letter which you were good enough to address to me on the 8th instant with references to the selection of an assistant mining [sic] and three miners for the Public Works Department of Japan.

I have delayed my reply in order to give time for the arrival of despatches which I expected from my Government and which, I thought might contain instructions on this subject.

I have however received by the mail just in nothing more than a private instruction that M. Godfroy has written to you on the matter and the announcement that full instructions will be sent to me by a following post.

Under this [sic] circumstances I must ask you to wait until those instructions have reached me especially as I have no funds disposable and cannot incur any engagements without authority from my Government.

I will lose no time informing you directly I am in a situation to do so.

[60]

14 June 1872

The American Joint Agency.

Gentleman,

Referring to the letter which I addressed to you on the 7th instant I have now the honour to inform you that I have just received a semi official communication from the Public Works Department of Japan, advising me of the steps taken by M. McVean of the selection of four assistant surveyors in England and for the purchases of instruments. I have also received a remittance of $8,000 dollars on account of the expenses to be incurred, and I learn that detailed instructions on the whole matter were to be immediately forwarded to me by my Government.

As soon as those instructuions reach me I will at once communicate with you and will take the necessary measures of the engagement of the four surveyors in question.

[61]

le 19 juin 1872

Ministre de l'Instruction publique.

Monsieur le Ministre,

Mon gouvernement a chargé un délégué du ministère de l'Instruction du Japon d'examiner les questions se rattachant à l'administration de l'enseignement en Europe.

Ce délégué aurait besoin, dans ce but, de faire une collection des publications qui ont été faites en France à ce sujet.

Plusieurs de ces publications ne se trouvent pas dans le commerce et ne peuvent être obtenues qu'à titre de faveur et par la permission de Votre Excellence.

Dans ces circonstances, Monsieur le Ministre, j'ai recours à votre bienveillante intervention et je viens exprimer l'espoir que vous voudrez bien autoriser la remise au délégué japonais M. Imamoura de quelques-uns des documents publiés par votre département. Si Votre Excellence consent à faire droit à cette demande, M. Imamoura aura l'honneur d'indiquer les publications qu'il désire.

[62]

20 juin 1872

Directeur de la Société franco-japonaise.

Monsieur,
   Me référant aux conditions stipulées à l'art.7 du contrat signé le 18 mai dernier entre MM. Yamasiroya et moi-même pour compte du ministère de la Guerre du Japon, MM. Moriceau et fils et votre Société, j'ai l'honneur de vous informer par la présente que les experts sur la signature desquels vous pouvez payer les factures de MM. Moriceau et fils sont pour les objets en toile M. Rivière et pour les objets en cuir M. Dudonné.

Signè Mitoya

[63]

26 juin 1872

Ministre des Affaires étrangères.

Monsieur le Ministre,
   J'ai eu l'honneur de recevoir la lettre en date d'hier par laquelle vous avez bien voulu me faire connaître que sur votre proposition, M. le Président de la République a conféré à M. Du Bousquet la croix de la Légion d'honneur.
   Je suis extrêmement heureux, Monsieur le Ministre, d'avoir à transmettre cette nouvelle à mon gouvernement, elle sera reçue au Japon avec une vive satisfaction, non seulement par suite de la sympathie que tous ressentent pour M. Du Bousquet, mais encore parce qu'on y verra, avec raison, un indice de l'intérêt que le gouvernement français porte au Japon.

Je vous remercie, Monsieur le Ministre, d'avoir bien voulu me prendre comme intermédiaire de cette communication, et je saisis cette occasion pour vous renouveler l'expression des sentiments de très haute considération avec lesquels j'ai l'honneur d'être [ ]

[64]

26 juin 1872

Du Bousquet.

Monsieur,

Par une dépêche en date d'hier, le ministre des Affaires étrangères de France a bien voulu m'informer que sur sa proposition, le président de la République vous a conféré la croix du chevalier de la Légion d'honneur. En même temps le ministre m'a fait remettre un paquet à votre adresse contenant votre diplôme et votre décoration.

Par ce courrier, j'expédie ce paquet au ministère des Affaires étrangères à Yeddo pour qu'il vous soit remis officiellement.

Je suis extrêmement heureux, Monsieur, d'avoir à vous transmettre cette nouvelle. Les nombreux amis que vous vous êtes faits au Japon s'en réjouiront, je me joins à eux pour vous féliciter cordialement et pour vous exprimer toute la satisfaction que je ressens à voir cette haute distinction à un officier au service du Japon.

[65]

4 juillet 1872

Ministre des Affaires étrangères.

Monsieur le Ministre,

Dans le désir d'organiser mes communications avec mon gouvernement sur une base rapide, j'ai demandé aux Messageries de transporter mes colis de dépêches en prenant des arrangements pour que la livraison se passe de suite à chaque bout de façon à éviter les longs retards qui se produisent actuellement.

J'ai trouvé aux Messageries les meilleures dispositions, mais on m'a objecté qu'il ne leur est pas possible de porter des dépêches sans l'autorisation de la Direction des Postes.

Je me suis donc adressé aux Postes; j'ai expliqué que les correspondances japonaises étant extrêmement volumineuses dans sa forme il est difficile, sinon impossible de tous mettre à la poste que les documents expédiés comme colis mettent ordinairement dix jours à m'arriver de Marseille pour suite du temps perdu en douane et que pour ces deux motifs, je demandais l'autorisation de m'entendre avec les Messageries pour le transport rapide comme colis privilégiés de mes dépêches, livres, copies de pièces et autres documents.

On m'a expliqué, en réponse, que la Direction des Postes est impuissante par elle-même à accorder cette permission et que M. le Ministre des Finances peut seul statuer sur la question. On a ajouté, avec une grande bonne volonté, que l'Administration des Postes elle-même pourrait parfaitement se charger du transport et de la livraison directe de nos caisses par chaque malle à titre du colis et que si au lieu d'expédier par la poste, je m'entendais avec les Messageries le ministre des Finances peut seul donner les ordres nécessaires, pour que les colis de documents venant du Japon à mon adresse puissent m'être livrés immédiatement sans être arrêtés aux examens de douane.

Dans ces circonstances, Monsieur le Ministre, je m'adresse à vous dans l'espoir que ma démarche ne paraîtra pas irrégulière et que vous voudrez bien intervenir auprès de M. le Ministre des Finances pour obtenir que nos dépêches, livres, rapports, colis de documents puissent m'être expédiés directement et être expédiés par moi-même comme colis, soit par la poste, soit par les Messageries, mais dans le dernier cas sans visite en douane. Les expéditions se feraient dans les deux sens soit dans les caisses en bois soit dans les sacs en cuir à l'adresse du ministre des Affaires étrangères et du chargé d'affaires du Japon à Paris.

Il serait naturellement entendu que le service ainsi établi serait strictement limité au transport des communications entre mon gouvernement et la légation en France et que tous objets ayant un autre caractère seraient traités de la manière ordinaire.

[66]

18 juillet 1872

Son Excellence le comte von Polsbroek.

Excellence,

J'ai l'honneur de recevoir la lettre en date du 13 courant par laquelle vous avez bien voulu m'informer de la décision que vous avez prise de quitter le service diplomatique et de rester à La Haye.

Je me hâte d'exprimer à Votre Excellence le regret que je ressens de cette nouvelle, regret qui sera vivement partagé par tous ceux qui ont connu Votre Excellence au Japon.

Je remercie sincèrement Votre Excellence des offres de service que vous voulez bien m'adresser tant pour moi-même que pour la grande mission japonaise; nous en profiterons avec reconnaissance et je m'empresserai de prévenir Votre Excellence d'avance de l'époque probable de notre arrivée en Hollande. Je doute que ce soit avant la fin de l'année.

[67]

20 July 1872

John Petherick.

Sir,

I have now the honour to enclose a draft of the contract which I propose between my Government and the geologist whom you have been good enough to select.

This draft is an exact translation of the several French contracts which I have already signed under analogous circumstances, and I should at once say that I shall be unable to modify any of its essential conditions. I am however quite willing to consider any observations of detail which the gentleman in question may desire to submit to me.

I should also say I adopt the French form of contract because of its simplicity and because the extremely cumbersome wading of English legal contracts is untranslatable into the Japanese language.

You will observe that I have left two blanks in Art 3, one for the monthly salary of the geologist, the other for the amount to be allowed for his journey to Japan. I wait your views on these two heads, reserving of course the opinion which I may think it necessary to express thereon.

I should mention that the Japanese month is of 29 or 30 days, with an additional month in each leap year.

[68]

23 July 1872

John Petherick.

Sir,

I have carefully read the letter which you have been good enough to address to me in reply to mine of the 20th instant.

As I mentioned in my last I am quite unable except in the hypothesis which I shall hereafter indicate to change the essential condition of the draft contract which I have communicated to you, my motive for strictly adhering thereto being that the time has come to adopt a uniform type for our arrangements with all persons in our service. But, without modifying those conditions, I can get over the main difficulty indicated in your letter of yesterday. I will allow £200 for the passage out, so leaving a margin more than sufficient to represent the half salary during the voyage.

This however is the only change which I shall be able to introduce into the draft, unless indeed you should consider yourself to be so bound by the steps which you have taken under M. Godfroy's letter that it would be personally disagreable to yourself to maintain the clauses as they are. In that eventuality I will of course introduce such alterations as you may consider necessary, so that no responsibility, either moral or material may weight upon you.

[69]

23 July 1872

Sir Harry Parkes, K.C.B.
Atheneum Club.

Dear Sir Harry,
  I have just heard of the cruel trials to which you have been subjected and of the anxieties, which still continue to weight upon you.
  Pray accept from me the earnest expression of my sympathy. I shoud have written to you before this had I known earlier what has occurred.

[70]

23 July 1872

Campbell Douglas, Esq.
266 St.Vincent Street, Glasgow.

Sir
  By a letter dated at Yokohama on the 22nd April last, Mr. McVean, a surveyor in the service of my Government informed me that he had asked you to be good enough to select three assistant surveyors for Japan, and that you would communicate with me on the subject in order that I might sanction and confirm such arrangements as you should propose.

I have consequently been expecting to hear from you. As however I have received no instruction from you, I write to ask you to be so kind as to let me know what steps you have taken, so that I may forward to you a draft of the contracts te be made with the assistant surveyors in question.

[71]

25 July 1872

Mr. A.J. Klausen.

Sir,

I have duly received your letter of the 23rd instant accompanied by one from Mr. Campbell Douglas.

In reply I beg to enclose a draft of the contracts to be signed between us. Will you be good enough to have it copied in duplicata and return it [to] me with your signature. I will then send you back one copy signed by myself. I [sic] please also to return me the enclosed draft.

I am quite unable, officially, to make any arrangement whatever for the passage of Mrs. Klausen, but I consent to make you a special allowance of £200 for your own journey so as to leave a sufficient margin to pay for both.

[72]

25 juillet 1872

Comte de Rémusat.

Monsieur le Ministre,

J'ai l'honneur d'informer Votre Excellence que je viens d'apprendre par un télégramme de Washington que l'ambassade spéciale japonaise actuellement aux Etats-Unis quittera Boston le 6 août pour Liverpool.

Aussitôt que je saurai l'époque de l'arrivée de l'ambassade en France, je m'empresserai d'en faire part à Votre Excellence.

[73]

28 July 1872

John Petherick.

Sir, I beg to thank you for your letter of the 26th instant and for all the trouble you are so kindly taking.

I would observe that as the passage to Japan (first class) costs £103, an allowance of £200 leaves ample margin for half salary during the journey. Still, as I said in my last, I am desirous to do all I can to execute the engagements which you may consider that you have incurred on behalf of the Japanese Government and I am quite ready, to reconsider this point if you wish it.

The contracts for the three miners would I presume be the same as for the engineer, with differences only of money. But here again I should like to have your views, for your experience will naturally guide me. The salaries should, I suppose, not exceed £15 per month, with second class passage to Japan.

[74]

28 July 1872

C. Stuart, Oriental Bank, London.

Sir,

I beg to enclose herewith three drafts on London. Two of them for 3212.2.5 and £15. 1. 6. respectively are drawn on the Bank of England to my order by your Bank at Yokohama. The third, for 1654.11.8 is drawn, also to my order, by the Yokohama Branch of the Chartered Mercantile Bank of India London & China on that Bank in London. I have endorsed the three drafts to your order.

These three cheques were contained in the parcel which I received from you yesterday and which had been sent back by mistake to Japan.

Will you place the three amounts to the credit of my account with you.

[75]

30 July 1872

Count von Eulenburg

My dear Count

You have always been so very much kind to me that I venture to trespass once more upon your good will.

Will you allow me to present to you Mr. Higasi Kuzé, Chamberlain of the Imperial Court of Japan and Mr. Itutuzi, Vice Master of the Ceremonies.

These gentlemen have been sent to Europe to study and report upon the ceremonial of the European Courts. I shall be very grateful to you if you will kindly aid them to a [   ] knowledge of the ceremonies of the Court of Berlin. They could not be in better hand than yours for such a purpose, and I beg you to accept my sincerest thanks for all that you may think fit to do for them.

Towards the end of the year I shall be in Berlin with the Japanese special Embassy; I shall then have the honour of seeing you and of telling you, in person, how much obliged to you I am.

[76]

9 August 1872

A.J. Klausen.

Sir,

Absence has prevented me from replying sooner to your letter of 29 July. I consent, under the special circumstances of your case, to allow £300 for your journey to Japan, but, for the very reason that I so increase this payment, I cannot possiblily modify the contract in so far as concerns salary during the voyage. Furthermore my Government in no case pays any salary before arrival.

I endossed [sic/ enclose?] herewith cheque to your order for £300 on the Oriental Bank, and a copy of the contract signed by me.

Be pleased to send me a receipt for the £300 and to return me the draft contract which I forwarded to you on 25 July, telling me at the same time by what steamer you propose to leave.

I shall be in London on Tuesday next, for the day and should like to see you. If you will be good enough to call on Tuesday morning at the American Joint National Agency, 446 Strand, you will learn there when and where you can find me.

[77]

9 August 1872

Mr. Cheesman.

Sir,

I have received from the American Joint National Agency, 446 Strand, copy of a letter addressed to that company by you on 30th July last on the subject of your proceeding to Japan as surveyor in the service of the Japanese Government.

I herewith enclose a draft of contract to be signed between you and myself; it has already served for M. Klausen, another surveyor who is also going out. Be pleased to have it copied in duplicata and send it to me signed by you to 446 Strand. I shall be in England next week and will sign it and return one copy to you.

[78]

11 August 1872

Joint National Agency.

Gentlemen,

Referring to your letter of 27 July, I beg to return herewith the two policies of assurance per [sic] Delta and Massiliar and to enclose a cheque on the Oriental Bank to your order of £480. 6. 1. in payment of the balances of your account.

Accept my thanks for the trouble which you have kindly taken in this matter.

[79]

11 août 1872

Ministre de la Marine.

Monsieur le Ministre,

Je prends la liberté de demander à Votre Excellence de m'autoriser à prendre dans vos bureaux le dernier numero du bulletin officiel de la Marine. Mon gouvernement a besoin de le consulter et je serais très reconnaissant si Votre Excellence veut bien me mettre à même d'en recevoir un exemplaire.

[80]

London 15 August 1872

C.P. Schaeffer, Consul General for Mexico, 4 Adams Court.

Sir,

I have had the honour to receive the letter which you addressed to me on the 11th ins. requesting me to give you a letter of introduction to His Excellency Iwakura, First Ambassador of His Majesty the Mikado.

I should have done so with pleasure at any former period but the recent arrival in England of M.Terashima as Japanese Minister seems to me to render it necessary that your applicaion should be addressed to him rather than myself. If we were in France, where I represent Japan, it would have been within my function to comply with your request, but I think that, in England, the official representative of my country can alone act in such a case.

  M.Terashima is at the Langham Hotel.

[81]

                London, 20 August 1872

Prince von Bismarck.

Prince,

  I have the honour to inform your Highness that the special Embassy which has been sent to Europe by His Majesty the Tenno of Japan has just arrived in England from the United-States.

  I am not yet able to indicate to your Highness the date at which the Embassy will reach Berlin: I presume however that it will be towards the end of the year, and I shall have the honour to acquaint your Excellency with the exact period directly it is fixed.

  I profit by this opportunity, *etc.*

[82]

                Paris, 27 août 1872

Ministre des Affaires étrangères.

Monsieur le Ministre,

  C'est avec une extrême satisfaction que j'ai l'honneur d'informer Votre Excellence que Sa Majesté l'empereur du Japon, mon auguste souverain, a daigné me nommer au rang de ministre résident auprès de la République française.

  Je suis parfaitement heureux de cet avancement parce que j'espère qu'il me fournira l'occasion de cimenter plus intimement encore les bonnes relations qui existent déjà entre la France et le Japon et que j'ai à cœur de développer et de fortifier de mon mieux.

J'espère, Monsieur le Ministre, que vous voudrez bien annoncer ma nomination à Son Excellence le président de la République en priant Son Excellence de me faire l'honneur de m'accorder une audience pour la remise de mes nouvelles lettres de créance. En attendant, Monsieur le Ministre, je m'empresse de vous adresser ci-inclus, une copie et une traduction de ces lettres.

[83]

27 août 1872

Mon cher Monsieur Outrey,

Je suis sûr que vous serez heureux d'apprendre que mon gouvernement m'a promu au rang de ministre résident du Japon à Paris.

Je suis revenu de Londres hier soir pour annoncer ce fait officiellement à M. de Rémusat et pour le prier de m'obtenir une audience du président afin que je puisse lui remettre mes nouvelles lettres de créance.

J'ai beaucoup de chose à vous dire, et j'espère que si vous devez venir à Paris cette semaine, vous voudrez bien garder une heure libre pour que nous puissions causer.

Avez-vous reçu la lettre que M. Iwakoura vous a écrite en réponse de la vôtre?

[84]

28 August 1872

Baron von Siebold, London.

Sir,

Your functions at Frankfurt having now terminated, I beg you to be good enough to hand over to H. E. K. Yoshida all documents, papers, samples, *etc.* connected with the contract for the manufacture of Japanese Bank Notes.

[85]
Traduction des lettres de créance de Naonobu Sameshima

  Mouts hito, par la nomination de Dieu, empereur du Japon, placé sur le trône impérial occupé par une dynastie restée sans changement depuis les anciens temps.
  A Son Excellence le président de la République française, notre bon et très illustre ami
  Ayant été désireux de maintenir l'amitié et de prouver la bonne entente qui existent heureusement entre nos deux pays, nous avons nommé précédemment Jugoi Naonobu Sameshima pour être notre chargé d'affaires auprès de votre gouvernement.
  Il a fait son devoir sans négligence avec zèle, habileté et discrétion; nous l'avons donc promu au rang de notre ministre résident auprès de vous, et pour cela nous envoyons maintenant ces lettres de créance afin de constater sa nomination.
  Nous ne doutons pas qu'il remplira bien ses fonctions, gagnant ainsi de plus en plus votre confiance et votre faveur, et nous sommes convaincus que sur la présentation de ces lettres de créance vous lui accordez une bonne et favorable réception et que vous écouterez avec foi et crédit tout ce qu'il dira en notre nom.
  Nous présentons à Votre Excellence nos meilleurs souhaits et vous prions bien votre prospérité.
  Donné à notre résidence impériale dans notre château à Tokei le 14me jour du 5me mois de la 5me année de Medzi.

  (le grand   Signé Mouts hito

sceau du Japon)

      par l'empereur
      Soyeshima
      ministre des Affaires étrangères

[86]

            4 septembre 1872

Monsieur le Ministre,

 J'ai l'honneur de vous accuser réception de votre lettre en date du 3 septembre que vous avez bien voulu m'adresser et par laquelle Votre Excellence m'informe que Monsieur le Président de la Republique m'admettra à remettre entre ses mains mes nouvelles lettres de créance, à son arrivée à Versailles, dans la seconde quinzaine de septembre, à moins que je ne préfère me rendre à Trouville où il se trouve en ce moment.

 En réponse à votre bienveillante communication, Monsieur le Ministre, j'ai l'honneur d'informer Votre Excellence que j'attendrai le retour à Versailles de Monsieur le Président de la République et que j'aurai alors l'honneur de remettre en ses mains mes nouvelles lettres de créance au jour et à l'heure qu'il lui plaira de vouloir bien me désigner.

[87]

            5 septembre 1872

Monsieur le Ministre,

 Akiyoshi Yamada, général de brigade à l'armée japonaise se rend à Berlin, chargé par mon gouvernement d'étudier l'organisation de l'armée allemande.

 Je serais extrêmement reconnaissant à Votre Excellence de vouloir bien recommander le général Yamada à Son Excellence Monsieur le Ministre de la Guerre afin qu'il puisse obtenir les facilités nécessaires pour pouvoir remplir sa mission.

Je prie Votre Excellence d'agréer d'avance l'expression de mes sincères remerciements et de croire à tous les sentiments de haute considération avec lesquels j'ai l'honneur d'être.

[88]

28 septembre 1872

Comte de Crougier.

Monsieur,

Mon absence de Paris m'a empêché de répondre plus tôt à la lettre en date du 20 courant que vous m'avez fait l'honneur de m'adresser au sujet de votre nomination au poste de ministre de San Marino.

Il me semble, Monsieur, que la question que vous me posez est exclusivement de la compétence du gouvernement français; mais puisque vous avez bien voulu me consulter, je m'empresse de répondre que si M. le Président de la République admet votre nomination, je serais heureux d'avoir avec vous les mêmes relations qu'avec mes autres collègues.

[89]

21 septembre 1872

Monsieur le Ministre,

J'espère que vous voudrez bien pardonner la liberté que je prends en m'adressant directement à Votre Excellence sans avoir l'honneur de vous être connu.

Je serais extrêmement reconnaissant à Votre Excellence de vouloir bien recommander Harada, commissaire du département de la Guerre du Japon, chargé d'étudier l'organisation et tous les établissements relatifs à la guerre afin qu'il puisse obtenir les facilités et les permissions nécessaires pour pouvoir tout visiter.

Je prie Votre Excellence d'agréer d'avance l'expression de mes très sincères remerciements et de croire à tous les sentiments de haute considération avec lesquels j'ai l'honneur d'être[ ]

[90]

21 septembre 1872

Monsieur le Ministre,

J'ai l'honneur d'adresser à Votre Excellence de vouloir bien transmettre ma demande auprès de S. E. Monsieur le Ministre de la Guerre, au sujet d'un étudiant japonais Watari Rokounoske qui serait heureux d'avoir l'autorisation de pouvoir entrer à l'Ecole [de] Saint-Cyr pour finir ses études préparées.

[91]

3 octobre 1872

Ministre des Affaires étrangères.

Monsieur le Ministre,

Votre Excellence a bien voulu m'écrire en date du 1 courant au sujet de la cession par Monsieur le Ministre de la Guerre à la mission militaire du Japon de divers objets destinés à la fabrication de cartouches et Votre Excellence me demande au nom de Monsieur le Ministre de la Guerre si je serais disposé à verser la valeur de ces objets.

J'ai l'honneur de répondre que je suis prêt à faire ce versement aussitôt que je saurai à quelle caisse il faudra l'effectuer et quel est le montant exact.

[92]

5 octobre 1872

Ministre de la Marine.

Monsieur le Ministre,

Je me permets de m'adresser à Votre Excellence sans passer par le ministère des Affaires étrangères dans l'espoir que Votre Excellence ne verra pas d'inconvénient à me répondre directement.

M. T. Hida, directeur de l'arsenal d'Yokoska est désireux de visiter les arsenaux de Cherbourg et de Brest et, ultérieurement, celui de Toulon.

Je serais très reconnaissant à Votre Excellence de vouloir bien lui en accorder l'autorisation.

[93]

8 Octobre 1872

C. A. McVean, Yedo.

Sir,

I received in due course your letters of 22nd, 23rd and 25th April with the remittance of $8000 and the draft contract which you proposed for the engagement of the four assistants whom you were authorised by the Minister of Public Works bring out from England.

Messrs. Cheesman, Klausen, and de Boinville are already engaged; the two former have started for Japan, and I hear from M. Campbell Douglas that the fourth candidate will shortly present himself for my application [sic].

You will observe when you see the contracts which I have signed with these gentlemen that I have made them in the name of the Japanese Government, instead of in your own name as you suggested. The form of contract which I have employed for your assistants is identical with that which I have adopted for all person who enter the service of my Government and which will henceforth be it already used [sic].

I have been glad to be able to confirm with no hesitation the selection of the gentlemen proposed by M. Douglas; they appear to me to be very fit for the posts they have to occupy.

I have arranged with M. Sharban for the purchase of the instruments.

[94]

26 octobre 1872

Ministre des Affaires étrangères.

Monsieur le Ministre,

A mon retour à Paris aujourd'hui après une absence de dix jours, j'ai reçu la lettre que Votre Excellence m'a fait l'honneur de m'écrire le 22 courant au sujet d'une demande que j'ai adressée au ministre de la Marine à l'effet d'autoriser M. Hida de visiter les arsenaux de Cherbourg, Brest et Toulon.

Je prie Votre Excellence de vouloir bien croire qu'en m'adressant directement au ministre de la Marine sans passer par le ministère des Affaires étrangères, je n'ai aucunement imaginé que je pouvais manquer du respect envers Votre Excellence.

Je me suis rencontré avec le ministre de la Marine; j'ai eu l'avantage de causer longuement avec [sic] bien des visites que les délégués japonais se proposent de faire aux établissements français. Il a bien voulu me témoigner tant de bienveillance et tant de désirs de faciliter ces visites, que dans le but d'éviter les retards qui se présentent en suivant la filière habituelle je me suis permis exceptionnellement de lui écrire directement.

Je regrette de m'être écarté cette fois des règles ordinaires. J'aurais garde de n'y pas manquer à l'avenir.

[95]

31 octobre 1872

Monsieur le Docteur Bauduin,
22 rue de Java, La Haye.

Monsieur,

J'ai eu l'honneur de recevoir la lettre, en date du 28 courant, par laquelle vous m'exprimez le désir d'être nommé consul général du Japon en Hollande.

Personne mieux que moi ne sait combien vous avez donné des preuves d'intérêt et de sympathie au Japon et combien il serait agréable à mes compatriotes de voir continuer des relations avec vous.

Mais tout en vous exprimant les sentiments personnels, il ne m'est pas possible d'aller plus loin en réponse à votre proposition.

Aucune décision n'est adoptée à présent au sujet de la nomination d'un consul général ou agent diplomatique japonais en Hollande. Si, plus tard, la nécessité d'une pareille nomination se faisait sentir, je suppose qu'elle serait faite par le ministre des Affaires étrangères directement.

Si vous venez à Paris, j'espère que vous viendrez me voir.

[96]

4 novembre 1872

Les ministres des Affaires étrangères de Belgique et de Hollande.

Monsieur le Ministre,

J'espère que Votre Excellence voudra bien pardonner la liberté que je prends en m'adressant à elle sans avoir l'honneur de lui être connu personnellement.

J'y suis contraint par le fait qu'étant le seul représentant du Japon sur le continent, j'ai à m'occuper officieusement de mes compatriotes même dans les pays où je ne suis pas accrédité.

Un cas de cette nature se présente aujourd'hui. M. Hida, commissaire du ministère des Travaux publics du Japon est chargé par mon gouvernement de visiter les travaux publics et usines les plus importants de l'Europe, et désire voir le plus possible en (Belgique, Hollande) où il y a tant de choses intéressantes et instructives à examiner.

J'espère, Monsieur le Ministre, que dans ces circonstances, Votre Excellence voudra bien excuser l'irrégularité de ma démarche et qu'elle aura la bonté de faciliter à Monsieur Hida l'accomplissement de sa tâche en le recommandant à qui de droit.

[97]

4 Novembre 1872

John Petherick.

My dear Sir,

In consequence of my absence and much occupation delay has occurred in my reply to your letter of 8 Octobre [sic].

I entirely approve your choice of the three miners and, with one exception, the conditions which you propose for this engagement.

That exception is the stipulation that the miners' wages shall be paid to their families in England, excepting a certain portion which shall be given to them in Japan.

On this point I see grave difficulty. I am aware that there are precedents in England for such an arrangement but I fear that it is open to serious objection in the present case. Is it not possible to get over it? Can we not pay the men in Japan in the ordinary way, leaving them to remit to their families.

I shrink for this special condition; it is altogether new to us, in opposition to our habitual action and would produce extreme inconveniences.

[98]

4 novembre 1872

Monsieur le Directeur du musée du Louvre.

Monsieur, j'ai l'honneur de vous prier au nom de mon gouvernement de vouloir bien accepter pour le musée du Louvre un modèle de maison japonaise provenant de l'Exposition universelle de 1867.

Si vous voulez bien me faire savoir et à qui je dois la faire livrer, je le ferai transporter immediatement.

[99]

4 novembre 1872

Monsieur le Directeur de la Fabrique de tabac,
Quai d'Orsay.

Monsieur,

Il reste entre mes mains quelques paquets de tabac japonais, en feuilles, provenant de l'Exposition universelle de 1867.

Je crains qu'il ne soit un peu détérioré, mais il pourrait peut-être servir pour faire des expériences, afin de voir si ce genre du tabac conviendrait à vos besoins.

J'ai donc l'honneur de vous demander au nom de mon gouvernement, de vouloir bien me permettre de vous envoyer ce tabac.

[100]

novembre 72

Monsieur le Ministre,

J'ai l'honneur d'informer Votre Excellence que Sa Majesté l'empereur du Japon, mon auguste souverain a daigné me nommer au rang de ministre résident auprès de l'Empire allemand.

Je suis particulièrement heureux de cet avancement parce que j'espère qu'il me fournira l'occasion de cimenter plus intimement encore les bonnes relations qui existent déjà entre l'Allemagne et le Japon et que j'ai à cœur de développer et fortifier de mon mieux.

J'espère, Monsieur le Ministre que Votre Excellence voudra bien annoncer ma nomination à Sa Majesté l'empereur en priant Sa Majesté de daigner me faire l'honneur de m'accorder une audience pour la remise de mes nouvelles lettres de créance.

En attendant, Monsieur le Ministre, je m'empresse d'adresser à Votre Excellence ci-inclus, une traduction de ces lettres.

[101]

13 November 1872

John Petherick.

Dear Sir,

I am glad to learn, by your letter of the 10th, that you have succeeded in avoinding the difficulty of partial payment of the miners['] wages in England.

I now enclose a draft of contract in the name of John Symons. Those for James Dale and Thomas Treleas will be identical. Will you be kind enough to have them made out and signed by the men and then forward them to me for signature.

The ordinary exchange for dollar is from 4/2 to 4/6 sterling; but I have put the exchange at 4/ and have given 80 dollars for £16. By this the men will gain about 8 per cent.

I have paid £90 for their passage out. It will cost £62 second class from Southampton; say £70 all sundries included. They will therefore receive a bonous of £20 each, and this renders it [un]necessary to give them any advance of wages.

[102]

15 November 1872

Henry Sharban.

Sir,

I have your letters of the 11th and 14th.

The stoppage of Messrs. Bowles and Co. has happened at a moment when I hand a considerable sum in their hands. It has consequently disturbed my financial arrangement and it will take me about a fortnight to reconstitute them.

I must therefore postpone till the beginning of December the settlement of the account for the instruments which you have been good enough to order.

I shall be extremely sorry if this delay causes you any arrogance [sic] and I will let you know, as soon as possible, the exact day on which I can give a cheque of the amount required.

Will you, for this purpose, be so kind as to send me all the invoices of these instruments.

[103]

19 novembre 1872

Monsieur le Ministre,
 J'ai l'honneur de porter à la connaissance de Votre Excellence que je suis arrivé à Berlin.
 Je serais très reconnaissant à Votre Excellence d'avoir l'honneur de me présenter devant elle avant de lui remettre la copie de mes nouvelles lettres de créance. Votre Excellence aura la bonté de me répondre quand elle voudra bien me faire l'honneur de me recevoir.

[104]

le 29 novembre 1872

M. le Comte Donhof, maréchal de cour de
S.A.R. le prince Charles de Prusse.

Monsieur le Comte,
 Ayant eu l'honneur de présenter aujourd'hui à Sa Majesté l'empereur

mes nouvelles lettres de créance en qualité de ministre résident du Japon, je crois, de mon devoir, de solliciter l'honneur de présenter mes hommages à Monseigneur le Prince Charles de Prusse et j'ai recours à Votre Excellence pour la prier de prendre les ordres de Son Altesse Charles sur le jour et l'heure où elle daignera m'accorder une audience.

[105]

30 9bre 1872

Lord Odo Russell, ambassadeur d'Angleterre.

Monsieur l'Ambassadeur,

Ayant eu l'honneur de présenter hier mes nouvelles lettres de créance en qualité du ministre résident du Japon, je me permets de prier Votre Excellence de vouloir bien m'indiquer le jour et l'heure où elle voudra bien me recevoir.

Je prie Votre Excellence de vouloir bien exprimer de ma part le même désir à Madame l'Ambassadrice.

[106]

30 novembre 1872

S.E. M. le Vicomte de Goutau-Biron,
ambassadeur de France.

Ayant eu l'honneur de présenter hier à l'empereur mes nouvelles lettres de créance en qualité de ministre résident du Japon, je me permets de vous prier Votre Excellence de vouloir bien m'indiquer le jour et l'heure où elle voudra bien me recevoir.

[107]

Berlin, le 6 décembre 1872

Monsieur le Rédacteur,

Je vois dans votre annuaire de l'année 1873 que mon nom n'a pas été écrit correctement comme représentant du Japon (page 310).

J'ai l'honneur de joindre sous ce pli ma carte ainsi qu'une liste des personnes attachées de la dite légation qui pourront vous servir de guide pour porter les corrections nécessaires dans votre annuaire diplomatique.

au rédacteur de l'*Almanach de Gotha*

[108]

15 décembre 1872

To Chief Manager, Oriental Bank, London.

A new contract has recently been made with Messrs. Dondorf of Frankfurt for the manufacture of an additional guaranty of Bank Notes for the Japanese Government.

These Notes will not be ready to be forwarded immediately, but I am desirous to make arrangements with you beforehand for their shipments when ready.

Will you be kind enough to let me know on what conditions you can undertake this operation. The Notes will reach London packed in cases, as before.

[109]

15 décembre 1872

Ministre de l'Instruction publique.

Monsieur le Ministre,

De retour à Paris hier après une absence d'un mois, j'ai trouvé les trois lettres que Votre Excellence m'a fait l'honneur de m'adresser en date des 28 et 30 novembre.

Je m'empresse de remercier Votre Excellence des documents que vous avez bien voulu m'envoyer. Je les communiquerai à mon gouvernement.

A la même occasion je prierai mon gouvernement de ne pas manquer m'envoyer pour être remis à Votre Excellence tous les documents japonais qui seraient de nature à présenter quelque intérêt pour votre administration.

[110]

15 décembre 1872

Thomson Benor et Cie, St. Petersbourg.

Gentlemen,

I have had the honour to receive the letter[s] dated 15/27 Novembre by which you have informed me of the payment of a check for £80 which you have costed [sic] to Mr. Tanaka.

M. Sameshima is <absent> [at Berlin]. On his return I will carry your letter before him and will then remit the sum in question.

F. M.

[111]

14 décembre 1872

Monsieur le Ministre,

J'ai l'honneur de porter à la connaisance de Votre Excellence que l'ambassadeur spécial de mon gouvernement qui dans ce moment à Londres m'a averti de son arrivée à Paris le 16 courant lundi.

[112]

5 décembre 1872

Monsieur le Directeur,

Je vous demande pardon de m'adresser à vous directement au sujet de mes compatriotes Nagaoka et Ohno, commissaires du gouvernement japonais chargés d'étudier les règlements relatifs aux douanes.

En ma qualité officielle, je devais demander une telle autorisation par l'intermédiaire du ministère des Affaires étrangères, mais le moment de départ de ces messieurs ne me permet pas de suivre cette voie régulière. Je prends donc la liberté d'avoir recours à votre obligeante complaisance afin qu'ils puissent obtenir les facilités et les permissions nécessaires pour remplir leur mission.

[113]

15 décembre 1872

M. Aimé Humbert, Neuchâtel.

Monsieur, de retour à Paris après une absence à Berlin, je trouve votre lettre du 21 novembre.

Le moment n'est pas venu de donner suite <aux sujets>[aux projets] dont vous avez bien voulu m'entretenir. Mais je vous prie de croire qu'il me serait très agréable de trouver l'occasion de les réaliser. J'y attache une grande importance et je suis convaincu que personne que vous ne pourrait m'aider à les conduire à bonne fin. Je ferai de mon mieux pour vous tenir au courant de ce qui se passera au sujet de cette question.

[114]

(no date)

M. Phile Overbeck, consul de Mecklembourg, Cologne.

Monsieur, j'ai eu l'honneur de recevoir du 5 courant par laquelle vous m'avez exprimé le désir de recevoir la nomination de consul du Japon à Cologne.

Il n'entre pas actuellement dans les intentions de mon gouvernement de nommer des consuls; par conséquent il ne m'est pas possible de donner une réponse favorable à votre <gouvernement> [communiation]. Tout ce que je puis faire pour le moment est d'en prendre note pour le cas où, plus tard, il serait question de consulats.

[115]

19 December 1872

To Chief Manager, Oriental Bank.

Sir,

I have to acknowledge the receipt of your letter of yesterday, with the account of charges on the shipment of Japanese Bank Notes under the former contract.

I take note that you are disposed to superintend, on the same conditions, the transmission of the additional Notes under the second contract.

You mention that the cost and charges of the Notes under the old contract has exceeded the sum apportioned by M.Wooyeno by £5,017.4.4, which sum remains due to you by the Japanese Government. In order to enable me to clearly understand this I shall be much obliged if you will be kind enough to send me a copy of the entire account.

I am, Sir,

Your obedient servant

Sameshima

Japanese Minister in France

[116]

22 December 1872

John Petherick.

Dear Sir,

My prolonged absence from Paris has prevented me from returning to you at an earlier date the agreements with the three Cornish miners which you were good enough to forward to me on the 7th instant.

I enclose them herewith, signed by myself, and I shall be glad to receive the duplicata signed by the men.

When will they leave? I have £270 to remit to you to be distributed to them on the proportion of £90 each.

Since I last wrote to you the Japanese Government has adopted the European Calendar; consequently the men's wages will be paid in exact conformity with European usages.

As regards the geological mining engineer and the colling[*sic*/ colliery] engineer I have no instruction from my Government, and therefore, to my regret, am obliged to leave the question in suspense.

[117]

3 janvier 1873

S.E. Monsieur de Balan,
ministre des Affaires étrangères, Berlin.

Monsieur le Ministre,

J'ai l'honneur de remettre, ci-joint, à Votre Excellence une note sur la question de l'application des droits ad valorem sur marchandises allemandes importées au Japon, dont j'ai eu l'honneur d'entretenir Votre Excellence pendant mon séjour à Berlin.

Je prie Votre Excellence de me permettre de profiter de cette occasion pour lui offrir l'expression des tous mes vœux pour l'année qui s'ouvre. Je désire vivement qu'elle soit heureuse pour nos deux pays et j'espère qu'elle me fournira quelques opportunités de travailler à <continuer> [cimenter] leurs relations.

[118]

26 December 1872

To Sharban.

Sir,

I beg to enclose herewith a cheque to your order on the Oriental Bank for £610, being the amount necessary to pay the cost of the instruments which you have been good enough to order for the Japanese Government.

Will you be pleased to acknowledge its receipt.

I purposed to send this cheque to you two days ago, but extreme occupations prevented my attending to it.

[119]

28 December 1872

To Chief Manager, Oriental Bank, London.

Sir,

I beg to enclose herewith a cheque on yourselves for £700 signed by M. P. Gil.

Will you be good enough to place the amount to the credit of my account with you and to acknowledge the safe receipt of the sum.

[120]

31 December 1872

John Petherick Esq.

Dear Sir,

I beg to acknowledge the receipt of your letter of the 29th instant (received today) enclosing the three agreements with the Cornish miners.

Herewith I enclose a cheque to your order on the Oriental Bank for £270, for distribution amongst the men at the rate of £90 each.

Directly I receive instructions from my Government with reference to the engineer and geologist, I will communicate again with you.

Meanwhile I beg you to receive the expression of my very sincere thanks for all the trouble which you have so kindly taken.

Be pleased to acknowledge the safe receipt of the cheque.

〔121〕

3 janvier 1873

S.E. Monsieur le Comte de Rémusat,
ministre des Affaires étrangères.

Monsieur le Ministre,

Son Excellence le ministre de la Guerre a bien voulu, il y a peu de temps, admettre R. Watari, sujet japonais, comme élève de l'Ecole de Saint-Cyr.

Aujourd'hui le général Yamada qui est chargé d'une mission en France par le gouvernement du Japon, a besoin du recours de M. Watari, pendant trois semaines environ, pour l'aider à terminer ses rapports.

Dans ces circonstances, je viens prier Votre Excellence de vouloir bien intervenir auprès de Son Excellence le ministre de la Guerre afin d'obtenir qu'un congé soit accordé à M. Watari dans le but indiqué.

〔122〕

9 janvier 1873

S.E. M. le Baron de Zuylen de Nyevelt,
ministre des Pays-Bas.

Monsieur le Ministre et cher collègue,

Il m'aurait été bien agréable de pouvoir donner une réponse affirmative à la demande que vous me faites l'honneur de m'adresser au sujet de M. Thissen.

Malheureusement je n'y puis rien pour le moment du moins.

De temps en temps je reçois de mon gouvernement des instructions qui me prescrivent de choisir et d'envoyer au Japon des ingénieurs, des professeurs ou d'autres agents européens. C'est dans une de ces occasions que j'ai engagé deux ingénieurs du Water Staat Hollandais qui sont maintenant au Japon.

Mais depuis plusieurs mois on ne me demande plus personne.

Comme je n'ai aucun droit de prendre l'initiative dans ces questions, comme mon gouvernement seul peut connaître ses besoins, il ne m'est pas possible de proposer M. [ ]

Je ferai inscrire son nom sur la liste de candidats et, si l'occasion se présentera, je m'empresserai de vous en informer.

Je regrette bien vivement de ne pouvoir vous faire une meilleure réponse, et je vous prie, Monsieur le Ministre, de recevoir l'expression de

....

[123]*

10 janvier 1873

Messieurs,

J'ai l'honneur de vous informer que si une caisse contenant des livres envoyés de Burrington [*sic*/ Burlington] Hôtel à Londres adressant à la légation du Japon est erronée à vos bureaux.

Je serais bien aise, Messieurs, si vous voudrez bien prendre la peine de l'envoyer immédiatement à la légation si vous trouvez une telle caisse.

Ossada

[124]

12 January 1873

Messrs. Murray & Hatchins.

Dear Sir,

Your letter of Thursday did not reach me till yesterday. It was posted too late.

About half the Japanese creditors have signed the power. The other will sign successively, and the documents will be forwarded to you as soon as possible.

I enclose a protested bill on Bowles Brother & Co drawn from Berlin for £481. 13. 0. with other paper referring to it.

Will you be kind enough to acknowledge receipt of the sum and to prove for the amount in the name of the drawers against the estate of Bowles Brother & Co in bankruptcy.

If you need a power of attorney it must be signed by the [ ] Berlin.

F. M.

[125]

13 December 1872

To Dondorf.

Gentlemen,

In reply to your letter of the 11th instant, I beg to inform you that I have arranged with the Oriental Bank to receive and forward the cases of Japanese Bank notes under the second contract.

Will you therefore be pleased to send them to London as before.

I should however observe that all questions relating to the execution of your contract should be treated by you with the Japanese Commissioners in residence at Frankfurt, and that, unless in special cases, reference to me should be made solely through those Commissioners.

In the present instance I reply to you direct but, henceforth I should prefer to see you settle all details with the Commissioners.

[126]

13 January 1873

To Chief Manager, O.B.

Sir,

By your letter of 18th Dec. you expressed your willingness to undertake, on the same terms as before, the shipping of the Japanese Bank Notes to be supplied under the second contract with Messrs. Dondorf.

Consequently, I have instructed Messrs. Dondorf to forward these Notes to you, as well as the remainder under the first contract.

I believe that the first lot will be despatched from Frankfurt about the 20th instant.

I should be obliged to you if you would be good enough to send me for each shipment a list of the cases received and forwarded, and a statement of the expenses of all kinds attaching thereto.

I duly received my pass book made up to 31 December.

[127]

13 January 1873

Sharban, Esq.

Dear Sir,

You have had so much trouble already with reference to the instruments for Japan that I am extremely sorry to be obliged to add further to it.

Unfortunately, however, I have no alternative, so you will see.

When I opened the credit of £800 for you with the Joint National Agency, that sum was transferred in the books of the establishment from my name to yours, and an account was opened with you for it.

The result was that, when the failure took place you appeared in the books as creditor for £610, which remained undrawn under the credit.

I immediately applied to the liquidator to have the £610 transferred back from your name to mine. The reply was that such a course would be illegal and that you must prove for the debt. I succeded however in obtaining (verbally) that a letter from you to the liquidator authorising him to pay me instead of yourself would be accepted as sufficient.

An arrangement is now in contemplation which would dispense with liquidators, but, evidently, I shall need your intervention to obtain the dividend which may be allowed to me.

This can only be settled through my solicitors, Messrs. Murray and Hatchins, 11 Birchin Lane, and, to my regret, I am forced to ask you to kindly place yourself in communication with them for the purpose of effecting an arrangement of the matter in the form which may be required.

Of course I will repay all expense which be necessitated by your kind instruction.

With the renewed expression of my sincere regrets and thanks,

[128]

24 janvier 1873

S.E. le ministre des Affaires étrangères, Berlin.

Monsieur le Ministre,

J'ai l'honneur de m'adresser à Votre Excellence dans les circonstances suivantes.

Mon gouvernement m'a chargé de faire choix d'un professeur allemand pour prendre part à la direction du collège de Yedo.

N'ayant aucun moyen direct de me mettre en relation avec les personnes qui seraient disposées à accepter ce poste, j'ose espérer que Son Excellence le ministre de l'Instruction publique ne refusera pas de rendre le service de désigner le candidat qui lui paraîtrait plus apte.

Les ambassadeurs extraordinaire du Japon (qui arrivent bientôt à Berlin) se joignent à moi pour appuyer cette demande, et c'est en leur nom comme au mien, que j'ai l'honneur de la soumettre à Votre Excellence.

Je me permets de vous adresser ci-inclus, Monsieur le Ministre, un mémorandum des conditions d'engagements proposées par mon gouvernement. Dans le cas où vous voudriez bien donner suite à ma proposition, un acte basé sur ces conditions interviendrait entre le professeur et moi.

Comme on a grand besoin de ce professeur au Japon, je serais reconnaissant si la question pouvait recevoir une prompte solution.

[129]

25 janvier 1873

Ministre des Affaires étrangères.

Monsieur le Ministre,

Je viens prier Votre Excellence de vouloir bien exprimer à Son Excellence le ministre de la Guerre mes plus sincères remerciements du service qu'il a rendu au Japon en aidant le général Yamada à remplir la mission qui lui était confiée.

Le ministre de la Guerre a eu la bonté d'entourer le général Yamada d'officiers qui lui ont tout expliqué et tout détaillé de la manière la plus complète. Il en est extrêmement reconnaissant.

J'espère que Monsieur le Ministre de la Guerre acceptera pour lui-même l'expression de toute sa gratitude et qu'il voudra bien faire savoir au colonel Nugues, aux capitaines Aignan et Vieillard, au lieutenant Courtes et au sous-intendant Durard combien nous apprécions la courtoisie, la patience, et la bonne volonté qu'ils ont employées si largement pour être utiles au Japon.

Ce sera pour le général Yamada un devoir et un plaisir, lors de son prochain retour au Japon, d'informer Sa Majesté le Mikado et le gouvernement de l'excellent accueil qu'il a reçu de France.

[130]

25 janvier 1873

Préfet de police.

Monsieur le Préfet,

J'ai recours à votre obligeance dans les circonstances suivantes.

Le gouvernement du Japon a chargé Mr Kawage d'étudier l'organisation de la police à Paris.

Pour remplir cette mission M. Kawage aura besoin de facilités que vous seul, Monsieur le Préfet, pourrez lui accorder.

Je prends la liberté de vous en écrire directement, sans passer par l'intermédiaire officiel du ministère des Affaires étrangères, car je suis convaincu d'après les rapports agréables que j'ai déjà eus avec votre administration, que vous ne m'en voudrez pas de cette démarche.

Si vous voulez bien m'indiquer la personne à laquelle M. Kawage doit s'adresser, il ira la voir.

[131]

27 janvier 1873

Ministre de Belgique à Paris.

Monsieur le Ministre et cher collègue,

J'ai l'honneur de vous informer que les ambassadeurs extraordinaires du Japon se proposent de quitter Paris au commencement du mois prochain et d'aller directement à Bruxelles où ils feront un court séjour.

Aussitôt que la date exacte du départ sera fixée, je m'empresserai de vous en informer.

[132]

27 janvier 1873

Ministre de Hollande à Paris.

Monsieur le Ministre et cher collègue,

Vous avez bien voulu me demander de vous fixer le plus tôt possible <pour> [sur] l'époque où les ambassadeurs extraordinaires du Japon arriveront en Hollande.

Je suis maintenant en mesure de vous informer qu'ils se proposent de quitter Paris au commencement de février. Ils feront un court séjour à Bruxelles et de là ils iront à La Haye.

Aussitôt que la date exacte de leur arrivée sera décidée, je m'empresserai de vous en informer.

[133]

28 janvier 1783

Comte de Montblanc.

Monsieur, j'ai conféré avec les ambassadeurs extraordinaires du Japon au sujet des réclamations que vous m'avez adressées.

Quant à présent je ne puis prononcer aucune opinion, mais il me semble que je parviendrais plus facilement à m'en faire une si vous vouliez bien déléguer un de vos amis pour causer de détails avec moi.

Vous aurez sans doute l'obligeance de me faire savoir si vous vous rendez à cette proposition.

[134]

28 janvier 1878

Baron Jules de Lesseps.

Monsieur, j'ai conféré avec les ambassadeurs extraordinaires du Japon au sujet de la réclamation que vous m'avez adressée concernant une somme qui vous serait due comme reliquat de compte depuis l'Exposition universelle 1867.

J'ai le regret de vous informer qu'après examen des détails de votre réclamation, nous nous trouvons dans l'impossibilité de l'admettre.

Toutefois comme je n'ai aucunement le droit de me constituer juge définitif dans l'affaire de cette nature, j'ai l'honneur de vous proposer de vous en référer à la décision d'une tierce personne.

S'il vous convenait d'adopter cette solution, je vous proposerais de prendre comme arbitre entre nous un des chefs de service au ministère des Affaires étrangères, M. Mollard par exemple.

Vous aurez sans doute l'obligeance de me faire savoir si vous acceptez cette proposition. Dans ce cas, nous demanderions ensemble à M. Mollard de vouloir bien nous rendre le service de juger le différend, et nous signerions un compromis par lequel nous nous engagerions mutuellement à reconnaître sa décision.

[135]

29 janvier 1873

Monsieur le Ministre,

J'ai eu l'honneur de recevoir la lettre du 21 courant par laquelle Votre Excellence a bien voulu me demander si M. Waro Imamura serait autorisé à accepter la fonction de répétiteur à l'Ecole spéciale des langues orientales vivantes.

M. Imamoura est attaché en qualité de commissaire du ministère de l'Instruction publique du Japon à l'ambassade extraordinaire qui se trouve actuellement à Paris. J'ai donc dû avant de répondre à Votre Excellence m'en référer aux ambassadeurs extraordinaires.

C'est avec plaisir que je puis annoncer aujourd'hui à Votre Excellence qu'il n'y a aucun empêchement à ce que M. Imamoura accepte les fonctions que M. le Ministre de l'Instruction publique a bien voulu lui offrir.

[136]

29 janvier 1873

Messrs. Murray & Hatchins.

Dear Sir,

You will remember that on the 19th November last you arranged for account of the Japanese Government a deposit of securities with the Oriental Bank representing a value of 100,000 florins in execution of the contract made on 19th October with Messrs. Dondorf of Frankfurt.

A second deposit of securities for the same account is to be effected on 1st February. With the same object and under the same conditions, M.Yoshida has already spoken to you thereon, and any object in writing to you is to request you officially in my capacity of Commissioner in the matter for the Japanese Government, to be good enough to take the necessary steps to carry out this second deposit and to execute another deed for the purpose.

I refer you to M. Yoshida for arrangement of all the details. He will provide the securities.

[137]

29 January 1873

Chief Manager, Oriental Bank.

Sir,

You are doubtless aware that a second deposit of securities representing the amount of 100,000 florins, is to be made at the Oriental Bank on 1st February next by the Japanese Government in execution of the new contract between that Government and Messrs. Dondorf of Frankfurt.

The details of this second deposit will be arranged with you by M. Yoshida, but I now write you officially, in my capacity of Commissioner in the matter for the Japanese Government, to request you to be good enough to receive this second deposit, and to sign the necessary deed for the purpose.

I write by this post to Messrs. Murray & Hatchins requesting them to arrange the legal part of the matter for an account.

[138]

30 janvier 1873

Monsieur le Directeur,

　Je serais très reconnaissant, Monsieur le Directeur, si vous voudrez bien donner la permission <de pouvoir visiter> [de visiter] au porteur de cette lettre et sa suite de visiter l'hôtel des Monnaies.

[139]

30 janvier 1873

Monsieur,

　J'ai l'honneur de vous informer en réponse à votre lettre du 15 janvier, que je serais très heureux de profiter par votre proposition pour recommander votre maison à ceux de mes compatriotes qui se proposent d'étudier en Allemagne.

　Pour le moment il n'y a personne à placer, mais il se peut que de nouveaux arrivants viennent bientôt.

　En attendant il serait utile que vous vouliez bien m'indiquer les conditions et le prix de la pension.

[140]

4 février 1873

Ministre des Affaires étrangères.

Monsieur le Ministre,

　Un de mes compatriotes Seitilo Kourokawa, né à Kanga(Japon), âgé de 21 ans, demeurant à Paris rue Monge Nº 26, l'adresse à moi dans les circonstances suivantes.

Il habite la France depuis quatre ans; pendant cet espace de temps il a suivi des cours aux Facultés de Rennes et de Paris.

Aujourd'hui il désirerait prendre des inscriptions régulières à la Faculté de droit de Paris, suivre les cours de l'Ecole et passer des examens sur les matières de l'enseignement afin d'obtenir les grades et diplômes de bachelier et de licencié en droit.

Mais, n'étant pas bachelier ès lettres, il a besoin pour cela d'une dispense spéciale.

Je viens donc vous prier, Monsieur le Ministre, de vouloir bien communiquer ces faits à Monsieur le Ministre de l'Instruction publique, et de le prier d'avoir la bonté de dispenser M. Kourokawa de produire le diplôme de bachelier ès lettres pour se faire inscrire aux cours de la Faculté de droit de Paris et de l'autoriser à subir devant MM. les Professeurs de la Faculté les examens et épreuves exigés pour l'obtention des grades et diplômes de bachelier et licencié en droit.

[141]

(no date)

Ambassadeur de Turquie à Paris.

Excellence,

M. Foukouti, premier secrétaire de l'ambassade extraordinaire du Japon, vient d'être chargé par le premier ambassadeur d'une mission d'étude en Turquie. Il quittera Paris bientôt pour se rendre à Constantinople.

Je serais extrêmement reconnaissant envers Votre Excellence si elle voulait bien faciliter la mission de M. Foukouti en le recommandant au gouvernement ottoman, de façon à ce qu'il puisse obtenir des divers ministères les facilités dont il aura besoin afin d'examiner les diverses questions et de visiter les institutions publiques.

[142]

3 février 1873

Messrs. Murray and Hatchins.

Dear Sir,

As it is agreed with the Oriental Bank that the form of the acknowledgement of deposit signed by that Corporation on 19 Nov. shall be modified in conformity with the new acknowledgement for the second deposit, I beg to enclose the original of the first document herewith.

M. Yoshida will communicate with you as to the details of the modification.

[143]

9 février 1873

Monsieur,

Je vous remercie de votre lettre du 7 courant.

Je n'ai aucune observation à faire sur la liste d'objets que vous avez bien voulu me communiquer. Je ne puis que laisser le choix à votre appréciation. Je confirme donc purement et simplement ce que vous proposez.

La voie la plus rapide est par les bateaux à vapeur des Messageries qui partent de Marseille tous les quinze jours.

[144]

13 février 1873

Monsieur le Préfet,

Je reçois à l'instant une invitation à dîner pour dimanche de la part de Monsieur le Président de la République.

Il me semble que je dois envisager cette invitation comme un ordre et que je n'ai pas à hésiter à n'y répondre d'autant plus que Monsieur le Président a invité les ambassadeurs extraordinaires du Japon pour le même jour. Dans ces circonstances, Monsieur le Préfet, je viens vous prier de vouloir bien me permettre de ne pas assister au dîner auquel vous avez bien voulu me convier.

[145]

13 février 1873

Monsieur le Directeur,
Je prends la liberté de m'adresser directement à vous dans les circonstances suivantes.
M. Hida, attaché à l'ambassade extraordinaire du Japon, commissaire du département des Travaux publics et directeur de l'arsenal d'Yokoska a acheté en Hollande des livres de différentes espèces destinés au service de mon gouvernement. Ces livres sont arrivés dans deux caisses de Holland à Paris et se trouvent actuellement à la gare du Nord.
Je vous serais reconnaissant, Monsieur le Directeur, de vouloir bien faire livrer ces caisses sans les ouvrir pour que je puisse les expédier telles qu'elles au Japon.
Je désirais m'adresser à vous par l'intermédiaire du ministère des Affaires étrangères mais le départ de M. Hida est très prochain et je n'ai pas le temps de suivre la voie régulière.
Je prie donc, Monsieur le Directeur, d'avoir l'extrême obligeance de donner la permission afin qu'il puisse emporter ces deux caisses avec lui au Japon.

Signé Hirobumi Ito

[146]

14 février 1873

Monsieur le Directeur de la douane.

Monsieur,

Vous avez bien voulu faire preuve de tant d'obligeance au sujet des colis qui m'arrivent du Japon que je suis très désireux de vous en remercier et de vous dire combien j'apprécie vos bons procédés à mon égard.

Permettez-moi de vous offrir à cette occasion un tout petit échantillon des deux industries de mon pays. J'espère que tout en continuant de fabriquer ces produits avec leur caractère national actuel nous parviendrons à y ajouter successivement les principales industries européennes.

[147]

14 février 1873

Baron de Lesseps.

Monsieur,

En réponse à votre lettre du 10 courant, j'ai l'honneur de vous retourner, ci-inclus, avec ma signature, un des trois exemplaires du compromis que vous avez bien voulu préparer.

Je conserve le second exemplaire, et j'envoie le troisième à M. Mollard avec votre lettre à son adresse, en le priant, de mon côté, de nous rendre le service d'accepter d'être notre arbitre.

[148]

14 février 1873

Monsieur Mollard.

Monsieur,

Une difficulté existe entre le baron de Lesseps et mon gouvernement au sujet de réclamations qu'il nous adresse en règlement de son compte comme commissaire du Japon à l'Exposition de 1867.

Un arbitrage paraît présenter la meilleure solution de cette difficulté, et je me suis mis d'accord avec M. de Lesseps à l'effet de vous prier de vouloir bien nous rendre le service de juger notre différend.

M. de Lesseps vous écrit, Monsieur, à ce sujet. De mon côté je viens vous demander de ne pas refuser, car nous avions beaucoup de peine à trouver une autre personne connaissant comme vous, toutes les qualités exigées pour inspirer une confiance absolue aux deux parties.

Le compromis ci-inclus signé de M. de Lesseps et de moi vous donne tout pouvoir dans l'affaire.

M. Frederic Marshall me représente auprès de vous pour le besoin de cet arbitrage. Je lui donne par la présente l'autorisation nécessaire à cet égard.

[149]

15 février 1873

Ministre des Pays-Bas.

Monsieur le Ministre et cher collègue,

MM. Kawadje et Soogiyama, commissaires attachés à l'ambassade extraordinaire du Japon sont chargés par le premier ambassadeur d'étudier l'organisation du système des eaux en Hollande.

Je vous serai très reconnaissant, Monsieur le Ministre, de vouloir bien donner à ces messieurs une lettre de recommandation au ministre compétent à La Haye, afin qu'ils puissent obtenir les facilités nécessaires pour remplir la mission qui leur est confiée.

[150]

21 février 1873

Comte de Montblanc.

Monsieur,

Parmi les réclamations que vous m'avez adressées se trouvent des dépenses et des avances légitimes que j'aurais dû payer aussitôt que j'en ai pris connaissance. Si je ne l'ai pas fait, c'est parce que ces dépenses étaient mêlées à des demandes que je ne puis aucunement admettre.

Je regrette pourtant de vous avoir fait attendre le remboursement de ces dépenses et je viens aujourd'hui vous remettre un chèque à votre ordre sur la Société générale pour leur montant plus les intérêts à raison de 6% l'an.

Voici le détail de ces dépenses conformément à la liste que vous m'en avez remise :

1869	20	déc.	Passage de Mayeda	4,004.00
1870	11	fév.	Paris à Marseille Mayeda	192.00
—		mars.	Dépêche reçue	7.00
—	11	mai.	Achat de livres sur ordre du ministère des Affaires étrangères	223.75
—			Envoi de ces livres à Yokohama	33.25
—	20	juin	Avancé à M. Mayeda	4,675.00
—		sept.	Registres et papeteries	196.80
1871		mars.	Dépêche reçue	7.00
				9,338.80
			Frais d'intérêts à 6% l'an	1,681.00
				11,019.80

Je vous prie, Monsieur, de vouloir bien m'envoyer un reçu de cette somme quand vous l'aurez encaissée.

Quant aux autres demandes que vous m'avez adressées, je ne puis que vous confirmer ce que mon représentant vous a déjà dit en mon nom. Elles ne sont justifiées ni par les usages diplomatiques ni par les conditions stipulées lors de votre nomination. Je dois donc les repousser purement et simplement au nom de mon gouvernement.

[151]

20 février 1873

Ministre des Affaires étrangères.

Monsieur le Ministre,
 J'ai l'honneur de porter à la connaissance de Votre Excellence que M. Shioda, qui a rempli jusqu'à présent les fonctions de 1er secrétaire de cette légation, vient d'être rappelé au Japon et que M. K. Ossada, attaché de la légation vient d'être promu au grade 2me secrétaire.

[152]

21 février 1873

Monsieur Gabriel Roubié,
commandant le Pelouse.
75 rue Sylvabelle, Marseille.

 Monsieur, je regrette d'avoir laissé écouler tant de temps avant de répondre à votre lettre du 16 janvier.
 J'ai toujours conservé de vous un souvenir sympathique et je serais heureux d'en faire preuve dans les limites de mes moyens d'action, mais ce que vous me priez de faire est réellement impossible. Je n'ai aucun droit d'adresser au ministre des Affaires étrangères une demande de décoration pour un sujet français, à moins qu'il ne soit au service du Japon. Ce serait contraire à tous les usages établis en pareille matière.
 Je suis donc contraint de répondre négativement à votre requête, et j'espère que vous reconnaîtrez que je ne puis pas faire autrement.

[153]

21 February 1873

Monsieur Vander Hoeven, La Haye.

My dear colleague,

I did not reply at once to your letter of 21 December because I waited to learn at what date the Embassy would visit Holland. Since then the Dutch Minister in Paris has informed me that you have left Rome on your way to the Hague.

I write to you now to beg you to believe that I did not neglect your letter, and to add (what you probably know already) that the Embassy will be in Holland on the 24th instant.

[154]

20 février 1873

Monsieur le Ministre,

Le 27 novembre 1871, j'ai eu l'honneur d'écrire à Votre Excellence au sujet de la formation d'une mission militaire française pour l'instruction de l'armée japonaise.

Grâce à l'intervention de Votre Excellence et à la bonne volonté du ministre de la Guerre, la mission a été rapidement constituée et elle fonctionne au Japon depuis près d'une année au grand avantage des troupes de mon pays.

Aujourd'hui mon gouvernement, voyant les excellents résultats qui ont été obtenus, est désireux d'augmenter le nombre des instructeurs et je suis chargé de prier Votre Excellence de vouloir bien transmettre à Monsieur le Ministre de la Guerre une demande additionnelle.

 Un capitaine de génie
 Un capitaine d'artillerie
 Un adjudant sous-officier d'artillerie

Ces officiers et sous-officier partiraient aux mêmes conditions que leurs prédécesseurs; l'acte à intervenir serait identique à celui qui a été signé lors du départ de la mission dont une copie est restée entre les mains de Monsieur le Ministre de la Guerre.

[155]

3 March 1873

I regret to be unable to make any other reply to your letter of 28 February than the one which I have already been obliged to give you.

The instructions which I have thus far received from my Government direct me to send out <u>one</u> person, a mining geologist; no mention of a colling[*sic*/ colliery] engineer is made in any despatches.

But as you have been unable to find a mining geologist I am perfectly willing to substitute the other denomination and to ask you to be kind enough, if you think it would be in accordance with M. Godfroy's views, to select a colling [*sic*] engineer instead of a mining geologist.

What do you think of this arrangement?

[156]

4 mars 1873

Ministre de Belgique.

Monsieur le Ministre et cher collègue,

Voulez-vous me permettre d'avoir de nouveau recours à votre obligeance.

M. Kawadji, commissaire du ministère de la Justice du Japon, a été envoyé en Europe pour étudier l'organisation de la police. Il est sur le point de se rendre à Bruxelles pour continuer son examen de la question, et je vous serais infiniment reconnaissant si vous vouliez bien lui donner une lettre de recommandation pour le ministre compétent en Belgique afin qu'il puisse obtenir les facilités nécessaires pour remplir la mission qui lui est confiée.

[157]

4 mars 1873

Monsieur le Ministre des Affaires étrangères de l'Allemagne.

Monsieur le Ministre,
　　J'ai l'honneur de porter à la connaissance de Votre Excellence que mon gouvernement vient de nommer MM. S. Aoki comme 1er secrétaire et I. Koudo comme attaché à la légation du Japon à Berlin.
　　Veuillez recevoir ....

[158]

5 mars 1873

Président de la Chambre de commerce de Lyon.

Monsieur le President,
　　Le ministre des Finances du Japon a délégué MM. Schibusawa et Nakasima pour étudier les industries françaises, surtout celle de la soie.
　　Permettez-moi, Monsieur le Président, de vous présenter ces messieurs et d'exprimer l'espérance que vous voudrez bien faciliter leur mission en leur indiquant les questions qui pourraient les intéresser à Lyon et en les aidant à se faire admettre dans les usines et établissements qu'il leur serait utile de visiter.
　　Je vous remercie d'avance du service que vous rendrez ainsi au Japon, et je vous prie de ....

[159]

5 mars 1873

Monsieur le Ministre,

　　J'ai l'honneur d'informer Votre Excellence que, étant obligé de m'absenter de Paris pour quelques semaines, je laisse la direction de nos affaires à M. Ossada, 2me secrétaire, qui agira comme chargé des affaires de ma légation pendant mon absence.

[160]

6 mars 1873

Mr Boissonade.

Monsieur, j'aurais aimé vous revoir avant mon départ ce soir, mais comme cela est impossible je vous écris.

J'ai le regret de ne pouvoir accepter les propositons contenues dans la note que vous m'avez remise. Mes intentions me lient; elles me disent de donner 600 dollars —- d'appointement par mois et 1,000 dollars pour le voyage. Rien de plus. Je prendrais bien sous ma responsabilité d'aller jusqu'à 650 dollars par mois et de payer le voyage de Madame Boissonade. Mais malheureusement, il m'est impossible de faire davantage à moins que de nouvelles instructions ne m'y autorisent.

Voudrez-vous avoir l'obligeance de m'écrire un mot de réponse à la légation du Japon, 4 Alsen Strasse, Berlin.

[161]

Berlin 14 mars 1873

M. de Rémusat.

Monsieur le Ministre,

J'ai eu l'honneur de recevoir la lettre en date du 8 courant par laquelle Votre Excellence me prie de limiter à mon propre usage et à celui de mes secrétaires la carte d'entrée à la tribune diplomatique que Votre Excellence a bien voulu me faire remettre à l'ouverture de la présente session législative.

Je me conformerais directement à cette invitation, mais Votre

Excellence me permettra peut-être de remarquer que dans les cas où j'ai laissé utiliser ma carte jusqu'à present par des personnes étrangères à ma légation, je n'ai fait que suivre une habitude qui m'a paru être généralement admise et adoptée dans le corps diplomatique à Paris.

[162]

23 avril 1873

Monsieur de Rémusat.

Monsieur le Ministre, me référant à ma lettre du 5 mars par laquelle j'ai annoncé à Votre Excellence que j'allais m'absenter de Paris pendant quelques semaines, j'ai l'honneur d'informer Votre Excellence que je viens de rentrer à Paris et que j'ai repris la direction des affaires de ma légation.

[163]

25 avril 1873

Directeur du Comptoir d'escompte.

Monsieur,
En réponse à la lettre que vous avez bien voulu m'écrire le 13 mars, j'ai l'honneur de vous informer que j'ai retiré de vos bureaux la lettre à l'adresse de M. Mittoi Sankro, et la traite de 5575 fr. à son ordre.

[164]

25 avril 1873

Ministre des Affaires étrangères.

Monsieur le Ministre,
M. le Ministre de la Guerre a bien voulu consentir à céder au gouvernement japonais divers objets nécessaires pour l'organisation militaire au Japon.

Je viens prier Votre Excellence de vouloir bien demander à Monsieur le Ministre de la Guerre d'avoir la bonté de faire ajouter à la liste de ces objets un outillage complet pour le chargement des fusées de guerre.

[165]

3 avril 1873

Jules de Lesseps.

Monsieur, de retour à Paris depuis quelques jours, après une longue absence, j'ai pris connaissance du jugement arbitral rendu par M. Mollard au sujet du différend qui s'est élevé entre mon gouvernement et vous-même.

J'ai l'honneur de vous informer que je suis prêt à payer la somme indiquée par ce jugement.

[166]

1 mai 1873

Affaires étrangères.

Monsieur le Ministre,

Je viens prier Votre Excellence de vouloir bien demander à Monsieur le Ministre des Travaux publics d'avoir la bonté de me faire délivrer, pour être envoyés à mon gouvernement :

1° un exemplaire de recueil dressé par M. Lanie Fleury (2 vol) des lois, décrets etc. publiés de 1810 à 1856, concernant les mines et le personnel des corps des mines,

2° un exemplaire de la collection de lois, décrets et circulaires relatifs aux mêmes sujets, postérieurs à 1856,

3° un exemplaire de receuil dressé par M. Potiquet (2 vol) de lois, décrets et ordonnances concernant les ponts et chaussées jusqu'en 1864,

4° un exemplaire des mêmes lois etc. publiés depuis 1864.

J'ai vainement cherché à me procurer ces publications chez les libraires. C'est par ce motif que je me permets de m'adresser à Votre Excellence pour les obtenir.

[167]

2 mai 1873

Ministre de la Guerre.

Monsieur le Ministre,

Par lettre du [sic] date du 30 avril M. le Ministre des Affaires étrangères a bien voulu m'informer que Votre Excellence a autorisé la cession au gouvernement japonais d'un bât complet de mulet et d'une paire de cantines du service des équipages militaires, moyennant le remboursement de la valeur de ces objets soit 115,80.

Je viens d'opérer le versement de cette somme à la caisse centrale du Trésor et j'ai l'honneur d'adresser ci-joint à Votre Excellence le reçu de la caisse centrale et la déclaration de versement.

Je prie Votre Excellence par conséquent de vouloir bien donner les ordres nécessaires pour que les objets en question me soient remis pour être expediés au Japon et pour que l'autorisation d'exportation (par le port de Marseille) me soit délivrée.

[168]

6 mai 1873

Ministre de Belgique.

Monsieur le Ministre et cher collègue,

Par votre lettre du 12 mars vous avez bien voulu m'informer que vous aviez recommandé M. Kawadji, commissaire du Japon, à Monsieur le Ministre de la Justice en Belgique.

M. Kawadji m'a rendu compte de l'excellent accueil qu'il a reçu à

Bruxelles, et je désire, en mon nom comme au sien, exprimer tous mes remerciements aux fonctionnaires qui ont bien voulu l'aider dans sa mission.

Je vous serais très reconnaissant, Monsieur le Ministre, si vous vouliez bien prendre la peine de faire savoir à MM. Victor Berden, administrateur de la Santé publique, Eugène Kevens, colonel de gendarmerie, Bargeon et Lénetes [sic], commissaires de police, et Dwelshauver, avocat, combien j'apprécie la peine qu'ils se sont donnée pour faciliter les travaux de M. Kawadji.

[169]

6 mai 1873

Ministre des Affaires étrangères.

Monsieur le Ministre,

J'ai eu l'honneur de recevoir la lettre, en date du 1er courant, par laquelle vous avez bien voulu m'adresser trois exemplaires des documents relatifs à la construction et à l'exploitation des chemins de fer.

Le Japon est sur le point de s'occuper de la question des chemins de fer; ces documents auront donc un intérêt particulier pour mon gouvernement, et je vous prie, Monsieur le Ministre de vouloir bien agréer pour vous-même et pour M. le Ministre de Travaux publics l'expression de mes sincères remerciements.

[170]

20 mai 1873

Ministre de la Guerre.

Monsieur le Ministre,

En réponse de la lettre que Votre Excellence m'a adressée le 8 courant, j'ai l'honneur de lui remettre, ci-inclus, le récépissé à talon de la somme de 115.80 qui m'a été délivré par le caissier payeur central du Trésor.

〔171〕

22 mai 1873

M. de Buck Clément, 89 rue Charles Quint, Gand.

Monsieur, par votre lettre d'hier vous me demandez s'il serait possible de vous nommer consul du Japon à Gand.

Je ne puis faire qu'une réponse négative à cette question, car il n'entre pas, quant à présent, dans les intentions de mon gouvernement d'installer un agent consulaire dans cette ville.

〔172〕

26 May 1873

John Petherick.

Dear Sir,

I have duly received your letter of the 23rd with the two copies of the contract with M.Waters.

I have filled up the blank in Art 3 by the insertion of £200.

I now enclose the two copies signed by myself, and a cheque on the Oriental Bank, to your order for the £200 in question.

In returning me one copy of the deed signed by M.Waters will you be kind enough to send me his receipt for the £200, specifying its object.

I am much obliged to you for all the trouble which you have kindly taken in this matter.

The deed is made not in my previous quality of Shoben Mushi, Chargé d'Affaires. I have, for some time, been Minister. It is not worth while to recopy the deed for this, but I mention it so that, if another arrangement were to be made, the trifling error might be corrected.

[173]

27 mai 1873

Duc de Broglie, ministre des Affaires étrangères.

Monsieur le Ministre,
    J'ai eu l'honneur de recevoir la lettre en date d'hier par laquelle Votre Excellence a bien voulu m'informer d'abord que le ministre de France au Japon a été chargé de porter officiellement à la connaissance du gouvernement japonais l'élection de M. le Maréchal de Mac-Mahon à la présidence de la République française, ensuite que Votre Excellence a été chargé, avec la vice-présidence du Conseil, de la direction du ministère des Affaires étrangères.
    Je remercie Votre Excellence des termes dans lesquels elle a bien voulu me faire cette communication et je la prie de croire que dans mes relations avec Votre Excellence j'employerai tous mes soins à l'affermissement des bonnes relations qui existent entre la France et le Japon.

[174]

2 juin 1873

Jubin, directeur, Société franco-japonaise.

Monsieur, je vous prie de vouloir bien avancer à MM. Kashiwamura et Osaka, contre leur reçu collectif, les sommes dont ils peuvent avoir besoin pour les étudiants japonais militaires.

[175]

7 juin 1873

Messrs. Murray & Hatchins,
11 Birchin Lane, London.

Gentlemen,

As a holder of 100 shares in the American Joint National Agency on which I had paid up 12s/ for share, I am called up to pay the balance of 8s/ making £40 in all.

I enclose herewith the notice and order and a cheque for £40 to your order on the Oriental Bank.

Will you be pleased to pay the £40 for me to the Bank of England as specified and to return me the receipt.

You will observe that the notice claims £50. This is an error which has been corrected since by direct correspondence between the liquidator and myself.

[176]

12 juin 1873

Monsieur le Duc,

J'ai l'honneur d'informer Votre Excellence que M. Sameshima, étant pour quelques jours à Vienne pour les affaires de l'ambassade spéciale japonaise, se trouve dans l'impossibilité de se rendre à l'invitation que Votre Excellence a bien voulu lui adresser pour samedi prochain.

J'en ai fait part à M. Sameshima par le télégraphe et il me charge d'offrir à Votre Excellence ses excuses les plus sincères de ne pouvoir être de retour à temps.

Ossada

[177]

7 juillet 1873

Chargé d'affaires de Perse.

Monsieur le Chargé d'affaires,

J'ai eu l'honneur de recevoir la lettre en date d'hier par laquelle Votre

Excellence a bien voulu m'informer de l'arrivée à Paris de Sa Majesté impériale le schah de Perse.

Je prie Votre Excellence d'agréer mes remerciements à cette communication. Je me permets d'y joindre mes sincères félicitations au sujet de l'heureux voyage de Sa Majesté impériale.

[178]

8 juillet 1873

M. le Comte d'Harcourt, secrétaire du président de la République.

Monsieur le Comte,

Voulez-vous me permettre de vous informer que, n'ayant pas reçu de cartes pour la revue du 10 courant, je me suis adressé officiellement au ministère des Affaires étrangères où j'ai appris que la distribution se faisait par vos soins.

Je vous serais reconnaissant, Monsieur le Comte, de vouloir bien m'en accorder pour les membres de ma légation, et, si c'est possible, pour quelques-uns de mes nationaux en résidence à Paris, surtout pour les commissaires de mon gouvernement qui étudient actuellement les diverses branches de l'administration française.

[179]

8 July 1873

John Petherick.

Dear Sir,

I have at last received instructions from Japan authorising me to engage a colliery engineer.

I beg to inform you thereof, and shall be much obliged if you will kindly take the necessary steps to select and send the engineer in question.

〔180〕

11 juillet 1873

Jacques Valserre au *Constitutionel*.

Monsieur,

　En réponse à votre lettre d'hier j'ai l'honneur de vous informer qu'il n'entre pas dans mes fonctions d'intervenir dans des questions de la nature de celle dont vous m'entretenez.

〔181〕

25 juillet 1873

Mon cher Monsieur Mollard,

　Je viens de recevoir de mon gouvernement quelques petits échantillons de l'industrie japonaise.

　Voulez-vous me permettre de vous en offrir. J'espère que vous vous rappellerez, chaque fois que vous les regarderez, que je vous suis bien sincèrement reconnaissant de tout ce que vous faites si aimablement pour nous.

〔182〕

26 juillet 1873

Chief Manager, Oriental Bank.

Sir,

　It appears that a draft on the Bank of England for £300 payable to my order, was issued on 21 June 1872 by the Yokohama Branch of the Oriental Bank.

　This draft was remitted to me by my Governement but it has never reached me.

　As the money is destined for a special purpose and as much inconvenience has risen from its non arrival I think I am justified, after waiting for 12 months, in asking you to be good enough to pay me the £300 direct without waiting for any [ ] for the draft. I will of course guarantee you against any claims thereon from third parties.

If you approve this arrangement the simplest way will be for you to place the sum to the credit of my account with you.

Under any circumstances be pleased to stop the payement of draft at the Bank of England.

[183]

1er août 1873

Ministre des Affaires étrangères.

Monsiuer le Duc,

Je prends la liberté de m'adresser à Votre Excellence au sujet des retards qui se produisent dans le transport des documents et dépêches qui me sont adressés par mon gouvernement et que je lui adresse.

Ces documents et dépêches sont ordinairement trop volumineux pour être mis à la poste; nous sommes obligés de les mettre dans des sacs ou des caisses qui sont transportés comme marchandise par les bateaux des Messageries. La conséquence en est que ces caisses mettent souvent quinze jours à m'arriver de Marseille.

J'ai demandé aux Messageries et à la direction des Postes de vouloir bien me permettre d'organiser avec leur concours un service rapide. J'ai trouvé les meilleures dispositions dans les deux administrations, mais elles sont impuissantes dans la question sans l'autorisation du gouvernement.

Je viens dans ces circonstances demander à Votre Excellence de vouloir bien me faire accorder par l'autorité competente la facilité de m'entendre avec l'administration des Postes et les Messageries, à l'effet d'obtenir un prompt transport de mes dépêches.

[184]

14 juillet 1873

Ministre d'Espagne.

Monsieur le Ministre,

    J'ai l'honneur d'informer Votre Excellence que, conformément aux instructions que j'ai reçues du gouvernement impérial du Japon, j'allais m'embarquer pour Lisbonne avec mes collègues afin de présenter à S.M. le roi les lettres qui nous accréditent comme ambassadeurs extraordinaires de l'Empereur du Japon auprès de sa personne.

    Mais il y a quelques jours en route pour Bordeaux, j'ai reçu un télégramme de notre gouvernement qui nous rappelle immédiatement.

    En portant ce fait à la connaissance de Votre Excellence, je désire avant tout lui exprimer le profond regret que nous en ressentons, mes collègues et moi.

    Ce rappel subit nous prive de l'occasion de présenter nos très respectueux hommages à Sa Majesté le roi et nous empêche d'exprimer de vive voix à Votre Excellence le cordial désir de notre gouvernement de resserrer les liens d'amitié qui réunissent déjà le Japon au Portugal.

    J'ose espérer que Sa Majesté le roi, informé de notre départ par Votre Excellence, n'y verra que la conséquence d'une nécessité inattendue, et que Sa Majesté daignera nous conserver sa bienveillance.

Signé H. Ito

[185]

20 August 1873

John Petherick.

Dear Sir,

    I have duly received your letters of the 9th and 19th instant. I regret that delay should have occurred in replying to the former.

I return herewith the two copies of the contract with M. Martin, signed by me.

As we cannot pay in starling in Japan, and as all our contracts are made in dollars (including those which you have kindly arranged for us) I have altered M. Martin's salary from £1000 a year to 400 dollars per month: the latter sum equals exactly £1000 a year at the exchange of 4s/2 per dollar, whereas the exchange generally ranges from 4/3 to 4/5 which is an advantage for M. Martin.

In compliance with your request I allow M. Martin an additional sum of £100 for his wife's passage to Japan and I enclose a cheque to your order on the Oriental Bank for £300. Be pleased to acknowledge its receipt.

If M. Martin should prefer to have the contracts written out again so as to avoid the corrections in the present copies I shall be quite ready to sign such other copies on receiving back the present ones.

[186]

21 août 1873

Ministre des Affaires étrangères.

Monsieur le Duc,

M. Nakamuta, officier de la Marine japonaise, commissaire délégué du ministère de la Marine du Japon, vient d'arriver à Paris avec M. Ito, attaché, chargé d'une mission d'étude.

Ces messieurs sont extrêmement désireux de visiter les ports et arsenaux de Cherbourg, Brest et Toulon et je serais très reconnaissant envers Votre Excellence si elle voulait bien obtenir pour eux de M. le Ministre de la Marine l'autorisation nécessaire dans ce but.

[187]

2 septembre 1873

Monsieur le Ministre,

J'ai l'honneur d'informer Votre Excellence que, devant prendre un congé de quelques semaines, je laisse la direction de nos affaires à M. Ossada, 2me secrétaire qui agira comme chargé des affaires de ma légation pendant mon absence.

[188]

7 septembre 1873

Monsieur le Ministre,

J'ai l'honneur de porter à la connaissance de Votre Excellence que la légation du Japon sera transférée au 75 avenue Joséphine à partir du 8 courant.

K. Ossada

[189]

18 septembre 1873

Monsieur le Ministre,

Un de mes compatriotes M. T. Ota qui a suivi les cours des écoles militaires en Suisse s'adresse à moi dans les circonstances suivantes.

Depuis près de trois ans il a passé en Suisse, 1° l'examen de l'école d'aspirant de la 1re classe d'artillerie, 2° l'examen de la même école de la 2me classe, 3° l'examen de l'école de recrues, 4° celui de l'école centrale et 5° celui de l'école de répétition.

Aujourd'hui il désire entrer dans l'Ecole d'application d'artillerie à Fontainebleau.

Je viens donc prier Votre Excellence de vouloir bien intervenir en faveur de M. Ota, mon compatriote et sujet japonais, auprès de Son Excellence, Monsieur le Ministre de la Guerre afin qu'il veuille bien prendre en considération la demande de M. Ota en l'autorisant à entrer dans ladite Ecole d'application d'artillerie de Fontainebleau.

Aussitôt que Votre Excellence aura daigné m'informer qu'elle est intervenue auprès du ministre de la Guerre, M. Ota fera des démarches directes et nécessaires pour pouvoir user de cette autorisation.

K. O.

[190]

Monsieur le Ministre,

Le 27 novembre 1871, le ministre du Japon N. Sameshima a eu l'honneur d'écrire à votre prédécesseur, Monsieur le Comte de Rémusat au sujet de la formation d'une mission militaire française pour l'instruction de l'armée japonaise.

Grâce à l'intervention de votre prédécesseur et à la bonne volonté du ministre de la Guerre, les instructeurs dont le nombre a depuis lors été augmenté, ont prêté à notre gouvernement le concours le plus dévoué et cette mission a réalisé au Japon depuis près de dix-huit mois des progrès véritablement sérieux pour l'avenir de notre armée.

Aujourd'hui mon gouvernement, voyant les résultats qui ont été obtenus, est désireux d'augmenter le nombre des instructeurs et je suis chargé de prier Votre Excellence de vouloir bien transmettre à Monsieur le Ministre de la Guerre une nouvelle demande pour avoir,

1° un vétérinaire assimilé comme rang aux lieutenants,

2° un musicien assimilé comme rang aux sous-officiers.

Ces officier et sous-officier partiraient aux mêmes conditions que leur prédécesseurs; l'acte à intervenir serait semblable à celui qui a été signé lors du départ de la mission et dont une copie est restée entre les mains du ministre de la Guerre.

K. O.

[191]

20 septembre 1873

Monsieur le Ministre,

J'ai l'honneur d'accuser réception de la lettre datée du 11 courant que Votre Excellence a bien voulu m'écrire et je m'empresse de vous remercier, Monsieur le Ministre, des instructions et des démarches que vous avez faites auprès de Son Excellence Monsieur le Ministre des Finances et j'en ai rendu compte à M. Sameshima, ministre du Japon, qui est en ce moment en voyage.

En attendant son retour, je prie Votre Excellence d'agréer ...

[192]

(no date)

Monsieur le Directeur,

Je prends la liberté de m'adresser à vous dans les circonstances suivantes.

Le gouvernement du Japon a envoyé à M. Sameshima, ministre du Japon, une caisse contenant des documents afin qu'elle lui soit livrée et qui se trouve actuellement à la gare de Lyon. Je vous prie donc, Monsieur le Directeur, d'avoir l'obligeance de donner l'ordre nécessaire pour que je puisse la recevoir en franchise de droit.

[193]

25 October 1873

H. Sharban.

Dear Sir,

I should be glad if you would kindly let me know what has been done about sending the remainder of the instruments to Japan and if you would let me have a general statement of the sums which you have expended for transmission to my Government.

I should have written to you earlier on this matter had I not been away from Paris for some weeks.

With my renewed thanks for the trouble you have taken,

[194]

25 October 1873

Stanford, Charing Cross.

I beg to enclose herewith a cheque to your order on the Oriental Bank for £19.16.3 in payment of your account. I should have sent the cheque sooner had I not been absent for some weeks.

[195]

26 octobre 1873

Ambassadeur de Turquie.

Excellence,

De retour à ma légation depuis deux jours après une absence de plusieurs semaines, je désire à avoir l'honneur de présenter en personne à Votre Excellence mes souhaits de bienvenue à l'occasion de son arrivée à Paris.

Je prie Votre Excellence de vouloir bien m'indiquer le jour et l'heure où il lui conviendra de me recevoir dans ce but.

[196]

20 novembre 1873

Duc de Broglie.

Monsieur le Duc,

J'ai eu l'honneur de recevoir la lettre en date du 17 courant par laquelle Votre Excellence a bien voulu me transmettre en réponse à une demande qui a été adressée par mon gouvernement à M. le Chargé d'affaires de France au Japon, un exemplaire d'un ouvrage sur la procédure administrative des bureaux de police.

En même temps votre Excellence a eu la bonté de me communiquer les renseignements que M. le Ministre de l'Intérieur a bien voulu donner sur la question.

Je m'empresserai d'envoyer l'ouvrage et les renseignements à mon gouvernement et je prie votre Excellence d'agréer l'expression de ...

[197]
28 novembre 1873

Monsieur le Ministre,
 Conformément au désir de Votre Excellence, j'ai l'honneur de vous envoyer sous ce plis la liste des noms du personnel de ma légation.

[198]
29 novembre 1873
Decazes.

Monsieur le Duc,
 J'ai eu l'honneur de recevoir la lettre en date du 27 courant par laquelle Votre Excellence a bien voulu m'informer que par décret du président de la République en date du 26 novembre, elle a été chargée de la direction du ministre des Affaires étrangères en remplacement de M. le Duc de Broglie.
 Je remercie Votre Excellence des termes dans lesquels elle a bien voulu me faire cette communication et je la prie de croire que dans mes relations avec elle, j'emploierai tous mes efforts à l'affermissement des bonnes relations qui existent entre la France et le Japon.

[199]

29 novembre 1873

M.M. Vilmosin Andrieux et Cie.

Messieurs,

En réponse à votre lettre d'hier, je viens vous prier de vouloir bien expédier au Japon les plantes et graines commandées par M. Capron et de présenter la facture ici.

[200]

11 décembre 1873

Ministre des Affaires étrangères.

Monsieur le Duc,

J'ai l'honneur d'informer Votre Excellence que mon gouvernement désireux d'arriver, par une entente avec les puissances intéressantes, à une meilleure organisation du service postal entre le Japon et les autres pays, me charge de proposer à Votre Excellence l'établissement d'une convention de poste entre la France et le Japon.

Dans l'espérance que le gouvernement français sera disposé à entrer dans cette voie, mon gouvernement m'a adressé les pouvoirs nécessaires. En portant ces faits à la connaissance de Votre Excellence, je lui demande la permission d'ajouter que ce sera pour moi une cause de vive satisfaction de contribuer à la préparation d'un arrangement qui ne peut manquer d'influer d'une façon très avantageuse sur les relations entre les deux pays.

[201]

13 décembre 1873

Docteur Von Kilch, Rosenstrasse,
Hottingen près Zurich.

Monsieur,

M. Oyama me transmet une lettre qu'il a reçue de M. Tabbet de Zurich au sujet de l'état de santé de M. Osaki, un étudiant japonais qui d'après cette lettre est logé chez vous.

Je m'adresse donc à vous, Monsieur, pour vous prier de vouloir bien me dire si M. Osaki est en état de retourner au Japon, ou si au contraire, il est déjà trop malade pour risquer le voyage. Dans le cas où il pourrait partir, serait-ce prudent de le laisser en Suisse jusqu'au printemps, ou faudrait-il qu'il s'en aille immédiatement?

Je sais qu'il est entre bonnes mains chez vous, Monsieur, et je vous remercie de vos attentions pour lui.

[202]

16 décembre 1873

Baron von Bülow,
secrétaire d'Etat pour les Affaires étrangères.

Monsieur le Ministre,

J'ai l'honneur d'informer V.E. que M. Aski, secrétaire qui a agi comme chargé d'affaires pendant mon absence de Berlin, a été autorisé par mon gouvernement à se rendre en congé au Japon.

M. Sinagawa restera chargé des affaires courantes de la légation.

[203]

22 décembre 1873

Monsieur le Duc,

J'ai l'honneur d'informer Votre Exellence que mon gouvernement me charge de solliciter du gouvernement français l'autorisation de faire partir pour le Japon comme membre de la mission militiare Mr Loubier, garde principal d'artillerie.

Je viens donc prier Votre Excellence de vouloir bien communiquer cette demande à Monsieur le Ministre de la Guerre afin d'obtenir son consentement.

J'ai tout bien de croire que M. le Lieutenant-colonel Marquerie, chef de la mission militaire au Japon, a déjà écrit à M. le Ministre de la Guerre au sujet de la condition d'engagement de M. Loubier.

[204]

23 décembre 1873

Soin d'Alegambie
Conseiller municipal, Lille.

Monsieur,

J'ai l'honneur de vous informer au nom de M. Sameshima locataire de votre hôtel, 75 avenue Joséphine, que nous nous sommes adressés plusieurs fois, par écrit, à M. Chauvet votre architecte, pour qu'il dresse le contrat dont il est question dans le bail.

M. Chauvet m'a bien promis de venir préparer ce document, mais il n'est pas venu.

M. Sameshima repousse responsabilité à cause de ce retard. Je vous en avertis, Monsieur, en son nom. Il a fait tout ce qui dependait de lui pour obtenir que l'état des lieux se signe et il déclare protester contre la négligence de l'architecte et ne pas en accepter les conséquences.

[205]

26 décembre 1873

Comte d'Harcourt,
secrétaire de la Présidence.

Monsieur le Comte,

J'ai eu l'honneur de recevoir la lettre du 24 courant par laquelle vous avez bien voulu me prier de vous tramsmettre la liste de ceux de mes compatriotes que je désirerais voir visiter aux bals que le maréchal-président de la République et Madame la Duchesse de Magenta se proposent de donner au palais de l'Elysée.

Je vous remercie, Monsieur le Comte, de cette aimable proposition, mais je n'aurai pas l'occasion d'en user. Car, en ce moment lesquels compatriotes que j'ai à Paris sont des étudiants dont je ne voudrais pas déranger le travail. Par conséquent, je ne vous demanderais pas de billets, sauf bien entendu, pour les membres de ma légation.

[206]

27 décembre 1873

Ministre des Affaires étrangères.

Monsieur le Duc,

Deux des étudiants japonais actuellement à Paris, désirent vivement entrer à l'Ecole polytechnique, et dans ce but travaillent depuis longtemps à se préparer aux examens. Ils se croient en état de les subir, sauf en ce qui concerne le grec et le latin et la littérature française, qui ne sont peut-être pas ablsolument indispensables.

Je viens donc demander à Votre Excellence s'il serait possible d'obtenir, par son aide, la permission de faire admettre ces jeunes gens à l'Ecole en question, comme élèves internes avec dispense des sujets dont je viens d'indiquer.

Deux de mes compatriotes ayant été admis à l'Ecole de Saint-Cyr, où l'un des deux se trouve actuellement, je me permets d'espérer qu'il ne sera pas impossible de me faire accorder une autorisation analogue pour l'Ecole polytechnique.

[207]

30 décembre 1873

Directeur de la Société franco-japonaise.

Monsieur,

Il a été entendu entre nous que dans le cas où il y aurait du retard, dans l'arrivée du Japon des fonds destinés aux étudiants militaires, vous leur en ferez l'avance sur ma demande.

Il paraît que le montant du 1er trimestre de 1874 a été envoyé, mais que la lettre d'avis ne vous est pas parvenue.

Dans ces circonstances je viens vous prier de vouloir bien faire l'avance de la somme nécessaire, environ 16.000frs.

En l'absence de MM. Kasiwamura et Osaka, M. Ogouri s'arrangera avec vous pour les détails.

[208]

31 décembre 1873

Ministre des Affaires étrangères.

Monsieur le Duc,

J'ai eu l'honneur de recevoir la lettre du 27 courant par laquelle Votre Excellence a bien voulu m'informer que M. le Ministre de la Guerre a choisi MM. Augot, Mornat et Branache pour faire partie de la mission militaire française au Japon.

Votre Excellence me dit, en même temps, que M. le Ministre de la Guerre n'a pas pensé que les conditions de durée d'engagement qui ont été stipulées par les officiers et sous-officiers actuellement au Japon puissent être appliquées dans le cas actuel et qu'il a décidé, par conséquent, que les trois officiers en question contracteraient un engagement de trois ans à partir du jour de leur débarquement au Japon.

Malheureusement mes instructions ne me permettent pas de conclure des engagements en ce sens. Je n'ai pas la faculté de modifier les conditions primitives, je ne puis signer que des actes identiques à ceux qui ont déjà été passés, en vertu desquels le temps de service de tous les membres de la mission expirera au même moment, sauf renouvellement s'il y a lieu.

Dans ces circonstances, j'espère que Votre Excellence aura la bonté de demander à M. le Ministre de la Guerre de vouloir bien revenir sur la décision qu'il a prise et de permettre à MM. Augot, Mornat et Branache de se rendre au Japon aux mêmes conditions que leurs prédécesseurs.

Veuillez recevoir, Monsieur le Duc, les assurances de tous les sentiments de très haute considération avec lesquels j'ai l'honneur d'être,
de Votre Excellence
le très humble et très obéissant serviteur
Signé　S.

〔209〕

6 janvier 74

Ministre des Affaires étrangères.

Monsieur le Duc,

Un de mes compatriotes M. Maéda est désireux de se présenter immédiatement aux examens d'admission à l'Ecole d'agriculture de Grand-Jouan. Il s'y prépare depuis deux ans.

Dans ces circonstances je viens solliciter de Votre Excellence d'avoir la bonté de demander à M. le Ministre de l'Agriculture et du Commerce de vouloir bien accorder l'autorisation nécessaire.

Veuillez recevoir .....

Signé S.

〔210〕

12 janvier 74

Ministre des Affaires étrangères.

1.

Monsieur le Duc

J'ai l'honneur d'informer Votre Excellence que mon gouvernement vient de nommer comme premier secrétare de cette légation M. T. Nakano et comme troisième secrétaire M. T. Koto.

Ces messieurs viennent d'arriver pour prendre possession de leurs postes.

2.

Monsieur le Duc

Devant quitter Paris pour quelques semaines, j'ai l'honneur d'informer Votre Excellence que M. Nakano, premier secrétaire de la légation, agira comme chargé d'affaires du Japon pendant mon absence. Je prie Votre Excellence de vouloir bien l'accueillir en cette qualité.

3.

Monsieur le Duc,

J'ai l'honneur d'adresser à Votre Excellence la réponse de Sa Majesté l'empereur du Japon, mon maître à la lettre par laquelle Monsieur le Maréchal de Mac-Mahon, duc de Magenta lui a annoncé la nomination comme président de la République française.

J'y joins une traduction en langue française.

[211]

31 janvier 1874

Ministre des Affaires étrangères.

Monsieur le Duc,

Par votre lettre du 28 courant, Votre Excellence a bien voulu m'informer que M. le Ministre de la Guerre a pensé qu'il serait équitable d'appliquer au contrôleur d'armes nommé pour faire partie de la mission militaire de France au Japon, la même indémnité de voyage qui a été accordée au vétérinaire.

Je m'empresse, Monsieur le Duc, d'accepter cette modification des conditions indiquées dans la lettre de Votre Excellence du 14 courant, je la prie incorporer[sic] dans l'acte signé avec le contrôleur d'armes.

〔212〕

7 février 1874

Monsieur,

En réponse à votre lettre d'hier, je viens confirmer par écrit la commande de vins qui vous a été donnée par cette légation pour S.M. l'empereur du Japon.

Les qualités, prix et conditions seront conformes à ce que vous indiquez dans votre lettre.

Veuillez bien, en plus, nous adresser ici trois bouteilles de chacune des sortes que vous enverrez au Japon, pour que nous en fassions l'essai, et faire une facture supplémentaire de cette quantité aux mêmes prix et conditions.

〔213〕

19 février 1874

Directeur des Messageries maritimes.

Monsieur,

Nous allons expédier à Yokohama par votre bateau du 15 nov. 160 caisses de vins destinées à S.M. l'empereur du Japon.

Ayant épuisé le crédit qui m'était ouvert à cette occasion, je désirerais éviter, si c'est possible, le paiement anticipé du fret et de l'assurance de ces caisses.

Je viens donc vous prier, Monsieur, de vouloir bien permettre que le fret et l'assurance seraient payés à Yokohama contre livraison.

Si vous accordez cette autorisation, je vous serai reconnaissant d'en faire part à votre representant à Marseille, pour que les caisses puissent être embarquées sans difficulté.

Les caisses seront adressées au ministère des Affaires étrangères à Yedo aux soins de M. Oyé, gouverneur d'Yokohama.

[214]

20 février 74

Sieber, Zurich.

Monsieur ,

Je vous remercie de nouveau de toute la peine que vous avez bien voulu prendre au sujet de l'enterrement de M. Osaki. Conformément à votre lettre du 18 courant, j'ai versé aujourd'hui chez M.M. Kohn Reinach et Cie la somme de 28^{F}55 pour solder le compte de vos frais.

[215]

24 Feb. 74

Henry Sharban, Admiralty, London.

Dear Sir,

Herewith I beg to enclose a check to your order for £100 ; it is drawn by the Société générale of Paris on the western branch of the London Joint Stock Bank.

With this sum you will be able to settle the payments of the instruments and should their total exceed £100, we will send you the balance immediately.

As regards your renumeration for all the trouble which you have so kindly taken I am obliged, with much regret, to refer you to my

Government, for I have no instruction on the subject and cannot possibly deal with the question here. To facilitate your action on it in Japan I enclose a letter to the Minister of Foreign Affairs requesting him to be pleased to arrange the matter with the Minister of Public Works.

With my renewed thanks for all that you have done for us,

Signed Nakano

[216]

26 Feb 74

Henry Sharban.

Dear Sir,

I have your letter of yesterday and forward it by this post to M. Sameshima asking for his instructions on it.

Meanwhile I can but confirm that I have already said and written to you on the subject.

[217]

5 March 74

Henry Sharban.

Dear Sir,

M. Sameshima having consented, at my request, to authorise the payments to you of a commission of £85 as requested in your letter of 25 February, I beg to enclose a cheque for that amount, to your order, on the Western Branch of the London Joint Stock Bank.

I shall be obliged by your kindly sending me a complete statement of account, with the vouchers for the payment to [be] made.

[218]

5 mars 1874

Monsieur le Directeur des Messageries à Marseille.

Monsieur le Directeur,

Le 26 février il a été embarqué à Marseille par MM. Béranger fils et Cie sur l'Hooglely trois caisses envoyées par cette légation à M. Osada à Yokohama.

J'ai tout lieu de croire d'après des renseignements officieux qui m'ont été fournis que ces trois caisses cubant ensemble 0,996 et que le fret payé par MM. Béranger fils et Cie pour le transport de Marseille à Yokohama a été de 124^{frs} en tout.

Or, l'expéditeur à Paris m'a compté ces caisses comme cubant 2^1/$_2$ mètres et il m'a fait payer 655 francs pour le fret, 7 francs pour l'assurance, 10 francs pour chapeau, et 3,50 pour connaissement plus 15 francs de commission. Il refuse de me fournir une copie du connaissement, et je me suis décidé à le poursuivre.

Je veux donc, Monsieur, vous prier d'avoir l'obligeance de me faire savoir officiellement combien MM. Béranger fils et Cie ont réellement payé aux Messageries maritimes pour fret, assurance, chapeau et connaissement, de façon à ce que je puisse en faire la preuve en justice.

Je regrette de vous en donner la peine, mais il y a nécessité évidente de poursuivre l'expéditeur de Paris.

[219]

5 mars 1874

Monsieur le Directeur du Service de
marchandises par grande vitesse,
Gare de Lyon.

Monsieur,

Le 17 février j'ai fait déposé chez le Sr Pignière, camionneur de chemin de fer, 24 rue de Ponthieu, 3 caisses adressées à M. Ossada à Yokohama.

Le Sr Pignière a envoyé ces trois caisses à Marseille par grande vitesse à l'adresse de son correspondant MM. Béranger fils et Cie, 34 rue Dauphine Marseille, pour être embarquées sur le bateau des Messageries.

Il m'a fait payer 96.20 pour le transport de ces trois caisses de Paris à Marseille.

Par suite de circonstance dont j'ai eu connaissance depuis, je viens vous prier, Monsieur, d'avoir l'obligeance de me faire savoir si la somme payée à la compagnie par le sieur Pignière a été réellement 96.20. Dans le reçu qu'il m'a remis, il indique leurs poids comme étant de 213 kilos.

Je vous serai fort reconnaissant, Monsieur, de vouloir bien me faire donner une réponse très précise à cette question.

[220]

7 mars 1874

Directeur de la Société générale.

Monsieur le Directeur,

Les fonds de cette légation sont déposés depuis deux ans à la Société générale N° P. Le compte a été d'abord au nom du ministre, M. Sameshima; il a été transféré au premier secrétaire au nom de M. Nakano, 1er secrétaire.

Comme il pourrait y avoir des inconvénients graves à maintenir le dépôt au nom d'une personne quelconque, nous venons de décider que le compte sera dorénavant au nom de la légation du Japon à Paris, et que la signature de la légation appartiendra à celui des secrétaires ou attachés qui se trouvera le premier pour le moment sur la liste officielle du ministère des Affaires étrangères de France. A cet effet nous fournirons chaque fois qu'il en sera besoin, c'est-à-dire, à chaque changement des personnes, une déclaration du ministère des Affaires étrangères de France, constatant que le signataire est effectivement, pour le moment, inscrit le premier sur la liste après le ministre.

Je viens donc vous prier, Monsieur le Directeur, de vouloir bien me faire savoir s'il vous convient de transférer le compte au nom de la légation du Japon à Paris dans les conditions précitées. Dans le cas contraire, je me trouverais dans la nécessité de porter le compte aillleurs.

[221]

7 mars 1874

Messieurs P. Gil et Cie.

Messieurs,

Les fonds destinés à cette légation nous sont envoyés actuellement pour le gouvernement du Japon par les traites à l'ordre du ministre M. Sameshima, tirées sur vous par la Banque orientale à Yokohama.

Il pourrait y avoir des graves inconvénients à continuer ce système et je vais demander à mon gouvernement d'envoyer les traites dorénavant à l'ordre de la légation du Japon, la signature de la légation étant confiée au secrétaire ou attaché qui se trouve pour le moment inscrit le premier après le ministre sur la liste officielle du ministère des Affaires étrangères de France.

Préalablement, je crois utile de vous demander si vous ne voyez aucune objection à ce système. Dans le cas où vous l'admettrez (ce dont je ne doute pas), j'enverrai votre lettre à mon gouvernement en le priant de s'entendre avec la Banque orientale à l'effet de faire les traites à l'avenir au nom de la légation du Japon à Paris.

Bien entendu, nous vous fournirons chaque fois qu'il en sera besoin, c'est-à-dire à chaque changement de personnes, une déclaration du minstère des Affaires étrangères de France constatant que le signataire est effectivement, pour le moment, inscrit le premier sur la liste après le ministre.

[222]

12 mars 1874

Messieurs P. Gil.

Messieurs,

　Je vous remercie de votre lettre d'hier, mais pour éviter toute possibilité de malentendu, il est essentiel d'en relever une phrase.

　Vous me dites que j'aurai à vous faire parvenir "une déclaration du ministère des Affaires étrangères de France constatant que - (le premier secrétaire ou attaché) est bien chargé de la signature de la légation."

　Permettez-moi de vous faire remarquer que cette dernière condition ne pourra être réalisée. Le ministère des Affaires étrangères ne sait pas et n'a pas à savoir quel membre de la légation est chargé de la signature pour nos affaires personnelles.

　Tout ce que le ministère pourra faire sera de déclarer, comme je l'ai indiqué dans ma lettre du 7, que tel membre de la légation est inscrit le premier sur la liste après le ministre : ce serait uniquement par suite de l'entente intervenue entre vous et nous que ce premier inscrit aurait la signature des traites; le ministère ne peut aucunement lui accorder ce droit, il ne peut que constater sa position sur la liste.

　Je vous serai donc reconnaissant, Messieurs, de vouloir bien m'écrire de nouveau pour me dire que vous ne demandez l'intervention du ministère que pour prouver que tel membre de la légation est inscrit le premier sur la liste après le ministre, et que de <u>vous</u> à <u>nous</u>, vous acceptez la signature de ce premier inscrit pour l'endossement des toutes traites payables à l'ordre de la légation du Japon.

[223]

16 mars 1874

Ministre des Affaires étrangères.

Monsieur le Duc,

J'ai l'honneur d'informer Votre Excellence que par suite de l'état de sa santé M. le Lieutenant-colonel Marquerie commandant la mission militaire française au Japon a été forcée de rentrer en France.

Par suite de son départ qui a provoqué de vifs et unanimes regrets, mon gouvernement m'a chargé de m'adresser à Votre Excellence afin d'obtenir de M. le Ministre de la Guerre qu'il veuille bien désigner un autre officier de même rang pour remplacer le colonel Marquerie comme chef de la mission.

L'engagement se ferait aux mêmes conditions et prendrait fin au même moment que les engagements déjà contractés; à cet égard je n'ai aucun pouvoir d'introduire un chagement dans les stipulations existantes.

Je me permets, Monsieur le Duc, de parler de cette question afin d'éviter la perte de temps qui se produirait si M. le Ministre de la Guerre, dans sa sollicitude pour les officiers sous ses ordres renouvellerait la proposition d'extension de durée dont Votre Excellence a bien voulu me faire part dans sa lettre du 27 décembre dernier. Je reconnais pleinement la difficulté, mais je n'ai aucun moyen de la trancher et dois nécessairement me conformer aux instructions que j'ai reçues.

En même temps mon gouvernement exprime le désir de joindre à la mission un professeur de gymnastique. Ce militaire recevrait la paie d'un sous-officier.

Veuillez ——————

[224]

31 mars 1874

Monsieur le Procureur de la République,

Il y a trois semaines, j'ai eu l'honneur de vous adresser une plainte contre le sieur Pignière, 24 rue de Ponthieu.

N'ayant reçu aucune réponse, je prends la liberté de vous demander si ma lettre vous est parvenu, et, dans ce cas, quelle est la suite que vous comptez denner à cette affaire.

Veuillez ————————

〔225〕

31 March 1874

Dear Sir (Henry Sharban),

I have received your letters of the 28th and 29th of March with their enclosures for which I thank you.

I send herewith a cheque to your order on the Western Branch of the London Joint Stock Bank for the sum of £9.2.3, balance of your account.

〔226〕

4 mai 1874

Ministre des Affaires étrangères.

Monsieur le Duc,

Par la lettre du 28 avril Votre Excellence a bien voulu m'informer qu'un de nos compatriotes Nakaé Tokouske s'est adressé à M. le Ministre des Finances à l'effet d'obtenir l'autorisation de visiter l'hôtel des Monnaies et Votre Excellence me prie de dire si cette demande est appuyée par la légation du Japon.

M. Nakaé étant déjà parti pour le Japon il n'y a pas lieu de donner suite à sa demande, mais je dois expliquer qu'en écrivant directement à M. le Ministre des Finances il a agi par son ignorance, sans savoir que sa demande était irrégulière.

Je regrette que Votre Excellence ait eu la peine de m'écrire à ce sujet.

[227]

4 mai 1874

Ministre des Affaires étrangères.

Monsieur le Duc,

Je suis chargé par mon gouvernement de solliciter auprès de M. le Ministre de la Marine de France qu'il veuille bien autoriser un ingénieur ou agent de son département à aller au Japon afin d'organiser le service des lois de la marine japonaise.

J'ai donc l'honneur de transmettre cette demande à Votre Excellence en la priant d'avoir la bonté de la recommander à M. le Ministre de la Marine.

Il paraît qu'une communicaition officieuse a été déjà faite à ce sujet au ministère de la Marine par M. Verny l'ingénieur français chargé de la direction de l'arsenal d'Yokoska au Japon, et que M. Lisbonne, ingénieur de la marine, s'occupe du choix de l'agent à envoyer. Toutefois je n'ai aucune connaissance officielle de ces faits.

Il est à désirer que si M. le Ministre de la Marine consent à cette proposition, il serait accordé à la personne qui sera désigné la jouissance des avantages mentionnés dans une dépêche du ministère en date du 19 février 1866.

[228]

4 mai 1874

Ministre des Affaires étrangères.

Monsieur le Duc,

Par dépêche du 9 février dernier, Votre Excellence a bien voulu m'informer que M. le Ministre de la Guerre a consenti à admettre deux de mes compatriotes à subir l'examen d'entrée de l'Ecole polytechnique.

Un des deux, M. Founakoshi âgé de 20 ans est prêt à se présenter aux

prochains examens; je viens donc prier Votre Excellence d'avoir la bonté de communiquer son nom à M. le Ministre de la Guerre afin que l'autorisation nécessaire puisse lui être accordée
　　Veuillez ───────-

〔229〕

11 mai 1874

Ministre des Affaires étrangères.

Monsieur le Duc,
　　Par suite d'une visite faite à la manufacture de Sèvres par un des directeurs de la Fabrique impériale de porcelaine du Japon, il a été reconnu qu'il y aurait grand avantage pour l'industrie japonaise à étudier pratiquement les matières employées à Sèvres.
　　Je viens donc, Monsieur le Duc, solliciter de Votre Excellence qu'elle ait la bonté de demander à M. le Ministre de l'Instruction publique des cultes et des beaux-arts qu'il veuille bien autoriser M. le Directeur de la manufacture de Sèvres à remettre à mon gouvernement une collection technologique des matières servant à la fabricaiton de la porcelaine dans l'établissement national.
　　Une collection analogue de matières japonaises sera envoyée, le plus tôt possible à Sèvres par mon gouvernement.

〔230〕

21 mai 1874

Son Excellence von Bülow
Ministre des Affaires étrangères, Berlin.

Monsieur le Ministre,
　　J'ai l'honneur d'informer Votre Excellence que M. Shinagawa qui a été jusqu'à présent attaché à la légation du Japon à Berlin vient d'être

promu par mon gouvernement au grade de deuxième secrétaire à la même résidence. J'ai l'honneur à le présenter à Votre Excellence en cette nouvelle qualité.

[231]

Duc Decazes.

22 mai 1874

Monsieur le Duc,

Me référant à la lettre du 12 janvier dernier par laquelle j'ai accrédité M. Nakano auprès de Votre Excellence comme chargé d'affaires du Japon pendant l'absence que j'allais faire, j'ai l'honneur d'informer Votre Excellence que je viens de rentrer à Paris et de reprendre la direction de ma légation.

[232]

Ministre des Affaires étrangères.

23 mai 1874

Monsieur le Duc,

Sa Majesté l'empereur du Japon, mon auguste maître, a daigné m'avancer au rang d'envoyé extraordinaire et ministre plénipotentiaire auprès de la République française.

Dans cette nouvelle situation, je saisirai avec empressement toutes les occasions pour cimenter les excellentes relations qui existent déjà entre la France et le Japon, et je me permets d'espérer que Votre Excellence m'y aidera avec la bienveillance à laquelle elle m'a habitué.

Je prie Votre Excellence de vouloir bien annoncer ma nomination à Monsieur le Maréchal-Président de la République, le priant de me faire l'honneur de m'accorder une audience pour la remise de mes nouvelles lettres de créance.

En attendant, Monsieur le Duc, je m'empresse d'adresser ci-inclus à Votre Excellence une copie et une traduction de ces lettres.

25 mai 74. Traduction des lettres de créance.

Moutsuhito, par la grâce de Dieu, empereur du Japon, placé sur le trône impérial occupé par une (seule) dynastie depuis les anciens temps.

A Monsieur le Maréchal de Mac-Mahon, président de la République française, notre bon et illustre ami.

Ayant été désireux de maintenir l'amitié et de prouver la bonne entente qui existent entre nos deux pays, nous avons choisi précédemment, Naonobou Sameshima pour être notre ministre résident auprès de votre gouvernement.

Il a fait son devoir sans négligence avec zèle, habileté, discrétion; nous l'avonx donc nommé au rang de notre envoyé extraordinaire et ministre plénipotentiaire auprès de vous, et pour cela, nous envoyons maintenant ces lettres de créance afin de constater sa nomination.

Nous ne doutons pas qu'il remplira bien ses fonctions, gagnant ainsi de plus en plus vontre confiance et votre faveur, et nous vous prions de l'accueillir favorablement et d'accorder une entière créance à tout ce qu'il vous dira en notre nom.

Nous vous présentons les assurances de notre sincère estime et tous nos vœux pour la prospérité de la République française.

Donné à Tokei, en notre château impérial le vingt-deux du onzième mois de la sixième année de Meidji.

            (grand
            sceau   Signé Moutsuhito
            du
            Japon)

par l'empereur

Térashima
ministre des Affaires étrangères

[233]

23 mai 1874

Ministre des Affaires étrangères.

Monsieur le Duc,
J'ai l'honneur d'informer Votre Excellence que M. Suzuki, qui a été, jusqu'à présent attaché à cette légation, vient d'être promu par mon gouvernement au grade de troisième secrétaire.

[234]

31 mai 1874

Naonobou Sameshima prie Son Excellence le maréchal-président de la République française et Madame la Maréchale de Mac-Mahon, duchesse de Magenta, de vouloir bien agréer ses très respectueux remerciements de l'invitation qu'ils lui ont fait l'honneur de lui adresser pour le 4 juin.
Il s'empresse de s'y rendre.

[235]

1 juin 1874

Ministre [des] Affaires étrangères.

Monsieur le Duc,
J'ai eu l'honneur de recevoir la lettre du 30 mai par laquelle Votre Excellence a bien voulu me communiquer la réponse de M. le Ministre de la Guerre au sujet de l'admission de M. Founacoshi à l'Ecole polytechnique.
Je prie Votre Excellence d'agréer mes remerciements de son inter-

vention dans cette affaire et de croire à tous les sentiments de très haute considération avec lesquels etc.

[236]
3 juin 1874
Comte de Moltke
Ministre de Danemark.

Mon cher collègue,
J'ai recours à votre obligeance dans une circonstance et je ne vois pas d'autres moyens d'action que s'en appeler à votre bienveillant secours.

L'empereur du Japon fait faire, pour son palais, une série de portraits des souverains d'Europe. On est en train d'exécuter les portraits à Venise d'après des photographies. Or, il paraîtrait que les photographies ordinaires du roi de Danemark ne se prêtent pas à une reproduction artistique, et on m'écrit de Venise pour me prier d'envoyer quelque chose de bien fait.

Je viens donc vous demander s'il vous serait possible de me faire avoir une épreuve ressemblante. Ce serait un vrai service que vous me rendriez, et je vous en serai extrêment reconnaissant.

Je vous offrir[*sic*] toutes mes excuses de la peine que je vous donne et je vous prie de recevoir etc. etc.

[237]
3 juin 1874
Ministre [des] Affaires étrangères.

Monsieur le Duc,
J'ai hâte de vous exprimer combien je suis touché et flatté par la lettre que Votre Excellence a bien voulu m'adresser, et par l'honneur que me fait en me conférant la croix d'officier de la Légion d'honneur, Monsieur le Maréchal-Président de la République, auprès duquel je prie Votre

Excellence de vouloir bien être l'interprète de mes sentiments reconnaissants.

Depuis mon arrivée en France, j'ai apprécié de plus en plus vivement le sympathique accueil que j'y ai trouvé; aujourd'hui Votre Excellence met le comble à la bienveillance en me faisant accorder cette marque particulière de distinction.

J'informe immédiatement mon gouvernement de ma nomination dans l'ordre de la Légion d'honneur; je sais d'avance qu'il en sera profondément satisfait, et qu'il y verra une nouvelle indicaiton des excellentes relations qui existent entre la France et le Japon, et que je m'efforcerai pour ma part de cimenter toujours davantage.

Je vous prie, Monsieur le Duc, d'agréer personnellement l'expression de ma gratitude envers Votre Excellence, et de croire à tous les sentiments de très haute considération avec lesquels j'ai l'honneur d'être, Monsieur le Duc,

de Votre Excellence
le très humble et très obéissant serviteur
Sameshima

[238]

6 juin 1874

Monsieur Dumas, secrétaire perpétuel de l'Académie des sciences.

Monsieur,

Par la lettre que vous avez bien voulu m'adresser en date du 3 courant, vous me faites l'honneur de me demander l'autorisation nécessaire pour que M. Chimizou puisse retarder son départ pour le Japon afin de pouvoir s'adjoindre à la commission qui va se rendre à Yokohama pour observer le passage de Vénus.

C'est avec le plus grand plaisir, Monsieur, que je m'empresse de faire droit à votre demande. J'informe M. Chimizou que je l'autorise à voyager avec la commission. Je suis très heureux qu'il soit jugé digne d'en faire partie.

Je profite de cette occasion, Monsieur, pour vous informer que j'ai prévenu officiellement mon gouvernement de l'arrivée prochaine de la commission française. J'ai l'honneur de vous transmettre sa réponse aussitôt qu'elle me sera parvenue.

[239]

8 juin 1874

Monsieur Balme, 1 place d'Aix, Marseille.

Monsieur,

Tout en vous remerciant des offres de service que vous avez bien voulu m'adresser par votre lettre du 4 courant, il ne m'est pas possible d'y donner suite.

Mon gouvernement vient de nommer un consul à Marseille.

[240]

(no date)

Monsieur le Baron de Bülow, ministre des Affaires étrangères, Berlin.

Monsieur le Ministre,

Sa Majesté l'empereur du Japon, mon auguste maître, a daigné m'avancer au rang de son envoyé extraordinaire et ministre plénipotentiaire auprès de l'Empire d'Allemagne. Cette nomination aurait dû être portée plus tôt à la connaissance de Votre Excellence, mais l'état de ma santé m'a forcé à passer cinq mois dans un climat chaud, et je viens de répondre[sic] le travail depuis quelques jours seulement. J'espère que Votre Excellence voudra bien pardonner pour cette raison le retard involontaire que j'ai mis à l'informer de ma promotion.

Je prie Votre Excellence de vouloir bien annoncer ma nomination à

Sa Majesté l'empereur et de solliciter Sa Majesté de daigner m'accorder une audience pour que je puisse lui remettre mes nouvelles lettres de créance.

Je serais déjà parti pour Berlin afin de me mettre à la disposition de l'empereur si je n'avais pas appris de M. Shinagawa que Sa Majesté va partir le 14 pour quelques semaines. Par suite de cette nouvelle j'attends les ordres que Sa Majesté daignera me donner.

En attendant, Monsieur le Ministre, je m'empresse d'adresser, ci-inclus, à Votre Excellence, une copie et une traduction de ces lettres.

Je prie Votre Excellence d'être convaincue que, dans ma nouvelle situation, je saisirai avec empressement toutes les occasions pour cimenter les excellentes relations qui existent entre l'Allemagne et le Japon, et je me permets d'espérer que Votre Excellence voudra bien m'y aider avec la bienveillance à laquelle le gouvernement de Sa Majesté m'a habitué.

[241]

(no date)

Mr Buffet, président de l'Assemblée.

Monsieur le Président,

A mon très grand regret, je me trouve forcé de vous prier de vouloir bien me pardonner de ne pas me présenter à la présidence ce soir.

Je suis souffrant depuis deux jours. J'ai résisté jusqu'au dernier moment dans l'espérance que je serais en état de profiter de l'invitation que vous m'avez fait l'honneur de m'adresser. Mais je m'éprouve qu'il me sera impossible d'aller à Versailles et je viens vous offrir l'expression de mes excuses.

J'ose espérer, Monsieur le Président, que vous voudrez bien prier Madame Buffet de daigner accepter l'assurance de mon profond regret de ne pouvoir lui offrir aujourd'hui l'hommage de mon respect.

[242]

20 June 1874

Chief Manager, Oriental Bank.

Sir,

　　Will you be so kind as to order that £100 be remitted to M. Hongma at Frankfurt out of the funds in your hands on the Paper Currency account of the Japanese Government.

[243]

26 juin

Comte d'Harcourt.

Monsieur le Comte,

　　J'ai recours à votre grande obligeance à l'occasion de la revue de dimanche. Monsieur le Duc Decazes a bien voulu m'envoyer quatre cartes pour la tribune diplomatique, et ces cartes seront utilisées pour les membres de la légation.

　　Mais il y a à Paris plusieurs étudiants militaires japonais qui sont extrêmement désireux d'assister à la revue et qui me prient, avec instance, de leur obtenir des cartes.

　　J'en ai demandé au ministère des Affaires étrangères, mais il n'en reste plus. Je viens donc, Monsieur le Comte, solliciter auprès de vous. S'il vous est possible de me faire venir quatre cartes pour n'importe quelle tribune, je vous en serai excessivement reconnaissant.

[244]

20 juillet 1874

Prince,

　　Je prie Votre Altesse de vouloir bien recevoir l'expression de ma profonde sympathie à l'occasion de l'attentat dont elle vient d'être l'objet.

Si j'ai tardé à assurer à Votre Altesse des sentiments qui m'animent, c'est parce que je suis depuis longtemps souffrant; mais les félicitations que j'offre à Votre Altesse ne sont pas moins sincères parce qu'elles sont tardives.

Je prie Votre Altesse d'agréer les assurances de tous mes sentiments de la plus haute et la plus respectueuse considération.

Sameshima

A Son Altesse
   le prince de Bismarck
      chancelier de l'Empire d'Allemagne
         à Kissingen, Bavière.

[245]

26 juillet

Comte de Moltke.

Monsieur le Ministre et cher collègue,

Je prie Votre Excellence d'accepter l'expression de mes plus sincères remerciements de la peine qu'elle a bien voulu prendre afin de me procurer le portrait de Sa Majesté le roi de Danemark.

Les deux <portraits> photographies que Votre Excellence a eu la bonté de m'envoyer sont parfaitement exécutées et serviront admirablement de modèle pour le tableau à l'huile que nous allons envoyer au Japon.

Je ne manquerai pas de transmettre au ministre de la Maison impériale les explications que Votre Excellence, avec tant de prévoyance, a bien voulu me parvenir au sujet des décorations portées par Sa Majesté le roi, et je prierai le ministre de donner connaissance de ces explications à l'empereur mon maître.

L'empereur les écoutera avec d'autant plus d'intétêt qu'elles se rattachent à deux ordres si anciens et si illustres.

Je renouvelle à Votre Excellence l'expression de toute ma gratitude et je prie d'agréer les assurances de tous mes sentiments de dévouement et de très haute considération.

[246]

27 July

Chief Manager, Oriental Bank, London.

Sir,

    M. Oyama who belongs to the Ministry of War of Japan and who was in Europe on a [　], has been called home. The Government however has remitted no funds for the expenses of his journey. I should therefore be glad if you would advance to him the sum of 800 dollars which he requires, [　] my draft at 3 days sights [sic] on the Minister of War at Yeddo in repayment of the sum.

    If you will kindly forward the draft I will sign it and return it to you. At the same time you would send me the product of the 800 dollars, [　] to Mr Oyama who is now in Switzerland.

[247]

Dieppe, 4 août 1874

Fleury Hérald, Paris.

Monsieur,

    Je suis enfin en mesure de répondre à la lettre que vous avez bien voulu m'adresser le 25 avril dernier au sujet de ma nomination d'un ingénieur de la marine française pour prendre la direction du service des bois de la marine japonaise.

    M. le Ministre des Affaires étrangères vient de m'informer que son collègue le ministre de la Marine a fait choix pour ce service de M. Dupont, ingénieur de 1re classe à Toulon.

Je savais du reste par M. Dupont lui-même qui est venu me voir dernièrement, que la nomination était décidée, et je vais lui écrire pour lui donner avis offciellement de la communication que je reçois du ministère des Affaires étrangères.

Dans votre lettre du 25 avril, vous me dites que vous ferez préparer les cinq exemplaires du contract à intervenir avec l'ingénieur. Si vous voulez bien avoir l'obligeance de me les envoyer ici, je les signerai et je les transmettrai à M. Dupont.

[248]

Dieppe, 4 avril 1874

M. Dupont, ingénieur de la marine
à l'arsenal, Toulon.

Monsieur,

M. le Ministre des Affaires étrangères vient de m'informer que son collègue le ministre de la Marine vous a autorisé à vous mettre temporairement au service de mon gouvernement au même titre que les officiers et agents engagés en 1865 et 1869.

Votre départ aura lieu en vertu d'un congé de trois ans sans solde et avec mise hors cadre. Pour la conservation de vos droits à la retraite, vous subirez au profit de la caisse des invalides, une retenue de 5 % sur les allocutions que vous recevez du gouvernement japonais ainsi qu'en disposant les décrets du 17 novembre 1872 et 5 juin 1870, relatifs aux officiers des différents corps de la marine qui sont autorisés à servir à l'industrie.

Vous êtes sans doute parfaitement au courant de ces conditions, mais je crois devoir vous les communiquer dans les termes de la lettre de M. le Ministre des Affaires étrangères.

Je prie M. Fleury Hérald de vouloir bien faire préparer et m'envoyer à signer les cinq exemplaires du contrat; je vous les expédierai aussitôt que je les aurai.

[249]

9 août 1874

Monsieur le Duc Decazes.

Monsieur le Duc,
　J'ai eu l'honneur de recevoir la lettre par laquelle Votre Excellence me prévenait de l'envoi au Japon d'une mission chargée d'observer le passage de Vénus sur le Soleil et a bien voulu me prier de signaler à mon gouvernement l'importance de cette mission.
　Il y a plusieurs mois aussitôt que j'ai appris qu'une mission française se rendrait à cette occasion au Japon, j'ai écrit à mon gouvernement pour demander que l'on fît à cette mission l'accueil le plus empressé. Depuis, j'ai eu des communications suivies avec M. Dumas, président de la commission instituée par l'Académie des sciences, et avec M. Janssen lui-même.
　Mon gouvernement a répondu à ma demande par l'assurance qu'il sera très heureux de contribuer un peu au succès d'une mission aussi importante et qu'il prendra d'avance toutes les mesures nécessaires.
　J'espère donc, Monsieur le Duc, que M. Janssen trouvera au Japon un accueil qui lui donnera toute satisfaction, et qu'il y sera reçu avec l'empressement et la sympathie qui sont dûs non seulement à la mission, mais aussi à l'éminente situation personnelle qu'il s'est créé dans la science.

[250]

9 août 1874. Dieppe

Monsieur Fleury Hérald.

Monsieur,
　J'ai l'honneur de vous accuser réception de votre lettre du 7 courant et des cinq exemplaires du contrat avec M. Dupont qui s'y trouvaient

inclus.

Après avoir collectionné ces cinq exemplaires, je les ai signés et je les transmets aujourd'hui à la signature de M. Dupont.

Conformément à votre demande, je vous adresse la copie seule de contrat que j'ai ici : ce n'est pas celle que vous m'avez envoyée (j'ai laissé celle-là à Paris), mais celle que vous avez communiquée à M. Marshall par votre lettre du 9 mai. Je vous rendrai l'autre à mon retour à Paris.

[251]

9 août 1874. Dieppe

M. Dupont, Toulon.

Monsieur,

Me réferant à ma lettre du 4 courant, j'ai l'honneur de vous adresser ci-inclus cinq exemplaires du contrat à intervenir entre nous.

Veuillez bien m'en renvoyer trois après les avoir signés en paraphes en y ajoutant vos noms et la date.

Acceptez, Monsieur, l'expression de tous mes souhaits pour votre voyage et votre séjour au Japon et croyez ———

[252]

10 août, Dieppe

M. Le Goon, maire de Dieppe.

Monsieur le Maire,

J'ai eu l'honneur de recevoir les deux lettres en date de ce jour par lesquelles vous avez bien voulu mettre à ma disposition deux entrées de feuille; l'une pour le Casino des Bains, l'autre pour les courses qui auront lieu le 23 courant.

Je vous prie, Monsieur le Maire, de recevoir l'expression de mes remerciements de ces courtoises invitations. Je m'en servirai avec plaisir, et je conserverai le souvenir le plus agréable de l'accueil que vous avez bien voulu me faire.

[253]

Dieppe, 12 août

Baron S.C. de Haben, consul de Pérou,
1 rue Roland de Bussy, Alger.

Monsieur,

J'ai eu l'honneur de recevoir la lettre du 6 août par laquelle vous m'exprimez le désir d'être nommé consul général du Japon à Alger.

Il n'entre pas actuellement dans les vues de mon gouvernement de nommer un consul à Alger.

Par conséquent il ne m'est pas possible de donner suite à la proposition que vous avez bien voulu m'adresser.

[254]

13 août 1874

Duc Decazes.

Monsieur le Duc,

Je suis chargé par mon gouvernement de prier Votre Excellence d'avoir la bonté de demander à M. le Ministre de la Guerre de vouloir bien autoriser la cession au ministère de la Guerre du Japon moyennant remboursement de la valeur d'un outillage complet pour confectionner les fusées de guerre.

Une demande dans ce but émanant du ministère de la Guerre du Japon a été adressée à M. le Ministre de la Guerre de Guerre[sic] au mois de février 1873 par M. le Colonel Marquerie, alors commandant de la mission militaire française au Japon; elle n'a pas été suivie d'effet. Je vais donc, Monsieur le Duc, la renouveler auprès de Votre Excellence.

[255]

13 août 1874

Fleury Hérald.

Monsieur,

    M. Dupont a conservé deux des cinq exemplaires de son contrat. J'en garde un pour ma légation, j'en envoie un à M. le Ministre de la Marine du Japon et j'ai l'honneur de vous adresser le cinquième ci-inclus pour que vous puissiez l'expédier à M. Verny.

[256]

Dieppe, 24 August 1874

Chief Manager, Oriental Bank, London.

Sir,

    As the shipment of notes to Japan, under the Second Contract with Messrs. Dondorf is now terminated, I shall be much obliged by your having goodness to send me a statement of the charges on the entire operation.

[257]

26 August 1874

Chief Manager, Oriental Bank.

Sir,

    M. Hongma who goes from hence today to London will see you on his arrival and will arrange with you for the release of the securities deposited in your hands under the Second Contract with Mrs Dondorf. He will request Mrs Murray and Hatchin to attend to the legal part of the matter so[sic] before.

[258]

1 septembre

Monsieur Block.

My dear Sir,

I received last night instructions from my Government to ask you to be kind enough to go to Stockholm as the representative of Japan at the Statistical Congress.

I do not know whether this invitation will reach you soon enough to enable you to act upon it, or whether your other occupation will permit you to dispose of the necessary time. On these points you will doubtless have the goodness to inform me.

As the despatch which I have received is very short, I am unable to say anything with reference to the attitude which my Government would prefer that you should take. I presume, however, that the present congress is purely preparatory and that you will have no real need of detailed instructions.

I am authorised to hand to you the sum necessary for your travelling expenses, and shall be much obliged by your indicating the amount which you desire so that I may place it at your disposal.

[259]

3 septembre 1874

Chief Manager, Oriental Bank.

Sir,

By my letter of 26 August I requested you to be good enough to arrange with M. Hongma for the release of the securities deposited in your hands [as] guaranties for the execution of the Second Contract with M[rs]

Dondorf.

M. Hongma now writes to me that you wish, in addition, to be informed by me that the seven month delay [ ] to in article 19 of that contract, far expired.

I [ ] to request you that the seven months expired on 14th August last.

[260]

3 septembre 1874

Monsieur le Comte de Moltke.

Monsieur le Ministre et cher collègue,

Je demande à Votre Excellence la permission de lui présenter M. Kanematsu, attaché à ma légation.

Le gracieux accueil que Votre Excellence a bien voulu faire à la dernière prière que j'ai eu à lui adresser me fait espérer qu'il en sera de même pour celle que M. Kanematsu lui présentera de ma part.

Je serai profondément reconnaissant à Votre Excellence des renseignements qu'elle voudra bien lui fournir.

[261]

9 septembre 1874

Vice-amiral de la Roncière la Noury,
président de la Société de la géographie.

Monsieur le Président,

J'ai eu l'honneur de recevoir la lettre du 29 août par laquelle vous avez bien voulu m'exprimer le désir que mon gouvernement se fasse représenter par un commissaire spécial au congrès international des sciences géographiques.

J'ai fait part de votre désir à mon gouvernement en insistant de nouveau sur l'importance du congrès en lui-même et sur l'intérêt qu'aurait le Japon à y prendre une part effective.

Personnellement je porte un vif intérêt aux questions géographiques, et je vous prie d'être convaincu, Monsieur le Président, que je ferai tout ce qui dépendra de moi pour que mon pays soit dignement representé à la réunion de l'année prochaine.

[262]
14 septembre 1874
M. de Bülow, ministre des Affaires étrangères, Berlin.

Monsieur le Ministre,
 Par ma lettre du 13 juin dernier j'ai eu l'honneur d'informer Votre Excellence que l'empereur du Japon, mon auguste maître, a daigné m'avancer au rang de son envoyé extraordinaire et ministre plénipotentiaire auprès de l'empire d'Allemange, et en même temps j'ai prié Votre Excellence de vouloir bien annoncer ma nomination à Sa Majesté l'empereur et de solliciter Sa Majesté de daigner m'accorder une audience pour que je puisse lui remettre mes nouvelles de créance.

Depuis que j'ai adressé cette lettre à Votre Excellence, j'ai eu constamment l'espoir de pouvoir me rendre à Berlin afin de m'y tenir à la disposition de Sa Majesté.

Mais, malheureusement, l'état de ma santé est tellement précaire que les médecins me défendent de la façon la plus absolue, de voyager pour le moment tout en me promettant que je serai en état de le faire prochainement.

Je viens donc exprimer à Votre Excellence mes profonds regrets d'être forcé par cette circonstance de retarder mon départ pour Berlin. J'ai hâte de m'y installer aux ordres de Sa Majesté et je m'empresserai de partir aussitôt que j'aurai repris assez de force pour pouvoir supporter le voyage.

[263]

16 septembre 1874

Marquis de la Vega de Armejio et de Mos.

Monsieur le Marquis,

Si je m'étais trouvé à Paris je me serais empressé de me présenter aujourd'hui à l'hôtel de Votre Excellence pour lui offrir l'expression de tous mes souhaits de bienvenu et pour offrir mes hommages à Madame la Marquise de la Vega de Armejio et de Mos.

Retenu ici par l'état de ma santé et ni devant rentrer à Paris que dans un mois, je prie Votre Excellence de vouloir bien agréer mes excuses du retard involontaire que je mettrai à lui faire une visite.

Aussitôt mon retour à Paris, je m'empresserai de me rendre à l'ambassade d'Espagne.

[264]

20 septembre 1874

Hongma, Frankfurt.

Dear Sir,

I have given my careful attention to the question which has arisen as to the property of the plates manufactured by Messrs. Dondorf for the purposes of the their Second Contract with the Japanese Government, and I have now to communicate to you the decision at which I have arrived on the subject.

Until the other day I remained under the erroneous impression that, according to the terms of the contract the metal of those plates was to remain the property of Messrs. Dondorf, subject to defacing or destroying the engraving thereon. This impression was produced in my mind by the fact that as I now remember a verbal allusion to the abandonment of the metal by Messrs. Dondorf as had been the case in the first contract was made in my presence at Frankfurt during the discussion of the Second Contract. A similar impression appears to have existed in the Finance Department in Japan.

But when, on receiving from you Messrs. Dondorf's letter to you of the 10th instant, I referred to the Contract itself, I found, that my impression was incorrect and that it is formally stipulated therein that the plates shall remain the property of the Japanese Government.

Messrs. Dondorf must have been perfectly aware that such was the case and that any prospect they might have of retaining possession of the metal was independent on our good will. I therefore regret that when the Finance Department made the mistake of instructing you to negotiate with Messrs. Dondorf for the purchase of those plates. The latter should have treated the sole as a right of theirs.

Art 16 says "It is distinctly understood and agreed ... that all plates ... now or hereafter to be in the possession of the said printers ... shall be the property of the Japanese Government, and, after completion of the uses thereof for the purposes of this contract shall be delivered up to the said resident agent or be destroyed at his adoption."

In answer to a previous letter from me, questing this article, you replied that the plates in question are surplus plates, and that they have not been "used". I cannot admit that this explanation in any way change the rights of the Japanese Government. The Article says "all plates" without reserve or distinction; consequently, surplus plates, used or unused plates, old or new plates, are included; all belong to us.

I have taken the opinion of competent persons on the case, and I find it agrees in the most unhesitating way with my own judgement.

Consequently, as the representative of the Japanese Government, I claim the property of all the plates, and I must beg you to be good enough to inform Messrs. Dondorf of my decision to that effect.

After the delivery of all the plates to you according to the contract as the undisputed property of the Japanese Government, I shall instruct you, provided I am satisfied with the attitude of Messrs. Dondorf in the matter to pay to those gentlemen the value of the metal. But, first of all, your right must be fully recognised.

[265]

Traduction de la commission de Nakamura comme consul à Marseille.

Mouts-Hito par la grâce du Ciel, empereur du Japon, placé sur le trône impérial occupé par une dynastie restée sans changement depuis les anciens temps,
    Faisons savoir à tous ceux qui voient le présent brevet, que,
    Ayant jugé nécessaire de nommer un consul à la résidence de Marseille, nous avons désigné à cet effet Nakamura Hiroyasu.
    Sa loyauté m'engage à lui conférer le droit de protéger la navigation et le commerce qui existent entre nos sujets et la France afin de conserver le bon ordre parmi vos sujets qui, suivant les traités entre les deux pays, se rendent en France.
    En conséquence, nous prions Monsieur le Président de la République française et les autorités françaises de reconnaître et de faire reconnaître Nakamura Hiroyasu en qualité de consul du Japon à Marseille, et de lui donner toutes assistances dont il aura besoin.
    Fait en notre château impérial à Tokei le 5me jour du 5ème mois de la 2534me année.

    contresigné   Signé   Mouts Hitto

        Terashima
   ministre des Aff^{res} et^{gères} (grand sceau du Japon)

---

                                                  24 septembre 1874

Duc Decazes.

Monsieur le Duc,

J'ai l'honneur d'informer Votre Excellence que mon gouvernement vient de désigner M. Nakamura Hiroyasu sujet japonais comme consul du Japon à Marseille et de prier Votre Excellence de vouloir bien lui faire délivrer son exequatur.

La commission de M. Nakamura Hiroyasu est ci-incluse; j'y joins une traduction en français.

[266]

28 septembre 74

Monsieur le Duc,

M. Kawase, ministre du Japon à Rome qui se trouve actuellement à Paris se propose de passer à Toulon lors de son retour en Italie.

Il est très désireux de profiter de cette occasion pour visiter l'arsenal. Par conséquent je viens prier Votre Excellence de vouloir bien lui faire accorder ainsi qu'à Mme Kawassé et à M. Assai attaché à la légation, l'autorisation nécessaire dans ce but.

M. Kawassé devant quitter Paris bientôt, je serais extrêmement reconnaissant à Votre Excellence si elle voulait avoir la bonté de faire droit promptement à ma demande.

[267]

27 septembre

Hongma, Frankfurt.

My dear Sir,

I have received today your letter of the 25th in reply to mine of the 20th.

In consideration of the regret expressed by Messrs. Dondorf for the grave error which they committed in claiming payment for plates which, by the term of the Contract, belonged to the Japanese Government, I am willing to modify the instructions which I addressed to you on the 20th.

Consequently, on condition that Messrs. Dondorf write you a letter withdrawing their letter to you of the 20th instant, and declaring that the claims made in that letter were together without foundation, I will authorise you to permit them to efface the engraving on the plates and to retain the metal thereof as their property.

You will of course taken [sic] proper measures to satisfy yourself that all the plates are duly effaced.

[268]

29 septembre 74

Monsieur le Duc,

M. Yamasaki, étudiant japonais, désireux être admis à assister aux cours de l'Ecole des Mines, me prie de lui obtenir l'autorisation nécessaire à cet effet.

Je m'adresse donc à Votre Excellence dans l'espérance qu'elle voudra bien intervenir auprès de l'autorité compétente afin de faire accorder la permission sollicitée par M. Yamasaki.

J'offre d'avance à Votre Excellence l'expression de tous mes remerciements, et je la prie agréer etc. ——

[269]

8 octobre 74

Monsieur le Duc,

J'espère que vous ne m'en voudrez pas de vous poursuivre pendant les vacances que vous avez si bien gagnées. Voici mon excuse.

J'arrive à Paris après une longue absence; j'apprends que vous êtes parti pour dix jours et qu'à votre retour vous ne resterez qu'une semaine à Paris.

Or, je vais au Japon pour quelques mois à la fin de novembre, et je suis extrêmement désireux de conclure notre convention postale si vous voulez bien avant mon départ.

Je prends donc la liberté de vous adresser, officieusement, une note au sujet de cette convention et j'espère que vous aurez la bonté de m'accorder une audience quand vous reviendrez, car mon grand désir est d'arriver, pendant votre séjour à Paris, à une entente quant au principe de la convention.

[270]

13 octobre 74

Directeur des Messageries maritimes.

Monsieur le Directeur,

J'ai fait demander aujourd'hui verbalement à votre administration si elle consentait à transporter de Marseille à Yokohama un appareil servant à la fabrication de fusée de guerre. Cet appareil est fourni à mon gouvernement par le gouvernement français; il a été fabriqué exprès à l'Ecole de pyrotechnie de Bourges. Je viens renouveller ma demande par écrit.

La raison pour laquelle j'ai désiré savoir si vous accepteriez de transporter l'appareil est que certaines pièces envoyées comme modèles sont chargées.

Si je comprends bien la liste qui m'a été communiquée, il y a très peu de ces pièces, et il paraîtrait d'après ce qu'on m'a dit qu'elles ne contiennent ni fulminate ni autres substances explosibles. Mais je ne puis rien affirmer à ce sujet et je ne serais en situation de vous renseigner exactement sur la question que si je priais le ministère des Affaires étrangères de demander au ministère de la Guerre de s'en référer à Bourges. La réponse à cette demande ne me parviendrait que dans quelques semaines, ce qui retarderait l'embarquement d'autant; or, mon gouvernement a besoin de l'appareil afin de pouvoir installer l'atelier de fabrication.

Dans ces circonstances, Monsieur le Directeur, je viens vous prier de vouloir bien consentir, exceptionnellement à transporter les pièces chargées. Je les ferai emballer séparément pour que vous puissiez les faire déposer dans la soute aux poudres du navire, et j'adopterai les autres précautions qu'il vous plairait de m'indiquer.

Dans l'espérance que vous ne refuserez pas de faire droit à ma demande, je vous prie de etc. —

[271]

20 octobre 1874

Monsieur le Duc,

J'ai tardé de répondre aux lettres que Votre Excellence a bien voulu m'adresser en date du 11 et 30 sept. au sujet de la cession au Japon par la France d'un appareil pour la fabrication de fusée de guerre.

Le motif de ce retard a été que j'ai eu des difficultés avec les Messageries maritimes au sujet du transport des pièces chargées aux inflamables. C'est que j'ai dû attendre jusqu'à ce que la question ait été arrangée.

Ce n'est qu'aujourd'hui que les Messageries ont consenti à entreprendre, dans certaines conditions, le transport des pièces chargées et que je me trouve par conséquent en mesure de répondre à Votre Excellence.

J'ai versé au Trésor 6065,60, montant du devis estimatif de l'appareil; j'ai l'honneur de transmettre ci-inclus à Votre Excellence, le reçu de la somme en la priant de vouloir bien le remettre à M. le Ministre de la Guerre.

L'embarquement se fera à Marseille, le permis d'exportation devra donc être établi sur ce sujet.

D'après les conditions imposées par les Messageries, toutes les pièces chargées doivent être emballées à part, dans des caisses dont la plus grande dimension ne dépassera pas 40 centimètres, dont le poids ne dépassera pas 30 kilogrammes, et qui seraient munies chacune d'une poignée en corde. Le but de ces précautions est de faciliter le placement des caisses dans la soute aux poudres du navire. Les pièces non chargées peuvent être installées dans des caisses de n'importe quelle dimension. J'espère que Votre Excellence voudra bien donner connaissance de ces détails à M. le Ministre de la Guerre, et lui assurer combien je regrette d'être forcé de donner tant de peine à la direction de l'Ecole de pyrotechnie à Bourges.

Aussitôt que j'apprendrai de Votre Excellence que les caisses sont prêtes, je les ferai prendre à Bourges par un agent que je désignerai à cet effet.

[272]

28 octobre 74

Chief Manager, Oriental Bank.

Sir,

I shall be much obliged by your having the goodness to remit to me here the sum of £554 on account of the Foreign Department of the Japanese Government, and to debit the same to the account of the Japanese Government with you.

[273]

31 octobre 1874

Dondorf, Frankfurt.

Gentlemen,

All questions connected with the execution of your Second Contract with the Japanese Governement being now terminated, I think it is just to you to say that I am entirely satisfied with the pains which you have taken to properly discharge your obligations in the matter.

I do not doubt that my Government shares this view and that it regards your workmanship with approbation.

[274]

6 nov. 74

M. de Bülow, ministre des Affaires étrangères, Berlin.

Monsieur le Ministre,

C'est avec le plus grand regret que je me trouve forcé d'annoncer à Votre Excellence que je suis dans l'impossibilité de me rendre à Berlin afin de m'y tenir à la disposition de Sa Majesté l'empereur pour la remise de mes nouvelles lettres de créance.

L'état de ma santé est tellement mauvais que je suis obligé de partir, sans plus tarder, pour le Midi, et de m'embarquer très prochainement pour le Japon afin d'y recruter mes forces pendant le congé qui m'a été accordé dans ce but.

J'espère, Monsieur le Ministre, que Votre Excellence voudra bien donner connaissance de ma situation à Sa Majesté l'empereur et lui transmettre la très respectueuse expression de mon espérance qu'elle daignera agréer mes humbles excuses de ce que je ne puis me présenter à elle avant mon départ.

J'offre à Votre Excellence personnellement les assurances de mes profonds regrets d'être dans l'impossibilité de lui faire mes adieux. Aussitôt mon retour en Europe, je m'empresserai de lui offrir mes hommages.

Je profite de cette oocasion —

[275]

6 novembre 1874

M. de Bülow.

Monsieur le Ministre,

En vue de mon prochain départ pour le Japon dont j'ai l'honneur d'aviser Votre Excellence dans ma lettre officielle de ce jour, je crois devoir faire part officeusement à Votre Excellence de l'intention de mon gouvernement de me remplacer dans le poste de son représentant auprès de Sa Majesté l'empereur d'Allemagne.

Mon gouvernement a choisi, pour mon successeur, M. Aoki qui a été, dernièrement, en mon absence chargé d'affaires du Japon à Berlin. Je me plais à croire que ce choix donnera pleine satisfaction à Votre Excellence, et que les intérêts entre les deux pays ne deviendront que meilleurs par suite de la résidence au poste fixe à Berlin d'un ministre plénipotentiaire du Japon.

[276]

6 nov. 74

Directeur des Messageries.

Monsieur le Directeur,

Me référant à la lettre que j'ai eu l'honneur de vous adresser le 13 oct. au sujet du transport à Yokohama d'un appareil servant à la fabrication de fusées de guerre, je viens aujourd'hui vous remettre le permis d'exportation que je reçois de M. le Ministre de la Guerre.

Les 14 caisses qui renferment les pièces de l'appareil (dont une seule du poids d'un kilogramme contient des pièces chargées) sont actuellement à Bourges à l'Ecole de pyrotechnie. Je vous serai reconnaissant de vouloir bien les y faire prendre par votre agent pour être transmises à Marseille.

J'écris aujourd'hui à M. le Directeur de l'Ecole de pyrotechnie pour le prier de vouloir bien faire la livraison des caisses à la personne qui se présentera munie de votre ordre et du permis d'exportation ci-inclus. Je le prie en même temps de les faire marquer J.P. 1 à 14, la caisse chargée étant le N⁰ 1.

Les 14 caisses doivent être assurées pour 6000 francs et être livrées à Yokohama à M. le Directeur de la douane pour compte de M. le Ministre de la Guerre.

[277]

6 nov. 74

Directeur de l'Ecole de pyrotechnie,
Bourges.

Monsieur le Directeur,

Je suis avisé par M. le Ministre des Affaires étrangères que 14 caisses contenant les pièces de l'appareil servant à la fabrication des fusées de guerre que vous avez bien voulu faire préparer pour mon gouvernement sont prêtes actuellement à être livrées à la personne que je désignerai à cet effet.

Je viens, par conséquent, de m'arranger avec les Messageries maritimes qui se sont chargées de prendre livraison des caisses à Bourges.

Je vous prie donc, Monsieur le Directeur, d'avoir la bonté de donner les ordres nécessaires pour que ces caisses soient remises à la personne qui se présentera munie d'une autorisation des Messageries et du permis d'exportation émanant du ministère de la Guerre. J'ai donné cette dernière pièce aux Messageries.

Je vous offre, Monsieur le Directeur, l'expression de mes très sincères remerciements de la peine que vous avez bien voulu prendre pour cette affaire, et je me permets de vous demander, comme dernier service, de vouloir bien faire marquer les caisses L.J.P. 1 à 14, la caisse chargée étant le No 1.

[278]

19 novembre 1874

Professor Holzendorf, Berlin.

My dear Sir,

 I am on the point of leaving for Japan in order to spend a few months of congé there, but I cannot start without wishing you goodbye and without thanking you for all your kind attention to me.

 I had intented to go to Berlin before my departure, but, unfortunately the state of my health render it impossible for me to do so; I have therefore to start without saying adieu in person to my many friends there.

 I send you a Japanese book as a trifling memorial of my esteem, and I look forward with pleasure to seeing you again on my return to Europe.

[279]

12 novembre 1874

Monsieur le Commandant Mercier, directeur de l'Ecole de
pyrotechnie,
Bourges.

Monsieur le Commandant,

 Permettez-moi d'abord de vous remercier de nouveau de la très grande obligeance que vous avez bien voulu mettre à faire marquer les caisses destinées à mon gouvernement.

 Voici les trois documents signés de moi. Je conserve le quatrième conformément à vos indications.

 La valeur des objets est portée dans ces documents à 6175,60 tandis que dans le devis du 17 septembre, signé de vous, qui m'a été transmis par M. le Ministre des Affaires étrangères, le total n'est que de 6065,60, c'est cette dernière somme que j'ai versée au Trésor il y a un mois. S'il y a lieu comme je le suppose, de verser le surplus vous avez sans doute l'obligeance de me le faire réclamer par le ministère de la Guerre; autrement le Trésor ne le reconnaît pas.

[280]

12 novembre 74

M. Adolph Stróhv, Oberlieutenant au 6me Rég^t^. de dragons.
Weselej[*sic*/ Weseli], Moravie, Autriche.

Monsieur,

J'ai eu l'honneur de recevoir la lettre en date du 7 courant par laquelle vous avez bien voulu m'exprimer le désir d'entrer temporairement au service militaire du Japon.

Je regrette de ne pouvoir accéder à votre proposition. Des arrangements complets sont déja faits pour l'instruction des troupes japonaises, et il n'entre pas actuellement dans les intentions de mon gouvernement d'utiliser les services d'autres officiers européens que ceux qui se tiennent aujourd'hui au Japon.

[281]

12 novembre 1874

Monsieur le Duc,

J'ai eu l'honneur de recevoir la lettre en date d'hier par laquelle Votre Excellence a bien voulu m'adresser l'exequatur de M. Nakamura Hiroyasu, nommé consul du Japon à Marseille.

Je prie Votre Excellence d'en agréer mes remerciements.

J'a reçu en même temps la commission de cet agent que Votre Excellence a pris la peine de me renvoyer.

[282]

17 Nov. 1874

Chief Manager, Oriental Bank.

Sir,

I shall be much obliged by your having the goodness to remit to me the sum of £250 on account of the Foreign Department of the Japanese Government and to debit the same to the account of the Japanese Government with you.

Faithfully yours,

[283]

19 novembre 1874

Le docteur Trélat.

Monsieur,

　　Permettez-moi de vous remercier des soins que vous avez bien voulu donner à mon compatriote M. Narasaki et de vous dire combien j'apprécie l'admirable habileté ave laquelle vous l'avez opéré.

　　M. Marshall m'a lu les lettres que vous lui avez écrites à cette occasion. Je suis convaincu, comme vous-même, de la nécessité d'organiser un service médical pour les jeunes Japonais qui se trouvent à Paris. Mais pour les raisons dont M. Marshall vous donnera connaissance, je ne puis rien faire pour le moment. Toutefois, je suis très désireux de vous témoigner avec gratitude du service que vous <avez>[venez] de rendre à M. Narasaki et d'assurer vos bons soins aux membres de ma légation que je viens vous prier de vouloir bien accepter, en attendant une organisation définitive, le poste et le titre de chirurgien de la légation du Japon à Paris.

　　Il ne m'est pas possible d'attacher à cette nomination des honoraires fixes, je ne dispose pas de fonds pour cela; mais je connais votre caractère pour être convaincu que cette question n'aura aucune importance pour vous.

[284]

20 Nov. 74

Chief Manager, Oriental Bank.

Sir,

    Being on the point of leaving for Japan for a few months I have constituted M. Nakano, 1st Secretary of my Legation as Chargé d'Affaires, ad interim.

    Will you be pleased to consider M. Nakano as replacing me in all matters connected either with my Government or with this Legation or with the Bank Note Contract at Frankfurt. I allude particularly to the latter question because there will be further payments to make with reference to it.

    I beg you to be good enough to pay on Mr. Nakano's signature all such sums as he may need.

[285]

22 nov. 74

Duc Decazes.

Monsieur le Duc,

    J'ai l'honneur d'informer Votre Excellence qu'ayant reçu de mon gouvernement l'autorisation de quitter mon poste pendant quelques mois, je vais me rendre immédiatement au Japon.

    Pendant mon absence, je confie la direction de la légation à M. Nakano, 1er secrétaire et je prie Votre Excellence de vouloir bien agréer M. Nakano comme chargé d'affaires ad interim.

[286]

24 décembre 1874

Monsieur le Duc,

    J'ai eu l'honneur de recevoir la lettre du 16 courant par laquelle Votre Excellence a bien voulu me transmettre un état supplémentaire montant à

110 francs pour des caisses qui ont servi à l'emballage de l'outillage destiné à la fabricaition des fusées de guerre, cédé à mon gouvernement par M. le Ministre de la Guerre.

Je m'empresse d'informer Votre Excellence que j'ai opéré le versement à la caisse du Trésor, de la somme en question.

〔287〕

6 décembre 1874

Monsieur le Duc,
Une caisse de comestibles vient d'arriver du Japon à mon adresse à la gare de Bercy. Je serai extrêmement reconnaissant envers Votre Excellence de vouloir bien donner les ordres nécessaires pour qu'elle me soit remise en franchise de droits de douane.

〔288〕

25 décembre 1874

Duc Decazes.

Monsieur le Duc,
Au commencement de l'année dernière, j'ai sollicité du prédécesseur de Votre Excellence l'autorisation nécessaire pour permettre à un de mes compatriotes de suivre les cours de l'école de droit sans produire le diplôme de bachelier ès lettres.

Cette autorisation a été <donnée>[accordée].

Aujourd'hui, Monsieur le Duc, je viens prier Votre Excellence de vouloir bien demander à M. le Ministre de l'Instruction publique d'avoir la bonté de renouveler cette autorisation <pour> en faveur de deux autres candidats et de permettre à M.M. Nakamura et Mitsda Komeidji, sujets japonais, âgés respectivement de 20 et 23 ans, de se faire inscrire à la Faculté de droit de Paris.

[289]

2 janvier 1875

Monsieur [ ]
administrateur délégué des Messageries maritimes.

Monsieur,

J'ai eu l'honneur de recevoir la lettre du 30 décembre par laquelle vous avez bien voulu m'adresser le connaissement des 14 caisses de matériel d'artillerie qui ont été expédiées à Yokohama par [ ], à l'adresse de M. le Directeur de la douane.

Je prie, Monsieur, de recevoir mes remerciements de la peine que vous avez bien voulu prendre à cette occasion.

Je joins à cette lettre un chèque payable à votre ordre sur la Société générale pour la somme de 1,698^f 30, montant du frais de l'expédition.

Agréez _____

[290]

3 janvier 1875

Le président de la Société des études japonaises.

Monsieur,

J'ai le regret de ne pouvoir me rendre à la demande que vous m'avez fait l'honneur de m'adresser par votre lettre du 6 courant.

M. Ogoura a reçu avis il y a un an qu'il cessait d'être compté comme élève du gouvernement et qu'il devait rentrer au Japon. Dans ce but, le frais de son voyage de retour lui a été remis. Il a préféré rester en Europe comme simple particulier.

Par conséquent, Monsieur, M. Ogoura [ ] plus au corps d'étudiants sous la direction de cette légation : je n'ai ni instruction à lui donner ni fonds à lui remettre.

Les arrangements qu'il a pu prendre avec la Société des études japonaises lui sont purement personnels, je n'ai ni le droit ni le pouvoir d'y intervenir.

C'est avec peine, Monsieur, que je vous fais cette communication : j'aurais bien mieux aimé me trouver en situation de faire ce que vous désirez. Malheureusement cela m'est impossible.

Veuillez agréer _____

[291]

8 janvier 75

Baudry, 15 rue des Saints-Pères.

Monsieur,

J'ai la satisfaction de vous annoncer que je viens de recevoir de mon gouvernement un envoi de fonds à compte de la commande de livres qui vous a été faite par M. Nakashima.

Le montant total de votre facture est de 2599.45, mais par suite de certaines circonstances que je vous expliquerai de vive voix, on ne m'a envoyé que 2100.56. Je tiens cette somme à votre disposition.

Agréez _____

[292]

9 janvier 1875

Duc Decazes.

Monsieur le Duc,

En réponse à la lettre que Votre Excellence a bien voulu m'écrire en date du 7 courant, j'ai l'honneur de transmettre ci-joint le récépissé de la somme de 110 francs que j'ai versée au Trésor pour compte du ministère de la Guerre.

Veuillez _____

[293]

9 janvier 1875

M. Olivier, professeur des mathématiques au lycée Alger.

Monsieur,

M. Maurice Block a eu l'obligeance de me donner communication de votre lettre du 2 courant. Je m'empresse d'y répondre.

L'engagement serait de deux ans à partir de la date de l'arrivée au Japon. Il serait probablement renouvelé.

Les appointements seraient de 350 yens par mois, à partir de la date de l'arrivée au Japon. Le yen vaut à peu près 5 francs.

La somme allouée pour frais de voyage serait de 5000 francs.

Il y a plusieurs professeurs français à Yedo. On y vit bien pour 10,000 francs par an.

Quant à la nature de l'enseignement, je ne suis pas en situation de vous donner des détails.

Il n'y a pas, pour le moment, d'autre place à remplir que celle en question.

Si ces premiers renseignements vous suffisent pour vous permettre de vous décider en principe, je vous enverrai une copie de l'engagement à intervenir.

Agréez _____

[294]

10 janvier 1875

Duc Decazes.

Monsier le Duc,

Je regrette vivement de ne pouvoir faire droit à la requête de MM.

Carrier frères que Votre Excellence m'a fait l'honneur de m'adresser sur la demande de M. Mercier, député à l'Assemblée nationale.

Conformément aux instructions formelles que j'ai reçues à cet égard de mon gouvernement, je m'abstiens scrupuleusement de toute intervention dans des questions purement personnelles de cette nature.

Je prie Votre Excellence d'être convaincue des regrets que j'éprouve de ne pouvoir faire une meilleure réponse à cette communication et de recevoir les nouvelles assurances.

[295]

21 jan. 1875

Madame Lepissier.

Madame,

Nous venons de recevoir la réponse au télégramme que nous avons envoyé au Japon au sujet de l'instrument astronomique et dont nous vous remettons ci-joint la copie.

Nous vous prions donc de vouloir bien faire continuer l'exécution de cet instrument et de prendre les mesures nécessaires pour le paiement, conformément aux arrangements qui ont été pris entre M. Lepissier et le ministre de l'Instruction publique du Japon.

Agréez _____

[296]

(no date)

Mme Lepissier.

Madame,

Il y a quelques jours j'ai eu l'honneur de vous écrire au sujet de l'instrument astronomique. Comme nous n'avons pas encore de réponse, je viens vous prier de vouloir bien me dire à quel jour vous aurez la bonté de me répondre à ce sujet

 Recevez _____

[297]

                29 janvier 1875

Block.

Monsieur,

 Conformément aux ordres que j'ai reçus à cet effet de mon gouvernement, j'ai l'honneur de vous demander si vous seriez disposé à représenter le Japon au Congrès international de statistique qui va avoir lieu à Perth.

 Dans le cas où votre réponse serait affirmative, je suis chargé de vous remettre les pouvoirs nécessaires.

 Recevez _____

[298]

                29 janvier 1875

Monsieur le Ministre de Suisse
   "   Portugal
   "   Belgique
Chargé d'affaires d'Espagne

Monsieur le Ministre,

 Je suis chargé par mon gouvernement de faire une collection des billets de banque employés en Europe pour être déposés dans un musée à Tokei.

 A cet effet, j'ai demandé aux changeurs de Paris de me procurer les coupons nécessaires, mais ils ignorent comment et combien il existe de billets de banque en chaque pays et ne peuvent me donner que ceux qu'ils ont en main.

Dans ces circonstances, je prends la liberté de m'adresser à Votre Excellence en la priant de vouloir bien me faire savoir s'il lui serait possible de m'indiquer un de ses nationaux qui se chargerait de me faire obtenir la collection en question pour la Belgique.

Le coupon le plus élevé ne doit pas dépasser 200 francs, mais je suis chargé d'envoyer un échantillon de chaque billet d'une valeur inférieure à cette somme.

J'espère que Votre Excellence voudra bien pardonner la peine que je lui donne en m'adressant à elle pour une question de cette nature.

Je saisis avec empressement cette occasion _____

[299]

1 février 1875

Block.

Monsieur,

En réponse à votre lettre du [ ], je viens par la présente vous conférer au nom de mon gouvernement les pouvoirs nécessaires pour représenter le Japon au Congrès international de statistique qui va avoir lieu à Perth.

Le représentant du Japon à Vienne sera chargé de notifier votre nomination au gouvernement autrichien.

Recevez _____

[300]

15 février 1875

Madame Lepissier.

Madame,

Vous êtes venue il y a six semaines me dire que M. Lepissier aurait reçu des fonds de mon gouvernement pour payer un cercle méridien qu'il avait commandé à Paris, qu'après la mort de M. Lepissier un télégramme vous était arrivé du Japon contremandant cet instrument, que le fabricant par conséquent demandait une indemnité et que dans ces circonstances vous veniez me consulter sur les mesures à prendre.

Je vous ai répondu que je télégraphiais à mon gouvernement pour demander des instructions.

Le 21 janvier, je vous ai prévenue par lettre que j'avais reçu l'ordre de faire continuer la fabrication de l'instument et je vous ai prié de vouloir bien prendre les mesures nécessaires dans ce but.

Aujourd'hui je reçois de vous une lettre sans date par laquelle vous paraissez refuser de faire quoi que ce soit et par laquelle vous vous me demandez compte de ce qui s'est passé entre mon gouvernement et M. Lepissier.

Par suite de l'attitude que vous prenez ainsi, Madame, je viens au nom de mon gouvernement vous renouveler formellement comme représentant du feu M. Lepissier, l'ordre de faire exécuter l'instrument pour lequel vous avez reçu les fonds et vous déclarer que je vous tiens responsable de tout retard qui pourra avoir lieu dans la livraison. Du reste je mets l'affaire entre les mains de l'avoué de la légation, M. Lamy, 135 boulevard Sébastopol. C'est avec lui que vous aurez à la traiter dorénavant.

Veuillez _____

[301]

20 février 1875

Monsieur Bersot, directeur de l'Ecole normale.

Monsieur,

Je prends la liberté de m'adresser à vous dans les circonstances suivantes.

Mon gouvernement a besoin d'un professeur français pour enseigner les mathématiques au Japon.

M. Stéphane Mangeot, élève de l'Ecole normale, se présente comme candidat.

M. Mangeot n'étant ni docteur ès sciences ni professeur en titre, j'hésite à prendre seule la responsabilité de le choisir.

Je viens donc vous prier, Monsieur, de vouloir bien me dire confidentiellement si vous voyez M. Mangeot capable de bien remplir les fonctions du poste en question.

Je vous prie, Monsieur, d'agréer d'avance l'expression de mes remerciements et de croire _____

[302]

2 mars 1875

Soins d'Alegambie, Lille.

Monsieur,

Je n'ai pas à expliquer le motif qui vous a porté à comprendre dans le reçu que vous m'avez fait présenter aujourd'hui, la somme de 1,028.02 pour la contribution foncière sur votre maison.

Veuillez faire rectifier cette erreur et me faire présenter un autre reçu conforme aux stipulations de l'article 4 du bail.

Agréez _____

[303]

8 mars 1875

Olivier, professeur de mathématiques au lycée Alger.

Monsieur,

Les difficultés soulevées par votre lettre du 26 janvier ne m'ont pas paru susceptible d'être résolues par écrit. Par conséquent, j'ai cherché à Paris et j'ai fait choix d'une personne qui m'a été très vivement recommandée et qui part ces jours-ci pour le Japon.

Il ne me reste qu'à vous exprimer le regret que la distance à laquelle vous vous trouvez ait rendu impossible une discussion verbale.

[304]

13 mars 1875

Duc Decazes.

Monsieur le Duc,

Mon gouvernement m'exprime le désir de voir un sous-officier de cavalerie s'adjoindre à la mission militaire française au Japon.

Je viens donc, Monsieur le Duc, prier Votre Excellence d'avoir la bonté de demander à M. le Ministre de la Guerre qu'il veuille bien faire choix d'un militaire de ce grade pour le service en question.

Le contrat avec ce sous-officier resterait en force jusqu'au 11 avril 1877, c'est-à-dire, à la date à laquelle expire le renouvellement qui vient d'avoir lieu de l'engagement des membres actuels de la mission.

Veuillez _____

[305]

13 March 1875

Chief Manager, Oriental Bank, London.

Sir,

I have to draw upon the Ministry of War in Japan for sum equivalent to 7704f.50c which has been advanced by this Legation on account of that Ministry.

Will you be pleased to instruct your correspondent here to be good enough to arrange this matter in the usual way and to hand to me 7704f.50c in exchange for my draft on Japan.

[306]

17 mars 1875

Duc Decazes.

Monsieur le Duc,

　　Par une nouvelle lettre que j'ai reçue depuis que j'ai eu l'honneur d'écrire à Votre Excellence le 13 courant, je suis chargé d'exprimer à Votre Excellence le désire de mon gouvernement d'ajouter cinq autres membres à la mission militaire française au Japon.

　　Ce serait
　　　　un lieutenant ou sous-lieutenant d'infanterie
　　　　un ajusteur-mécanicien
　　　　un chef armurier
　　　　un contre-maître de fonderie
　　　　un forgeron.

　　Je viens donc, Monsieur le Duc, prier Votre Excellence d'avoir la bonté de communiqer cette demande à M. le Ministre de la Guerre et d'obtenir de M. le Général de Cissey qu'il veuille bien y faire droit.

　　Les contrats d'engagement prendraient fin au 11 avril 1877.

　　Veuillez ＿＿＿＿＿＿＿＿

[307]

18 mars 1875

M. Stampflé, directeur de la Banque fédérale suisse.

Monsieur le Directeur,

　　Ayant été chargé par mon gouvernement de faire pour le musée de Yedo une collection de modèles de billets de banque employés dans les divers pays de l'Europe, j'ai prié, M. le Représentant de la Suisse à Paris de vouloir bien m'aider à obtenir des billets suisses.

　　M. le Docteur Kern m'engage à m'adresser à MM. Krauss et Cie, à

MM. Hertsch Lütschen et Cie , mais ces maisons n'ayant pas me[*sic*] fourni des échantillons des billets, M. le Docteur Kern a eu la bonté de me dire que si je vous écrirais, Monsieur, vous ne refuseriez peut-être pas à me mettre à même procurer[*sic*] ce que je cherche.

Je prends donc la liberté , Monsieur, de demander votre bienveillante aide, espérant que, dans ces circonstances, vous voudrez bien pardonner la peine que je vous donne.

Je sais qu'en Suisse il n'y a pas de billets nationaux et que les[*sic*] de chaque canton émettent des billets spéciaux. Ceux de canton de Berne suffisent pour le but que se propose mon gouvernement, et je vous serais extrêmement reconnaissant si vous voulez avoir l'obligeance de me faire parvenir un échantillon de chaque type de billets du canton de Berne, sans toutefois dépasser la valeur de 250 francs par billet.

Je m'empresserai, Monsieur, d'envoyer immédiatement la valeur de ces billets.

Avec la nouvelle expression, je vous prie, Monsieur, etc.

---

[308]

22 March 1875

Chief Manager, Oriental Banque.

Sir,

I have to draw on the Ministry of Marine in Japan for the sum of one thousand francs.

Will you be so good as to have the matter arranged [ ] through P. Gil so that I may receive the 1000 francs here.

[309]

25 mars 1875

Stampflé, directeur, Banque fédérale, Berne.

Monsieur,

    Je vous remercie bien sincèrement de la réponse que vous avez bien voulu me faire et des échantillons de billet de banque suisse que vous avez eu la bonté de m'envoyer.

    Ces échantillons suffisent parfaitement pour le but que mon gouvernement se propose.

    Je prierai M. le Dr Kern de vouloir bien vous remettre l'expression de ma gratitude de l'aide que vous m'avez accordée dans cette affaire.

    Veuillez _____

〔310〕

6 avril 1875

Directeur de la Monnaie, Paris.

Monsieur,

    Mon gouvernement me prie de lui envoyer le rapport annuel de la Monnaie de Paris et j'espère que vous voudrez bien me permettre de vous en écrire directement au lieu d'adresser ma demande officiellement au ministère des Affaires étrangères.

    S'il existe un rapport de la Monnaie, je vous serais extrêmement reconnaissant d'avoir la bonté de me dire où je puis me le procurer.

    Je vous prie, Monsieur, de pardonner la peine que je vous donne, d'accepter l'expression de mes sincères remerciements, et de recevoir les assurances de ma plus haute considération.

〔311〕

6 avril 1875

Duc Decazes

Monsieur le Duc,

Un de mes compatriotes, M. Shôské Nagaminé, est désireux de se présenter à l'examen de l'Ecole de Saint-Cyr et d'en suivre les cours dans le cas où il y serait admis.

M. le ministre de la Guerre a bien voulu permettre à certains Japonais d'<étudier>[entrer] à Saint-Cyr et j'espère que, avec l'appui de Votre Excellence, M^r le Général de Cissey ne refusera pas d'accorder la même autorisation à M. Nagaminé.

Je viens donc solliciter Votre Excellence d'avoir la bonté de communiquer à M. le Ministre de la Guerre la demande que j'ai l'honneur de formuler ici.

Veuillez _____

[312]

29 avril 1875

H. Ahrens et Cie., 12 Queen Victoria Street, London.

Gentlemen,

Your letter of yesterday's date informs me that "l'expédition des cartouches à Paris offre des difficultés presque insurmontables".

You are perhaps [1 語未詳] that the cartridges in question are empty.

[313]

29 avril 1875

Duc Decazes.

Monsieur le Duc,

Votre Excellence a bien voulu m'envoyer le 30 mars, un permis accordé par M^r le Ministre de la Guerre afin d'autoriser M. le Commandant Murata, de l'armée japonaise, à visiter l'Ecole de tir de Vincennes et le camp de Châlons.

Aujourd'hui M. Murata désirerait visiter les ateliers d'armes de

Puteaux, les manufactures de Châtellerault et de Saint-Etienne et la fonderie de Bourges.

Par conséquent, Monsieur le Duc, je viens solliciter de nouveau la bienveillante intervention de Votre Excellence auprès de M. le Général de Cissey, afin d'obtenir pour M. Murata les permissions spéciales qui lui sont nécessaires afin qu'il puisse pénétrer dans ces quatre établissements.

Veuillez ＿＿＿＿＿＿＿＿

[314]

29 avril 1875

Duc Decazes.

Monsieur le Duc,

M. Ono, un étudiant japonais, a été admis depuis quelque temps à travailler dans le Bureau de statistique au ministère de la Justice.

Il est désireux maintenant d'obtenir l'autorisation nécessaire pour travailler de même dans le Bureau de la statistique générale de la France au ministère de l'Agriculture et du Commerce.

J'espère que Votre Excellence me permettra de demander son aide et appui auprès de M. le Vicomte de Meaux afin de faire accorder à M. Ono la permission qu'il sollicite.

[315]

1 May 1875

Chief Manager.

Sir,

I have to draw on the Foreign Office of Japan for 3,334f. 60c.

Will you be so kind as to instruct your correspondent here to place this sum at my disposal in exchange for my draft on Japan for the equivalent value.

[316]

12 May 1875

Messrs. H. Ahrens et Co.,
12 Queen Victoria Street, London.

Gentlemen,

M. Murata tells me that he has made arrangements with M. Wooyeno, Japanese Minister in London for obtaining [ ] the necessary permission for sending the cartridge and powder to Paris.

Consequently, in reply to your letter of the 10th, I have only to beg you to be so kind as to communicate with Mr. Wooyeno on the matter.

[317]

17 May 1875

Chief Manager.

Sir,

Will you [be] so good as to request M. P. Gil to hand to me the sum of 1059f,55c against my draft for the equivalent thereup[*sic*] on the Ministry of Foreign Affairs of Japan.

[318]

21 mai 1875

Général-commandant de l'Ecole polytechnique.

Monsieur le Général,

M. Ota, un étudiant japonais, qui a été admis depuis quelque temps à suivre les cours de l'Ecole polytechnique, vient d'être rappelé au Japon par ordre du gouvernement.

Je viens donc, Monsieur le Général, vous prier de lui accorder la permission de quitter l'Ecole.

Je profite avec plaisir de cette occasion pour exprimer ma reconnaissance des soins particuliers dont Mr Ota a été l'objet pendant son séjour à l'Ecole. J'en rends compte à mon gouvernement et je vous prie, <pour vous-même et pour Messieurs les Professeurs> Monsieur le Général, de vouloir bien en accepter pour vous-même et pour Messieurs les Professeurs, l'expression de mes plus sincères remerciements.

Veuillez _____

[319]

3 juin 1875

Général de Villiers,
commandant de l'Ecole polytechnique.

Monsieur le Général,

J'ai eu l'honneur de recevoir la lettre du 27 mai par laquelle vous avez bien voulu m'exprimer l'opinion qu'il serait à désirer que M. Ota pût rester deux mois de plus en France afin de terminer ses deux années d'études à l'Ecole polytechnique.

J'ai communiqué cettre lettre au chef des étudiants militaires japonais (dont M. Ota fait partie), et d'accord avec lui, je viens d'accorder à M. Ota l'autorisation de rester deux mois de plus.

Je suis extrêmement heureux d'avoir pu agir dans cette circonstance en conformité en la bonté de me donner et je vous prie d'agréer

_____

[320]

7 juin 1875

Monsieur le Minstre,

J'ai acheté à Paris par ordre de mon gouvernement 31 sabres et 3 lames de sabre destinés au ministère de la Guerre du Japon.

Je viens par conséquent prier Votre Excellence d'avoir la bonté de me faire autoriser à embarquer ces armes pour le Japon par la voie de Marseille.

Veuillez _____

[321]

12 juin 1875

Baron Reille, commissaire général du Congrès géographique.

Monsieur le Baron,

J'ai l'honneur de vous adresser une liste des objets qui seront envoyés par cette légation le 25 courant à l'exposition géographique.

J'ai pu rassembler neuf cartes et 65 volumes de livres.

Les dimensions des cartes sont sous-indiquées sur la liste en marge pour que vous puissiez déterminer la superficie de [ ] qui sera nécessaire pour les suspendre. Pour les livres, une table d'un mètre carré suffira; je vous prie de vouloir bien me réserver un prix de dix francs.

Je me tiens à votre disposition pour tous renseignements ultérieurs.

Veuillez _____

[322]

Duc Decazes.

Monsieur le Duc,

Je suis chargé par mon gouvernement de porter à la connaissance de Votre Excellence un décret signé le 14 avril dernier par Sa Majesté l'empereur du Japon.

Par ce décret l'empereur, mon auguste maître, a daigné modifier les conditions sous lesquelles le gouvernement du Japon est exercé.

Je transmets à Votre Excellence une copie du texte original du décret accompagné d'une traduction en français.

Traduction

A l'époque de notre accession au trône, nous avons appelé les nobles et les grands fonctionnaires de notre royaume, et nous avons juré devant le Ciel de maintenir les cinq principes de gouverner en harmonie avec l'opinion publique, et de pratiquer les droits de notre peuple.

Aidé par le souvenir sacré de la lignée glorieuse de nos saints ancêtres et par l'opinion de nos sujets, nous avons pu obtenir la paix et la tranquillité.

Pourtant la Restauration est encore si récente que plusieurs réformes essentielles restent à effectuer dans l'administration des affaires de l'Empire.

C'est notre désir de ne pas nous restreindre au maintien des cinq principes que nous avons juré de conserver, mais d'aller plus loin et d'éloigner le cercle du progrès intérieur.

Dans ce but, nous établissons actuellement le Genro-in, afin de créer des lois pour l'Empire et le Daishin-in, pour consolider l'autorité judiciaire des tribunaux. En appelant les fonctionnaires locaux des diverses provinces de l'Empire, l'esprit public deviendra connu, l'intérêt public sera consulté et de cette façon le meilleur système d'administration sera déterminé.

Nous espérons par ces moyens consolider notre bonheur et celui de nos sujets. Mais quoiqu'ils doivent nécessairement abandonner plusieurs de leurs anciens coutumes, ils ne doivent pas céder à un désir téméraire de réforme.

Donnez à nos tâches l'attention qui leur est due et employez vos meilleurs efforts pour les suivre.

[323]

21 juin 1875

M. Soins d'Alegambie, Lille.

Monsieur,

J'ai l'honneur de vous informer que j'ai pris les ordres de mon gouvernement au sujet du renouvellement du bail de l'hôtel situé 75 avenue Joséphine à Paris, occupé actuellement par la légation du Japon.

Je suis autorisé par mon gouvernement à renouveler le bail pour trois, six ou neuf ans au choix de mon gouvernement à partir de l'expiration du bail actuel.

Je dois vous annoncer que d'après mon instruction je n'ai le pouvoir d'admettre aucune modification aux conditions existantes, et que j'ai ordre de [   ] ailleurs le siège de la légation impériale dans le cas où vous réclameriez des changements dans ces conditions.

Je vous serai reconnaissant, Monsieur, de vouloir bien me faire savoir si vous [   ] le renouvellement du bail dans des termes précités. Si vous acceptez, je vous proposerai de signer un nouveau bail afin que je puisse en informer mon gouvernement. Dans le cas contraire, j'aurai à vous donner congé pour le mois d'août de l'année prochaine.

Agréez _____

[324]

2 juillet 1875

M. Janssen.
28 rue Labot, Montmartre.

Monsieur,

Je suis chargé par mon gouvernement de vous transmettre la lettre ci-incluse et les paquets qui l'accompagnent.

C'est avec plaisir que je m'acquitte de cette commission et je vous prie de croire, Monsieur, que je serai toujours heureux de faire tout ce qui dépendra de moi pour maintenir les relations que vous avez établies avec le Japon.

[325]

8 juillet 1875

M. Cointet, 91 rue du Rocher, Paris.

Monsieur,
 Il m'a paru inutile de répondre à votre première lettre.
 Puisque vous en écriviez une seconde, j'ai l'honneur de vous informer que dans le cas où il y aurait lieu de faire à mon gouvernement une communication au sujet du verre dit incassable, ce sera avec l'inventeur du procédé (que je connais) que je m'entendrai directement.

[326]

10 juillet 1875

Baron Reille,
commissaire général du Congrès géographique.

Monsieur le Baron,
 J'ai l'honneur de vous informer que je suis autrorisé par mon gouvernement à agir comme représentant du Japon auprès du Congrès géographique.
 Je me présenterai donc à ce titre à la séance d'inauguration.
 Je serai très heureux de pouvoir contribuer au succès du Congrès et je vous prie de m'utiliser dans le cas où je pourrai rendre un service quelconque.

[327]

13 juillet 1875

Duc Decazes.

Monsieur le Duc,

M. Osaka, un officier japonais a été admis il y a deux ans à suivre les cours de l'Ecole de Saint-Cyr.

Le 23 août prochain, il y terminera ses études et je viens prier Votre Excellence de vouloir bien me prêter son appui auprès de M. le Ministre de la Guerre, afin d'obtenir pour M. Osaka l'autorisation d'entrée à l'Ecole d'état-major.

J'ai tout bien de croire que M. Osaka est assez avancé dans ses études pour pouvoir profiter utilement de la permission que je sollicite et je serai très reconnaissant envers Votre Excellence si elle veut avoir la bonté de me la faire accorder.

[328]

22 July 1875

Chief Manager, Oriental Bank.

Sir,

I have to draw upon the Ministry of Foreign Affairs of Japan for 5,417f. 50c.

Would you be so kind as to give the necessary instruction to M. P. Gil, so that I may receive the money.

[329]

27 juillet 1875

Duc Decazes.

Monsieur le Duc,

Je suis chargé d'exprimer à Votre Excellence le désir de mon gouvernement d'ajouter un chef artificier à la mission militaire française au Japon.

Je viens donc, Monsieur le Duc, prier Votre Excellence d'avoir la bonté de communiquer cette demande à M. le Ministre de la Guerre et d'obtenir de la bienveillance qu'il veuille bien y faire droit.

 Le contrat serait conforme à celui qui a été signé avec les derniers envoyés.

〔330〕
                 6 août 1875

Duc Decazes.

Monsieur le Duc,
 J'ai l'honneur d'informer Votre Excellence que par ordre de mon gouvernement en date du 18 juin dernier, M. M. Maéda a été nommé attaché à cette légation.

〔331〕
                 10 août 1875
Duc Decazes.

Monsieur le Duc,
 Le 29 avril dernier, j'ai sollicité de Votre Excellence l'autorisation nécessaire pour faire admettre M. Ono, un étudiant japonais, à travailler dans le Bureau de statistique générale de France.

 Votre Excellence a bien voulu me faire accorder cette permission.

 Aujourd'hui M. Ono, qui a terminé son travail au ministère de l'Agriculture et du Commerce, désire suivre les opérations de statistique au ministère des Finances. Je viens donc, Monsieur le Duc, prier Votre Excellence d'avoir la bonté d'obtenir de M. Léon Say qu'il veuille bien consentir à ce que M. Ono soit admis au même titre au ministère des Finances.

 Veuillez agréer ⸺

[332]

27 juillet 1875

Duc Decazes.

Monsieur le Duc,

Au mois de novembre dernier, les sieurs Pignière et Delahaye ont été condamné par le tribunal correctionnel de Paris, sur ma plainte, à six mois de prison pour escroquerie au préjudice de cette légation.

Ils ont appelé de cette condamnation, mais elle a été confirmée par la Cour, et, <par conséquent> actuellement, ils sont en prison depuis deux mois.

Je désire vivement obtenir pour ces malheureux la remise du restant de leur peine et je viens solliciter de Votre Excellence qu'elle veuille bien présenter à M. le Garde des Sceaux ma demande à cet effet.

Il arrive, de temps en temps, au Japon, que les représentants des puissances étrangères adressent des demandes semblables à la justice japonaise, et il me serait très agréable de pouvoir annoncer à mon gouvernement que l'empressement avec lequel il fait droit à ces demandes m'a servi ici d'argument utile pour obtenir la commutation de peine en faveur de deux Français.

J'ose espérer que Votre Excellence voudra bien s'intéresser à ma prière et qu'elle ne refusera pas de l'appuyer avec bienveillance auprès de M. le Garde des Sceaux.

Je saisis avec empressement cette occasion pour _____

Nakano

[333]

28 juillet 1875

Général de Kokhovsky,
Hôtel de Strasbourg 50, rue Richelieu.

Monsieur le Général,

 M. Marshall m'informe à l'instant que vous avez <bien voulu> eu la bonté de parler à M. le Général Kanikof de mon désir d'envoyer à mon gouvernement un exemplaire de votre belle carte de la Russie d'Asie et que le général Kanikof, d'accord avec vous, a eu la générosité et l'extrême obligeance de mettre à ma disposition la carte elle-même.

 Je vous pris, Monsieur le Général, d'accepter pour vous-même et de bien vouloir adresser à M. Khanikof l'expression de mes plus sincères remerciements de votre généreuse amabilité; ce sera avec un vif plaisir que j'en donnerai connaisssance à mon gouvernement.

 J'espère que vous voudrez bien faire un choix parmi nos cartes japonaises et que vous y prendrez (sauf le N° 4) celles qui pourront servir à votre musée.

 Agréer[*sic*] _____

[334]

4 août 1875

M. Reymond de Campou.

Monsieur,

 J'ai l'honneur de vous informer que mon gouvernement a pris choix de votre personne pour remplir la charge de vice-consul du Japon à Marseille.

 Vous trouverez ci-inclus votre commission en cette qualité. J'en transmets un duplicata aujourd'hui à Son Excellence le minstre des Affaires étrangères et la prie de bien vouloir vous accorder l'autorisation nécessaire.

 Pour le détail de vos fonctions, vous aurez à vous entendre avec M. Nakamura, consul du Japon à Marseille, sous les ordres duquel vous êtes placé. Vous voudrez bien, sur la demande de M. Nakamura l'aider de vos

[   ] et vos conseils.

Il a été entendu verbalement entre nous que vos fonctions soient purement honorifiques et qu'aucune rétribution n'y sera affectée. Je vous demanderai de confirmer cette condition dans votre réponse.

Je suis personnellement très satisfait, Monsieur, d'être l'organe de cette communication, et j'espère que les relations qui s'établissent aujourd'hui entre mon gouvernement et vous-même auront une bonne et heureuse durée.

Commission de M. de Campou.

Conformément avec instructions que j'ai reçues à cet effet de mon gourvernement qui désire pourvoir à la charge de vice-consul du Japon à la résidence de Marseille, et, étant informé de l'intelligence, probité et zèle de M. Reymond de Campou, j'ai fait choix de sa personne pour remplir la dite charge. A ces causes, je nomme M. Reymond de Campou par les présentes pour exercer les fonctions qui lui sont confiées, et en conséquence, je prie Monsieur le Maréchal-présient de la République française et les autorités françaises de reconnaître et de faire reconnaître M. Reymond de Campou en qualité de vice-consul du Japon à Marseille, afin qu'il puisse exercer librement ses fonctions sans qu'il y soit apporté aucun trouble ni empêchement.

En foi de quoi, j'ai fait mettre aux présentes le sceau de la légation du Japon à Paris.

Fait à Paris ce 4 août 1875
Le 1er secrétaire, chargé d'affaires
a.i.
Nakano

[335]*

Commission de M. de Campou

Conformément aux instructions que j'ai reçues à cet effet de mon gouvernement, qui de [ ] pou- [ ] char [ ] de vice-consul du Japon à la résidence de Marseille, [ ] informé de l'intelligence [ ] zèle de M. Reymon de Campou, j' [ ]de [ ] remplir la dite charge. A ces [ ] je [ ] M. Reymond de Campou [ ] les présentes [ ] les fonctions qui lui sont confiées, et, en conséquence, je prie Monsieur le Maréchal-président de la République française et les [   ] de [ ] reconnaître [ ] Reymond de Campou en qualité de vice-consul du Japon à Marseille, afin qu'il [ ] les fonctions, [ ] qu'il y soit [   ]

[336]

4 août 75

Duc Decazes.

Monsieur le Duc,
 J'ai l'honneur d'informer Votre Excellence que, conformément aux ordres que j'ai reçus à cet effet de mon gouvernement, je viens de nommer Mr Reymond de Campou vice-consul du Japon à Marseille.
 Mr de Campou demeure à Marseille, 56 rue Vason.
 J'espère que Votre Excellence voudra bien lui faire délivrer l'autorisation nécessaire pour l'exercice de ses fonctions.
 Je joins sa commission à cette lettre.

[337]

24 août 75

Monsieur Janssen.

Monsieur,
 Je vous prie d'accepter mes sincères remerciements des très intéressantes photographies que vous avez bien voulu m'envoyer. Elles conserveront ici le souvenir de votre visite au Japon et je ne manquerai pas de les montrer à tous mes visiteurs.

Recevez, Monsieur, les assurances de tous mes sentiments de haute considération.

[338]

30 août

Duc Decazes.

Monsieur le Duc,

Je remercie vivement Votre Excellence d'avoir eu la bonté d'appuyer si efficacement auprès de M^r le Garde des Sceaux ma demande d'une commutation de peine en faveur de M.M. Pignière et Delahaye.

Je suis très heureux que M^r le Président de la République, sur la proposition de M^r le Garde des Sceaux, ait bien voulu y faire droit, et ce sera pour moi une cause de vive satisfaction de pouvoir annoncer ce résultat à mon gouvernement.

[339]

30 août 75

Monsieur le Duc,

Le commandant Murata, de l'armée japonaise, envoyé en mission en Europe par mon gouvernement, est désireux de visiter le mont Valérien et l'Ecole de Saint-Cyr.

Je serai très reconnaissant en Votre Excellence si elle veut avoir la bonté de demander à M. le Général de Cissey les autorisations nécessaires pour que M. Murata puisse être admis dans ces deux établissements.

[340]

13 sept.

Monsieur le Duc,

Par ordre de mon gouvernement, le commandant Murata de l'armée japonaise a acheté en Prusse un fusil de guerre et 30 douilles vides.

　Deux caisses contenant ces armes viennent d'arriver à Paris et se trouvent actuellement à la gare de l'Est.

　Je viens donc solliciter de Votre Excellence qu'elle veuille bien demander à Monsieur le Général de Cissey le permis nécessaire pour que Mr Murata puisse recevoir ces caisses de la douane.

　Veuillez agréer, Monsieur le Duc, les assurances ─────

Nakano

[341]

le 24 7bre 1875

Monsieur le Duc,

　Mon gouvernement me donne l'ordre de prier Votre Excellence d'avoir la bonté de demander à Monsieur le Général Cissey de vouloir bien augmenter le personnel de la mission militaire française au Japon de deux lieutenants ou sous-lieutenants d'infanterie, de cavalerie, et d'un lieutenant ou sous-lieutenant de génie.

　Le colonel Munier, commandant de la mission, me prie de faire partir ces officiers le plus tôt possible.

　J'espère donc que Votre Excellence <de vouloir>[voudra bien] donner les ordres nécessaires pour que leur nomination puisse se faire promptement.

　Veuillez agréer, Monsieur le Duc, les assurances ─────

Nakano

[342]

27 sept.

Monsieur le Duc,

Quatre pièces de vin que j'ai commandées à Bordeaux viennent d'arriver à la gare de Bercy. Je serai extrêmement reconnaissant envers Votre Excellence de vouloir bien donner les ordres nécessaires pour qu'elles me soient remises en franchise de droits d'octroi.

Veuillez agréer, Monsieur le Duc, les assurances ———

Nakano

[343]

4 octobre 1875

Monsieur le Duc,

Il y a quelque temps j'ai sollicité de Votre Excellence l'autorisation nécessaire pour permettre à quelques-uns de mes compatriotes de suivre les cours de l'Ecole <du>[de] droit sans produire le diplôme de bachelier ès lettres.

Cette autorisation a été accordée.

Aujourd'hui, Monsieur le Duc, je viens prier Votre Excellence de vouloir bien demander à M. le Ministre de l'Instruction publique d'avoir la bonté de renouveler cette autorisation en faveur de M. B. Saïonzi, sujet japonais, âgé de 23 ans et de lui permettre de se faire inscrire à la Faculté de droit de Paris.

Veuillez agréer, Monsieur le Duc, les assurances de tous les sentiments de très haute considération avec lesquels j'ai l'honneur d'être,

de Votre Excellence,
le très humble et très obéissant serviteur.
Nakano

[344]

6 8bre 1875

Le sous-signé, premier secrétaire de la légation du Japon à Paris, chargé d'affaires ad interim, donne son consentement au mariage de Mr Osame Yzouka, sujet japonais, né à Simané Japon, le 14 janvier 1851, fils de Yossi Tossi Yzouka et Fousa Yzouka, son épouse, avec Mademoiselle Pauline Richter, née à New-York le 6 octobre 1858, fille d'Auguste Richter et < >[de] Catherine Richter son épouse.

Fait à Paris le 6 octobre 1875
E. N.

〔345〕

11 oct. 1875

de Campou　— Marseille.

Monsieur,
　Me référant à la lettre que je vous ai adressée le 4 août dernier.
　J'ai l'honneur de vous informer que, par dépêche en date du 9 courant, Son Excellence le Ministre des Affaires [étrangères] a bien voulu me prévenir, en réponse à la communication que je lui ai faite le 4 août, que M. le Préfet des Bouches-du-Rhône vient d'être invité à donner les ordres nécessaires pour que vous puissiez remplir les fonctions de vice-consul du Japon à Marseille en cas d'absence ou d'empêchement de M. Nakamoura, consul à la même résidence.
　Je suis heureux, Monsieur, vous annoncer que la dernière formalité de votre nomination est ainsi terminée.

〔346〕

18 oct. 75

Duc Decazes.

Monsieur le Duc,
　Dans plusieurs occasions Votre Excellence a bien voulu obtenir, sur

ma demande, de M. le Ministre de l'Instruction publique, la permission nécessaire pour que des étudiants japonais puissent être admis à suivre les cours de l'Ecole de droit de Paris, sans produire le diplôme de <chevalier>[bachelier] ès lettres.

Je viens de nouveau solliciter de Votre Excellence une autorisation analogue.

Sept étudiants (dont les noms sont indiqués sur la liste ci-jointe) viennent d'arriver à Paris, envoyés par mon gouvernement pour étudier le droit français, ils ont été préparés spécialement dans ce but dans l'Ecole de droit de Tokio et j'ai tout lieu de croire qu'ils sont en mesure de profiter utilement de la dispense que j'ai l'honneur de demander pour eux.

	âge
Issobé Siro	23
Inovouyé Seiiti	24
Sékigouti Yutaka	23
Kourizouka Seigo	22
Koumano Binzo	20
Okamoura Seiiti	21
Kinochita Firoji	23

[347]

Donné à 7 étudiants 20 9bre

Le soussigné, 1er secrétaire de la légation du Japon à Paris, chargé d'affaires ad intérim certifie que M. —— est né à —— au Japon le —— 18 ——.

Faites à Paris le 20 novembre 1875
Signé T. Nakano

[348]

7 avril 1875

Vice-amiral de la Roncière la Noury,
président de la Société géographique.

Monsieur le Président,
　Me référant à la lettre que M. le Ministre du Japon à Paris a eu l'honneur de vous adresser le 9 septembre dernier, je viens vous informer que mon gouvernement m'annonce l'envoi d'une caisse de cartes et livres japonais destinés à être exposés au Congrès géographique qui aura lieu à Paris cette année.
　J'aurai le plaisir de venir vous remettre ces objets aussitôt que je les aurai reçus.
　Je vous serai reconnaissant, M. le Président, si vous voulez bien me faire savoir à quelle date le Congrès se réunira.

[349]

2 déc. 1875

Duc Decazes.

　Le chargé d'affaires du Japon a l'honneur d'offrir ses remerciements à Son Excellence le ministre des Affaires étrangères de la nouvelle carte qu'elle a bien voulu lui envoyer pour les séances de l'Assemblée nationale.
　En même temps il remet l'ancienne carte ci-incluse.

[350]*
Duc.

　Le chargé d'affaires du Japon a l'honneur d'offrir ses remerciements à Son Excellence le ministre des Affaires étrangères de la [　　] qu'elle a bien voulu

[351]

11 déc. 75

M.M. Grebert, Borgnio, fourreurs.
48 rue de l'Arbre sec.

Messieurs,

Mon gouvernement vient de m'adresser un échantillon de peau de loutre, prise au nord de l'île de Yeso, avec ordre de prendre des renseignements sur la valeur de cette peau en Europe. Si le prix est rémunérateur, on pourrait en expédier un grand nombre annuellement.

Dans ces circonstances vous aurez, peut-être, l'obligeance d'envoyer quelqu'un ici (75 avenue Joséphine) pour examiner l'échantillon. Je suis chez moi de une heure à trois heures tous les jours.

[352]

16 déc. 75

Duc Decazes.

Monsieur le Duc,

Au mois d'avril dernier, trois Japonais naufragés près d'Isey ont été sauvés par le navire français Parana.

Je suis chargé par mon gouvernement d'offrir à M. Lainé, commandant de Parana, un souvenir de l'acte d'humanité qu'il a ainsi accompli, et je viens demander à Votre Excellence de vouloir bien le lui faire parvenir.

Le Parana appartient à M. Boissier, armateur à Nantes.

Je suis heureux d'être l'organe de cette communication, et je prie Votre Excellence de croire que c'est avec une vive satisfaction que je profite de toutes les occasions de constater les sentiments de cordiale sympathie que mon gouvernement éprouve envs la France.

Je joins à cette lettre l'objet offert à M. Lainé.

[353]

12 janvier 1876

Monsieur Paul Gervais, professeur au Muséum.

Monsieur,

 Je m'empresse de vous accuser réception de votre lettre d'hier et des exemplaires de votre rapport à l'Academie des sciences que vous avez bien voulu y joindre.

 J'adresserai ces documents à mon gouvernement par le prochain courrier, et je demanderai particulièrement que l'on vous adresse le squelette que vous désirez recevoir.

 Je suis extrêmement heureux, Monsieur, d'avoir servi d'intermédiaire pour la transmission de l'échantillon qui a été expédié du Japon et j'espère que des occasions semblables se renouvelleront souvent.

 Je vous serais très reconnaissant si vous vouliez bien m'autoriser à vi-siter <un>[en] détail un jour de la semaine prochaine le Muséum d'anatomie comparée au Muséum.

 Veuillez recevoir, Monsieur, avec l'expression de mes compliments, les assurances etc.

[354]

21 janvier 1876

Préfet de police.

Monsieur le Préfet,

 Me référant à la lettre que j'ai eu l'honneur de vous adresser à la date du 10 décembre au sujet d'un escroc portugais nommé Da Roza, je m'empresse de vous communiquer un télégramme que je reçois à l'instant de Monsieur Wouyeno, ministre du Japon à Londres, m'annonçant que ce Da Roza est parti pour Paris.

D'après une lettre qui m'est parvenue hier de mon gouvernement, il paraîtrait que Da Roza cherche à se procurer de l'argent au moyen d'une fausse lettre de commande de navires pour le compte de la marine japonaise.

[355]

30 janvier 1876

Au ministre de la Justice.

Monsieur le Ministre,

Votre lettre du 20 décembre par laquelle vous m'avez fait l'honneur de m'adresser deux exemplaires des deux derniers comptes généraux de l'administration de la Justice criminelle, civile et commerciale en France n'est parvenue qu'hier.

Je prie Votre Excellence de vouloir bien agréer l'expression de mes remerciements des documents que vous m'avez transmis.

Je m'empresserai de les communiquer à mon gouvernement.

Veuillez agréer, Monsieur le Ministre, les assurances de la haute considération avec laquelle j'ai l'honneur d'être,

votre très humble et très obéissant serviteur.

[356]

8 février 1876

Le docteur Auzoux, 56 rue de Vaugirard.

Monsieur,

Conformément au désir qui m'est exprimé par le ministre du Japon à Londres, j'ai l'honneur de vous adresser le catalogue ci-inclus et de vous prier de vouloir bien fournir à mon gouvernement les objets qui s'y trouvent marqués, savoir.

N° 12   Cerveau de l'homme   150 francs

" 19	Oeil	75	"
" 25	Oreille	150	"
" 27	Larynx	30	"
" 34	Cheval	4000	"
" 45	Pied de cheval	50	"
" 49	Utérus de vache	80	"
" 50	O O[sic]	100	"
" 61	Estomac de ruminant	80	"

total, 4715 francs

Je vous serai reconnaissant, Monsieur, de vouloir bien m'indiquer à quelle époque ces objets pourront être livrés.

[357]

Paris, le 14 février 1876

Le chargé d'affaires du Japon a l'honneur d'informer Monsieur l'Officier de paix qu'il donne une soirée demain (mardi) et qu'il y aura probablement 30 au 40 voitures à domicile dont plusieurs seront à placer comme étant munies de cartes de stationnement.

[358]

15 février 76

Duc Decazes.

Monsieur le Duc,

J'ai l'honneur d'informer Votre Excellence que par arrêté de mon gouvernement en date du 20 décembre dernier, Monsieur Frederick Marshall a été nommé secrétaire honoraire de la légation du Japon à Paris.

[359]

15 février 76

Lord Lyons, ambassadeur d'Angleterre.

Monsieur l'Ambassadeur,
 Par arrêté de mon gouvernement en date du 20 décembre dernier, M. Frederick Marshall a été nommé secrétaire honoraire de la légation du Japon à Paris. Je fais part officiellement de cette nomination à Monsieur le Duc Decazes.
 En même temps, j'ai l'honneur d'en informer officieusement Votre Excellence. M. Marshall étant sujet anglais, je crois remplir un devoir de respect et de convenance envers Votre Excellence en portant le fait à sa connaissance.
 Je profite avec empressement de cette occasion _____

[360]

Monsieur le Duc,
 J'ai fait venir de Bordeaux 5 pièces du vin qui se trouvent actuellement à la gare d'Orléans.
 Je viens donc prier Votre Excellence d'avoir la bonté de donner les ordres nécessaires pour qu'elles me soient remises en franchise d'octroi.
 Veuillez _____

[361]

3 mars 76

M. Bersot, directeur de l'Ecole normale.

Monsieur le Directeur,
 Voulez-vous me permettre d'avoir de nouveau recours à Votre obligeance et à vos conseils.

Mon gouvernement me charge de choisir un professeur pour enseigner la physique, la mécanique et les mathématiques au Japon pour les classes moyennes et supérieures, et M. Mangeot m'écrit pour proposer soit M. Berson, porfesseur à Tournon, soit M. Dibwoski, professeur à Poitiers.

Auriez-vous la bonté, Monsieur, de me dire, confidentiellement, si ces messieurs sont aptes à remplir les fonctions en question, et lequel des deux vous m'engageriez à prendre.

[362]

9 mars 76

M. Perdrix, 40 rue Bonaparte.

Monsieur,

J'ai reçu vos lettres du 5 et 6 courant.

Elles m'obligent à vous rappeler qu'il n'entre aucunement dans mes fonctions de poursuivre le paiement des dettes que des sujets japonais peuvent contracter en France.

J'ai bien voulu consentir à écrire à mon gouvernement au sujet de la créance dont vous me parlez; mais je l'ai fait officieusement, par pure bonne volonté, et je ne pris donner aucune suite à ce que j'ai fait.

Par conséquent, Monsieur, vous voudrez bien regarder cette correspondance comme terminée.

Si, toutefois, je recevais de mon gouvernement une communication quelconque se rattachant à la question, je ne manquerai pas de vous en informer.

[363]

13 mars 76

Baron de Santos,
chargé d'affaires de Portugal.

Monsieur le Baron,

J'ai l'honneur d'informer Votre Excellence que M. Wooyeno, ministre du Japon à Londres, a été chargé par mon gouvernement d'une mission extraordinaire auprès de Sa Majesté Très Fidèle et qu'il est sur le point de se rendre à Lisbonne pour s'en acquitter.

M. Wooyeno a déjà annoncé sa mission officiellement à S.E. le ministre du Portugal à Londres, mais je crois remplir un devoir de courtoisie envers Votre Excellence en lui en faisant part.

M. Wooyeno sera accompagné[sic] deux secrétaires, M. Suzuki Kinzo et M. Stuart Lane.

Je profite avec empressement de _____

[364]

14 mars 76

Comte de Montblanc.
Président de la Socié des études japonaises.

Monsieur le President,

J'ai l'honneur de vous adresser, pour la bibliothèque de la Société des études japonaises, un exemplaire en 60 volumes et de l'histoire de Taiko, Toyotomi.

Cette histoire n'a pas été complètement terminée, ce qui est à regretter, car elle est très intéressante. Toutefois il n'est pas impossible que ce qui manque sera ajouté plus tard.

[365]

14 mars 76

M. Maurice Block.

Cher Monsieur,

J'ai l'honneur de vous adresser les documents ci-inclus se rattachant au Congrès de statistique qui doit avoir lieu cette année à Budapest.

Ils m'ont été envoyés par le représentant de mon gouvernement à Vienne.

[366]

20 mars 1876

Monsieur le Duc,

Un de mes compatriotes Mr Cono est désireux de se présenter aux examens d'admission à l'Ecole des Mines à Paris. Il s'y prépare depuis quelques années. Dans ces circonstances, je viens solliciter de Votre Excellence d'avoir la bonté de demander à M^r le Ministre de l'Instruction publique de vouloir bien accorder l'autorisation nécessaire pour que Mr Cono puisse être admis à l'Ecole des Mines.

Veuillez agréer, Monsieur le Ministre, les assurances de tous les sentiments de très haute considération avec lesquels j'ai l'honneur d'être,

de Votre Excellence

le très humble et très obéissant serviteur.

Nakano

[367]

22 mars 76

Monsieur le Duc,

Un de mes compatriotes, M. K. Founacoshi, qui a été admis depuis deux ans à suivre les cours de l'Ecole polytechnique est désireux aujourd'hui de se présenter aux examens d'admission à l'Ecole d'application de Fontainebleau.

Je viens donc prier Votre Excellence de vouloir bien demander à M.

le Ministre de la Guerre l'autorisation nécessaire pour qu'il puisse y être admis.

Veuillez agréer _____

Au même.

Deux étudiants japonais, M. Kossabro Watanabé et M. Youwao Ogouri sont désieux de se presenter aux examens d'admission à l'Ecole polytechnique; ils s'y préparent depuis quelques années.

Dans ces circonstances, je viens solliciter de Votre Excellence d'avoir la bonté de demander en leur faveur l'autorisation nécessaire à M. le Ministre de la Guerre.

Veuillez agréer _____

[368]

29 mars 76

M. de Chennevière.
Directeur des Beaux-Arts.

Monsieur,

Voulez-vous me permettre d'avoir recours à votre aide dans les circonstances suivantes.

Mon gouvernement, étant <avec>[sur] le point d'établir au Japon un musée général, me prie de lui envoyer une collection de plans des musées et muséums de France pour servir de type à l'édifice que l'on va construire à Yedo.

Pour me conformer aux instructions que j'ai reçues, j'ai cherché partout les plans en question; mais je n'ai rien pu trouver. J'ai demandé particulièrement des plans du Louvre, du Palais de l'industrie, des galeries du Jardin des plantes et des musées et galeries de province. On m'a assuré que rien de la sorte n'existe.

Mais, avant d'écrire à mon gouvernement que je suis dans l'impossibilité de lui fournir ce qu'il demande, je prends la liberté, Monsieur, de m'adresser à vous. J'espère que vous m'en pardonnerez et que vous ne refuserez pas de me rendre le service de me dire si effectivement je dois renoncer à tout espoir de trouver ce que je cherche.

[369]

3 April 76

Chief Manager, Oriental Bank, London.

Sir,

    I have to draw on the Minister of Public Instruction in Japan for 3250 francs.

    Will you be so good as to give the necessary instruction to Mr. P. Gil so that I may receive the amount here as usual.

Nakano

(for Berson)

[370]

14 avril

Directeur des Messageries.

Monsieur le Directeur,

    Nous avons deux caisses à envoyer au Japon pour le compte du ministre de la Guerre. Une de ces caisses contient 20 fusils de guerre de différents modèles, l'autre 200 cartouches chargées, des balles et les autres accessoires.

    Je vous serais bien reconnaissant si vous vouliez bien vous charger de cette expédition, et dans ce cas je vous prie de vouloir bien faire passer un camion au 39 avenue d'Autin chez M. Gastinne Renette où se trouvent ces deux caisses avec le permis d'exportation du ministre de la Guerre de France.

Veuillez agréer, Monsieur le Directeur [ ]

[371]

le 22 avril 1876

Monsieur,

Permettez-moi de vous adresser mes très sincères remerciements de l'obligeance que vous avez bien voulu mettre à me donner la copie de rapport et le certificat sur la méthode de fécondation artificielle inventée par Mr Hooibrenk.

Je n'ai pas tardé de transmettre ces documents à mon gouvernement.

[372]

le 3 mai 1876

Monsieur le Duc,

Je viens de recevoir la lettre du 27 avril par laquelle Votre Excellence m'a fait l'honneur de m'adresser deux exemplaires d'un nouveau règlement général de police sanitaire maritime.

Je prie Votre Excellence de vouloir bien agréer l'expression de mes remerciements de ces documents.

Veuillez agréer, Monsieur le Ministre, les assurances de la haute considération avec laquelle j'ai l'honneur d'être, de Votre Excellence,

le très humble et très obéissant serviteur.

Nakano

[373]

25 mai 1876

Affaires étrangères.

Monsieur le Duc,

M. Boissonade, professeur agrégé à la Faculté de droit de Paris, a accepté en 1873 un engagement de trois ans avec le gouvernement japonais.

Son engagement tirant à sa fin, mon gouvernement a proposé à M. Boissonade de le renouveler pour trois autres années. M. Boissonade a accepté cette proposition à condition que le gouvernement français consentira à prolonger son congé d'autant.

Je viens, donc, Monsieur le Duc, sur l'ordre de mon gouvernement, prier Votre Excellence d'avoir la bonté de demander à M. le Ministre de l'Instruction publique qu'il veuille bien accorder à M. Boissonade un congé supplémentaire de trois années à partir de l'expiration de son congé actuel.

[374]

7 June 1876

Oriental Bank.

Sir,

In reply to your letter of yesterday I have the honour to inform you as follows.

On 25 February 1875 I wrote to my Government that I had expended a certain sum for account of the Ministry of War and that, shortly, I should draw for the amount.

On 25 April 1875 I wrote again to say that I had so drawn.

On 23 April 1875 the Ministry of War replied that they had received my letter of 25 February and that my draft would be paid on presentation.

With these facts before me I am unable to offer any explanation of the non payment of my draft.

All that I can say now is that I am ready to refund you the amount if you so desire.

I write to Japan asking for an explanation of the delay in payment, and as soon as I receive that explanation I will forward a translation of it to you.

[375]

8 June 76

Oriental Bank.

Sir,

I have the honour to acknowledge the receipt of your letter of yesterday enclosing to me at the request of the Vice-Minister of Finance of Japan, the drafts of Mr. P. Gil, for 2389f. 25c. and 2671f. 01c respectively.

[376]

2 juin 76

Duc Decazes.

Monsieur le Duc,

J'ai l'honneur d'informer Votre Excellence que M. Suzuki, 3me secrétaire de cette légation, vient d'être promu au grade de 2me secrétaire et que M. Kato, 3me secrétaire, est rappelé au Japon.

[377]

13 July 76

Oriental Bank.

Sir,

I have to draw on the Minister for Foreign Affairs of Japan for 7988 francs.

Will you be so good as to instruct M. P. Gil to hand me that sum on your behalf in the usual manner, in exchange for my draft on Japan.

[378]

2 août 1876

Monsieur le Duc,

　　Mon gouvernement m'a chargé de lui transmettre certains ouvrages publiés par le ministre de la Marine de France. En voici la liste.
　　1ᵉ Mémorial du génie maritime français.
　　2ᵉ Atlas du génie maritime français.
　　3ᵉ Mémorial des travaux hydrauliques.
　　4ᵉ Mémorial de l'artillerie de la marine.
　　5ᵉ Règlement portant fixation des objets de toute nature à délivrer aux bâtiments de la flotte.
　　6ᵉ Instruction sur la comptabilité.
　　7ᵉ Règlements techniques.
　　　　1 atlas de poulierie.
　　　　1 atlas de garniture et de ferrement pour les mâts et vergues.
　　8ᵉ Règlement sur le personnel ouvrier des arsenaux.
　　Avant de m'adresser à Votre Excellence, j'ai essayé pendant plusieurs jours de trouver ces ouvrages chez les libraires. N'y ayant pas réussi, je viens solliciter de la bienveillance de Votre Excellence qu'elle veuille bien informer M. le ministre de la Marine du désir de mon gouvernement de posséder ces ouvrages. Dans le cas où M. l'Amiral Fourichon consentirait sur la demande de Votre Excellence à les faire délivrer, je demanderais la permission de les payer, si ce n'est pas contraire aux règlements.
　　Veuillez _____

[379]

2 août

Monsieur le Duc,

Koitchi Hiro, un des étudiants militaires envoyés à Paris par mon gouvernement, est destiné à servir dans le corps de l'intendance. Il y a, par conséquent, un intérêt spécial pour ce jeune homme à acquérir des notions exactes sur les procédés administratifs de l'armée française.

J'ai donc l'honneur de prier Votre Excellence d'avoir la bonté de demander à M. le Général de Cissey qu'il veuille bien autoriser Koitchi Hiro à travailler pour son instruction administrative dans les bureaux de l'intendance à Paris, particulièrement dans ceux du service de subsistances.

Veuillez _____

[380]

7 août 1876

Develdère, avocat, rue St Christophe à Bruxelles.

Monsieur,

J'ai reçu de mon gouvernement l'ordre de poursuivre en Belgique l'affaire expliquée dans le mémorandum ci-joint.

Nous nous sommes adressés à M. le Comte de Montblanc qui nous a indiqué votre nom comme celui d'un des membres distingués du barreau belge.

Quoique l'objet de la contestation soit relativement minime, une question de principe est engagée; nous avons pensé, M.[sic] que vous voudriez bien vous charger de cette affaire et j'ai l'honneur de vous prier de nous donner votre avis et éventuellement de poursuivre.

Veuillez agréer _____

Chargé d'affaires du Japon
Nakano

[381]

24 août 76

Duc Decazes.

Monsieur le Duc,

J'ai l'honneur d'informer Votre Excellence que je suis chargé par mon gouvernement de demander au gouvernement français de permettre à un lieutenant d'artillerie de s'adjoindre à la mission militaire française au Japon.

J'espère que Votre Excellence aura la bonté de transmettre cette demande à M. le ministre de la Guerre en le priant de vouloir bien faire choix d'un officier pour l'emploi en question.

[382]

Sept. 1876

M. le Secrétaire général
du Comité international de Palestine.

Monsieur,

J'ai eu l'honneur de recevoir à mon retour à Paris, après une absence prolongée, la lettre que vous avez bien voulu m'écrire le 31 juillet au sujet de la protection des chrétiens et israélites en Terre sainte.

Cette question ne me semble pas de nature à pouvoir être traitée par mon gouvernement. Par conséquent, Monsieur, tout en vous remerciant de votre communication, j'ai le regret de n'y pouvoir donner suite.

[383]

16 sept. 76

Son Excellence M. Teisserène de Bort.
Ministre du Commerce et de l'Agriculture.

Monsieur le Ministre,

J'ai eu l'honneur de recevoir, en l'absence de M. Sameshima, la lettre du 13 courant que Votre Excellence a bien voulu adresser au ministre du Japon à Paris au sujet de l'Exposition universelle de 1878.

J'ai pris connaissance des documents annexés à cette lettre. Je les expédierai à mon gouvernement par le premier courrier.

J'aurais vivement désiré pouvoir renseigner immédiatement Votre Excellence sur les dispositions qui seront prises par mon gouvernement en vue de l'Exposition de 1878. Mais par suite de la distance et du temps nécessaire pour recevoir des réponses, je crois que ce ne sera qu'au commencement de l'année prochaine que je serai en situation d'annoncer à Votre Excellence les mesures adoptées au Japon.

Il y a quatre mois, aussitôt que l'idée de l'Exposition a été définitivement admise, j'ai écrit à mon gouvernement pour l'en informer. Je ne doute aucunement que les préparatifs nécessaires ne soient déjà commencés. Mais en l'absence de toutes instructions sur la question, je ne puis que remercier vivement Votre Excellence de sa communication et la prier de vouloir bien croire que je ne perdrai pas un instant à porter à sa connaissance la réponse de mon gouvernement, aussitôt qu'elle me sera parvenue.

[384]

16 sept. 76

Mr Drouyn de Lhuys.
Président de la Société des agriculteurs de France.

Monsieur le Président,

J'ai eu l'honneur de recevoir la lettre que vous avez bien voulu m'adresser le 14 courant au sujet du Congrès agricole international que la Société des agriculteurs de France se propose de tenir en 1878.

J'ai lu avec un vif intérêt les documents que vous avez eu la bonté de m'envoyer, je les expédie à mon gouvernement et j'insiste vivement sur les avantages que trouverait le Japon à se faire représenter à ce Congrès.

J'aurais l'honneur, Monsieur le Président, de porter à votre connaissance la réponse de mon gouvernement, aussitôt qu'elle me sera parvenue.

〔385〕

16 sept. 76

Monsieur le Duc,

Par ma lettre du 2 août, j'ai eu l'honneur de prier Votre Excellence d'avoir la bonté de demander à M. le Ministre de la Guerre en faveur de Koiti Hiro, un des étudiants militaires envoyés à Paris par mon gouvernement pour y développer leur instruction administrative militaire, l'autorisation de travailler dans les bureaux de l'intendance militaire à Paris et particulièrement dans ceux du service des subsistances.

Dans la réponse que Votre Excellence a bien voulu me faire le 23 août, il est dit que M. le Ministre de la Guerre a autorisé Koiti Hiro de visiter la manutention militaire de Paris et quelques autres établissements.

Ces visites, quelque intructives qu'elles soient, ne peuvent fournir les connaissances que ce jeune homme pourrait acquérir en suivant assidûment et en détail dans les bureaux-mêmes les travaux administratifs journaliers des fonctionnaires de l'intendance.

J'ai, en conséquence, l'honneur de prier Votre Excellence de vouloir bien de nouveau solliciter auprès de M. le Général Berthaut pour Koiti Hiro, l'autorisation de travailler dans les bureaux de l'intendance, et particulièrement dans ceux du sous-intendant, chargé à Paris de la direction administrative du service de subsistances militaires.

Veuillez _____

〔386〕

2 Oct. 76

Chief Manager, Oriental Bank, London.

Sir,

I have to draw on the Minister of Justice in Japan for the sum of 2809 francs.

Will you be so good as to arrange that I may receive the amount, as usual, through M. P. Gil.

[387]

12 oct. 76

Duc Decazes.

Monsieur le Duc,

M. T. Yamagutchi, élève du département de la Marine du Japon, a été envoyé en France pour perfectionner son instruction technique.

Je suis chargé par mon gouvernement de prier Votre Excellence de vouloir bien demander à Monsieur le Ministre de la Marine, l'autorisation nécessaire pour que cet étudiant puisse être admis à l'Ecole d'application du génie maritime à Cherbourg.

J'espère, M^r le Duc, que les règlements ne s'opposeront pas à ce que la permission que j'ai l'honneur de solliciter soit accordée, et je prie Votre Excellence d'agréer _____

[388]

12 oct. 76

Duc Decazes.

Monsieur le Duc,

Votre Excellence a bien voulu, dans des occasions précédentes, obtenir sur ma demande de Monsieur le Ministre de l'Instruction publique l'autorisation nécessaire pour que des étudiants japonais puissent être admis à suivre les cours de l'Ecole de droit de Paris sans produire le diplôme de bachelier ès lettres.

Aujourd'hui je viens, conformément aux ordres de mon gouvernement, demander la même facilité pour trois nouveaux étudiants, M. M. Miyaki, Ogoura et Kishimoto, qui viennent d'arriver en France, envoyés par le ministre de la Justice du Japon, pour continuer ici les études de droit.

Je serai très reconnaissant envers Votre Excellence de vouloir bien leur faire accorder le même privilège.

[389]

23 oct. 76

Le soussigné, 1er secrétaire de la légation du Japon, chargé d'affaires a. i., autorise M. Chappe, architecte, rue Raynouard 22 Passy, Paris, à faire les démarches nécessaires pour obtenir une concession à perpétuité au cimetière de Paris Auteuil, dans laquelle sera inhumé le corps de M. Seiti Okamoura, sujet japonais.

Nakano

[390]

24 Oct. 76

Chief Manager, Oriental Bank, London.

Sir,

I have to draw on the Minister of Justice in Japan for the value of 11,060 francs.

Will you be so good as to instruct Mr. P. Gil to be pleased to negotiate the draft for me in the usual manner.

[391]

28 oct. 76

Duc Decazes

Monsieur le Duc,
J'ai l'honneur d'informer Votre Excellence que M. Nissi vient d'être nommé par mon gouvernement, attaché à la légation du Japon à Paris.

[392]

27 oct. 76

Monsieur Krantz.
Commissaire général
de l'Exposition internationale de 1878.

Monsieur le Commissaire général,
J'ai eu l'honneur de recevoir votre lettre du 26 courant ainsi que le projet de façade international et deux exemplaires de la circulaire que vous venez d'adresser aux commissaires étrangers, actuellement délégués auprès de vous, et du[sic] règlement spécial relatif aux objets exposés.
J'expédie ces documents à mon gouvernement.

[393]

27 oct 76. Krantz

Commissaire général
de [ ]

Monsieur le Commissaire général,
J'ai lu avec un vif intérêt la lettre en date du 26 courant par laquelle vous avez bien voulu m'exprimer le désir de voir le Japon prendre une part considérable à l'Exposition universelle de 1878.
J'envoie immédiatement une copie de cette lettre à mon gouverne-

ment.

Je me mets entièrement à votre disposition, M‍ᵣ le Commissaire général, en attendant l'arrivée du commissaire qui sera envoyé du Japon. Je serai extrêmement heureux de contribuer à titre officieux aux préparatifs de cette grande solennité internationale.

[394]

25 Oct. 76

General Manager, Oriental Bank.

Sir,
I have to draw on the Minister of War in Japan for the value of 7268.15.
Will you be so good as to instruct M. P. Gil to be pleased to negotiate the draft for me in the usual manner.

[395]

30 oct

Monsieur l'Amiral, commandant à Cherbourg.

Monsieur l'Amiral,
J'ai l'honneur de vous présenter Monsieur Yamagoutchi, élève du département de la Marine du Japon, que Son Excellence le Ministre de la Marine de France a bien voulu autoriser à étudier à l'Ecole d'application du génie maritime à Cherbourg.
Veuillez agréer, Monsieur l'Amiral, les assurances de tous les sentiments de ma haute considération.

Signé Nakano

[396]

6 nov. 76

Duc Decazes.

Monsieur le Duc,

Mon gouvernement m'a donné l'ordre de lui envoyer quatre appareils de télégraphie militaire du nouveau modèle fabriqué par M. Dignay pour le ministère de la Guerre en France. Mais il paraît que le fabricant n'est pas autorisé à vendre des appareils de ce nouveau modèle.

J'ai donc recours à la bienveillance de Votre Excellence, espérant qu'elle aura la bonté de communiquer le désir de mon gouvernement à Monsieur le Général Berthaut, et qu'elle l'appuyera auprès de lui afin qu'il veuille bien consentir à autoriser M. Dignay à me fournir les appareils en question.

[397]

9 Nov. 76

General Manager, Oriental Bank.

Sir,

Referring to the letter which I had the honour to address to you on 7 June last, I now beg to communicate to you the following information which I have received from my Government with respect to the delay in payment of my draft for 7704. 50. on the Ministry of War.

I am told that on receipt of my letters of advice of 25 February and 25 March 1875 the necessary orders were given for the payment of the draft, as soon as it was presented. But instead of presenting the draft itself, the Manager of the Oriental Bank at Yokohama simply sent up a request to the Ministry of War for payment "what was due". In reply Ministry called for a statement of the amount claimed in order to see if it corresponded with my letters of advice. The Manager of the Oriental Bank made no answer, but addressed a complaint to the Ministry of Finances[*sic*].

The matter was referred back to the Ministry of War for[*sic/* from] the Ministry of Finance and finally the money was paid by the former administration on 7 August last.

I think you will recognise after the explanation, that no blame whatever can be imputed to the Ministry of War, for, as a matter of fact, the draft never was presented.

[398]

11 nov. 76

Comte d'Harcourt, secrétaire de la présidence.

Monsieur le Comte,
  J'ai eu l'honneur de recevoir la lettre du 9 courant par laquelle vous avez bien voulu me demander les noms des personnes pour lesquelles je désirais que des invitations fussent adressées pour les fêtes qui auront lieu cet hiver à la présidence.
  Je joins à cette lettre une liste des membres de ma légation.
  En dehors des membres de la légation, je ne demanderai une invitation, quant à présent, que pour le lieutenant-colonel Yamasawa, de l'état-major de l'armée japonaise, chargé de la direction des étudiants militaires japonais en France, demeurant à Paris 99 rue St Dominique.
  J'espère toutefois, Monsieur le Comte, que si des personnages importants de mon pays arrivaient à Paris pendant l'hiver, vous me permettrez d'avoir recours à votre obligeance pour leur faire accorder des invitations.

[399]

14 nov. 76

Duc Decazes.

Monsieur le Duc,

Le lieutenant-colonel Yamasawa de l'état-major de l'armée japonaise, chargé actuellement à Paris de la direction des étudiants militaires que mon gouvernement a envoyés en France, est désireux de profiter de son séjour ici pour visiter les différents établissements qui dépendent du ministère de la Guerre.

Je viens, par conséquent, exprimer à Votre Excellence l'espérance qu'elle voudra bien demander à M. le Général Berthaut les autorisations nécessaires pour que le colonel Yamasawa puisse être admis à voir en détail les casernes et hôpitaux ainsi que les diverses fabriques, manufactures et magasins affectés aux services militaires et administratifs du département de la Guerre.

Je prie Votre Excellence d'agréer d'avance l'expression de mes remerciements et je saisis _____

[400]

2 déc. 76

Lamy, 135 boulevard Sébastopol.

Voici la copie d'une lettre que nous recevons de Madame Lepissier.

Après y avoir bien réfléchi, M. Nakano s'est décidé à ne pas répondre à cette lettre, et à faire poursuivre le recouvrement de la somme que Madame Lepissier est condamnée à payer.

Mr Nakano est d'avis qu'il n'a pas le droit d'admettre une transaction quelconque. Je pense au surplus que la conduite de Mme Lepissier a été de nature à mériter que nous exigeons absolument le paiement intégral de la dette.

Par conséquent, Mr Nakano me charge de vous prier de vouloir bien faire exécuter le jugement, purement et simplement, par tous les moyens à votre disposition.

Je vous ai prié, il y a quelques mois, de vouloir bien m'indiquer la somme que nous devons remettre à Mr Boyer pour cette affaire. Vous seriez bien aimable de me le dire.

[401]

11 Dec. 76

Chief Manager, Oriental Bank.

Sir,

I have to draw on the Minister of Foreign Affairs in Japan for the value of 4148 francs 85 centimes.

Will you be pleased to instruct M. P. Gil to cash my draft for the sum in the usual manner.

[402]

22 déc. 76

M. Gatumeaux,
à la gare de Narbonne,

Monsieur,

J'ai l'honneur de vous adresser une lettre du ministre de la Guerre du Japon. J'y joins une traduction.

Une caisse contenant l'objet envoyé du Japon part ce soir par le chemin de fer.

[403]

12 jan. 77

Duc Decazes.

Monsieur le Duc,

Dans le but d'améliorer le système des prisons au Japon, mon gouvernement m'a chargé de lui envoyer une collection complète des règlements des prisons et des règlements des ateliers de travail en France.

Il paraît, d'après les renseignements que j'ai pris, que ces règlements ne se vendent pas, et qu'il n'est possible de les obtenir que du ministère de l'Intérieur directement.

Je viens donc, Monsieur le Duc, prier Votre Excellence de vouloir bien faire part à M. le ministre de l'Intérieur du désir de mon gouvernement et d'appuyer auprès de lui la demande que j'ai l'honneur d'adresser à Votre Excellence afin d'obtenir le don gracieux des règlements en question.

[404]

19 jan. 77

Monsieur Krantz. Commissaire général de l'Exposition de 1878.

Monsieur le Commissaire général,

J'ai l'honneur de vous informer que mon gouvernement vient de me donner, par le télégraphe l'ordre d'agir comme membre de la commission japonaise de l'Exposition jusqu'à l'arrivée des commissaires.

Je suis très heureux, Monsieur le Commissaire général, de me trouver ainsi accrédité officiellement auprès de vous, et je vous demande la permission de continuer de profiter de la bienveillance dont vous avez déjà bien voulu me témoigner des preuves.

[405]

Teisserène de Bort. Chef du cabinet, ministère de l'Agriculture.

Monsieur,

Permettez-moi de vous remercier de la lettre que vous avez bien voulu m'écrire hier au sujet de la diminution des tarifs sur les bateaux des Messageries pour les objets à expédier à l'Exposition de 1878.

Je suis extrêmement sensible à l'envoi de livres que vous avez l'extrême obligeance de m'annoncer. J'ai écrit immédiatement à mon gouvernement et je saisis avec la plus grande satisfaction, l'occasion de parler des très gracieux procédés dont M. Maéda a été l'objet de votre part.

[406]

20 janvier 77

Duc Decazes.

Monsieur le Duc,

Par suite de la rentrée en France du capitaine Vieillard, une vacance s'est produite dans le personnel de la mission militaire française au Japon.

J'ai reçu l'ordre de prier Votre Excellence d'avoir la bonté de porter ce fait à la connaissance de M̄ le ministre de la Guerre, et de lui exprimer le désir de mon gouvernement de voir remplir la place en question par un lieutenant du génie.

L'engagement de cet officier se ferait jusqu'au 31 décembre 1878.

[407]

22 jan. 77

Duc Decazes.

Monsieur le Duc,

Je prie Votre Excellence pour elle-même de vouloir bien transmettre à M. le ministre de l'Intérieur, l'expression de mes très sincères remerciements de l'envoi des livres concernant l'administration des prisons que Votre Excellence a eu la bonté de me transmettre avec la lettre du 19 courant.

Mon gouvernement recevra ces volumes avec reconnaissance et les mettra largement à profit dans le travail sur les prisons qui se poursuit actuellement au Japon.

[408]

24 jan. 77

Duc Decazes.

Le sous-lieutenant Founacochi de l'armée japonaise, actuellement élève de l'Ecole d'application à Fontainebleau, m'informe qu'il a besoin de posséder les deux ouvrages indiqués ci-contre, et que ces ouvrages, tout en étant distribués réglementairement aux élèves français, ne peuvent être remis aux élèves étrangers sans une autorisation de M. le Ministre de la Marine. Je viens, par conséquent, Monsieur le Duc, solliciter de Votre Excellence qu'elle veuille bien demander à M. l'Admiral Fourichon de permettre à M. Founacochi de recevoir les livres en question. D'après les renseignements qui ont été communiqués, la question n'offre aucune difficulté de principe.

Je prie Votre Excellence d'agréer d'avance mes remerciements et de croire _____

[409]

3 fév.

Directeur de l'administration des Télégraphes.

Je prends la liberté de m'adresser à vous dans ces circonstances suivantes.

Par ordre de mon gouvernement, j'ai commandé dernièrement chez Froment Dumoulin 21 appareils télégraphiques.

Ils sont prêts aujourd'hui à être expédiés au Japon, mais je voudrais que ces appareils soient, avant l'expédition, vérifiés par le service du contrôle de l'administration française des Télégraphes.

Je viens donc, Monsieur, vous prier de vouloir bien m'accorder l'autroisation de les faire soumettre par le fabricant au contrôle de l'administration.

Veuillez [　]

[410]

3 fév.

Commissaire général de l'Exposition.

J'ai pris connaissance de la lettre que vous m'avez fait l'honneur de m'adresser au sujet de l'exposition de plantes vivantes fournissant au commerce et à l'industrie les matières premières.

Par le prochain courrier, je communiquerai votre lettre à la commission générale d'exposition à Tokei, je puis croire, d'ailleurs, que mon gouvernement a pris les mesures nécessaires dans ce sens, mais à votre appel il redoublera ses soins pour encourager les nationaux à exposer les matières en question.

[411]

5 Feb.

Chief Manager, Oriental Bank.

Sir,

I have to draw upon the Minister for Foreign Affairs of Japan for 7130 francs.

Will you be pleased to send the usual instructions with Mr. P. Gil, so that I may sign the draft and receive the amount here.

[412]

14 fév. 77

Inspecteur des Lignes télégraphiques, Paris.

Monsieur,

Me référant à la conversation que M. Marshall, secrétaire de la légation, a eu avec vous avant-hier, j'ai l'honneur de vous adresser neuf reçus des dépêches que j'ai adressées au Japon.

Vous remarquerez, d'après la note ci-annexée qu'il y a une assez grande discordance dans les prix que j'ai payés.

Je laisse la question entre vos mains, Monsieur, me tenant à votre disposition pour tout renseignement ultérieur dont vous pouvez avoir besoin.

[413]

15 fév. 1877

Duc Decazes.

Monsieur le Duc,

Au mois d'octobre 1876 dans la baie d'Ouari, quatre marins japonais ont été sauvés d'un naufrage par le capitaine du navire Mensalah des Messageries maritimes.

Mon gouvernement, désireux de témoigner à M. Pasqualinie commandant du Mensalah son appréciation du service qu'il a ainsi rendu, m'a envoyé une boîte de laque que je suis chargé de lui offrir.

Je demande à Votre Excellence la permission d'adresser cet envoi à M. Pasqualinie, par l'interimédiaire du ministère des Affaires étrangères. Je trouve ainsi l'occasion d'exprimer à Votre Excellence le plaisir que j'éprouve à être appelé à remercier un Français d'un service rendu à mon pays et de plus je ne puis douter qu'il sera particulièrement agréable à M. Pasqualinie de recevoir de Votre Excellence la communication que j'ai ordre de lui transmettre.

[414]

Feb. 1877

Chief Manager, Oriental Bank.

Sir,

I have to draw on the Minister of Justice in Japan for 3125 francs.

Will you be pleased to send the usual instructions to M. P. Gil, so that I may sign the draft and receive the amount here.

[415]

6 April

Chief Manager, Oriental Bank.

Sir,

I have to draw on the Minister of War in Japan for 6634.80.

Will you be pleased to send the usual instructions to M. P. Gil, so that I may sign the draft and receive the amount here.

[416]

9 avril 1877

Monsieur [ ]
Directeur de l'Ecole normale.

Monsieur le Directeur,

J'espère que vous voudrez bien me permettre d'avoir recours de nouveau à votre obligeance pour le choix d'un professeur de mathématiques supérieures, physique et mécanique.

Les conditions, suivant :

1. un engagement de 16 mois à partir du débarquement au Japon.
2. appointement 300 yens par mois (à peu près 1500 francs).
3. allocation de 650 pour le voyage d'aller et autant pour le voyage de retour.

J'apprends que l'engagement de M. Mangeot (qui expire au 13 mai) sera probablement renouvelé, et que mon gouvernement est extrêmement satisfait des services rendus par M. Berson. On indique même ce dernier comme modèle du nouveau professeur que l'on demande.

[417]

9 avril 77

Duc Decazes.

Monsieur le Duc,

Un étudiant japonais, M. Youkawa, est désireux de se faire admettre à suivre les cours de l'Ecole polytechnique pour lesquels il se prépare depuis plusieurs années.

En vous présentant, Monsieur le Duc, la demande de M. Youkawa, je me permets d'espérer que V.E. consentira comme dans tous les cas précédents de même nature à l'appuyer auprès de Monsieur le Ministre de la Guerre.

[418]

24 avril 77

M. le Président de la Société
des voyages autour du monde.

Monsieur,

Par suite de mon absence à Londres, je n'ai pu répondre qu'aujourd'hui à la lettre que vous avez bien voulu m'écrire le 11 courant.

Je ne manquerai pas d'informer mon gouvernement qu'un navire portant des voyageurs qui se proposent de faire le tour du monde visitera probablement le Japon vers la fin de l'année. Mais il ne me sera possible d'offrir à ce sujet à mon gouvernement ma recommandation officielle, avant que votre Société n'ait été reconnue officiellement par le gouvernement français, ni avant que le gouvernemnet français ne m'ait prié d'adresser cette recommandation au cabinet de Tokio.

Dans la limite des communications officieuses, je serai heureux d'être utile à votre Société, dont j'apprécie lentement le but, mais [ ] de mon gouvernement (que vous me demandez) ne peut pas être accordée à mon entreprise particulière.

[419]

3 mai 77

Duc Decaze.

Monsieur le Duc,

　J'ai eu l'honneur de recevoir la lettre que Votre Excellence a bien voulu m'écrire le 11 avril au sujet de l'arrangement provisoire intervenu dernièrement à Tokio entre mon gouvernement et le représentant de la France au Japon, afin de réglementer les conditions dans lesquelles les Français habitant le Japon pourront chasser pendant la saison actuelle.

　Dans cette lettre, Votre Excellence exprime l'opinion que, bien que l'arrangement ainsi conclu ne doive être valable que pour l'année courante, il ne constitue pas moins un acheminement important vers la solution définitive de la question.

　J'aurais été heureux de pouvoir me trouver d'accord avec Votre Excellence dans cette prévision, mais, les instructions que j'ai reçues de mon gouvernement m'obligent à émettre une opinion contraire, et à déclarer que l'arrangement actuel ne paraît pas présenter au cabinet de Tokio des conditions pouvant se prêter à cette solution définitive que, comme Votre Excellence, mon gouvernement désire si vivement.

　Je suis chargé de dire à Votre Excellence que la discussion qui a eu bien à Tokio n'en a rien modifié les vues de mon gouvernement sur la question, et que, par conséquent, il croit devoir maintenir intégralement, quant à l'avenir, les propositions qu'il a avancées à l'origine de la négociation.

　L'arrangement actuel étant purement provisoire, la question reste entière, et je me permets d'espérer que le gouvernement français reconnaissant la justice des demandes de mon gouvernement, acceptera, comme base d'une entente définitive, le principe de la remise aux autorités japonaises des amendes qui pourront être imposées par les tribunaux français pour délits de classe.

J'ai la conviction que les dispositions amicales et conciliantes dont Votre Excellence a si souvent fait preuve envers le Japon, ne manqueront pas de se manifester de nouveau dans le cas actuel. C'est avec cette conviction que je crois inutile de reproduire pour le moment du moins les considérations que j'ai déjà soumises à Votre Excellence, et qui étaient en grande partie indiquées dans la dépêche de Mr Terashima dont j'ai eu l'honneur de remettre en personne, une copie à Votre Excellence le 30 mars 1876.

[420]

30 avril 77

Duc Decazes.

Monsieur le Duc,

J'ai l'honneur d'informer Votre Excellence que mon gouvernement vient de m'adresser une caisse d'échantillons de porcelaine japonaise destinée à être offerte au musée de Sèvres.

Dès aujourd'hui, je fais poster cette caisse à la direction du musée.

[421]

30 avril 77

Cher Monsieur Robert,

Voici la caisse de porcelaine japonaise dont je vous ai annoncé l'arrivée prochaine.

Je m'attendais à la voir plus grande et je me demande si elle ne doit pas être suivie d'une autre.

Je ne sais pas ce qu'il y a dedans, mais je compte aller nous voir pendant la semaine pour en causer avec vous.

〔422〕

30 avril 77

Chief Manager, Oriental Bank.

Sir,

I have to draw on the Minister of Imperial Household in Japan for 11,925 francs.

Will you be pleased to send the usual instructions to Mr. P. Gil so that I may sign the draft and receive the amount here.

〔423〕

8 mai 1877

Duc Decazes.

Monsieur le Duc,

Le 26 octobre 1875, Votre Excellence m'a fait l'honneur de m'écrire que M. le Ministre de la Guerre avait bien voulu autoriser M. Shoské Nagaminé à entrer au titre d'étranger à l'Ecole spéciale militaire.

Au mois d'août prochain, M. Nagaminé sortira de Saint-Cyr.

Il désire d'obtenir la permission de continuer les études sous une forme pratique, si les règlements ne s'y opposent pas, en se faisant attacher temporairement à un régiment d'infanterie française.

Je me permets d'espérer, Monsieur le Duc, que vous ne refuserez pas d'appuyer auprès de M. le Ministre de la Guerre la demande de mon jeune compatriote, et que, avec l'aide de Votre Excellence, l'autorisation nécessaire pourra lui être accordée.

Il sera peut-être utile d'ajouter que M. Nagaminé sera nommé sous-lieutenant dans l'armée japonaise à la sortie de Saint-Cyr.

[424]

11 mai 1877

Monsieur,

J'ai l'honneur de vous renvoyer ci-inclus une lettre à votre adresse qui m'est transimise du ministère de l'Instuction publique au Japon.

Les caisses dont il y est parlé sont actuellement à la gare de Bercy, et vous seront livrées au Jardin des plantes d'ici un ou deux jours.

Il y en a cinq en tout, mais une des cinq contient des spécimens destinés à M. Janssen. Je lui écris pour lui donner avis que la caisse se trouvera entre vos mains.

J'espère, Monsieur, que les objets qui vous sont ainsi envoyés pourront vous être de quelque utilité.

[425]

11 mai 77

Mon cher Monsieur,

Voici une lettre qui est arrivée pour vous du Japon. La caisse dont il y est fait mention se trouve avec quatre autres qui sont destinés à M. Gervais et toutes les cinq seront livrées à M. Gervais au Jardin des plantes.

Je préviens M. Gervais qu'une des caisses est pour vous. Je n'ai pas pu la mettre à part, parce que le tout sera expédié directement de la gare de Lyon.

[426]

1 mai 1877

Docteur Auzoux.
56 rue Vaugirard, Paris.

Monsieur,

Mon gouvernement me charge de vous demander dans quel délai vous pourrez lui livrer les objets suivants, et quel en serait le prix.

- 2 homme élastique complet, de 1m,80.
- 1 bassin de femme, avec les organes de la génération.
- 1 collection d'utérus, de mois en mois, avec les exemples de la grossesse successive tubaire et ovarique.
- 1 cerveau, cervelet, protubérance annulaire, et bulbe rachidien.
- 1 œil complet, de très grande dimension.
- 2 oreille, temporal de 60cent. de long.
- 1 larynx de grande dimension.

J'ajoute que je suis autorisé à donner la commande immédiatement.

[427]

29 May 77

Chief Manager, Oriental Bank.

Sir,

I have to draw on the Ministry for Foreign Affairs in Japan for 9672f. 55.

Will you be pleased to give the necessary instructions to M. P. Gil, so that I may sign the draft and receive the money here.

[428]

30 mai 77

Docteur Auzoux.
56 rue de Vaugirard, Paris.

Monsieur,

J'ai eu l'honneur de recevoir la réponse que vous avez bien voulu faire à ma lettre du 16 courant. J'en transmets une copie à mon gouvernement.

Je regrette naturellement qu'il ne vous est pas possible de terminer les modèles dans un plus court délai, mais le retard ne change rien à la commande et je m'empresse de vous la confier.

[429]

5 juin 77

Directeur de l'enregistrement.
48 rue de Passy.

Monsieur,
Par l'avis ci-inclus, vous avez prié M. le Ministre du Japon à Paris d'enregistrer le nouveau bail de l'hôtel occupé par la légation.
Les privilèges diplomatiques exonèrent les légations de tout impôt de cette nature. Par conséquent, nous n'avons pas à enregistrer notre bail.

[430]

5 Juin 77

M. Bersot, directeur de l'Ecole normale.

Monsieur,
Acceptez, je vous prie, mes remerciements de la peine que vous avez bien voulu prendre pour nous choisir un nouveau professeur.
Les conditions sont les mêmes que celles de M. Berson.
J'ai reçu hier soir un télégramme du Japon me priant de ne pas envoyer un remplacement pour M. Mangeot. J'en conclus que M. Mangeot restera.

[431]

5 juin 77

M. Reymond de Campou.
Vice-consul du Japon, Marseille.

Monsieur le Vice-consul,
　D'après des instructions que je viens de recevoir de mon gouvernement, j'ai l'honneur de vous informer qu'il n'est pas probable que M. Nakamoura sera remplacé immédiatement comme consul du Japon à Marseille, et que, par conséquent, vous aurez à remplir seul quant à présent, en qualité de vice-consul, les fonctions de M. Nakamoura.
　Je suis convaincu que vous consentirez sans difficulté à vous charger de ce surcroît d'occupations.
　Par suite du départ de M. Nakamoura, il est devenu inutile de conserver un bureau spécial pour le consulat. Je vous serai donc très obligé de vouloir bien vous informer comment et dans quelles conditions (par sous-location ou par résiliation) [　　].
　Vous pourrez vous débarrasser du bail du bureau actuel. Vous me ferez le plaisir, en même temps, si vous voulez prendre la peine de faire dresser par un huissier-priseur un inventaire et une estimation de la valeur de la vente du mobilier.
　La suppression du bureau actuel vous laissera sans local pour le consulat. Je suis chargé donc de vous demander s'il entrerait dans vos convenances d'approprier à cet emploi une pièce dans vos bureaux personnels, et, dans ce cas, quelle serait la somme annuelle que vous désireriez voir affecter au loyer de cette pièce et aux gages d'un garçon de bureau. Quant aux meubles, ils pourraient être pris, avant la vente, parmi ceux du bureau actuel.
　Mon gouvernement mettrait à votre disposition un employé japonais (shokiminarai) dont il paierait les appointements. Il paierait aussi tous les frais de bureau, tels que papier, port de lettres, télégrammes, chauffage, éclairages et divers.
　Dans le cas où nous nous entendrions sur cet arrangement, vous

régleriez vos comptes avec cette légation aux époques qui vous conviendraient le mieux.

Je me permets d'espérer qu'il n'y aura pas de différences d'opinion entre nous sur ces questions et je vous prie de croire que ce sera pour moi une cause de vive satisfaction de voir nos relations personnelles se resserrer.

Je désirerai prendre connaissance des conditions du bail du bureau actuel. Je vous serai donc reconnaissant de m'en envoyer une copie.

[432]

Paris, le 1er août, 1877

Monsieur le Duc,

Le 13 octobre 1874, Votre Excellence a bien voulu écrire à Mr Sameshima que la France n'avait pas l'intention de négocier isolément un arrangement destiné à modifier le régime postal alors en vigueur entre la France et le Japon, et qu'elle ne marcherait à ce sujet que d'accord avec l'Angleterre.

Aujoud'hui, Monsieur le Duc, la question a changé de forme, je viens, par conséquent, y attirer de nouveau l'attention de Votre Excellence.

Depuis le 1er juin dernier, le Japon fait partie de l'Union postale. Par suite de ce fait, il ne paraît plus nécessaire à mon gouvernement de proposer une convention séparée avec la France, car toutes les communications avec l'étranger se font déjà, depuis deux mois, conformément aux clauses et conditions générales de l'Union.

Mais si le changement opéré ainsi dans la situation écarte la nécessité de conventions spéciales entre le Japon et l'Angleterre et la France, il rend plus désirable que jamais la suppression des bureaux de poste anglais et français au Japon. Votre Excellence ne manquera pas de reconnaître, en effet, qu'il y a contradiction évidente entre le fonctionnement du système de l'Union au Japon et le maintien simultané dans le pays de bureaux étrangers.

Toutefois, malgré l'importance de cette considération, j'ai attendu, pour la soumettre à Votre Excellence, que le représentant du Japon à Londres ait commencé une négociation à ce même sujet avec le gouvernement anglais. Cette négociation est entamée depuis un mois et quoique M^r le Comte de Derby n'ait pas encore prononcé une décision officielle, je ne crois pas me tromper en exprimant l'opinion que les dispositions sont complètement favorables à la demande de mon gouvernement.

J'espère donc, Monsieur le Duc, que l'accord entre la France et l'Angleterre qui était indiqué comme essentiel dans la lettre de Votre Excellence du 13 octobre 1874 pourra maintenant se réaliser sans difficulté, que Votre Excellence voudra bien examiner la question avec sa bienveillance habituelle, et qu'elle se trouvera prochainement en position de m'autoriser à informer mon gouvernement que les bureaux français au Japon vont être supprimés.

Quant à l'organisation du service japonais, j'ai l'honneur d'adresser à Votre Excellence quelques exemplaires des deux derniers rapports annuels du directeur des Postes. Votre Excellence y verra avec satisfaction que le service se développe avec une rapidité remarquable, qu'il a déjà pris des proportions considérables, et qu'il marche sur les mêmes bases et avec le même ordre que les services européens.

Je saisis avec empressement, Monsieur le Duc, cette occasion pour renouveler à Votre Excellence les assurances de tous les sentiments de très haute considération avec lesquels j'ai l'honneur d'être,

le très humble et très obéissant serviteur.

N____

[433]

6 août 1877

Monsieur,

J'ai l'honneur d'appeler votre bienveillant examen sur une question qui se rapporte à vos hautes fonctions près l'Exposition universelle de 1878.

Par un arrêté récent, Mr le Ministre des Travaux publics a accordé une réduction de 50 % sur le transport des marchandises et objets divers qui doivent figurer à l'Exposition. Cette réduction n'est pas accordée aux voyageurs. Cependant, Monsieur le Directeur, ne pourrait-il pas y avoir à cette dernière règle une exception pour les exposants japonais.

Le Japon est situé à une distance si grande de la France et les dépenses de voyage sont si considérables que je n'hésite pas à penser qu'accorder sur la ligne Paris-Lyon-Méditerrannée, une réduction de prix du voyage de Marseille à Paris, applicable aux personnes comme aux marchandises de mon pays serait faciliter à mes compatriotes un voyage qui est très coûteux.

J'ai tout lieu de croire que le nombre des Japonais qui viendront en France sera au moins de 80 à 100. Il y aura environ 50 ouvriers qui voyageront soit en 3me, soit en 2me classe. Les autres voyageront en 1re.

Je viens donc, Mr le Directeur, de vous soumettre cette question en vous priant de lui donner ou lui faire donner, si cela est possible, une solution favorable.

Veuillez agréer, Mr &c. &c.
Nakano

à Mr Berger.

[434]

10 août 1877

Monsieur le Vice-consul,

En réponse à votre lettre du 4 de ce mois par laquelle vous m'informez de ce que vous avez fait avec un véritable succès en faveur des 2 matelots japonais Denkitchi et Djiokitchi, j'ai l'honneur de vous annoncer que je ne puis qu'approuver votre habileté en cette affaire. Je m'empresserai d'en instruire mon gouvernement.

Cependant à l'avenir, si des cas semblables se présentaient, il vaudrait mieux, toutes les fois que cela sera possible, faire prendre aux matelots japonais un engagement sur un navire en partance pour le Japon; cela leur éviterait de courir le risque de se trouver de nouveau dans l'embarras soit en Angleterre, soit en Amérique, soit dans tout autre pays.

Cette remarque vise uniquement l'avenir et ne touche en rien mon approbation pour ce qui vient d'être fait.

Agréez, M^r le Vice-consul, l'assurance de ma considération très distinguée.

Nakano

〔435〕

Paris, le 14 août 1877

Monsieur le Vice-consul,

Mr Nakamoura est arrivé ici, venant de St Pétersbourg. Dans quelques jours, il se rendra à Marseille pour prendre toutes les mesures nécessaires au sujet du consulat. Je me suis entretenu avec lui des dispositions à prendre. Vous aurez à vous entendre et à vous concerter avec lui.

Agréez, M^r le Vice-consul, l'expression de ma considération la plus distinguée.

Nakano

〔436〕

16 août 1877

J'ai l'honneur de vous informer que mon gouvernement vient de vous nommer représentant du Japon au Congrès permanent de statistique qui se tiendra bientôt à Rome.

Mon gouvernement est heureux d'avoir pour son représentant un statisticien aussi éminent que vous, un savant aussi honorablement connu par ses travaux et ses publications.

Veuillez agréer, Monsieur, l'assurance de ma haute considération.

Nakano

[437]

19 sept. 77

Duc Decazes.

Monsieur le Duc,

Le 12 octobre de l'année dernière, j'ai demandé à Votre Excellence la permission de faire entrer un étudiant japonais, Mr Yamagutchi, à l'Ecole d'application du génie maritime à Cherbourg.

Le 24 du même mois, Votre Excellence a eu la bonté de m'informer que M. le Ministre de la Marine avait bien voulu faire droit à ma demande.

Aujourd'hui, Monsieur le Duc, je viens solliciter une nouvelle autorisation du même genre.

Quatre de mes compatriotes, M.M. Wakayama, Sakouraï, Tatsoumi et Hirono arrivent en France, envoyés par mon gouvernement pour suivre, comme M. Yamagoutchi, les cours de l'Ecole de Cherbourg. J'espère que Votre Excellence accueillera avec bienveillance la demande que je suis chargé de lui adresser en faveur de ces jeunes gens, et qu'elle voudra bien leur faire accorder par M. le Ministre de la Marine le privilège qu'ils désirent.

Je profite _____

[438]

(no date)

Verny, directeur de la compagnie des mines de Hoche la Molière et

Firminy.

Monsieur,

Je suis heureux d'avoir à vous annoncer que la plaque de grand officier de l'ordre de Meiji qui vous a été conférée par mon gouvernement vient d'avrriver entre mes mains, avec le brevet du grade.

S'il vous paraît probable que vous aurez occasion de venir prochainement à Paris, je garderai cette décoration pour vous la remettre en personne. Mais si vous devez rester absent, je vous l'enverrai par le chemin de fer.

Si vous pouvez me donner l'adresse de Mr Thibaudier et du docteur Savatier, je vous serais reconnaissant, car j'ai reçu aussi des décorations pour eux.

[439]

9 octobre 77

Duc Decazes.

Monsieur le Duc,

Par la lettre que Votre Excellence m'a fait l'honneur de m'écrire le 6 courant, elle m'adresse une demande de paiement d'une somme de 54,08 qui serait due par mon gouvernement au ministère de la Marine de France pour rations délivrées au nommé Monot pendant la traversée de Saïgon à Toulon à bord du transport le Sarthe.

Votre Excellence m'a transmis avec sa lettre, des pièces émanant du service de la Marine d'après lesquelles il paraîtrait que les frais de voyage du sieur Monot serait au compte du gouvernement japonais, conformément aux clauses de son engagement.

Je prends la liberté de solliciter communication du contrat, non seulement parce qu'il est contraire aux usages de mon gouvernement de se rendre responsable pour les frais de voyage indéterminé, et pouvant[*sic*] conséquent, je me permets de croire qu'il puisse y avoir erreur, mais aussi pour éviter des retards. Comme il faut à peu près quatre mois pour obtenir une réponse du Japon, je cherche autant que possible à éclairer complètement chaque question avant de m'en référer à mon gouvernement.

Or, d'après la règle qui est suivie habituellement par mon gouvernement, tout étranger à son service reçoit une somme à forfait pour les frais de voyage. Il est possible qu'on ait fait exception dans le cas actuel, mais cela ne semble pas possible.

Je désirerai donc prendre connaissance, si cela est possible, des termes de l'engagement dont il est question dans les pièces que Votre Excellence a bien voulu m'adresser. Les agents à Toulon ont dû nécessairement <eu> prendre copie de cet engagement, puisqu'ils l'invoquèrent à l'appui de leur demande.

Si je ne prenais pas cette précaition, je pourrai provoquer une demande de renseignements supplémentaires, demande que je puis devancer en envoyant dès l'origine un rapport complet sur l'affaire.

Afin de faciliter l'examen au ministère de la Marine, je crois utile de renvoyer à Votre Excellence les pièces qui étaient jointes à sa lettre du 6.

[440]

22 octobre 1877

Duc Decazes.

Monsieur le Duc,

L'année dernière, Votre Excellence m'a fait l'honneur de dîner chez moi le 3 novembre, jour de naissance de Sa Majesté le Mikado.

Je me permets d'espérer, Monsieur le Duc, que vous ne refuserez pas d'assister de nouveau le 3 novembre prochain à la commémoration de cet anniversaire.

Votre Excellence sait combien mon gouvernement attache prix à sa présence à cette occasion, et je m'estimerai particulièrement heureux et très honoré de pouvoir annoncer à Tokio qu'elle a bien voulu s'associer une seconde fois à la célébration de notre fête nationale.

〔441〕

23 octobre 1877

Monsieur le Duc,
　J'ai l'honneur d'informer Votre Excellence que par arrêté de mon gouvernement en date du 3 août dernier, Mr Koumasaki a été nommé attaché à la légation du Japon à Paris.

〔442〕

30 octobre 1877

Monsieur Develdère, avocat.
rue St Christophe, Bruxelles.

Monsieur,
　Le 7 août 1876, j'ai eu l'honneur de vous écrire au sujet d'un procès que mon gouvernement désirait intenter en Belgique.
　N'ayant pas eu de vos nouvelles, je ne sais ce qu'est devenue cette affaire.　Mais, d'après de nouvelles instructions que je viens de recevoir du Japon, il me semble que probablement mon gouvernement n'a pas l'intention de la suivre jusqu'au bout.　Je vous transmets cet avis, à titre provisoire, sauf à vous écrire de nouveau plus tard.

第Ⅱ部　翻訳篇

鮫島尚信在欧外交書簡録

[1]

ロンドン
ランガム・ホテル
1871年2月6日

外務大臣
グランヴィル伯爵閣下①

拝　啓
　我が神聖なる元首日本国皇帝陛下の政府は、大英帝国と日本国との友好関係の推進を最も重視するところから、私を政府のシャルジェ・ダフェールとして任命し、信任のうえ、閣下の許に派遣致しました。
　ここに私のロンドン到着を閣下にお知らせするにあたり、私の信任状の写しを同封し、自身参上のうえ本状を奉呈すべき日をご指示賜りたく願い上げます。
　　　　　　　　　　　　　　　　　　　　　　　　　　敬　具
　　　　　　　　　　　　　　　　　　署名　　鮫島少弁務使

信任状翻訳
外務卿より大英帝国外務大臣宛

　日本帝国において行われた国政改革の結果、王政政府が確立するとともに、政府は、大英帝国と日本国との間に幸いにしてすでに存在する友好関係を、さらに直接かつ親密なる基盤に据える必要を感ずるに至りました。これに鑑み、日本国政府は従五位鮫島尚信を日本国のシャルジェ・ダフェール（ショベンムシ／少弁務使）として貴国に居住すべく任命し、閣下の許に派遣する次第であります。
　彼はその人格の誠実、高潔なることと、祖国に尽くす熱意と献身とにおいて我が政府の全き信頼を得ているものであり、今後、私の名において彼に閣下宛の書信を奉呈させます折には、閣下におかれましても全幅の信頼を賜り

ますよう願い上げますとともに、彼が任務遂行に際し、閣下のご高配により援助と支持を与えられますよう、ここに彼を推薦致します。
　私は日本国皇帝陛下の命を拝し、政府の意向としてこれを閣下にお伝えする栄誉を持つ者であります。この機会に、私自身、貴国の繁栄と幸福とを衷心より願うものであることを申し添えさせて頂きます。

外務卿
澤 従三位 清原宣嘉②

〔2〕

ベルリン
オテル・ド・ローム
1871年4月4日

ドイツ帝国宰相
ビスマルク公閣下①

拝　啓
　我が神聖なる元首、日本国皇帝陛下の政府は、ドイツ帝国と日本国との友好関係の推進を最も重視するところから、私を政府のシャルジェ・ダフェールに任命のうえ、信任して閣下の許に派遣致しました。
　ここに私のベルリン到着を閣下にお知らせするにあたり、私の信任状の写しを同封し、自身参上のうえ本状を奉呈すべき日をご指示賜りたく願い上げます。

敬　具
鮫島少弁務使

〔3〕

明治3年閏10月2日
1870年11月24日

北ドイツ連邦宰相

フォン・ビスマルク伯爵閣下宛、シェーンハウゼン

　日本帝国において行われた国政改革の結果、王政政府が確立するとともに、政府は、北ドイツ連邦と日本国との間に幸いにしてすでに存在する友好関係を、さらに直接かつ親密なる基盤に据える必要を感ずるに至りました。

　これに鑑み、日本国政府は従五位鮫島尚信を日本国のシャルジェ・ダフェール（ショベンムシ／少弁務使）として貴国に居住すべく任命し、閣下の許に派遣する次第であります。

　彼はその人格の誠実、高潔なることと、祖国に尽くす熱意と献身とにおいて我が政府の全き信頼を得ているものであり、今後、私の名において彼に閣下宛の書信を奉呈させます折には、閣下におかれましても全幅の信頼を賜りますよう願い上げますとともに、彼が任務遂行に際し閣下のご高配により援助と支持を与えられますよう、ここに彼を推薦致します。

　私は日本国皇帝陛下の命を拝し、政府の意向としてこれを閣下にお伝えする栄誉を持つ者であります。

　この機会に、私自身、貴国の繁栄と幸福とを衷心より願うものであることを申し添えさせて頂きます。

　　　　　　　　　　　　　　　　　　　　外務卿
　　　　　　　　　　　　　　　　　　澤 従三位 清原宣嘉

〔4〕

　　　　　　　　　　　　　　　　　　　　　パリ
　　　　　　　　　　　　　　　　　　オテル・シャトラン
　　　　　　　　　　　　　　　　　　1871年7月3日

外務大臣
ジュール・ファーヴル閣下宛①

　1871年1月27日にボルドーで私から提出させて頂きました我が国外務卿の書信により、日本国政府から任命され、フランス政府宛の信任状を与えら

れました日本国シャルジェ・ダフェールの職務を果たすべく、パリに到着致しましたことを、謹んで閣下にお知らせ申し上げます。
　閣下に表敬致したく、閣下のご都合のほどをお知らせ下さいますよう、とり急ぎお願い申し上げます。

鮫　島

〔5〕

明治3年閏10月2日

フランス国外務大臣閣下宛

　日本国政府は、従五位鮫島尚信を日本国シャルジェ・ダフェール（ショベンムシ／少弁務使）として任命し、信任状を授けてフランス国政府へ派遣したこと、そのために公務を委託していたフランス国臣民モンブラン伯爵①を解任したことを、謹んで閣下にお知らせ申し上げます。
　この件につきましては、すでに駐日フランス公使殿に謹んでご報告し、また閣下にご連絡申し上げるよう皇帝陛下から特命を拝受致しました。

日本国外務卿
澤従三位清原宣嘉

〔6〕

明治3年閏10月2日

モンブラン伯爵宛

　テンノ（天皇）陛下の政府は外交問題処理のため、従五位鮫島尚信をフランス国政府に〔外交官として〕認められるよう任命致しました。両国間問題を容易にするため、日本国政府が在パリ公務弁理職として貴殿に委託していた公務について、政府は貴殿に感謝していることを謹んでお知らせ致します。
　この機会に、職務に就かれていた間、貴殿がたえず示された熱意と献身に

日本国政府はきわめて満足していることをお伝え致します。
　テンノ(天皇)陛下の特命により謹んでご連絡申し上げます。　　　敬　具

澤　従三位　清原宣嘉

〔7〕

パリ
1871年7月19日

フレデリック・マーシャル殿宛①

拝　啓
　当方が進言する種々の事柄について昨日の朝話し合いましたが、我が政府からの訓令では、残念ながら貴殿の仕事の報酬として月額50ポンド以上差し上げることは許されません。
　貴殿にこの提案をするに当たって、貴殿の時間のすべてを私のために当てて頂く訳ではないこと、またもし貴殿がこの取り決めを受け入れられたとしても、それが今後私が貴殿と恒久的な契約を結ぶ場合の前例となるものでは決してないことは明らかに了解されていることと存じます。なお、この取り決めはいずれか一方の選択により、毎月の終わりをもって満期とすることができることも了解済みです。　　　　　　　　　　　　　　　敬　具

鮫　島

〔8〕

外務大臣
シャルル・ド・レミュザ閣下宛①

　閣下の外務大臣就任をお知らせ下さった今月3日付の貴信拝受致しました。
　とり急ぎ、心よりお祝い申し上げます。閣下とお近づきになることができますれば幸いに存じます。同時にまた、両国を結ぶ良好な関係が強化拡大さ

れますよう、私にできることは何事でも致す所存でございます。

　閣下の就任に際し、直接ご挨拶を申し上げたく、閣下のご指示いただける日にヴェルサイユへ参上致します。

　　　　　　　　　　　　　　　　　　　　　　　　　　　鮫　島

〔9〕

　　　　　　　　　　　　　　　　　　　　　　　　　1872年1月6日

ビスマルク公

拝　啓

　新年にあたり、私自身ベルリンに参上致しましてご挨拶と祝賀を申し上げたく存じておりました。

　すぐには参上することも叶わず、これ以上遅れることも望みませんので、書面にて私の心よりの敬意をこめた挨拶を表明することをお許し願いたく存じます。

　この機会に、私は、閣下のお力添えによって北ドイツ連邦と日本国との間に醸成されている友好関係を固めるために、私の権限でできることは何事でも行いたいと深く望んでおりますことを、改めて申し上げます。

〔10〕

　　　　　　　　　　　　　　　　　　　　　　　　　1872年1月6日

ラ・アルプ通34番地
ティエール弁護士

拝　啓

　貴殿は日本国政府に奉仕するフランス人法律顧問の職を志願され、このことについて私は書面で回答すると申しました。

　他の候補者が私の選考対象になることが本日確実になりました。貴殿を無

駄にお待たせしないよう早速お知らせ致します。

〔11〕

　　　　　　　　　　　　　　　　　　　　　　　パリ
　　　　　　　　　　　　　　　　　　　　　　　1月6日

マルセイユ
エストリーヌ商会

　今月4日付貴簡にお答えしてお知らせいたします。お送り頂いた小包が今朝届きました。
　まだ船荷証券は受け取っておりません。それは着き次第、お送り致します。

〔12〕

　　　　　　　　　　　　　　　　　　　　　　　パリ
　　　　　　　　　　　　　　　　　　　　　1872年1月8日

ベルリン
ケーニッヒグラツェン街19番地
フォン・ブラント①

拝　啓
　今月2日付の貴殿からの丁重なご書簡、嬉しく頂戴致しました。御礼申し上げます。
　今ちょうど署名しようとしておりますフランス人法律顧問との契約書の写しを同封致します。貴殿が選ばれるドイツ人法律顧問も修正なしにそれを受け入れる必要があると思います。もし条件が同一でなければ両者に嫉妬を引き起こすことになるからです。
　貴殿がベルリンを発たれる前にお会いできる望みを棄てておりません。数

日間ベルリンに滞在できるよう、できるだけのことをするつもりですから。

〔13〕

1872年1月9日

公文書官房
P・テュイヤール殿

　拝　啓
　今月7日付貴信へのご返事として、遣日軍事使節団に所属する士官の選定は陸軍大臣にお任せしてあることをお知らせ致します。
　したがって志願者は陸軍省に問い合わせて頂くことになります。陸軍省に詳細な条件を示した覚え書を届けておきました。

〔14〕

1872年1月9日

パリ
ヴァンセンヌ通57番地
T・N・ヘンリー氏

　拝　啓
　今月6日付の貴信へのご返事として、我が国政府は電信技師をまったく必要としていないため、貴殿の申し出に応じられないことを謹んでお知らせ致します。

〔15〕

1871年11月27日

〔大臣殿〕

拝　啓
　日本国政府は日本国軍隊の教育をフランス軍人からなる委員会に任せたいと考えております。この件に関し、委員会を作るためご助力頂くことと、そのために陸軍大臣宛の人物保証の書状を私にお与え下さるよう、閣下にお願いすることを指示されております。
　日本国政府の考え方や意図を説明する覚え書きを準備致しましたが、細かいことで閣下のお時間を取りたくはございませんので、それは陸軍大臣にお渡しすることに致します。しかしながら、私が陸軍大臣と連絡を取る以前にその内容をお望みなら、すぐにお届け致します。　　　　　　　　　敬　具

〔16〕
　　　　　　　　　　　　　　　　　　　　　　　1871年12月26日
在フランクフルト
ドンドルフ氏

拝　啓
　唯今受け取った本国政府からの訓令により、大原氏①〔大原令之助〕はアメリカおよびヨーロッパを訪問する日本国外交使節団を迎えるため、直ちに合衆国へ出発すべきことになった旨、謹んでお知らせ致します。
　したがって、貴殿のもとでこれまで大原氏に任されていた職務を果たすべく本間氏②〔本間清雄〕を任命致しました。出発前に大原氏が本間氏を貴殿にご紹介致します。

〔17〕
　　　　　　　　　　　　　　　　　　　　　　　1871年12月26日
Ｃ・ステュアート 殿〔オリエンタル銀行頭取①〕

拝　啓

大原氏は今までフランクフルト在勤でしたが、今、米国に向け出発するところです。
　フランクフルトでの彼の後任は本間氏であります。
　したがいまして、今まで大原氏宛になされていた送金（月毎であれ、他の仕方であれ）を、今後は本間氏宛でお願い致します。

〔18〕
将軍殿〔シセー〕①

拝　啓
　新規遣日軍事使節団編成の条件を説明する覚え書を謹んでお届け致します。
　それらの条件が必ずしも最終的なものとは考えておりませんし、貴殿が有益だとお考えの修正は何事であれご一緒に検討させて頂きたく存じます。しかしながら、それらの条件は本件にかかわる日本国政府の全般的な考え方を示しているのだということを一言申し上げます。
　ご親切にも第一回の使節団に参加した士官の名簿を届けようと仰せ下さいました。その名簿を検討し、そこに出ている名前について私が集めることのできる情報を、貴殿にお知らせできれば幸いに存じます。
　日本からの拙信に関するお願いに対して、さっそく好意あるお返事を頂き感激致しております。
　貴殿に感謝申し上げますとともに、貴殿のお役に立てる機会を見いだせるよう願っております。

〔19〕
　　　　　　　　　　　　　　　　　　　　　　1871年12月21日
将軍殿

拝　啓

　貴殿とのご交誼に甘んじてお尋ねすることをお許し下さい。日本人は、サン・シール陸軍士官学校①への予備門となっているサン・ルイ校に入学を許可されるでしょうか。

　我が在仏学生の一人が、将来サン・シール陸軍士官学校へ入学を許可されることを希望致しております。そのためには前もってサン・ルイ校に入学する必要があります。

　こういう状況ですので、万一ご助力を賜ることができますれば幸甚に存じます。

〔20〕
外務大臣閣下

拝　啓

　まだお目にかかる栄に浴さざるうちに、勝手ながら直接お便り致しますことをお許し下さい。また私の行動が通常の規則からはずれていることも、私の置かれている状況を考慮してお許し下さいますよう願い上げます。

　私は日本国政府のヨーロッパでの唯一の代表者ですので、信任状を与えられていない国に対しては、当然ながら、必要に応じて非公式に行動することを引受けなければなりません。今はそうせざるをえないのです。

　日本国皇帝は合衆国とヨーロッパに、日本国と他の列強間の条約改正の準備と同時に、ヨーロッパの制度の調査を使命とする全権使節団を派遣致しました。この使節団の数人は自分たちの調査を始めるため、すでにパリに到着しております。その中に教育組織を調査するよう命じられた文部省理事官〔欠字〕氏〔田中不二麿〕①がおります。彼はその目的のため、ヨーロッパのいくつもの国々、特にスイスを訪問する予定です。

　したがいまして、彼の研究をご支援下さることを、また必要があれば彼をご推薦下さることを期待しつつ、〔欠字〕氏〔田中〕を大臣殿に紹介致しますこ

とをお許し下さい。

　我が国政府は、このような状況下で私どもをお助け下さる貴殿のあらゆるご尽力に対し、深く感謝申し上げることと存じます。　　　　　敬　具

〔21〕

1871年10月

局長殿

拝　啓

　パリ滞在を利用しフランスの国家機関を調査致したく存じます。なかでも郵政ほど私の興味をひくものはありません。

　パリ中央郵便局の見学に便宜をはかって頂ければ有難く存じます。ご指定の日の午後に公使館の書記官同行で参りたく存じます。

　どうぞよろしくお願い致します。　　　　　　　　　　　　敬　具

〔22〕

1872年7月19日

ジュール・ド・レセップス男爵殿

拝　啓

　今月18日付のご書簡拝受致しました。それによりますと、貴殿は4月に送られた16,800フランの請求に対し、全権使節団の到着を待たずに応じるよう請われています。

　残念ながら、貴殿のご希望には添いかねます。5月1日の書簡でご説明した通り、訓令がありませんし、貴殿に返事を差し上げる前に当然岩倉氏①〔岩倉具視〕と田辺氏②〔田辺太一〕の到着を待たねばなりません。

　この件に関し3カ月前に貴殿に書簡を差し上げてから、新しい事実を知ることとなりました。フルーリ・エラール氏③の手許にあった、我が国政府に属する会計記録や資料を検討する機会があったのですが、非常に驚いたことに、

その中に貴殿が以前同じ請求をなさり拒絶されたことを立証する書類を発見しました。1867年10月31日、フルーリ・エラール氏は日本国総領事の資格で、向山氏〔向山一履〕の指示に従い書面で貴殿にお知らせしています。すなわち、1867年の万国博覧会における貴殿の日本国総理事官〔commissaire général〕の職務は純粋に名誉的で無償のものと見做すべきもので、貴殿の25,300フランの請求は認められないとあります。しかし、実際には8,500フランの金額が貴殿に支給され、内4,500フランは車代、4,000フランは諸経費となっております。貴殿に支払われたこの8,500フランの金額はどうやら貴殿から何の証明も取らずに支払われたようです。貴殿が1872年4月に請求された16,800フランは、したがって向山氏が拒絶した25,300フランに含まれる金ということになります。

　男爵、貴殿が請求更新をしなければならないと思われた時、以上のような事実を私に知らせる必要はないと判断されたのは残念なことです。　　敬　具

〔23〕

　　　　　　　　　　　　　　　　　　　　　　　　ロンドン
　　　　　　　　　　　　　　　　　　　　　　　　1872年9月22日

ブロック

拝　啓
　貴殿が私の同胞に示されたお心遣いに大変感謝致しておりますことを申し上げるのに、パリに帰り着くのを待ってはおれません。
　私どもにお示し下さった貴殿のご関心とご好意の証しに皆深く感動致しております。
　帰りましたら、もう一度直接お礼を申し上げるために参上致します。それまで不十分な形ではございますが、書簡による感謝の意をお受け下さいますようお願い申し上げます。　　　　　　　　　　　　　　　敬　具

〔24〕

1872年1月9日

シュネ大佐

拝　啓
　フォン・コデリッチ氏からのご推薦にお応えしたいのは山々ですが、貴殿の職務を日本で生かすすべが見つからないことを残念ながらお伝えしなければなりません。
　公式軍事使節団の編成は陸軍大臣にお任せしてあります。この使節団以外に何も仕事はありません。今のところ選択の余地はなく、貴殿のお申し出にはお役に立てません。
　貴殿がお届け下さったご本を同封してお返し致します。

〔25〕

1872年1月10日

フランクフルト市
クルーバー街20番地
ドンドルフ

拝　啓
　今月3日および6日付の書簡、確かに受け取りました。前者で貴殿より大原氏あての書信一通の写しを拝見、後者にはすでに箱詰で日本国へ発送済の紙幣の詳細が添付されてありました。

〔26〕

1872年1月12日

ドイツ大使
アーニム伯爵①

拝　啓

　閣下のパリ駐在ドイツ大使任命をお知らせ下さった今月9日付の貴信拝受致しました。

　閣下、この機会に私の心からの祝意をお受け下さいますようお願い申し上げます。

〔27〕

1872年1月12日

ヴェルサイユ
ラ・レーヌ街133番地
ブリュネ大佐①

拝　啓

　今月10日付の貴簡およびウトレー氏②から送付の日本語文書の翻訳をありがとうございました。

　軍事使節団の編成に関する貴殿のご考察を注意深く検討致しました。しかし、日本国政府は訓令を作成する前に細部全般を考量したはずですので、士官の名簿はそのままで十分必要を充たしていると考えるべきかと存じます。従ってその構成を変更する必要はないでしょう。

　ヴェルサイユ訪問の折りには奥様にご挨拶させて頂きたく存じます。

〔28〕

1872年1月15日

陸軍省人事局長
ランソン将軍

拝　啓

遣日軍事使節団に所属することになる士官の人選に介入するつもりはまったくありませんが、能力が同じような場合には、私のもとに強力な推薦が届いている次の3人の士官を優先して下さるようお願い致します。

　　砲兵隊　　　　　　　　ラブラーシュ大尉
　　アルジェリア第一狙撃隊　ド・トゥースタン大尉
　　共和国衛兵隊　　　　　　ド・トレヴレック大尉

　　　　　　　　　　　　　　　　　　　　　　　　以上です。
　しかしながら、貴殿のご決定にいささかも影響を与えるつもりはないということ、また以上のことを貴殿にお伝えするのは、親愛の表現に他ならないということを繰り返し申し上げておきます。

〔29〕

　　　　　　　　　　　　　　　　　　　　　　　1872年1月15日

ウォーミンスター
J・J・ダニエル師

　12月23日付の書簡に今までお答えできませんでしたのは、ご質問の事柄についてどのように決定するのが正しいのか、わかるまで延ばすほかなかったためです。
　公子一行の世話を頂きましたことは誠にありがたく、彼らが今後ともお世話になることができれば幸いと存じますが、新たに立てられた日程では貴殿に続けて個人教授を願うことは無理となりました。

〔30〕

　　　　　　　　　　　　　　　　　　　　　　　1872年1月16日

フォン・シーボルト男爵①

　拝　啓

大原氏がワシントンに向けて出発致しましたため、後任として本間氏が任命されました。前もってこの変更を貴殿にお知らせすべきでありましたが、仕事に追われ果たせませんでした。
　私は本日ベルリンに参りますが、7日か8日すれば当地に戻ります。

〔31〕

1872年2月5日

フランクフルト
ゴビン・デル・ベットマン

拝　啓
　昨年7月、大蔵大丞上野氏①〔上野景範〕が書簡をもってお伝えしましたように、上野氏は日本紙幣製造を担当する日本国政府の特任理事官としての職を辞し、その職権は6月27日ロンドンにおいて行われた代理委任によって私に譲られております。
　この交替は日本国政府にしかるべく報告され、私は、日本国政府からの応答として、紙幣製造特任理事官の名を上野氏から私に替えることを全面的に確認する書信を、只今受けとったことを貴殿にお伝えする栄を持つものであります。

〔32〕

1872年2月5日

陸軍大臣

拝　啓
　軍事技術習得のためヨーロッパに派遣されている日本国兵部省生徒R・渡氏①〔渡六之介〕に、外国人学生としてサン・シール陸軍士官学校入学をご許可下さいますよう謹んでお願い申し上げます。

当初、渡氏をサン・ルイ校の予備課程に入学させたいと考えておりましたが、そのためにはラテン語とギリシャ語ができなければならないようです。したがってこの考えは諦め、この若者に直接サン・シール陸軍士官学校入学をご許可頂けないものかと閣下にお問い合わせする次第であります。渡氏はかなり上手にフランス語を話しますし、フランスにいる3年間に、この目的のために多少の準備はできております。
　学期はすでに始まりましたが、直ちにご許可頂きさえすれば、渡氏は数日遅れるだけですむと存じます。

〔33〕

1872年2月6日

フランクフルト
シーボルト

　私は、ベートマン氏宛の書簡の案文と1871年12月31日までの彼の会社と我々との取引勘定覚書きを同封した貴殿の手紙を受け取っております。
　ここに貴殿の下書きに従って書いた私の書簡を同封します。
　私は、紙幣製造が終了するまで貴殿がフランクフルトに留まられることは、きわめて肝要のことと考えます。もし貴殿が日本国政府から貴殿のヨーロッパ滞在に関してなんらかの直接の指示を受けておられるならば、それに従って行動される前に、その指示を私の方にご連絡願います。

〔34〕

1872年2月7日

ロンドン
オリエンタル銀行頭取
C・ステュアート

拝　啓
　私は貴殿からの書簡、すなわち1月29日付のものと、横浜からの電報の写しを同封された2月5日付のものを受け取っております。
　今までフランクフルトで大原令之助氏に支払われておりました月額25ポンドの手当は、引き続き定期的に本間氏宛支払われるようご指示願います。

〔35〕
　　　　　　　　　　　　　　　　　　　　　　　　1872年2月8日
アムステルダム
ボイテンカント・ベイ・ニューウェブルフ
フルスト・ファン・クーレン氏

拝　啓
　ファン・ドールン氏が、日本への旅行のために貴店で購入した物品の請求書を持って来ました。
　当方はその金額を支払う用意ができておりますが、どの通貨で決済すべきか(フランス語か英語で)お知らせ下さるようお願い致します。オランダ・ギルダーでしょうか、それともフランス・フランでしょうか。
　貴殿からのご返事がありしだい、アムステルダムの銀行業者の小切手をお送りします。

〔36〕
　　　　　　　　　　　　　　　　　　　　　　　　1872年2月12日
ランソン将軍

拝　啓
　マルクリー中佐①〔lieutenant-colonel〕がお持ち下さった雇用条件の草案に関する私の所見を同封し、謹んでお届け致します。

本国政府に報告できますよう、できるだけ早くご解答いただければ有難いと存じます。

〔37〕

1872年2月20日

マルクリー中佐

　貴殿の最新の契約に基づいて作成された雇用条件案の写しを謹んでお届け致します。
　貴殿がそれに同意なさることと信じております。

〔38〕

1872年2月28日

外務大臣

拝　啓
　昨日付でお届け下さった貴信への返答として、在パリ日本公館の人員のリストを謹んでお届け致します。

　　　　　　　　少弁務使　　従五位　鮫島
　　　　　　　　書記官　　　塩田　権大記①〔塩田三郎〕
　　　　　　　　アタシェ　　長田　銈太郎②
　　　　　　　　同　　　　　J・R・後藤③〔後藤　常〕

〔39〕

2月28日

同

拝　啓

閣下のご用命でフイエ・ド・クーシュ氏が直接お届け下さった水曜日のご招待に、風邪のため参上できなかったことは非常に残念でなりません。
　フイエ・ド・クーシュ氏は、自分の訪問は数日前に閣下がお送り下さっていた招待状に、私が返事をしなかったためだと説明なさいました。その招待状は私に届いていなかったことをとり急ぎお知らせ致します。もし受け取っていたなら、閣下がお与え下さった名誉に感謝して、直ちにご返事申し上げたことと存じます。

〔40〕

1872年3月6日

オリエンタル銀行
チャールズ・ステュアート殿

拝　啓
　この2カ月間、日本国から私には何の送金もなく、私は日本国陸軍の教育のために間もなく出発しようとしているフランス軍事使節団の渡航費を払う資金がありません。
　このためには4,000ポンド必要であり、もし貴殿が通常の条件でこの額を私の口座に貸方として入れて下さり、私がこちらでその金を使用できるように、貴行払いの小切手を切ることを認めて頂けると大変ありがたいのです。
　送金が届きしだい払い戻します。もし、あとひと月も遅れるようでしたら、お望みに従い、日本国政府払いの当該金額の為替手形を私から振り出しましょう。

〔41〕

1872年3月6日

ロンドン
オリエンタル銀行
チャールズ・ステュアート殿

拝　啓

　私の口座に貸方として4,000ポンド振込んで下さいました旨の通知を頂いた昨日付の書信を拝受致し、ありがたく存じます。

　この4,000ポンドにより、本日最初の1,000ポンドの貴行払いの小切手を切りました。

〔42〕

1872年3月9日

ティヴォリ通8番地
モンブラン伯爵

拝　啓

　貴殿がシュヴリヨン氏に対して、1867年の万国博覧会に由来する日本製品全部のロンドンでの売却をお認めになった条件の写しを、私に提供して頂けないでしょうか。

　シュヴリヨン氏はその計算書で、それらの製品の値段に対し、最初の契約で規定された18％の上に、さらに18％の手数料を掛けています。一つの取引に32％〔原文のまま〕もの手数料を要求できるとは信じられません。このことについてご教示頂ければありがたいと存じます。

〔43〕

1872年3月18日

イタリア公使

拝　啓

　去る1月14日ローマで締結された新国際電信協定の写し、および添付の料金表と規約を、今月15日付のご書信をもって拝受致しました。

閣下のご希望通り、それらの書類は大至急本国政府に送付させます。

敬具

〔44〕

1872年3月18日

ランソン将軍

拝啓

　貴殿の指名を受けて遣日軍事使節団に参加することになった士官の方々にお会いし、彼らについて所見を得る機会が何度かありました。

　彼らについて大変満足していることを、貴殿にお伝えしなければ義務に反するように思われます。私が見た限りでは、彼らはこれから日本で果たすことになる役割に必要な、基本的な資質を多く兼ね備えているように思われますし、私の受けた印象から判断して、彼らは交際を結ぶことになるすべての人々に対し、必ずや強い親近感を抱かせるにちがいありません。

　将軍、この成果に至るまでのご尽力誠に有難うございます。そして我々に対する貴殿のご協力ぶりを本国政府に伝えることができるのは実に喜ばしいことです。

〔45〕

1872年3月18日

ランソン将軍

拝啓

　我が国政府は、江戸の兵部省に設立中の図書館の一部をなすことができるよう、フランスの軍制を論じた重要書籍をすべて収集して、日本へ送ることを私に命じました。それらの書籍を手をつくして捜しましたが、市販されておりません。また、マルクリー中佐は同種の書籍のうちいくつかを使節団用

に携行したいと願い出ております。
　このような状況ですので、マルクリー中佐が上記二つの目的のために必要と考える書籍について、陸軍省から交付を受ける許可をお与え下さいますようお願い申し上げます。他に入手する方法がまったくありませんので、ご許可頂ければ大変有難いと存じます。もちろん、それらの書籍の代金は規則にたがわなければ支払わせて頂きたいと存じます。

〔46〕

1872年3月21日

サン・シャマ火薬製造所所長
拝　啓
　日本国政府は、日本国工部省の官員稲垣氏①〔稲垣喜多造〕に国営工場の組織を研究するため、フランスへ来るよう申し付けました。
　稲垣氏は現在マルセイユに居り、サン・シャマ火薬製造所見学を望んでいます。
　つきましては、しかるべき許可を稲垣氏にお与え下さるよう、謹んでお願い申し上げます。
　この件に関しましては、大蔵大臣に問い合わすべきところ、稲垣氏は短期間しかマルセイユに留まれませんので、私の願いをお認め頂けるのではないかという希望のもとに、貴殿に直接ご連絡しております。
　見学の際には稲垣氏は日本人通訳を同行致します。

〔47〕

1872年3月23日

モンブラン伯爵

拝　啓
　先刻、シュヴリヨン氏が、ロンドンにおける日本品コレクションの売却に

ついて、貴殿との間で交わされた書簡を持って来ました。

その中に貴殿からの二通の書簡があって、一通は4月22日付のもの、もう一通は5月25日付のものです。一通目で貴殿はシュヴリヨン氏に「したがって、貴殿は託された売却を日本にとって最も利益があがるようにするために、どんな手段をとることも任されております」と言われ、二通目では、「したがって、貴殿に託された日本の利益のために最善を尽くして下さい」と述べておられます。

シュヴリヨン氏はこの二つの文をもとに、貴殿から何をしてもよい許可をもらい、したがってロンドンでの17％〔原文のまま〕の手数料の支払いを暗に認められたとして、彼の債権の基礎としているのです。この論法は私には受けいれがたく思われます。第一に、元の文章はそのようには一切指示していません。次に、貴殿の二通目の手紙の全体的な調子は非常に控え目で慎重であり、私が引用した文章からシュヴリヨン氏が引き出そうとしている解釈とはまるで矛盾しています。

シュヴリヨン氏との論争を終わらせるためには、貴殿が件の二つの文を使われた際、ロンドンでの売却および手数料のどんな条件でも、我々に新たに相談することなく受けいれる権限を、シュヴリヨン氏に認めるおつもりだったのか、もしくは反対に、シュヴリヨン氏のために以前約定された手数料が全体に及ぶはずであるとお考えだったのかを、書面で私にお知らせ下さるだけで十分だと思われます。

〔48〕

1872年4月6日

オリエンタル銀行
チャールズ・ステュアート殿

拝啓
　私は日本国政府から4,000ポンドを引き出すことにしました。

私が署名すべき手形〔用紙〕をお送り願いたく、また、貴行にある私の預金口座に4,000ポンドが振り込まれるまで、私の小切手が滞りなく通用するよう指示をお願い致します。

〔49〕

1872年5月6日

外務大臣

　拝　啓
　日本国陸軍少将山田氏①〔山田顕義〕が、我が国政府のためフランス陸軍の組織を研究する任務を帯びてパリに到着致しました。しかるべき便宜と許可が与えられますよう、山田少将をシセー将軍にご推薦頂ければ大変ありがたく存じます。
　フランス軍事使節団が再び日本へ出発したばかりの今、また我々が我が国の軍隊をフランス軍隊と同様のものとするためにあらゆる努力をしている時、山田少将の研究が全うされることには特別な意義がございます。　敬　具

〔50〕

1872年5月16日

フォン・シーボルト男爵

　拝　啓
　今月1日付の書信と、同封の米貨50ドルおよび同金額の領収証用紙を昨日受け取りました。後者を、署名のうえ返送致します。
　私は、必要な時には照合できるように、当公使館にフランクフルト発注紙幣の全種類を一揃い備えておくべきだと考えています。それにつき、このために必要な措置を取って頂けますでしょうか。もちろんこれらの紙幣については、正式の領収証を差し上げます。

私はまた、貴殿が前回パリにおいての〔欠字〕見せて下さったのと同じような一覧表または一枚の用紙に書いたものを頂きたいのです。そこには、製造された各種類の紙幣について、日本へ発送済みの分と〔未詳〕とが表示されているよう、お願い致します。ドンドルフ社への支払表も含まれたく存じます。

〔51〕

1872年5月30日

陸軍大臣

　拝　啓
　日本国陸軍省の代表が、パリのモリソー商会と各種軍装品の納入のための交渉をしたところです。
　それらの物品は鑑定人によって承認されねばなりません。
　このような事情ですので、他の誰より経験豊富に相違ないフランス国政府御用達の鑑定人の手で、問題の物品を検査させる許可を頂けないかお伺い致します。
　革製品と、もう一方は布製品の二人の鑑定人が必要かと存じます。
　閣下が私の願いをお聞き入れ下されば、日本からの代表は報酬を決めるために、その鑑定人たちと話し合うでしょう。　　　　　　　　　敬　具

〔52〕

1872年5月31日

世界同盟〔Alliance universelle〕会長

　拝　啓
　今月25日付の貴簡を拝受致しました。それによりますと、来週の月曜日にパリで開かれる大会の諸会議に、同胞の何人かに出席して欲しいと述べてお

られます。

　お送り下さった説明書を大変興味深く拝見させて頂き、貴同盟が追求されている目的の有用性がわかりました。お察しの通りの理由によって引き止められていなかったら、私自身が貴同盟の会議に喜んで参加するところですが。

　しかしその理由は、守るべき公的立場にない同胞にはまったく当てはまりませんので、そのうちの二人が貴同盟の招待に喜んで応じると思います。もちろんこの人たちは単なる私人として、政府と何の繋がりもなく参りますが、彼らの出席は、日本国が国際共同体に入り、ヨーロッパの道徳的社会的運動に加わることを名誉としていることの証しとなるものと存じます。

〔53〕

1872年6月1日

ラ・フランス紙編集長

拝　啓

　今朝、5月29日付の貴紙の記事に注意を惹かれました。そこには私の重罪院訪問に関する法廷新聞の批評を転載したあとで、「パリには少なくとも公式には日本国の大使もシャルジェ・ダフェールもいない」と述べてあります。

　失礼ながら、貴紙は誤っていることをお知らせ致します。私が駐フランス国シャルジェ・ダフェールです。1871年1月27日にボルドーで信任状をフランス国政府に提出致しました。もし貴紙が外務省作成の外交団メンバーの公式リストを調べておられたら、いとも簡単にお気づきになられたことでしょう。

　一個人としてはこの訂正をまったく重視していません。しかし、私は我が国を代表する栄誉を担うものでありますので、間違いが広まるのを、公的立場上是非とも食い止めたく思います。したがいまして、貴紙の次号でこの書簡を掲載して頂ければありがたく存じます。

〔54〕

1872年6月4日

オリエンタル銀行
C・ステュアート殿

拝　啓

　私は、オリエンタル銀行横浜支店が1870年に振り出した、前田〔前田十郎左衛門〕・伊月〔伊月一郎〕両氏同時指名の150ポンド、イングランド銀行〔支払い〕の小切手を持っております。

　ご存じの通り前田氏は死亡、伊月氏は英国海軍に出向中であります。したがって小切手を裏書きすることはできません。なんらかのかたちでこれを現金化する手配をして頂けると大変ありがたく存じます。もしなんとかして頂けるのであれば、貴殿にその小切手を送付致します。さもなくば、小切手は日本に返送せねばならないでしょう。

〔55〕

1872年6月6日

フルーリ・エラール殿

拝　啓

　貴殿の日本国との取引の計算書のいくつかについて、ご親切にも抜粋を人を介して私にお届け下さいました。また同時に、日本国領事館印と領事館資料室に属する物品や文書をお返し下さるご意向をお示し下さいました。

　貴殿と我が国政府との間のすべての勘定の写しを所持することができれば当方には有益です。あらゆる未解決の案件の決済に備え、また同時に私がパリに到着するまでに起こったことを理解する手助けとするために、それらの書類が必要です。

　できるだけ完全な明細を提供して頂ければありがたく存じます。

翻　訳　篇——271

お渡し下さる物品と文書についてはすべて受領証を差し上げます。

〔56〕

1872年6月7日

ロンドン
アメリカン・ジョイント・ナショナル・エイジェンシー

拝　啓
　昨日付の書信を受け取りましたが、内容は、最近日本国政府に〔地質〕調査士として雇用されたチーズマン氏の支度金ならびに旅費として、私が前金を渡すことができるか、また、マックヴィーン氏が発注した数学用その他の機器類の支払いをどのようにするつもりかとのお問合わせでした。
　返事と致しましては、私は本国政府からいずれの事柄についても何らの報告も受けておらず、マックヴィーン氏については聞いたこともなく、したがってお話しの〔未詳〕のために、いくらにもせよ金銭を支払いあるいは保証することは、全く私の権限外であることをお知らせ申し上げます。
　もし今後、本国政府よりこの件につき何らかの指示を得ましたならば、遅滞なくお知らせ致します。

〔57〕

1872年6月11日

駐日オランダ公使
フォン・ポルスブルック伯爵閣下①

拝　啓
　日本に女学校を設立したいという、同胞の方を推薦下さった今月4日付の貴信拝受致しました。
　この件につきましては本国政府から指示を受けていませんので、公式にご

返答できません。しかしながら、政府はこの種の学校に補助金を出す気はないだろうという見解はお伝えできます。

閣下もご承知のように、生徒に費用を払わせ国家の援助なしに、すべて当事者の危険負担によるのであれば、日本に学校を設立する許可は誰でも得られます。政府からの経済的援助の見込みはまったくありません。

閣下がどのくらいヨーロッパに留まられるご所存か、お教え頂ければ幸いです。

〔58〕

1872年6月13日

リヴィエール・デュドネ鑑定人事務所

拝　啓

我々の間で口頭で定められた取り決めに基づき、〔欠字〕日付の契約により日本国政府のために、パリのモリソー商会に注文された軍装品の鑑定を引き受けて頂く謝礼として、総額2,500フランを貴方に支払う契約を本状で謹んで確認させて頂きます。

この2,500フランの総額は双方合意の請負額であり、貴方が負担すべき全費用が含まれており、また本来の鑑定だけでなく梱包の点検もこの金額で引き受けて頂くことはいうまでもありません。

本状の受信をご通知下さい。

三刀屋〔三九郎〕

〔59〕

1872年6月14日

サリィ県　サービトン
ジョン・ペサリック殿

拝啓

　日本国工部省のために1人の採鉱助手と3人の坑夫を選ぶことにつき、私宛にお出し下さいました今月8日付の書信は無事に落手致しました。

　この件につき訓令があるやもしれぬと思い、本国政府よりの公信類の到着を待って返信を延ばしておりました。

　しかしながら、今着きました郵便では、ゴッドフロイ氏がこの件について貴殿に書信を送られた由の私的な報せと、充分な訓令が次の便で私に送られるという通知があったに過ぎません。

　こういう状況であり、わけても、使用出来る資金もなく、本国政府の承認なしにはいかなる用務もお引き受けできないわけですから、これらの訓令が私の許に届くまでお待ち願うほかありません。

　お引き受けできるようになりましたら、即刻お知らせ致します。

〔60〕

1872年6月14日

アメリカン・ジョイント・エイジェンシー

拝啓

　当月7日付で私が貴殿に差し上げました書信に関して、私は今、マックヴィーン氏が英国において4名の〔地質〕調査助手を選び、用具を購入するために取られた措置について、日本国工部省から準公式の連絡を受けたことをお知らせ致します。私はまた、発生する出費に当てるため8,000ドルの送金を受け取っており、この件全般にわたる詳しい指示が、今しも本国政府より私の方に送られて来るはずです。

　これらの指示が届きしだい、貴殿にご連絡のうえ、件の4名の〔地質〕調査士の雇用についても必要な方策を講じることに致しましょう。

〔61〕

1872年6月19日

文部大臣

拝　啓
　我が国政府は、日本国文部省の代表に、ヨーロッパの教育行政関係の諸問題を取り調べるよう任を与えました。
　上記の代表はその目的のため、フランスにおけるこの主題にかかわる出版物を収集する必要があります。
　それらの出版物のうちのいくつもが市販されておらず、閣下のご好意とご許可によってしか入手できません。
　こういう状況ですので、閣下のご親切なお取り成しにおすがりし、貴局で出版された資料のいくつかを日本代表今村氏①〔今村和郎〕に授与するご許可を下さいますようお願い申し上げます。閣下がこの願い出に応ずることに同意下さるなら、今村氏は自分の望む出版物を謹んでお知らせ致します。

〔62〕

1872年6月20日

日仏協会会長

拝　啓
　山城屋①〔山城屋和助〕と私本人との間で、日本国陸軍省、モリソー商会および貴協会のために先月5月18日に調印した契約書の第7条に規定された条件によれば、貴殿がその署名を得てモリソー商会の送り状に対する支払いを行なうことができる鑑定人は、布製品についてはリヴィエール氏、革製品についてはデュドネ氏であることを本状をもってお知らせ致します。

　　　　　　　　　　　　　　　　　　三刀屋　署名

〔63〕

1872年6月26日

外務大臣

拝　啓

　閣下のご推薦により、共和国大統領がデュ・ブスケ氏①にレジョン・ドヌール勲章を授与されたとお知らせ下さった昨日付の貴信拝受致しました。
　この知らせを本国政府に伝達するのは非常に嬉しいことです。日本で大歓迎されることでしょう。皆がデュ・ブスケ氏に抱いている親近感のせいばかりではなく、もちろんそこにフランス国政府が日本に寄せる関心の指標を見出すはずですから。
　この伝達の仲介者に私をお選び頂き感謝申し上げます。　　　　　敬　具

〔64〕

1872年6月26日

デュ・ブスケ

拝　啓

　昨日付の公用文書でフランス国外務大臣から、共和国大統領が貴殿にレジョン・ドヌール・シュヴァリエ勲章を授与したとの知らせがありました。それと同時に大臣は勲記と勲章の入った小包みを貴殿宛に届けるよう私に指示されました。
　その小包みが正式に貴殿に届けられるよう、この便で江戸の外務省に送ります。
　この知らせを貴殿に伝達する役目は非常に嬉しいものです。貴殿が日本で得られた大勢の友人がこのことを喜ぶでしょう。私も彼らとともに、心からお祝いを申し上げ、日本に奉仕する一士官がこのように高い栄誉に輝くのを目の当たりにして感じる喜びのすべてをお伝え致します。

〔65〕

1872年7月4日

外務大臣

拝　啓

　本国政府との連絡を迅速に行ないたく、私はメサジュリー社に対して、私の公信類の小包を輸送する際は、現在生じている長い遅滞を回避し、受発信共に直ちに配送される措置を取ることを要請しました。メサジュリー社は大変好意的でしたが、郵政局の許可なしに公信類を輸送するのは不可能だと反論しました。

　そこで郵政局に出向き、以下のように説明致しました。すなわち、日本の書簡は大変かさ張るので、すべてを書簡として投函するのは不可能ではないにしても難しいこと、小包として発送された文書は税関で時間を取られるため、マルセイユから私に届くまで通常十日かかること、そしてこの二つの理由から、私の公信類、書籍、書類の写し、その他の資料を優先小包として迅速に輸送するため、メサジュリー社と協定を結ぶ許可をお願いしたい、と。

　回答は、郵政局には自らそのような許可を与える権限はなく、大蔵大臣だけがこの問題について決定を下せるとのことでした。加えて、以下のような親切な説明を受けました。郵政局としては、我々宛の荷物箱を毎便の〔郵便〕馬車によって、小包扱いで輸送し直接配達することは完全に請け負えるだろうということ、また、郵送する代わりにメサジュリー社と協定を結ぶとしても、大蔵大臣だけが、日本から私宛に来る文書の小包が税関検査で留められずに、ただちに配達されるようしかるべき命令を出すことができるということ、でした。

　こういう事情ですので、私のやり方が規則からはずれているように思われないことを願いつつ、郵政局からにしろメサジュリー社からにしろ、ただし後者の場合は税関検査なしにですが、公信、書籍、報告書、文書包みが、私宛に直接発送されるように、また私自身がそれらを小包として発送できるよ

うに、大蔵大臣にお取り継ぎをお願い致したく、閣下に問い合わせしております。発送は木箱または革嚢に入れて、本国外務大臣とパリ日本国シャルジェ・ダフェールの双方から行なわれます。
　このようにして設けられる業務は、本国政府と駐仏公使館の間の通信輸送にのみ厳しく限定され、もちろん他の性格の物品はすべて普通の方法で取り扱われるのは申し上げるまでもありません。

〔66〕

1872年7月18日

フォン・ポルスブルック伯爵閣下

拝　啓
　閣下が外交業務から退かれ、ハーグに留まられる決心をなさったとお知らせ下さった、今月13日付の貴簡を拝受致しました。
　この報に接し残念に思いますことを取り急ぎお知らせ致します。日本で閣下の知遇を得た誰もが同じように心底残念がることでしょう。
　閣下が私自身に、また日本国の大使節団にお寄せ下さるご援助に心から感謝申し上げ、ありがたくお受け致します。また、私どものオランダ到着のおおよその時期は急いでお知らせすることに致します。年内ではないだろうと思っております。

〔67〕

1872年7月20日

ジョン・ペサリック

拝　啓
　貴殿にご選出頂いた地質調査士と我が政府との契約書草案を謹んで同封致します。

本案文は、本件と同様の状況で、私がすでに署名した数通のフランス語の契約書の厳密な英訳です。基本条件の修正はいっさい叶わぬことをまずお伝えせねばなりません。しかし、細部についてのご意見は、当人の要望があれば、喜んで検討致します。

　フランス式の契約書式を採用したのはそれが簡明だからで、きわめて煩雑な英国式の法的契約の言いまわしは日本語への翻訳が不可能だからです。

　すでにお気付きのように、第3条は2カ所空欄にしましたが、それぞれ地質調査士の月額俸給と日本国への渡航費の記載欄です。この2項目については、私見を述べる必要があれば当然そうすることとして、まずは貴意を伺いたくお待ち申し上げます。

　なお、日本国の暦では、1カ月を29日ないし30日とし、閏年に1カ月加算することもお伝えしておきます。

〔68〕

1872年7月23日

ジョン・ペサリック

拝　啓

　当月20日付の我が書信へのご返答を頂き、慎重に拝読致しました。

　さて、先般申しました通り、送付した契約書草案の基本条件の修正は、以下に述べる仮定において以外は不可能です。このことに私がこだわるのは、政府お雇いのすべての外国人とのとりきめのためには同一の雛形を採用すべき時が来たからです。なお、昨日付貴信にてご指摘頂いた件は、基本条件の修正なしにほぼ解決可能と考えます。渡航費として200ポンド支給すれば、渡航中に俸給の半額以上が給された場合に相当する余剰金が出るはずです。

　ただし、本案文に入れ得る変更はこれだけです。もっとも、ゴッドフロイ氏の書簡に従い貴殿が踏まれたステップにご自分が縛られすぎていて、現行の諸条項のままを維持しがたいと個人的に思われるのでなければの話です。

もし、本当にそう思われるのであれば、貴殿が必要とお考えになるような変更を入れて、道義的にも物質的にも何らの責任もお感じにならなくてよいように致しますが。

〔69〕

1872年7月23日

アシーニアム・クラブ
バス勲爵士ハリー・パークス卿①

拝　啓
　この度閣下が残酷な試練に遭われ、いまもなおご心痛の由、たった今承りました。
　心よりお見舞い申し上げます。報知の遅れにより、不本意ながらお見舞いが遅くなりましたこと、お許し下さい。

〔70〕

1872年7月23日

グラスゴー
セント・ヴィンセント街266番地
キャンベル・ダグラス殿

拝　啓
　日本国政府御雇〔地質〕調査士マックヴィーン氏は、さる4月22日付横浜発書簡で貴殿に助手3名の選定を依頼し、その件について、貴殿より私宛、とり決め事項の承認決裁を受けるべく追って連絡があろうとのことでした。
　従いまして、貴信をお待ちしておりましたが、まだご連絡頂いておりません。件の調査助手と交わすべき契約書草案の送付の都合上、進展状況をお教え願います。

〔71〕

1872年7月25日

A・J・クローゼン氏

拝　啓

　当月23日付貴信、キャンベル・ダグラス氏の書簡とともに確かに拝受致しました。

　当方よりの返信として、我々の間で署名されるべき契約書の案文をここに送付します。複写、ご署名の上、返送願えないでしょうか。おり返し、私の署名を入れて返送致します。なお、本案文も返送願います。

　さて、貴殿の奥方の渡航費については、公的には何らの手配もできませんが、2人分の旅費を賄う差額が出るよう、貴殿分の渡航費特別手当てとして200ポンドを支給することを了承致します。

〔72〕

1872年7月25日

レミュザ伯爵

拝　啓

　現在アメリカ滞在中の日本国全権使節団が、リバプールへ向け8月6日にボストンを発つと、ワシントンからの電報でたった今知ったことを謹んでお知らせ申し上げます。

　使節団のフランス到着の時期がわかり次第お知らせ致します。

〔73〕

1872年7月28日

ジョン・ペサリック

拝　啓

　当月26日付貴信拝受致しました。貴殿のご尽力に対し深謝申し上げます。

　さて、日本への渡航費（１等）は103ポンドですから、200ポンド支給すれば、差引き、渡航中に俸給の半額を給した場合に相当する余剰金が出るはずです。しかし、先般の書信でお知らせした通り、日本国政府のために貴殿に負債が生じたと考えられる場合には、当方としてはその処理にできるかぎりのことをなす所存です。この点は、ご要望があれば、再検討するにやぶさかではありません。

　鉱夫３名との契約は、金額面以外はすべて技師と同条件にさせて頂いてよろしいでしょう。本件についても、経験豊富な貴殿のご意見を頂きたく存じます。ちなみに、渡航費は２等扱い、俸給は、たぶん月額15ポンド以下ということになるはずです。

〔74〕

1872年７月28日

ロンドン
オリエンタル銀行
Ｃ・ステュアート

拝　啓

　ロンドン宛の手形を３通送付致します。そのうち3212ポンド２シリング５ペンスと15ポンド１シリング６ペンスの２通の手形は、貴行の横浜支店より私指名で、イングランド銀行を支払人として振出されたものです。３通目の1654ポンド11シリング８ペンスの手形は、マーカンタイル銀行〔The Chartered Mercantile Bank of India, London & China〕の横浜支店より私指名で、同行ロンドン店を支払人として振出されたものです。同３通を貴行指名になるよう裏書きしました。

なお、これらの手形は日本に誤って返送され、昨日拝受した貴行からの小包に含まれていました。
　貴行の私名義の口座に記帳願います。

〔75〕

1872年7月30日

オイレンブルク伯爵①

拝　啓

　閣下からは、日頃格別のご厚情を頂き、その上いま再び、ご厚意にあえて甘えようと致しております。
　さて、日本国の侍従長東久世②〔東久世通禧〕と式部助五辻③〔五辻安仲〕をここに紹介させて頂きます。両名とも、欧州宮廷の儀礼を研究し報告すべく欧州に派遣されて参りました。ついては、ベルリンの宮廷儀礼について両名が知識を〔欠字〕するのをご支援頂きたく、ここにお願い申し上げます。このような目的のためには、閣下に優る方は他におられませんので、どのような形であれご高配賜れば、この上なく忝く存じます。
　私は、年末にベルリンの特命〔全権〕使節と共に滞在する予定ですので、拝顔の上直接にお礼を申し上げたく存じます。

〔76〕

1872年8月9日

A・J・クローゼン

拝　啓

　不在のため7月29日付貴信への返信が遅れました。
　さて、日本への渡航費300ポンド支給の件ですが、貴殿の特別な事情を考慮し、これを了承します。しかし、この件を認めるという理由それ自体によ

り、航海中の俸給についての契約変更には応じられません。さらに申せば、日本国政府は、到着前から俸給を支払うことは一切致しておりません。

　貴殿指名のオリエンタル銀行支払い300ポンド小切手と、署名済み契約書の写しをここに〔同封〕致します。

　おり返し、300ポンドの受領書と7月25日付書信同封の契約書案文を返送願います。加えて、貴殿の乗船予定便をお教え願います。

　私は、来週火曜日に1日だけロンドンに出張しますので、お会い致したく存じます。当日午前中にストランド446番地アメリカン・ジョイント・ナショナル・エイジェンシーまでお越し頂ければ、面会の場所と時間がわかるように手配しておきます。

〔77〕

1872年8月9日

チーズマン氏

拝　啓

　ストランド446番地のアメリカン・ジョイント・ナショナル・エイジェンシーより、去る7月30日付同エイジェンシー宛の貴信コピー、すなわち貴殿が日本国政府御雇調査士として渡日する件についてのものを拝受致しました。

　ここに契約書案文を送付致します。貴殿同様、渡日するクローゼン調査士に用意した案文と同じものです。複写・署名の上、ストランド446番地宛返送願います。私は、来週英国に行きますので、署名の上、1通は貴殿にお返し致します。

〔78〕

1872年8月11日

ジョイント・ナショナル・エイジェンシー

拝　啓
　7月27日付貴信に関しまして、デルタとマシリアの各保険証書を返還致しますとともに、貴殿との取引きの残高支払いとして、貴殿指名の480ポンド6シリング1ペンスのオリエンタル銀行支払い小切手を同封させて頂きます。

〔79〕

1872年8月11日

海軍大臣①〔ポテュオー少将〕

拝　啓
　はなはだ勝手ではございますが、海軍広報の最新号を貴省から頂くご許可を下さいますようお願い申し上げます。我が国政府はそれを参考にする必要があり、私が1部を受けとることができるようにして頂ければ大変ありがたく存じます。

〔80〕

ロンドン
1872年8月15日

アダムズ・コート4番地
メキシコ総領事
C・P・シェファー

拝　啓
　ミカド陛下の首席大使である岩倉閣下への紹介状をご所望との当月11日付私宛貴信を拝受致しました。
　以前ならば、喜んでお引受けしたところですが、最近寺島氏①〔寺島宗則〕が駐英公使〔大弁務使〕として赴任致しましたので、同氏宛にご依頼なさること

翻訳篇——285

をお勧め致します。私が日本を代表する任地フランス国の内に我々がいるのであれば、ご要望に応じることは私の職務範囲ですが、英国にあっては、そこでの我が国の公的な代表者のみがお引受けできると思います。

　なお、寺島氏は、現在ランガム・ホテルに滞在中です。

〔81〕

　　　　　　　　　　　　　　　　　　　　　　　　　ロンドン
　　　　　　　　　　　　　　　　　　　　　　　　　1872年8月20日
ビスマルク公

　拝　啓
　日本国天皇陛下の特命遣欧使節が、米国より英国に到着したことを、殿下に謹んでご報告申し上げます。
　同使節団がベルリンに到着する期日は、まだ殿下に申しあげられませんが、おそらく年末頃かと存じます。確定しだい、閣下〔ママ〕に謹んでご報告申し上げます。　　　　　　　　　　　　　　　　　　　　　　　　　　　　敬　具

〔82〕

　　　　　　　　　　　　　　　　　　　　　　　　　パリ
　　　　　　　　　　　　　　　　　　　　　　　　　1872年8月27日
外務大臣

　拝　啓
　我が尊厳なる君主日本国皇帝陛下が、私を駐フランス共和国弁理公使（ministre résident）の地位に任命して下さったことを、この上もない喜びとともに謹んでお知らせ申し上げます。
　私はこの昇任を非常に喜んでおります。と申しますのは、フランス国と日本国の間にすでに存在し、私が力の及ぶかぎり発展させ強化しようと心懸け

ている良好な関係を、さらに親密で確かなものとする機会が、この昇任によって与えられるものと思うからです。

　閣下、共和国大統領に私の拝命をお知らせ下さり、新しい信任状を奉呈するための謁見を大統領より賜わりますよう、お願いして下さることを希望致します。とりあえず、ここに私の信任状の写しと翻訳を同封し、急ぎお届け申し上げます。

〔83〕

1872年8月27日

ウトレー殿

拝　啓

　我が国政府が私をパリの日本国弁理公使の地位に昇進させたことを知って、貴殿は喜んで下さるにちがいないと思います。

　昨日ロンドンから帰って来て、そのことをレミュザ氏に正式にお知らせし、私の新しい信任状を大統領に奉呈すべく、謁見の許可を得て下さるよう、お願いしました。

　貴殿にお話しすることが沢山あります。今週パリに来られるようなら、一緒にお話しできるよう、自由な時間を1時間取って頂きたく存じます。

　貴殿への返信として岩倉氏が書いた手紙を受け取られましたでしょうか。

〔84〕

1872年8月28日

ロンドン

フォン・シーボルト男爵

拝　啓

　フランクフルトにおける貴殿の職務が終了致しました今、日本紙幣製造の

契約に関する文書・報告書類・サンプル等はすべてK・吉田閣下〔吉田清成〕にお渡し願えれば幸いです。

〔85〕
　　　　　鮫島尚信の信任状の翻訳〔仏訳文より重訳〕

神命により万世一系の日本国皇帝の座にある睦仁
朕が良き、いとも高名なる友、フランス共和国大統領閣下へ
　両国の友好関係を維持し、その相互理解を証明せんとして、先に従五位鮫島尚信を貴政府のもとへシャルジェ・ダフェールとして任命せり。
　本人は懈怠なく献身と手腕と思慮をもつてその職務を果たせり。よつて、貴国における弁理公使の地位に昇進せしめたり。これをもつて、その任命を証明せんがために、ここに信任状を進める。
　かくして本人のいよいよもつて閣下の信頼と愛顧を獲得し、よくその職務を全うすることを朕は疑わず。本信任状の提出に際しては、閣下より十分にして好意ある接見を賜らんことを、また、すべて朕の名においてこの者の述ぶる所は誠意と信頼をもつて傾聴されんことを、朕は確信す。
　閣下の御多幸と御繁栄を祈念するものなり。
　　明治5年5月14日　東京なる居城の宮殿にて

　署名睦仁（大日本国璽）

　　　　　　　　　　　　　　　　　　　　　　　　奉勅
　　　　　　　　　　　　　　　　　　　　　　外務卿　副島

〔86〕
　　　　　　　　　　　　　　　　　　　　　　　1872年9月4日
〔大臣宛〕

拝　啓

　閣下がお寄せ下さった９月３日付の貴信の拝受を謹んでお知らせ致します。それにより閣下は以下のことを知らせて下さいました。すなわち、共和国大統領が現在ご滞在中のトゥルヴィルに私が参上することを希望する場合は別として、９月後半のヴェルサイユご到着の際に、私の新しい信任状の奉呈を許されるだろう、と。

　閣下のご親切なご通知に対しまして、共和国大統領のヴェルサイユご帰還を待ち、その時ご都合の良いご指定の日時に、私の新しい信任状を奉呈させて頂きたく、謹んでお知らせ申し上げます。

〔87〕

1872年９月５日

〔大臣宛〕

拝　啓

　日本国陸軍少将山田顕義が、ドイツの軍制を取り調べるよう政府から命じられベルリンへ赴きます。その使命を果たすため、しかるべき便宜を得られますよう、山田少将を陸軍大臣閣下にご推薦頂ければ大変ありがたく存じます。
　　　　　　　　　　　　　　　　　　　　　　　　　　　敬　具

〔88〕

1872年９月28日

クルジエ伯爵

拝　啓

　パリを留守にしておりましたので、貴殿のサンマリノ公使職任命に関してお寄せ下さった今月20日付の貴信に対し、これまでご返事できませんでした。

貴殿のご質問はもっぱらフランス国政府の管轄だと思われますが、私の意見をお尋ねですので取り急ぎお答え致します。もし共和国大統領が貴殿の任命をご許可なされば、私と同職の方々と同じ関係を貴殿との間にもつのを嬉しく存じます。

〔89〕

1872年9月21日

〔大臣宛〕

拝　啓
　閣下の知遇を得ないまま、直接書信を差し上げる勝手をお許し頂きたく存じます。
　編成とすべての軍事関連施設を取り調べる任務を帯びた日本国陸軍省理事官原田①〔原田一道〕が、あらゆるものを見学するためのしかるべき便宜と許可を得られますよう、ご推薦下されば大変ありがたく存じます。　　　敬　具

〔90〕

1872年9月21日

〔大臣宛〕

拝　啓
　日本人学生渡六之介に関しまして、閣下より陸軍大臣閣下に対し、私のお願いをお伝え下さいますよう謹んで言上します。これまでの勉学を完成させるため、サン・シール陸軍士官学校入学の許可を頂ければ本人は喜ぶことと存じます。

〔91〕

1872年10月3日

外務大臣

　拝　啓
　今月1日付の貴信で、陸軍大臣より日本国軍事調査団に対する薬包製造用の諸物品の譲渡に関して、閣下は陸軍大臣の名において、私がそれらの物品の代価を支払う用意があるかどうかお尋ねです。
　どの公庫に支払えば良いのか、正確な総額はいくらなのか、わかりしだい、その物品の支払いをする準備ができていることを、謹んで返答申し上げます。

〔92〕

1872年10月5日

海軍大臣

　拝　啓
　閣下が私に直接返事をするのに差し支えはないとお考えになるものと思い、あえて外務省を通さずに閣下に言上します。
　横須賀の海軍造船所所長のT・肥田氏〔肥田為良〕①が、シェルブールとブレスト、ついでトゥーロンの海軍造船所を見学したいと願っております。
　ご許可下されば大変ありがたく存じます。

〔93〕

1872年10月8日

江戸
C・A・マックヴィーン

　拝　啓
　4月22日付、23日付、25日付各貴信を順次拝受致しました。8,000ドルの

送り状、および英国から選出し渡日させることを我が工部省が貴殿に依頼した4名の助手の契約書案も拝受致しました。

さて、チーズマン氏、クローセン氏、ド・ボワンヴィル氏とは契約を済ませ、このうちチーズマン氏とクローゼン氏の両名は、すでに日本へと出発しました。キャンベル・ダグラス氏によれば、第4番目の候補者も近日中に手続きに来るとのことです。

3名の契約書をご覧頂ければおわかりかと思いますが、貴殿自身の名で署名することを示唆して頂きましたが、日本国政府名で署名致しました。貴殿の助手のために用いた書式は、これまでも使われ、また以降も同じはずの、政府御雇外国人用の書式に則って作成したしだいです。

私は、ダグラス氏提案の人物選定を迷うことなく是とすることができ、満足しております。全員、まことに適任であると見受けました。

なお、機器購入の件は、すでにシャーバン氏に手配しておきました。

〔94〕

1872年10月26日

外務大臣

拝　啓

本日10日間の不在ののちパリに帰還し、肥田氏がブレスト、シェルブール、トゥーロンの海軍工廠を訪問するご許可を頂くために、私より海軍大臣宛に出しておりました要望に関して、今月22日付で閣下が下さった書信を拝受致しました。

外務省を通さず海軍大臣に直接書信を差し上げるに際して、閣下に対して礼を失しかねないとはまったく想像しなかったことを信じて頂きたく存じます。

海軍大臣にお目にかかる機会がございまして、日本の派遣団が予定しているフランスの各施設への多くの見学について、光栄にも大臣に長くお話し致

しました。大臣は私にご厚情をお示しになり、それらの訪問には是非便宜を図りたいとのご意向でしたので、いつもの手続きにしたがって生じる遅延を避けたいと、失礼を顧みず例外的に直接書信を差し上げた次第です。

　今回通常の規則からはずれましたことを大変反省しております。今後このようなことのないよう注意致します。

〔95〕

1872年10月31日

ハーグ、ジャワ通22番地
ボードイン①博士殿

拝　啓

　今月28日付の貴信を拝受いたしました。それによりますと、貴殿は在オランダ日本国総領事に任命されたいとのご希望を表明なさっておられます。

　貴殿が日本に対して関心と共感の証をどれほど多くお示しになったか、また貴殿との関係を継続することができれば、同胞にとってどれほど好ましいことか、私ほど知っている者はおりません。

　しかしながら、個人的な見解はお伝え致すものの、貴殿のご提案にこれ以上踏み込んだ返答はできません。

　今のところオランダ駐在の日本国総領事や外交官の任命に関する決定は何もなされておりません。もし後日そのような任命の必要性が生じましたら、それは外務大臣によって直接なされると存じます。

　パリにお越しの節には、ご来駕下さいますように。

〔96〕

1872年11月4日

ベルギー国およびオランダ国外務大臣

拝　啓

　知遇の栄に浴しておりませんのに、閣下に直接お問い合わせ致す失礼をお許し下さい。

　私が大陸における日本国の唯一の代表であることから、信任状を与えられていない国々においても、非公式に同胞を引き受けなければならないため、やむを得ません。

　このようなケースが今一つ生じています。肥田氏は日本の工部省理事官ですが、政府からヨーロッパの主要な公共土木事業および工場を見学することを命ぜられており、観察すべき興味深く有意義なものが沢山ある(ベルギー、オランダ)で、できるだけ多くを見ることを希望しております。

　こういう事情ですので、閣下が私の手続きが正規ではないことをお許しになられ、肥田氏をしかるべき筋にご推薦下さり、本人がその任務を果たすための便宜をお与え下さいますようお願い申し上げます。

〔97〕

1872年11月4日

ジョン・ペサリック

拝　啓

　不在・繁忙のため10月8日付貴信への返事が遅れてしまいました。

　鉱夫3名の選定ならびにご提案の雇用契約条件には、一点をのぞいて全て同意致します。

　その除外事項とは、3名に対する俸給の支払いにつき、俸給の一部を日本国で本人に支給し、残金は英国の家族に支払われることとするという項です。

　この点には応じかねます。貴国では、そうした支払い方法も先例があるやに承っておりますが、本件の場合は強い反対にあうこと必至です。もう、とり下げて、けりをつけられませんか。ごくふつうに、俸給は当人に日本で払い、英国の家族への送金は各自にまかせることはできないのでしょうか。

　このような特別な条件には、すくんでしまいます。当方ではこれまで聞い

たことがありません。我々の慣行に反し、きわめて厄介な事態になりかねません。

〔98〕

1872年11月4日

ルーヴル美術館館長殿

拝　啓

　我が国政府の名において、1867年の万国博覧会出品の日本家屋の雛形を、ルーヴル美術館が受け入れて下さいますことを、謹んでお願い申し上げます。
　どなたにお届けすれば良いのかお知らせ下されば、すぐに運ばせます。

〔99〕

1872年11月4日

タバコ製造所所長殿

拝　啓

　1867年の万国博覧会に出品した日本産タバコが幾包か私の手許に残っております。
　多少痛んでいるとは思いますが、この種のタバコが貴製造所の必要を満たすかどうかをみるため、実験されるのに役立つかもしれません。
　そこで、我が国政府の名においてこのタバコを貴製造所に送ることをお許し下さいますよう、謹んでお願い申し上げます。

〔100〕

1872年11月

〔大臣宛〕

拝　啓
　わが尊厳なる君主、日本国皇帝陛下が私をドイツ帝国のもとに弁理公使として任命して下さったことを、謹んで閣下にお知らせ申し上げます。
　私はこの昇任をことのほか喜んでおります。と申しますのは、それがドイツ国と日本国の間にすでに存在し、私が力の及ぶかぎり発展させ、強化しようと心懸けている良好な関係を、さらに親密で確かなものとする機会を私に与えてくれると思うからです。
　閣下、私の任命を皇帝陛下にお知らせ下さり、新しい信任状奉呈のための謁見を賜わるよう、お願いして下さることを希望致します。
　とりあえず、閣下に信任状の翻訳を同封し、とり急ぎお届け致します。

〔101〕

1872年11月13日

ジョン・ペサリック

拝　啓
　10日付貴信により鉱夫の俸給の一部を英国支払いにするという難題をうまく避けて頂き、嬉しく存じます。
　さて、ジョン・サイモンズ名の契約書案文をここに同封致します。ジェームズ・デールとトーマス・トレリアスの契約書も本案と同じです。ついては、同書面を完成し、両者の署名を入れ、ついで私が署名するため、当方にお送り頂くよう、宜しくお願い致します。
　ところで、通常の為替レートは〔1〕ドルが英貨4/2〔4シリング2ペンス〕から4/6ですが、1ドル＝4/〔0〕で計算し、16ポンド相当分として80ドル支給しました。彼らは8〔±4〕％の余剰金を手にするでしょう。
　渡航費は、90ポンド支給しましたが、サウサンプトン港より2等を利用すれば、62ポンドで済みます。雑費込みでも70ポンド程度ですから、差引き

20ポンド余剰金が出るはずです。したがって、俸給の前払いの必要は〔ない〕と思います。

〔102〕

1872年11月15日

ヘンリー・シャーバン

拝　啓

　11日付および14日付貴信拝受致しております。
　ボウルズ社が当方のかなりの金額を預かっている時点で、営業停止するという事態が発生しました。当方の財政事情に支障が生じ、建て直しまで2週間程度要するでしょう。
　したがって、貴殿が発注して下さった機器代金の支払いは、12月初頭まで延期せざるを得ません。
　この遅滞で貴殿に御無礼〔arrogance〕(ママ)が及びますなら、当方としても、貴殿にご請求分の小切手が出せる正確な期日を、できるだけ早急に連絡致します。
　これがため、件の機器の一切の請求書をご送付願います。

〔103〕

1872年11月19日

〔大臣宛〕

拝　啓

　ベルリンに到着致しましたことを謹んでお知らせ申し上げます。
　私の新しい信任状の写しをお渡しする前に、閣下に拝眉の栄に浴すことができれば、大変ありがたく存じます。接見を賜りますのにご都合の良い日時をお知らせ頂きますよう、よろしくお願い申し上げます。

〔104〕

1872年11月29日

プロシア国カール殿下付近衛元帥
ドンホフ伯爵

　拝　啓
　本日皇帝陛下に日本国弁理公使としての私の新しい信任状を奉呈する栄に浴しました。プロシア国シャルル殿下にも敬意を表させて頂くのは私の務めと心得、拝謁を賜わる日時の指示を殿下に仰いで下さいますようお願い申し上げます。

〔105〕

1872年9月30日

ベルリンイギリス大使
オド・ラッセル卿①

　拝　啓
　昨日私の日本国弁理公使の新しい信任状を提出致しましたが、閣下におかれましては、接見を賜りますようにご都合のよい日時をお知らせ下さいますようよろしくお願い致します。
　大使夫人様にも同じく拝眉の栄に浴したく、よろしくお伝え下さいますようお願い申し上げます。

〔106〕

1872年11月30日

〔駐ベルリン〕フランス大使
グトー・ビロン子爵閣下

昨日皇帝陛下に日本国弁理公使としての私の新しい信任状を奉呈致しましたので、閣下より接見を賜ります日時をご指示下さいますよう、失礼を顧みずお願い申し上げます。

〔107〕

　　　　　　　　　　　　　　　　　　　ベルリン
　　　　　　　　　　　　　　　　　　　1872年12月6日

〔編集長宛〕

　拝　啓
　1873年の貴年鑑には、日本国代表としての私の名前が正しく記載されておりません(310頁)。貴外交官年鑑をしかるべく訂正するための手引きとなるよう、私の名刺および当該の公使館所属の人員の名簿を謹んで同封致します。

ゴータ年鑑編集長宛

〔108〕

　　　　　　　　　　　　　　　　　　　1872年12月15日

ロンドン
オリエンタル銀行頭取〔Chief Manager〕宛

　拝　啓
　最近、フランクフルトのドンドルフ社と契約しましたが、これは日本国政府発行紙幣の追加予備分の印刷のためです。
　これらの紙幣の搬送はすぐには不可能ですが、準備が整いしだい〔日本まで〕船送できるよう、貴殿と事前の打合せを致したく存じます。
　どのような条件ならお引受け下さるかをお教え願います。前回同様、紙幣

はケース詰めでロンドンに到着する予定です。

〔109〕

1872年12月15日

文部大臣

拝　啓

　1カ月ぶりに昨日パリに戻りますと、閣下のお出し下さいました11月28日、30日付の書信が3通届いておりました。
　お送り下さいました資料につきまして、取り急ぎ閣下に御礼申し上げます。その文書は当政府に送らせて頂きます。
　その際に、何であれ貴省にいくらかでも役立つような性格の日本側の資料を閣下にお渡しすべく、我が政府に頼んで、当方に必ず送ってもらうつもりです。

〔110〕

1872年12月15日

〔セント〕ペテルスブルク
トムソン・ベナー社

拝　啓

　11月15日付と27日付の貴信拝受致し、田中氏に〔ご用立て頂いた／costed〕（ママ）80ポンドの小切手への現金支払いの件を知りました。
　鮫島氏がベルリン滞在中につき、帰還しだい貴信をお見せした上で、件の金額をお送り致したく存じます。

〔111〕

1872年12月14日

〔大臣宛〕

拝　啓
　現在ロンドンに滞在中の我が政府の特命大使から、今月16日月曜日にパリに到着するとの連絡が当方にありましたことを、閣下に言上します。

〔112〕

1872年12月5日

〔局長宛〕

拝　啓
　関税に関する規則を取り調べる任を帯びた同胞長岡〔長岡義之〕①、大野〔大野直輔〕②の日本国政府両理事官の件につきまして、直接貴殿にお願い致しますことをお許し下さい。
　私の公的資格において外務省を介して、このような許可を申請すべきところですが、この両名の出発が差し迫っているため、正規の手続きを踏む時間の余裕がありません。したがって、この両名が使命を完遂するのに必要な便宜や許可が得られますよう、失礼を顧みず貴殿のご高配を仰ぐしだいです。

〔113〕

1872年12月15日

ヌシャテル
エメ・アンベール氏

拝　啓
　ベルリンに出かけ留守にしていて、パリに帰りますと、11月21日付の貴信が届いておりました。
　貴殿がお話し下さったいろいろな計画の遂行は、時期尚早かと存じます。

私としましては、それらを実現させる機会が見つかれば大変嬉しく存じます。それらは大変重要であると思いますし、また、それらをよい結果にもっていける人は、貴殿をおいて誰もいないと確信しております。私はできる限りこの件に関する最新の情報を貴殿にお伝えする所存であります。

〔114〕

1872年12月15日

ケルン
メックレムブルク国領事
フィレ・オーヴァベック氏

拝　啓

　ケルン駐在日本国領事任命への希望を表明されました今月5日付の貴信、拝受致しました。
　現在のところ、日本国政府には、領事を任命する予定はありません。したがって、貴信に添うようなお答えはできません。さしあたり私にできますことは、後々領事の件が持ち上がった時のために、このことを覚えておくぐらいです。

〔115〕

1872年12月19日

オリエンタル銀行頭取宛

拝　啓

　昨日付貴信と、前回の契約下での日本国紙幣の船送代金決算書を拝受致しました。
　前回と同条件で契約すれば、追加分の紙幣の搬送も差配して頂ける御意向であると了解しました。

前回の契約による諸経費が、上野氏の見積りより5017ポンド4シリング4ペンス上回ったため、日本国政府が貴殿にその額を負ったことになっているとのことですが、事情を明瞭に了解致したく、全決算書の写しをご送付願えれば幸甚です。　　　　　　　　　　　　　　　　　　　敬　具

　　　　　　　　　　　　　　　　　駐仏弁理公使　鮫島

〔116〕

1872年12月22日

ジョン・ペサリック

拝　啓

　長らくパリを留守に致しましたため、当月7日付でご送付頂いていたコンワル地方の鉱夫3名の協定書を早い時期に返送できませんでした。

　私が署名したものをここに同封致します。おり返し、複写正本に3名の署名を入れご返送願えれば幸いです。

　3名の出発日は何日でしょうか。貴殿に送金すべく、270ポンドを用意しております。90ポンドずつ3名にお渡し頂くものです。

　先般の書信でお知らせした通り、日本国政府がヨーロッパ暦を採用致しましたので、3名への俸給は、厳密にヨーロッパ暦に従って給することになります。

　地質鉱山技師と採炭技師については、まだ本国政府から訓令が届いておりませんので、残念ながらその件は保留せざるを得ません。

〔117〕

1873年1月3日

ベルリン

外務大臣

ド・バラン閣下

拝　啓

　私のベルリン滞在中に、日本国に輸入されるドイツ商品に対する従価税適用問題についてお話しさせていただきましたが、この件に関する覚書を同封し、閣下に謹んでお届け致します。

　またこの機会をお借りして新年のお喜びを申しあげますことをお許し下さい。新年が両国にとりまして良き年でありますよう強く祈念致しますとともに、両国の関係をつとめて堅固なものとする機会に恵まれますことを望んでおります。

〔118〕

1872年12月26日

シャーバン宛

拝　啓

　日本国政府のために発注頂いた機器の代金として、貴殿指名のオリエンタル銀行支払いの610ポンドの小切手を同封致します。

　おり返し、受領証を送付願います。

　2日前に小切手を送付する意向でしたが、極度の繁忙のため叶いませんでした。

〔119〕

1872年12月28日

ロンドン
オリエンタル銀行頭取宛

拝　啓

　P・ギル氏の署名済みの700ポンドの貴行支払いの小切手を、ここに同封

させて頂きます。
　貴行の私名義の預金口座に入金し、おり返し、預り証をお送り願います。

〔120〕
　　　　　　　　　　　　　　　　　　　　　　1872年12月31日
ジョン・ペサリック殿

拝　啓
　当月29日付の貴信、コンワル地方の鉱夫との協定書3通とともに拝受致しました(本日着信)。
　かの3名に90ポンドずつお渡し頂くよう、貴殿指名のオリエンタル銀行支払いの270ポンドの小切手をここに同封致します。
　なお、技師と地質調査士については、本国政府から訓令が届きしだい、再信致します。
　とりあえず、貴殿のこれまでのご尽力に対し、衷心より御礼申し上げます。
　なお、小切手がお手元に届きしだい、受領証をお送り願います。

〔121〕
　　　　　　　　　　　　　　　　　　　　　　1873年1月3日
外務大臣
レミュザ伯爵閣下

拝　啓
　陸軍大臣閣下は、先日、日本国臣民R・渡をサン・シール陸軍士官学校の生徒として受け入れて下さいました。
　さて本日は、日本国政府から使命を帯びて滞仏中の山田少将が、その報告書作成の手助けのために、3週間ほど渡の手を借りたいと申しております。
　つきましては、閣下から陸軍大臣閣下へお口添え頂き、上記の目的のため

に渡に休暇が与えられますよう、お骨折りをお願い致したく存じます。

〔122〕

1873年1月9日

オランダ公使
ド・ズイレン・ド・ネイフェルト男爵閣下

拝　啓
　ティッセン氏の件でいただきましたご依頼に対して、前向きの返答ができますれば嬉しく存じます。
　しかし、残念ながら少なくとも当面は何もお力になれません。
　技師や教授あるいは他のヨーロッパの係官を選んで、日本国に派遣するようにとの指示が、時折日本国政府から当方に届きます。現在日本にいますオランダ国水利省の技師2名を私が雇いましたのは、そのような事例のひとつです。
　しかしながら、この何カ月間、一人の派遣要請もありません。
　この件で私には主導権がありませんし、日本国政府のみがその必要とするところを知っていますので、〔ティッセン〕氏を推薦することは、私にはできません。
　候補者リストに氏の名前を載せおき、もしそのような機会が生じた場合、至急貴殿にお知らせ致します。
　もう少し良い返事ができないのが、非常に残念です。

〔123〕*

1873年1月10日

拝　啓
　ロンドンのバーリントン・ホテルから送りました日本国公使館あての本の

入った箱が、貴部局に誤配されておりましたら〔欠字〕。
　そのような箱が届いておりましたら、お手数ですが当公使館まですぐ転送して頂ければ幸いに存じます。

　　　　　　　　　　　　　　　　　　　　　　　　　長　田

〔124〕

　　　　　　　　　　　　　　　　　　　　　　　1873年1月12日
マレイ・アンド・ハッチンズ事務所

拝　啓
　木曜日付貴信、昨日まで届きませんでした。投函が遅すぎました。
　委任状には、日本人債権者の約半数が署名致しました。残りの者も引き続き署名致しますので、書類はできしだい貴殿の方に送付致します。
　さて、ベルリンより振出されたボウルズ兄弟社支払いの481ポンド13シリングの不渡り手形を関係書類と一緒に送付致します。
　おり返し、同額の受領のご確認とともに、破産状態にあるボウルズ兄弟社の資産に対する手形振出人の権利としての同金額を証明願います。
　代理委任状が必要の場合、ベルリンの〔欠字〕の署名が必要です。
　　　　　　　　　　　　　　　　F. M.〔フレデリック・マーシャル〕

〔125〕

　　　　　　　　　　　　　　　　　　　　　　1872年12月13日
ドンドルフ宛

拝　啓
　当月11日付貴信へのお答えとして、オリエンタル銀行とはからい、該銀行が2度目の契約下のケース詰めの日本の紙幣を受けとり、船送してくれることになったことを報告させて頂きます。

従いまして、前回と同様、ロンドンに送って頂きたく存じます。
　なお、貴社との契約履行についてのあらゆる問題は、フランクフルトの日本の理事官〔the Japanese Commissioners〕にご相談下さい。特別な場合を除いて、私への御連絡は同理事官を通してお願い致します。
　今回は直接御返事致しますが、今後詳細はすべて同理事官との間でお取り決め頂きたく存じます。

〔126〕

1873年1月13日

O. B.〔オリエンタル銀行〕頭取宛

　拝　啓
　12月18日付の貴信によれば、ドンドルフ社との2度目の契約のもとに印刷される日本の紙幣も、前回と同条件で船送をお引受け下さる御意向の由。
　そこで、前回契約分の残りの紙幣と一緒に、これらの紙幣を貴行宛送るよう、ドンドルフ社に依頼しました。
　フランクフルトからの最初の荷の発送は当月20日頃と存じます。
　ご面倒ですが、船送されるごとに、搬入および搬出ケースの一覧と、関連諸経費一切の明細書をご送付頂ければ幸いです。
　12月31日まで記帳済の預金通帳も当方に届きました。

〔127〕

1873年1月13日

シャーバン殿

　拝　啓
　日本向けの機器の件では、貴殿にすでに多大なご迷惑をおかけしておりますので、この上さらにご迷惑をおかけするのは心苦しい限りです。しかし、

不幸なことに他に方法がありませんので、ご覧の通りでございます。

　貴殿のためにジョイント・ナショナル・エイジェンシーに800ポンドの預金口座を設けました。その際、該社の帳簿の中で、かの金額が当方の名義から貴殿の名義に移され、貴殿名義の口座が開かれてしまいました。

　結果として、この手違いの際に帳簿上、貴殿が610ポンドの貸し方となり、そのまま貴殿の預金として残りました。

　即刻、清算人に貴殿名義から当方名義に戻すよう請求しました。返答は、その手順は違法であり、貴殿が借り方であるという貴殿自身の証明が必要とのことでした。

　しかし、貴殿自身でなく私に支払うように、貴殿から清算人に対して書状による委任があればよい、という情報を(口頭で)得ることに成功しました。

　清算人の手を煩わせずに解決する方法を模索中ですが、当方の受取となる分を入手するためには、貴殿の介入が必要なことは明白です。

　本件の処理はすべて、当方の法律事務担当の、バーチン小路11番地のマレイ・アンド・ハッチンズ事務所を通して行なって下さい。誠に恐縮ですが、彼らに連絡をおとり下さり、必要な形式に従って有効な処理をされるよう要望する外ございません。

　これにかかわる必要経費一切は、ご連絡頂ければ、払い戻す所存です。

　改めまして、心からの遺憾の意とお礼をこめまして、

〔128〕

1873年1月24日

ベルリン

外務大臣閣下

拝　啓

　次のような次第で閣下に一筆啓上致します。

　私は、日本国政府より、江戸の中学の幹部となるドイツ人教師を1名選考

するようにとの命を受けました。
　この職を引き受ける用意のあるような人物と知り合いになる直接の手立てがありませんので、文部大臣閣下には、最も適任と思われます候補者を指名する労をお厭いにならないものと、勝手ながら希望する次第であります。
　日本国特命使節（間もなくベルリンに到着致します）も私とともにこの要望に加わっておりますので、私の名のみならず一行の名において、閣下にこの要望を提出するしだいであります。
　大臣閣下、我が政府の提案します雇用条件の覚書を同封し、お送りしますことをお許し下さい。当方の提案をこころよくお引き受け頂ける場合は、この条件に基づく法律行為が、その教師と私との間に入ってくることになります。
　日本ではこの教師を強く望んでおりますので、本件がすみやかに解決をみれば有難く存じます。

〔129〕

1873年1月25日

外務大臣

拝　啓
　山田少将が命じられました任務遂行をご援助下さり、日本国のために尽くしていただいたことにつき、私の衷心からの感謝の気持ちを、陸軍大臣殿に閣下からお伝え下さるようお願い申し上げます。
　陸軍大臣は、山田少将に複数の士官をつけて、万事完璧なまでに詳しい説明をさせて下さいました。そのことに山田は、非常に感謝しております。
　陸軍大臣におかれましては、山田の心からの感謝の気持ちをお受け下さいますよう、また日本国の役に立とうと実に惜しみなく示された親切、忍耐、そして善意に対して、私どもがどれだけ感謝しておりますかを、ニュグ大佐、エニャン、ヴィエイヤール両大尉、クルト中尉そしてデュラール主計正にお

伝え下さいますよう、お願い致します。

　近く日本国へ帰国した際に、ミカド陛下および日本国政府にフランスで受けましたすばらしいご歓待を報告することは、山田少将にとっての義務であると同時に喜びでもあります。

〔130〕

1873年1月25日

警視総監①〔ルノー〕

拝　啓

　次のようなしだいで、貴殿のご厚意にお頼み致します。
　日本国政府は、川路氏②〔川路利良〕にパリの警察組織の調査を命じました。
　この任務遂行のため、川路氏は、警視総監である貴殿のみが与えることのできる便宜を希望しております。
　失礼を顧みず、公的に外務省を介することなく、直接貴殿に一筆さしあげております。と申しますのも、これまでの貴庁との良好な関係にかんがみ、貴殿は私のこのような手順を悪くは思われないだろうとの確信があるからです。
　もし、川路氏が直接面会すべき方を私にご教示下されば、その方のもとに彼を向かわせます。

〔131〕

1873年1月27日

パリ駐在ベルギー公使

拝　啓

　日本国の特命使節一行が、来月初めにパリを出発し、直接ブリュッセルに行き、少しばかり滞在する予定をたてていることをお知らせ致します。

出発の正確な期日が決まりしだい、至急閣下にお知らせ致します。

〔132〕

1873年1月27日

パリ駐在オランダ公使

拝　啓

　日本国特命使節一行のオランダ到着の期日について、できるだけ早くお知らせするようにとのご要請を受けておりました。
　一行は2月初めにパリを出立する予定であることを、本日お知らせできることになりました。一行は、ブリュッセルに少しばかり滞在し、そこからハーグに向かいます。
　到着の正確な期日が決定されしだい、閣下に至急お知らせ致します。

〔133〕

1873年1月28日

モンブラン伯爵

拝　啓

　当方に呈されましたご苦情につき、日本国特命使節と相談致しました。
　現時点では、私にはどのような意見も申しあげられませんが、詳細につき当方と話して下さるよう、ご友人の一人を派遣して下されば、私なりの見解をまとめやすくなるのではないかと思われます。
　この提案を聞き入れて下さいますかどうか、当方に必ずお知らせ下さることと存じます。

〔134〕

1873年1月28日

ジュール・ド・レセップス男爵

拝　啓

　1867年の万国博覧会以来の残高として未払いになっているという額につき仰せになりました異議の件で、日本国特命使節と協議致しました。

　ご異議の内容を詳しく調査致しましたが、残念ながら仰せの件を認めることはできない旨お伝え致します。

　しかしながら、この種の事件においては、みずから結審の判事となる権利は私には全くありませんので、貴殿が第三者の裁決に従われるように提案致します。

　もしこの解決策がふさわしいとお考えでしたら、外務省の課長の一人、たとえばモラール氏に調停者として間に入って頂くよう提案致します。

　この提案をお受け下さるかどうか、当方に必ずお知らせ下さるものと存じます。もしお受け入れ下さいますならば、この係争を裁定する労を取って頂けないか、共にモラール氏にお願いして、氏の裁決を承認することを相互に約束する和解書に署名することになります。

〔135〕

1873年1月29日

大臣殿

拝　啓

　今村和郎氏が東洋語専門学校で復習教師の職に着く許可を得られるかどうかお尋ねの、今月21日付書簡を頂きました。

　今村氏は、現在パリに滞在中の特命使節団に、日本国文部省理事官の資格で随行しております。ですから、閣下にお答えする前に特命大使一行の裁定を得る必要がありました。

　本日、文部大臣閣下御用意の任を今村がお受けすることにつき、なんら支

翻訳篇——313

障のないことを閣下にお伝えできますのは、私の喜びであります。

〔136〕

1873年1月29日

マレイ・アンド・ハッチンズ事務所

拝　啓

　フランクフルトのドンドルフ社と10月19日に締結した契約を遂行すべく、日本国政府の支払いのために10万フローリン銀貨相当の有価証券をオリエンタル銀行に敷金としてお手配頂いたのは、ご承知のように去る11月19日のことでした。
　2度目の有価証券による敷金設置も、2月1日に同じ口座になされることになっています。1度目と同じ目的・条件でということで、吉田氏からすでにこの件につきお聞きのことと思います。私が手紙を認めますのは、この件についての日本政府の理事官として、2度目の敷金設置と該目的のための証書作成に必要な手続きをとられることを貴殿に公式に依頼するためです。
　なお、詳細の処理につきましては、吉田氏にご相談願います。有価証券を手配すると存じます。

〔137〕

1873年1月29日

オリエンタル銀行頭取

拝　啓

　必ずやご承知の通り、フランクフルトのドンドルフ社との新契約を成立させるため、日本国政府は来る2月1日に10万フローリン銀貨相当の有価証券の敷金をオリエンタル銀行に用意せねばなりません。
　この2度目の敷金の詳細については、吉田氏が貴殿とともに調整すること

になっていますが、私はこの件についての日本国政府の責任者として、ここに公式に2度目の敷金を貴殿が受取られ、該目的に必要な手続きをとられますよう依頼いたします。

　マレイ・アンド・ハッチンズ事務所に対しても同様に、この決裁の法的側面を処理するよう、同じ便を利用して、書簡にて要望しておきます。

〔138〕

1873年1月30日

局長殿

拝　啓

　この書簡の持参人とその随行者に、造幣局見学の許可を与えて下されば、大変ありがたく存じます。

〔139〕

1873年1月30日

拝　啓

　1月15日付貴信への返答として、同胞のうちドイツ留学をめざす者たちのために屋敷を提供してもよいとのご提案、喜んでお受けする旨お伝え申し上げます。

　現時点では送るべき該当者は一人もおりませんが、新規留学生がまもなく到着する可能性があります。

　それまでに寄宿の条件や費用について知らせて頂けると、好都合です。

〔140〕

1873年2月4日

外務大臣

拝　啓

　同胞のひとり黒川誠一郎は加賀（日本）生まれの当年21歳で、パリのモンジュ通26番地に滞在中ですが、次のような事情を私まで申し出て来ました。

　彼は、フランスに4年間生活し、その間レンヌとパリで聴講してきました。

　現在、できればパリ大学法学部に正式の登録をした上で、講義を受け、その教科科目を受験し、法科バカロレア資格と法学士号を得たいと望んでおります。

　しかしながら、本人は文科バカロレア資格がありませんので特別の免除を必要としています。

　つきましては、このことを文部大臣閣下にお伝え頂き、パリ大学法学部に登録するために黒川に文科バカロレア資格証書の提出を免除し、法科バカロレア資格および法学士号を取得するに必要な試験を、学部教授諸氏の前で受けることをご許可下さいますようお願い申し上げます。

〔141〕

〔2月4日カ〕

パリ駐在トルコ大使

拝　啓

　日本国特命使節の一等書記官福地氏〔福地源一郎〕は、首席大使よりトルコ視察を任じられました。近々パリを立ち、コンスタンチノープルに向かう予定です。

　閣下におかれましては、福地氏が種々の問題を調査したり、公的機関を訪れたりするために必要な便宜を各省庁から得られますよう、オスマン帝国政府に推薦して頂き、その任務遂行にお力添え下さるならば、閣下に深謝する次第です。

〔142〕

1873年2月3日

マレイ・アンド・ハッチンズ事務所

拝　啓

　オリエンタル銀行が、11月19日付同行署名の有価証券受領証の書式を修正し、今回の敷金の受領証と同一形式にすることに同意しましたので、ここに1度目の書類の原本を同封させて頂きます。

　修正についての詳細は、吉田氏より追って連絡があるはずです。

〔143〕

1873年2月9日

拝　啓

　今月7日付の貴信ありがとうございました。

　ご送付いただきました物品リストにつき、当方の所見は何もありません。選択は貴殿の評価にお任せするしかありません。ですから、ご提案のものをそのまま単純に承認致します。

　一番早い便は、2週間毎にマルセイユを出るメサジュリー社の蒸気船です。

〔144〕

1873年2月13日

総監殿

拝　啓

　たった今、フランス共和国大統領より日曜日の晩餐会の招待を受けました。

　当日にむけて大統領閣下が日本国特命使節一行を招待された以上は、私へ

の招待を命令とみなすのが当然と考え、躊躇せず返事を出しました。このようなご事情ですので、ご親切にもご招待頂いた貴殿の晩餐会に欠席致しますことを、お許し下さいますようお願い申し上げます。

〔145〕

1873年2月13日

局長殿

拝　啓

　次のような次第で、貴殿に直接一筆さしあげますことをお許し下さい。
　日本国特命使節随行員、工部省理事官および横須賀工廠長である肥田氏が、オランダで日本国政府のためにさまざまな分野の書籍を購入しました。これらの書籍は、オランダからパリに木箱2個に入って届き、現在北駅にあります。
　この2箱の木箱を開けずに、そのままのかたちで日本に送ることができますようにして頂ければ、局長殿に感謝するしだいであります。
　外務大臣を通して貴殿に申し出るべきところでありますが、肥田氏の出発が間近に迫っており、正規の手続きを踏む時間がありません。
　局長殿には格別のご配慮を賜り、彼が日本国にこの木箱2箱を携えて帰るのを許可して下さいますよう、お願い申し上げます。

署名　伊藤博文[①]

〔146〕

1873年2月14日

税関所長殿

拝　啓

　日本国から私のもとに届きました小包の件では、大変お骨折り頂き貴殿に深く感謝申し上げたく、また当方への親切なお心遣いに感じ入っております

ことを、お伝えしたく存じます。
　この場を借りまして、本国の2つの産業のささやかな製品見本を献呈することをお許し下さい。今、日本の伝統製品を作り続けていく一方で、ヨーロッパの主な産品を次々と加えていくことができればと願っております。

〔147〕

1873年2月14日

レセップス男爵

拝　啓
　本月10日付貴信のご返事として、準備して下さいました和解書3部のうちの1部を、署名の上、同封し返送致します。
　1部は私が保管します。残りの1部は貴信を添えてモラール氏宛に送り、我々の仲裁者としてご尽力頂けるよう、私の方からモラール氏へお願いしておきます。

〔148〕

1873年2月14日

モラール殿

拝　啓
　1867年の博覧会における日本国総理事官としての決済につき、レセップス男爵が私どもに苦情を申し立てておられ、男爵と我が政府との間で問題が生じております。
　この問題は、調停をお願いするのが最善の策だろうと思われ、貴殿にお願いして、係争仲裁の労を取って頂こうという点で、私はレセップス氏と意見の一致を見ました。
　この件で、レセップス氏は、貴殿に手紙を書かれると思います。私としま

しては、貴殿がお断りにならないようお願い申し上げます。といいますのも、貴殿のように双方から全幅の信頼を得るに必要な資質をすべて兼ねそなえておられる方を他に見つけることは大変困難であったからです。

　レセップス氏と私の署名のある同封の和解書は、本件にかかわる全権を貴殿に与えております。

　フレデリック・マーシャル氏が、この調停の必要上、貴殿に対して私の代理を勤めることになります。本状により、私はこの件に必要な権限を彼に与えることになります。

〔149〕

1873年2月15日

〔駐仏〕オランダ公使

拝　啓

　日本国特命使節随員川路氏①〔川路寛堂〕と杉山氏②〔杉山一成〕が、首席大使から命じられ、オランダの水利制度の研究をすることになりました。

　公使閣下におかれましては、この両名にハーグで所轄の大臣あてに推薦状を書いて頂き、両名が任務遂行に必要な便宜を得られるようにして頂ければ、大変有り難く存じます。

〔150〕

1873年2月21日

モンブラン伯爵

拝　啓

　仰せの苦情の中には、当方で気付き次第お支払いすべきであった費目と前払い至当のものが含まれます。そうしなかったのは、その費目が決して認められない請求と一緒になっていたからです。

しかしながら、これらの払い戻しをお待たせしたことを遺憾に存じます。年率6％の利子を加えてその総額を、貴殿指名のソシエテ・ジェネラル銀行支払いの小切手で本日お送り致します。

当方にお送り頂いた一覧表にしたがい、これらの費目を以下に記しておきます。

1869年12月20日	前田〔前田正名〕①渡航費	4,004.00
1870年2月11日	前田パリからマルセイユまで	192.00
〃 3月	公信受理	7.00
〃 5月11日	外務大臣命による書籍購入	223.75
〃 〃	上記書籍の横浜宛発送料	33.25
〃 6月20日	前田氏への前貸し	4,675.00
〃 9月	記録簿および文房具	196.80
1871年3月	公信受理	7.00
		9,338.80
	年率6％の利子	1,681.00
		11,019.00

貴殿におかれましては、現金化の際、この額の領収証を当方にお送り下さるようお願い申し上げます。

仰せの他の請求につきましては、当方の代理人が私の名代としてすでにお話ししましたことを確認することしかできません。それらは、外交慣例によっても、貴殿の任命時に定められた条件によっても正当化できません。ですから、それらにつきましては、日本国政府の名において無条件に却下しなければなりません。

〔151〕

1873年2月20日

外務大臣

拝　啓

　本日まで当公使館の一等書記官の職務にありました塩田氏が日本国に召還されることになり、公使館館員の長田氏が二等書記官に昇格しましたことを、閣下にお知らせ致します。

〔152〕

1873年2月21日

マルセイユ
シルヴァベル通75番地
ラ・プルーズ号司令官
ガブリエル・ルビエ殿

拝　啓

　1月16日付貴信に返答をさしあげるのに大変時間がかかりましたこと、申し訳なく存じます。

　貴殿にはすばらしい思い出を持ち続けております。私の権限の及ぶ範囲でその証を示すことができれば嬉しいのですが、本日貴殿から要請のありました件は、実際不可能であります。日本国に仕えておられる方は別として、フランス国民に対する叙勲を、外務省に申請する権限は私には一切ありません。そうすれば、同種の問題について確立しているあらゆる慣例に反することになります。

　つきましては、貴殿のご要望に対し否定的な返答をせざるを得ず、私としましては他になすすべがありませんことを、ご理解頂けますよう希望する次第です。

〔153〕

1873年2月21日

ハーグ

ファン・デル・フーフェン殿

拝　啓
　使節団のオランダ国訪問の日程が決まるのを待っておりましたため、12月21日付貴信への返答が遅れてしまいました。その後、パリのオランダ公使から、貴殿がハーグに向けてローマを出発された旨承りました。
　貴信を軽んじていたわけではないことをご理解願いますとともに、（すでにご存知かと存じますが）使節団は当月24日にオランダ国に入りますことを付け加えさせて頂きます。

〔154〕

1873年2月20日

大臣殿

拝　啓
　日本陸軍の教育のためのフランス軍事使節団編成一件につきまして、1871年11月27日付で閣下に一筆さしあげました。
　閣下のおとりなしと陸軍大臣のご厚意のおかげで、使節団が迅速に編成され、我が国の諸部隊に大いに利益をもたらし、はや1年近くも該地で活躍しております。
　現在我が政府は、これまでのすばらしい成果を目の当たりにし、教官の数を増やしたいと考えております。私は次のような追加要請を陸軍大臣閣下にお伝えして頂くよう、閣下にお願いする命を受けました。
　　　工兵大尉
　　　砲兵大尉
　　　砲兵特務曹長
　これらの将校や下士官は、その前任者と同じ条件で出発することになろうかと存じます。〔契約〕証書は、陸軍大臣閣下のお手元に1部あります使節団

が出発するときに署名したものと、全く同一となりましょう。

〔155〕

1873年3月3日

拝　啓
　2月28日付貴信への返答の件ですが、残念ながらすでに余儀なく回答した事柄以外に書くことはできません。
　本国政府からこれまで届いております訓令では、鉱山の地質調査士を1名送るようにというもので、採炭技師についてはどの公信にも、なんら言及しておりません。
　しかし、貴殿が鉱山の地質調査士を見出せない以上、ゴッドフロイ氏の見解にもかなうと思われるなら、外の名目で埋め合わせることに、すなわち、鉱山地質調査士のかわりに採炭技師を選んで頂くよう貴殿に求めるにやぶさかではありません。
　この方針につき、貴意をお教え願います。

〔156〕

1873年3月4日

〔駐仏〕ベルギー公使

拝　啓
　再度、貴殿のお手を煩わせることをお許し下さい。
　日本国司法省理事官の川路氏は、警察組織の調査のためヨーロッパに派遣されております。彼は、その調査継続のため、まさにブリュッセルに赴こうとしております。その課せられた任務遂行に必要な便宜を得ることができますよう、ベルギー国所轄大臣宛の推薦状を彼のために書いて頂ければ、深く感謝する次第です。

〔157〕

1873年3月4日

ドイツ国外務大臣殿

拝　啓
　我が政府が、S・青木氏①〔青木周蔵〕を在ベルリン日本国公使館一等書記官に、I・近藤氏②〔近藤鎮三〕をその館員に任命しましたことを、閣下にお知らせ申し上げます。

敬　具

〔158〕

1873年3月5日

リヨン商工会議所会頭

拝　啓
　日本国大蔵卿の命により、渋沢氏①〔渋沢喜作〕と中嶋氏②〔中嶋才吉〕の両名がフランスの産業、特に絹産業の調査に遣わされました。
　会頭殿にこの両名をご紹介させて頂きます。またリヨンで彼らのためになる課題をご指示下さり、訪問が有益と思われる工場や企業に入れるようにお力添え下さり、彼らの任務遂行のために便宜をはかって頂きたく、希望致します。
　このように日本国のために図って頂けるであろう便宜に対し、あらかじめ感謝申し上げます。

敬　具

〔159〕

1873年3月5日

大臣殿

拝　啓

　私こと、数週間やむをえずパリを離れなければならなくなり、当方の業務の監督を二等書記官長田氏〔長田銈太郎〕に任せました。私の留守中は彼が当公使館業務の代行者になりますことを閣下にお知らせ致します。

〔160〕

1873年3月6日

ボワソナード殿①

拝　啓

　今晩出発する前にお会いしたいと願っていたのですが、無理ですので一筆認めます。

　お送りの覚書中の提案をお受けできないのが残念であります。私の気持ちがそうさせません。600ドルを月々の給料に、そして渡航費として1,000ドルを支払うべきであるという見解です。それだけです。できれば、私の責任において月々の給料を650ドルにし、奥様の渡航費もお支払いできればいいのですが、残念ながら、新しい訓令によって許されないかぎり、これ以上にすることは不可能です。

　ベルリン、アルゼン街4番地の日本国公使館気付で、私の方にご返事を一言頂けないでしょうか。

〔161〕

1873年3月14日

ド・レミュザ殿

拝　啓

　今期立法会議開催に際しまして閣下よりいただきました外交官用傍聴席入場証は、私自身と書記官のみに使用を限るようにとの、今月8日付の貴信拝

受致しました。

　ご指導を早速お受け致しますが、これまでわが公使館以外のいく人かに私の入場証を使わせた際は、パリの外交団において一般に認められ採用されていると思われる慣例を忠実に守りました。このように申し上げますことを閣下はお許し下さると思います。

〔162〕

1873年4月23日

ド・レミュザ殿

拝　啓
　数週間パリを留守にする旨閣下にお知らせしました3月5日付書信に関しまして、最近パリに戻って我が公使館の指揮を再開しましたことを、閣下にご報告致します。

〔163〕

1873年4月25日

〔パリ〕割引銀行社長

拝　啓
　3月13日付の貴信への返答として、貴行より三刀屋三九郎氏宛の書信と彼を受取人とする5,575フランの手形を受領しましたことを、お伝え申し上げます。

〔164〕

1873年4月25日

外務大臣殿

拝　啓
　貴国陸軍大臣殿が、日本陸軍の編成に必要なさまざまな備品を日本国政府に譲渡することにご同意下さいました。
　閣下におかれましては、陸軍大臣に対し、その備品リストの中に信管装塡装置一式を加えられるよう、ご依頼方お願い申し上げます。

〔165〕

1873年4月3日

ジュール・ド・レセップス

　拝　啓
　長い留守の後、数日前にパリに戻りましたところ、我が政府と貴殿との間に起こりました係争に関するモラール氏の仲裁裁定を知りました。
　私としましては、この裁定によって示された額をいつでもお支払いする用意がありますことを、貴殿にお伝え致します。

〔166〕

1873年5月1日

外務大臣

　拝　啓
　閣下におかれましては、我が政府に送るために、以下のものを交付下さいますよう、公共事業大臣にお願い頂けませんでしょうか：
　1．ラニー・フルーリ氏による1810年から1856年の間に出版された鉱山および鉱山局の人員に関する法令・布令集（2巻）を1部
　2．1856年以降の同じ主題に関する法令・布令・通達集を1部
　3．ポティケ氏による1864年までの土木局に関する法令・布令・通達集（2巻）を1部

4．1864年以降出版された同種の法令その他の集成を1部
　書店でこれらの刊行物を手に入れようと努めましたが無駄でした。こういう次第で、入手のため閣下にお願い申し上げたわけです。

〔167〕

1873年5月2日

陸軍大臣

拝　啓

　ラバ用の駄鞍一式と輜重用行李一式を、これらの代価115フラン80サンチームの支払いと引き換えに、日本国政府に譲渡することを閣下が許可して下さいました旨、外務大臣殿が4月30日付書信でお知らせ下さいました。
　国庫中央経理局にこの額の支払い手続きをしましたので、閣下宛に経理局の領収証と払い込み申告書を添付してお送りします。
　つきましては、日本に発送すべく上記の備品が当方に引き渡されますよう、また(マルセイユ港からの)輸出許可が下りますよう、必要な通達を出して下さることを閣下にお願い申し上げます。

〔168〕

1873年5月6日

〔駐仏〕ベルギー公使

拝　啓

　3月12日付貴信で、日本国理事官川路氏をベルギー国法務大臣殿にご推薦下さった旨、お知らせ下さいました。
　川路氏は、ブリュッセルで受けたすばらしいおもてなしについて私のもとに知らせて参りましたが、彼の名において、また私からも、その任務遂行にご助力頂いた役方の皆さまに、心から感謝の言葉をお送り致します。

公衆衛生局長ヴィクトル・ベルダン氏、憲兵隊隊長ウジェーヌ・クヴァン氏、警視バルジョン氏、レネート氏、そして弁護士のドウェルスオヴェール氏が、川路氏の任務遂行に便宜を与えるためにどれほどお骨折り下さったか、深く感銘しておりますことを皆様にお伝え頂ければ、誠に有難く存じます。

〔169〕

1873年5月6日

外務大臣

拝　啓

　鉄道の敷設と経営に関する資料3部を添えてお送り頂いた、今月1日付の貴信ありがとうございました。
　日本国は、鉄道問題に取り組もうとしておりますので、これらの資料は我が政府にとって格別の意味を持つでしょう。閣下ご自身と公共事業大臣殿に、心より御礼申し上げます。

〔170〕

1873年5月20日

陸軍大臣

拝　啓

　今月8日付の貴信への返答として、国庫中央経理局収入役の交付した額面115フラン80サンチームの受領証の控えを同封させていただきます。

〔171〕

1873年5月22日

ガン
カール5世通89番地

ド・ビュック・クレマン殿

拝　啓
　昨日の貴信で貴殿をガン駐在日本領事に任命できるかどうかお尋ね下さいました。
　お問い合わせにつきましては、お断りの返答しかできません。と申しますのも現時点では、我が政府に、この市に領事館員を配置する意図はないからです。

〔172〕

1873年5月26日

ジョン・ペサリック

拝　啓
　23日付貴信を、ウォーターズ氏との契約書コピー2通とともに、拝受致しました。
　第3条の空欄に200ポンドと記入致しました。
　ここに、私の署名が入った同コピー2通と貴殿を指名したオリエンタル銀行支払いの該200ポンドの小切手を同封致します。
　おり返し、ウォーターズ氏の署名の入った契約書1通をご返送頂く際には、但書き欄に該200ポンドの彼の領収証を、件名を明記の上、ともにご送付願えませんでしょうか。
　この案件につき、これまでの貴殿のご尽力に対し、厚く御礼申し上げます。
　ところで、今回の契約は私の以前の職権、すなわち少弁務使、シャルジェ・ダフェールとして行なったものではありません。私はすでに公使になって時が経っております。このようなことで、契約文を作成し直すまでもないのですが、今後同様の契約の際には、この小さな間違いは改められたきものです。

翻　訳　篇——331

〔173〕

1873年5月27日

外務大臣
ド・ブローイ公爵①

拝　啓
　昨日付貴信拝受致しましたが、その中で閣下は、まずフランス共和国大統領にド・マクマオン元帥②が選ばれたことを日本国駐在フランス公使が日本国政府に正式に通知する命を受けたこと、そして次に閣下ご自身が副首相兼任の外務大臣に任ぜられたことをお知らせ下さいました。
　以上、ご親切にもお知らせ下さったことに感謝申し上げます。また閣下とのご厚誼を通じて日仏間の現在の良好な関係を強化すべくあらゆる努力をしていく所存でありますことを、信じて下さいますようお願い申し上げます。

〔174〕

1873年6月2日

日仏協会会長
ジュバン

拝　啓
　柏村氏①〔柏村庸之允〕と小坂氏②〔小坂千尋〕両名が日本国陸軍留学生のために必要とする金額を、連署の受領証と引きかえに前払いして下さいますようお願い申し上げます。

〔175〕

1873年6月7日

ロンドン
バーチン小路11番地

マレイ・アンド・ハッチンズ事務所

拝　啓
　アメリカン・ジョイント・ナショナル・エイジェンシーの100株の保有者として、1株12シリング支払ったのですが、差額1株8シリングとして計40ポンド支払うよう命じられています。
　ここに計算書付支払指示書と貴殿を指名したオリエンタル銀行支払い40ポンドの小切手を同封致します。
　指示の通り、私のために該40ポンドをイングランド銀行にお支払いの上、受領証を送付願います。
　計算書は50ポンドを要求しておりますが、誤記によるもので、この点はその後清算人との直接の書信により訂正されております。

〔176〕

1873年6月12日

公爵殿

拝　啓
　鮫島氏は、日本国特命使節の用向きでウィーンに数日行っておりますので、閣下より頂きました次の日曜日のご招待には応じかねますことをお知らせ申し上げます。
　この件を電信で鮫島氏に伝えましたところ、間に合うよう帰ることができないのは誠に申し訳ない、その旨閣下にお伝えするよう申しております。

長　田

〔177〕

1873年7月7日

ペルシャ国シャルジェ・ダフェール

拝　啓

　ペルシャ国王陛下がパリにご到着された旨お知らせ下さいました昨日の貴信、拝受致しました。

　閣下には、ご通知下さいましたこと、深く感謝申し上げます。また、国王陛下には無事にご旅行あそばされた由、同慶の至りでございます。

〔178〕

1873年7月8日

共和国大統領秘書官
アルクール伯爵殿

拝　啓

　一筆啓上仕ります。本月10日の観兵式入場券が届いておりませんでしたので、正式に外務大臣に問い合わせましたところ、配布は貴殿のお世話で行なわれている旨、伺いました。

　伯爵におかれましては、当公使館員、そしてできますれば、パリに滞在しております我が同胞の幾人か、特にフランス国行政機構のさまざまな分野について現在調査をしております我が政府の理事官たちのために、入場券を賜りますれば有り難く存じます。

〔179〕

1873年7月8日

ジョン・ペサリック

拝　啓

　採炭技師雇用の権限を私に与える訓令が、本国政府よりようやく届きました。

この旨をお伝え致しますとともに、については、懸案の技師を選考し、日本へ送るに必要な手続きを開始して頂けますなら、まことに幸いです。

〔180〕

1873年7月11日

コンスティテュショネル紙
ジャック・ヴァルセール

拝　啓
　昨日の貴信への返答として、お話しの件のような性格の問題について発言する権限が私にはないことをお知らせ致します。

〔181〕

1873年7月25日

親愛なるモラール殿

　我が政府より、日本の国産製品のささやかな見本が幾つか届きました。
　それらを貴殿に贈らせていただきます。ご覧になるたびに、私どものためにいろいろと非常にご親切にして下さいました貴殿に、私どもが深く感謝しておりますことを思い出して頂ければと存じます。

〔182〕

1873年7月26日

オリエンタル銀行頭取

拝　啓
　1872年6月21日、オリエンタル銀行横浜支店より私を指名したイングラ

ンド銀行支払い300ポンドの為替手形が振出されたようです。

　この為替手形は、私宛に本国政府が送ったのですが、まだ手元には届いておりません。

　ある特別な目的のための送金であり、また、未着により大層支障をきたしておりますので、12カ月待った時点で、その300ポンドを、かの為替手形の〔欠字〕を待つことなく、直ちにお支払い頂くようお願いしても、許されるかと存じます。もちろん、第三者からその為替に関する請求があった場合、貴殿を保障致します。

　この処理をご了承頂ける場合、一番簡単な方法は、貴行にある私の口座勘定の貸方に全額を設定して頂くことかと存じます。

　状況の如何にかかわらず、イングランド銀行での為替換金はどうか停止下さるようお願い致します。

〔183〕

1873年8月1日

外務大臣

拝　啓

　我が政府から私宛に送られてきた、また私から送ります資料と公信類の輸送に生じております遅延に関しまして、閣下に申し上げたく存じます。

　これらの資料や文書は、郵送するには普通あまりにかさ張り過ぎますので、メサジュリー社の船で商品として輸送される荷袋あるいは荷箱に詰めざるを得ません。その結果、これらの荷箱は、マルセイユから当方に届くのにしばしば2週間かかります。

　メサジュリー社および郵政局に、急行便を編成して下さるよう協力をお願いしました。両者は大変好意的でありますが、本件につきましては、政府の承認がなければ無効であります。

　このような次第で、私どもの公信類の迅速なる輸送が得られるよう、郵政

局、メサジュリー社と協定を結ぶために、所轄のご権限によって便宜をはかって下さいますよう、閣下にお願い致します。

〔184〕

1873年7月14日

〔駐仏〕スペイン〔ママ〕公使

拝 啓

　日本帝国政府より届きました訓令にしたがい、日本国皇帝の特命使節として私どもを信任する親書を国王陛下に奉呈するため、同僚とともにリスボンに向け出立することになりました旨、閣下にお知らせ申し上げます。

　しかしながら、数日前ボルドーに向かっておりましたところ、即刻私どもを召還する旨の我が政府の電報を受け取りました。

　このことを閣下にお知らせし、同僚とともに誠に遺憾に存じておりますことを、まず第一にお伝え致します。

　この召還のため、私どもは国王陛下に謁見し、ご挨拶申し上げる機会を逸し、また日本国とポルトガル国にすでにある友好関係をさらに固めたいとする我が政府の心よりの願いを、閣下に直々お伝えできなくなりました。

　閣下より私どもの出立をお聞きになられた国王陛下が、ほかならぬ予期せぬ緊急事と思し召され、私どもにこれからも変わらぬご厚意をお持ち下さいますよう、僭越ながら祈念致しております。

署名　H・伊藤

〔185〕

1873年8月20日

ジョン・ペサリック

拝 啓

　当月9日付および19日付貴信、しかるべく拝受致しました。9日付貴信へ

の返答が遅れましたことを遺憾に存じます。

　私の署名を入れたマーティン氏との契約書2通、折返しここに送付致します。

　日本国では、英貨ポンドでの支払いができませず、一切の契約はドル払いとなっておりますので(貴殿にご手配頂いた契約も含めまして)、マーティン氏の年俸1,000ポンドは月額400ドルに修正致しました。1ドル＝4シリング20ペンスとして計算しますと、正確に年俸1,000ポンドという計算になります。しかし、為替レートは概ね4シリング30ペンス～50ペンスの幅で変動しておりますので、マーティン氏にとって好都合かと存じます。

　貴殿のご依頼に応じ、マーティン夫人の渡航費として、別に100ポンドを支給することを認めますので、ここに貴殿指名のオリエンタル銀行支払い300ポンド小切手を同封致します。折返し受領証をご送付願います。

　なお、マーティン氏が現行の契約書に訂正を入れるよりも新規作り直しをお望みなら、現行の契約書をご返送頂ければ、新しい契約書に署名致すことにやぶさかではありません。

〔186〕

1873年8月21日

外務大臣

拝　啓

　日本国海軍将校で、日本国海軍大臣の派遣した理事官の中牟田氏①〔中牟田倉之助〕が、〔海軍省〕官員で視察の任を帯びた伊東氏②〔伊東祐〕とともに、パリに到着しました。

　この両名は、シェルブール、ブレストおよびトゥーロンの港および海軍工廠を訪れたいと強く希望しておりますが、閣下におかれましては、もし両名のために海軍大臣殿よりこの目的に必要な許可を得て頂くことができますならば、深く感謝する次第であります。

〔187〕

1873年9月2日

〔大臣宛〕

拝　啓

　数週間の休暇を取る必要がありますので、当方の業務指揮を二等書記官の長田氏に任せ、私の留守中は当公使館の業務代行者を勤めますことを、閣下に謹んでお知らせ申し上げます。

〔188〕

1873年9月7日

〔大臣宛〕

拝　啓

　当月8日をもちまして、日本国公使館がジョゼフィーヌ通75番地に移転しますことを、閣下にお知らせ申し上げます。

K・長田

〔189〕

1873年9月18日

〔大臣宛〕

拝　啓

　同胞の一人T・太田氏①〔太田徳三郎〕は、スイスの兵学校で履修した者ですが、次のような事情で当方に申し出てきました。

　3年ほど前、彼はスイスで以下の試験に合格しました。1）初等砲兵科見習士官課程の試験、2）同2等同課程の試験、3）新兵教練の試験、4）中央学校の試験、および5）復習学校の試験。

現在彼は、フォンテーヌブロー陸軍砲兵実施学校への入学を望んでおります。

　つきましては、同胞であり日本臣民である太田氏のために、陸軍大臣閣下に取りなして頂き、太田氏の要望を考慮し、上記の砲兵実践学校への入学を許可して下さるよう、閣下にお願い致したく存じます。

　閣下の方より、陸軍大臣に取りなされた旨お知らせ頂き次第、その許可を有効に利用できるよう、太田氏に必要な手続きを直接させる所存です。

K. O.

〔190〕
〔大臣宛〕

拝　啓

　日本国陸軍の教育のためにフランス軍事使節団を編成する件につきまして、1871年11月27日付で、日本国公使N・鮫島が、前任のド・レミュザ伯爵に書信を送りました。

　前任陸軍大臣のお取りなしと貴大臣の御厚意のおかげをもちまして、教官たちは爾来数を増し、我が政府に実に献身的な協力を寄せ、使節団は日本においてこの18カ月近くの間に、我が軍隊の将来に向けての真に着実な進歩を実現させました。

　現在、我が政府はその成果を目の当たりにし、教官の数をさらに増やしたいと考え、私は以下の人員が得られるよう、新たな要望を陸軍大臣にお伝えしていただくことを閣下にお願いする旨、指示されました。

　　1）階級としては中尉相当の獣医1名
　　2）階級としては下士官相当の軍楽隊員1名

　以上の士官と下士官は、その前任者と同じ条件で赴任することになるでしょう。また、交わすべき契約書は、使節団の出発時に署名された陸軍大臣のお手元に写しのあるものと同じものになると存じます。

K. O.

〔191〕

1873年9月20日

〔大臣宛〕

拝　啓
　閣下がお寄せ下さった当月11日付の書信を拝受致しましたことをお知らせ致しますとともに、閣下が大蔵大臣殿になされたご示唆と働きかけにつきまして御礼申し上げます。この件は、現在旅行中の日本国公使鮫島殿に報告致しました。
　鮫島殿の帰りを待ちつつ。　　　　　　　　　　　　　　敬　具

〔192〕
〔局長宛〕

拝　啓
　以下のような事情により、申し述べさせて頂きます。
　日本国政府は日本国公使鮫島殿へ、同公使宛の文書を入れた荷物箱を送りましたが、それが現在リヨン駅にあります。局長殿におかれましては、当方がそれを無税で受け取ることができるよう、必要な指示をお出し下されたく、お願い申し上げます。

〔193〕

1873年10月25日

H・シャーバン

拝　啓

残りの機器の日本への搬送状況をご説明頂き、また日本国政府への搬送に要した経費合計の一括の計算書をご送付願えれば幸いです。
　この数週間パリを留守に致していなければ、この件につき貴殿にもっと早く書状を認めるはずでした。
　貴殿のこれまでのご尽力に対し、改めて謝意を添えまして。

〔194〕

1873年10月25日

チャリングクロス
スタンフォード氏

　拝　啓
　ここに貴殿への支払いとして、貴殿指名の19ポンド16シリング3ペンスのオリエンタル銀行支払いの小切手を同封させて頂きます。
　この数週間留守にしていなければ、貴殿への小切手送付は早期になされていたはずです。

〔195〕

1873年10月26日

〔駐仏〕トルコ大使

　拝　啓
　数週間留守にして、2日前に公使館に戻りました。閣下のパリご着任にあたり、直接歓迎の挨拶にみずから参上させて頂きたく存じます。
　つきましては、面会して頂くのにご都合のよろしい日時をお知らせ願いたく存じます。

〔196〕

1873年11月20日

ド・ブローイ公爵

拝　啓

　当月17日付貴信を拝受し、駐日フランス代理公使に対して日本国政府よりなされた要請に応じて、警察庁の行政手続きに関する書物を一部送っていただきました。

　同時に閣下は、内務大臣がこの件に関して提供された情報も、当方にご親切にお伝え下さいました。

　早速日本国政府にこの書物と情報を送らせて頂きます。　　　敬　具

〔197〕

1873年11月28日

〔大臣宛〕

拝　啓

　閣下のご要望にしたがいまして、当公使館の館員名簿を同封させて頂きます。

〔198〕

1873年11月29日

ドゥカーズ①

拝　啓

　当月27日付の貴信を拝受致しました。その中で閣下は、11月26日付の共和国大統領令によりド・ブローイ公爵殿の後任者として外務大臣の任に就かれた由、お知らせくださいました。

ご丁重にもこのようにお知らせ下さいましたことを感謝申し上げます。また、閣下の御厚誼を受け、日仏両国の良好な関係を強化すべく、あらゆる努力を払う所存ですので、よろしくお願い申し上げます。

〔199〕

1873年11月29日

ヴィルモザン・アンドリウー会社

　拝　啓
　昨日の貴信に対して返答致します。カプロン氏が注文しました植物と種子を日本に送って頂き、送り状を当方に提出して下さるようお願い致します。

〔200〕

1873年12月11日

外務大臣

　拝　啓
　日本国政府は関係の列強諸国との協定によって、日本国と諸外国間の郵便業務のよりよき編成に到達することを望んでおり、日仏郵便協定の締結を閣下にご提案します任を、私に与えましたことをお知らせ致します。
　日本国政府はフランス国政府にこの方向に進む用意があると期待して、必要な権限を私に委任しました。
　かかる事情を閣下にお知らせしますとともに、両国の関係にとって必ず好ましい影響を与えるにちがいない協定の準備に貢献できますことは、私の深い喜びとするところでございます。この旨付け加えさせて頂きます。

〔201〕

1873年12月13日

チューリッヒ近郊　ホッティンゲン
ローゼン街
フォン・キルヒ博士

拝　啓
　大山氏①〔大山巌〕が、チューリッヒのタベ氏から届いたという書簡を送って参りました。それは日本人学生尾崎氏②〔尾崎平八郎〕の健康状態に関するもので、その手紙によれば同氏は貴殿宅に寄宿の由。
　果たして、尾崎氏は日本に帰ることができるのか、あるいはそれどころか、帰国するには病気が重すぎるか、よろしくご教示下さいますようお願いする次第です。もし帰国できますのなら、春までスイスに残した方が賢明でしょうか。あるいは、今すぐ出立させるべきでしょうか。
　貴殿のもとで彼が手厚い看護を受けていると承っております。お世話頂いていますことに感謝致します。

〔202〕

1873年12月16日

外務次官
フォン・ビュロー男爵①

拝　啓
　私がベルリンを留守にした際、代理公使を務めた書記官青木氏が、休暇で帰国する許可を日本国政府より得ましたことを、閣下にお知らせ致します。
　品川氏②〔品川弥二郎〕は公使館の現行業務を続けます。

〔203〕

1873年12月22日

公爵殿

　拝　啓

　砲兵隊警備隊長ルビエ氏を軍事使節団の一員として日本国へ赴任させる許可をフランス国政府に要請するよう、日本国政府より命ぜられました。この旨、閣下にお知らせ申し上げます。

　つきましては、許可が得られますよう、この要請を陸軍大臣にお伝えいただきたく、お願い申し上げます。

　駐日軍事使節団団長のマルクリー中佐が、すでに陸軍大臣にルビエ氏の契約条件について書簡を出したはずです。

〔204〕

1873年12月23日

リール市議会議員
ソワン・ダルガンビ

　拝　啓

　ジョゼフィーヌ通75番地にある貴館の借家人鮫島氏の名のもとにお知らせ致します。私どもは貴殿の建築家ショヴェ氏に、懸案の賃貸契約書の作成を文書で何度も求めました。

　ショヴェ氏は、この書類作成のために来訪されると確約されたのですが、来られませんでした。

　鮫島氏は、この遅滞ゆえの責任は負わないと言っております。彼の名において貴殿にその旨申し上げておきます。鮫島氏は、現状証明書への副署を残して、すべきことはすべてしました。建築家の怠慢に抗議するとともに、怠慢がもたらす事態は受け入れがたいと明言しております。

〔205〕

1873年12月26日

大統領秘書官
アルクール伯爵

拝　啓
　共和国大統領元帥とその奥方マジャンタ公爵夫人がエリゼー宮で開催なさる予定の舞踏会を参観させたく思う同胞がいれば、その名簿を送るようにとの、今月24日付の貴信を拝受致しました。
　親切なご提案に感謝致しますが、お受けできそうにありません。と申しますのも、現時点ではパリにおりますそのような同胞は学生であり、彼らの学業を妨げたくありません。したがいまして、招待状はお願い致しません。もちろん当公使館館員のためにはこの限りでありません。

〔206〕

1873年12月27日

外務大臣

拝　啓
　現在パリにおります日本人学生2名が、エコール・ポリテクニク①〔理工科学校〕への入学を強く希望し、そのために長い間試験準備に励んできました。両名とも、恐らく絶対には必須でないギリシャ語、ラテン語、フランス文学に関する場合は別として、合格する自信を持っております。
　つきましては閣下のご助力により、今申しました科目を免除し、寄宿生としてこの若者両名を上記の学校に入学させる許可が得られるかどうか、お伺いする次第であります。
　同胞の2名がすでにサン・シール陸軍士官学校に入学を認められ、うち1名は現在、在学中ですので、エコール・ポリテクニクについても同様の許可

を与えていただくのは、不可能ではなかろうかと愚考しております。

〔207〕

1873年12月30日

日仏協会会長

拝　啓

　日本国陸軍留学生用資金の日本からの到着に遅れが生じた場合、貴殿が当方の求めに応じて彼らにその前払いをしていただくという申し合わせが我々の間にあります。

　1874年の第1学期分の学費は〔日本から〕送られたようですが、通知書が当方には届いていないようです。

　こういう状況ですので、必要とされるおよそ16,000フランを前払いして下さるようお願い致します。

　柏村氏と小坂氏が留守にしておりますので、詳細については小国氏①〔小国磐〕が貴殿とご相談致します。

〔208〕

1873年12月31日

外務大臣

拝　啓

　陸軍大臣が駐日フランス軍事使節団の一員として、オゴー、モルナ、ブラナシュの3氏を選出した旨、お知らせ下さった今月21日付の貴信を拝受致しました。

　同時に閣下は次のことをご通知下さいました。すなわち、陸軍大臣は、現在滞日中の士官や下士官によって受け入れられている契約期間の条件は、今回の場合には適用されるとは考えておられず、したがって件の3名の士官に

ついては、日本に上陸したその日より3年間の契約を結ぶ、とされました。

　残念ながら私たちに与えられた訓令では、その方向で契約を結ぶことはできません。私には当初の条件を修正する権限がなく、すでに結ばれたものと同一の契約書に署名することしかできません。したがって、使節団全員の雇用期間は、契約の更新がある場合は別として、同時に終了することになります。

　このような事情ですので、閣下におかれましては、陸軍大臣に対して前にお下しになった決定を取り消していただき、オゴー、モルナ、ブラナシュの3氏が先任者と同様の条件で日本に赴任できますよう、お願い下さいますことを希望致します。

敬　具

署名　S.

〔209〕

1874年1月6日

外務大臣

拝　啓

　同胞の一人前田氏は、グラン・ジュアン農学校の入学試験をすぐに受けたいと考えております。彼は2年前からその準備をしてきました。

　こういう事情ですので、閣下におかれましては、必要な許可を与えて頂けますよう、農商務大臣に要請して下されば幸甚です。

敬　具

署名　S.

〔210〕

1874年1月12日

外務大臣

1.

拝 啓

　日本国政府が、当公使館の一等書記官にT・中野氏〔中野健明〕を、三等書記官にT・厚東氏〔厚東樹臣〕を任命しましたことを、閣下にお知らせ致します。

　両名とも赴任のために到着したばかりです。

2.
拝 啓

　数週間パリを離れなければならなくなりましたので、当公使館の中野一等書記官が、私の留守中に日本国代理公使を勤めますことを、閣下にお知らせ致します。つきましては、彼をこの資格でお受け入れ下さいますよう、よろしくお願い申し上げます。

3.
拝 啓

　マジャンタ公マクマオン元帥が我が君主日本国皇帝陛下宛に、ご自身のフランス共和国大統領就任をご通知なさいましたが、それに対する皇帝陛下のご返答を閣下にお伝え申しあげます。

　フランス語訳も同封しておきます。

〔211〕

1874年1月31日

外務大臣

拝 啓

　駐日フランス軍事使節団の一員に任命された武器検査官に対しては、獣医に付与されたのと同じ旅行手当を適用するのが公平ではないかと陸軍大臣が考えておられる旨、今月28日付の貴信でお知らせいただきました。

　今月14日付の貴信で示されました条件に対するこの修正を取り急ぎお受け

し、武器検査官との契約書に加えるようお願い致します。

〔212〕

1874年2月7日

拝　啓

　昨日付貴信に対する返答として、日本国皇帝陛下御用達のワインを当公使館より注文しましたことを文書で確認致します。
　品質、価格、条件は、貴信でお示し下さったものに従うことに致します。
　加えまして、日本国に送付される各種ワインを3本ずつ、私どもの試飲用にお送り下さい。この追加分も同価格、同条件で送り状を作成願います。

〔213〕

1874年2月19日

メサジュリー郵船会社部長

拝　啓

　私どもは、11月15日の貴便で日本国皇帝陛下宛のワイン160箱を横浜に送るつもりです。
　今回開きました口座が底をつきましたので、もしできますなら、これらの箱の運送料と保険料の前払いを免除して頂きたく存じます。
　したがって、横浜で運送料と保険料は現品引渡しと同時に支払いさせて下さいますようお願い申し上げます。
　この許可を頂けますなら、その旨を貴マルセイユ代理店にお伝え下さり、それらの箱が問題なく船積みされるようにして頂ければ有り難く存じます。
　箱は、横浜の県令大江氏①〔大江卓〕気付で、江戸の外務省あてに送られます。

〔214〕

チューリッヒ　ジーバー

1874年2月20日

拝　啓

　尾崎氏の埋葬の件でいろいろお骨折り頂き、改めて御礼申し上げます。今月18日付の貴信にしたがい、お立て替え下さった費用の清算をするために、コーン・ライナハ社に本日28フラン55サンチームを振込みました。

〔215〕

1874年2月24日

ロンドン　海軍省
ヘンリー・シャーバン

拝　啓

　貴殿指名の100ポンド小切手を同封させて頂きます。パリのソシエテ・ジェネラル銀行がロンドン・ジョイント・ストック銀行の西支店支払いとして振り出したものです。

　この100ポンドで、件の機器の支払を完了して頂けるかと存じます。もし100ポンドを超過するようなことがございましたら、差額につきましては、即刻に送金致します。

　本件の懇切なお取扱い一切にかかわる貴殿ご計上分につきましては、たいへん恐縮ですが、私自身、その点につき何らの訓令をも受けておらず、当地では対処致しかねますので、貴殿のことに関しまして私から日本国政府にお伝えする、というほかございません。この件につきまして貴殿が日本国で円滑に行動できますように、外務卿あての書信を同封致します。内容は、本件処理に関し工部卿と調整されたい旨、依頼したものです。

　貴殿の我々への多大のご尽力に改めて謝意をこめまして、

署名　中野

〔216〕

1874年2月26日

ヘンリー・シャーバン

拝　啓
　昨日付の貴信を拝受致しました。鮫島氏からの指示を仰ぎたく存じますので、鮫島氏宛、転送致しました。
　現時点では、この件につきましては、すでに貴殿に申し上げ、書信でもお伝えしている、と確認致すことしか出来ません。

〔217〕

1874年3月5日

ヘンリー・シャーバン

拝　啓
　当方からの依頼に対して、鮫島氏から同意が得られましたので、2月25日付の貴信で望んでおられた、85ポンドの手数料を貴殿にお支払い致したく存じます。ロンドン・ジョイント・ストック銀行西支店支払いの当該額の貴殿指名小切手を同封させて頂きます。
　なお決算明細書を、領収証一式を添えてお送り頂けると助かります。

〔218〕

1874年3月5日

マルセイユ
メサジュリー社部長殿

拝　啓

　横浜の長田氏宛に当公使館の送りました箱3個が、2月26日にベランジェ・フィス商会によりマルセイユにて、フグルリ号に積み込まれました。私のもとに来た非公式情報によれば、これらの箱の総容積は0.996で、ベランジェ・フィス商会が支払ったマルセイユから横浜までの運送料の総額が124フランであったと、信ずべき理由があります。

　しかしながら、パリの運送業者は、これらの箱を2½立方メートルと算出し、運送料として655フラン、保険料に7フラン、船長謝礼に10フラン、そして船荷輸送契約に3フラン50サンチーム、さらに手数料15フランを私に支払わせました。彼は、船荷輸送契約の写しを1部当方に渡すのを拒否していますので、訴えることにしました。

　こういう訳ですので、ベランジェ・フィス商会がメサジュリー社に運送料、保険料、船長謝礼、そして船荷輸送契約として実際どれだけ支払ったのか、私に正式にご教示下さり、法廷で立証できるようにして下さいますようお願い申し上げます。

　このようなお手数をおかけして申し訳ありませんが、パリの運送業者を訴える明白な必要があるのです。

〔219〕

1874年3月5日

リヨン駅
急行貨物課課長殿

拝　啓

　2月17日に、横浜の長田氏宛の箱3個を、ポンティウ通24番地の鉄道軽運送業者ピニエール氏のところに預けました。

　ピニエール氏は、この3箱をメサジュリー社の船に積み込むために、取引先のマルセイユ・ドーフィーヌ通34番地ベランジェ・フィス商会宛、急行便

で発送しました。

パリからマルセイユまでのこの3箱の輸送代に96フラン20サンチームを支払わせられました。

その後知り得た事情にもとづきお願い致します。ピニエール氏が会社に支払った金額が実際に96フラン20サンチームだったのかどうか、ご教示下さい。送付して来た受取りに、ピニエール氏はその箱の重量を213キロとしています。

この件につきまして、とくに正確なご回答を頂ければ大変ありがたく存じます。

〔220〕

1874年3月7日

ソシエテ・ジェネラル銀行理事

拝　啓

当公使館の資金は、ソシエテ・ジェネラル銀行第P番口座に2年前から預金しております。口座は最初鮫島公使の名義でしたが、一等書記官中野氏名義で一等書記官に変更されました。

さて、誰であれ一個人の名義で預金を維持しますのは重大な支障が生じかねませんので、今後その口座はパリ日本国公使館名義にし、公使館の署名はその時点でフランス国外務省の公式名簿に最初に載っております書記官か館員が行なうものとする、と決定致しました。そのため、その必要が生ずるたびに、つまり人事異動があるたびに、署名人がその時点で、名簿上、公使を次ぐ位置に記載されていることを確認するフランス国外務大臣の証明書をお送り致します。

つきましては、上記の条件で口座をパリ日本国公使館名義に変更して支障がないかどうか、ご教示下さいますようお願い致します。もしできないようでしたら、他行に口座を移す必要にせまられます。

〔221〕

1874年3月7日

P・ギル商会殿

拝　啓

　現在当公使館用の資金は、貴社宛に横浜のオリエンタル銀行から振り出された、鮫島公使指名の手形のかたちで、日本国政府のために送られてきています。

　この方式を続けるのは大変な支障をきたしかねませんので、今後日本国公使館を受取人とする手形を送るよう、日本国政府へ要求するところです。公使館の署名は、その時点でフランス国外務省の公式名簿中、公使の次に記載された書記官または館員に委任することにします。

　この方式に何かご異議があるかどうか、あらかじめお聞きするのがよいと考えました。もしお認めいただけますなら――そう確信しておりますが――貴信を日本国政府に送り、今後はパリ日本国公使館名義で手形を作成すべく、オリエンタル銀行と取り決めるよう政府に要請することになります。

　もちろん、その必要があるたびに、すなわち人事異動があるごとに、署名人がその時点で公使の次に名簿に実際に記載されていることを確認する、フランス国外務省の証明書を送らせて頂きます。

〔222〕

1874年3月12日

P・ギル商会殿

拝　啓

　昨日付の貴信ありがとうございました。しかしながら、決して誤解の生ずることがないように、どうしても貴信の一言を指摘しておく必要があります。

貴殿は、「（一等書記官か館員が）公使館の署名を任せられたことを確認するフランス国外務省の証明書」を当方が届けなければならないと、述べておられます。

　上記の条件は実現されそうにないことをお伝え申し上げます。外務省は、私どもの館務としてどの館員が署名の任にあるか知りませんし、知る必要もありません。外務省ができることは、7日付の書信で記しましたように、公使館の館員某が名簿上で公使の次に記載されていることを証明することだけでしょう。その位置の者が手形の署名人になるのは唯一、当方と貴殿との協定に発します。外務省がその権限を与えることは不可能です。名簿上の彼の位置を確認するだけです。

　ですから、公使館の館員某が名簿上公使の次に記載されていることの証明以外は外務省の介入を求めない旨、また、貴商会と当方の間で、この位置に記載された者の署名を、日本国公使館を受取人とするあらゆる手形の裏書きとして認める旨、私あてに再度お書き下さればありがたく存じます。

〔223〕

1874年3月16日

外務大臣

拝　啓

　遣日フランス国軍事使節団団長のマルクリー中佐が、健康状態のためフランス国への帰国を余儀なくされました旨、閣下にお知らせ致します。

　皆に大変惜しまれつつ、彼は日本を去りましたが、私は日本国政府から使節団団長としてマルクリー中佐の代わりに、誰か同じ階級の士官を陸軍大臣が任命して下さるよう、閣下にご相談する命を受けました。

　契約は同じ条件でなされ、すでに交わされている契約と同時に終了するものとします。この点については、現在の約定中に変更を加える権限が私にはございません。

閣下、去る12月27日付の貴信でお知らせ下さった期間延長の提案を、もし陸軍大臣が部下の士官たちに配慮して再度なさるようなことになりますと、時間の無駄になりますので、それを避けるためお話し致しますことをお許し下さい。難しいことは十分承知しておりますが、私にはその解決のすべがなく、送られてきた訓令に従うしかありません。
　同時に日本国政府は、使節団に体操の教師を加えたい旨、希望しております。その軍人は下士官の給料を受けることになります。　　　　敬　具

〔224〕

1874年3月31日

共和国検事代理殿

　ポンティウ通24番地のピニエール氏に対する訴状を3週間前に提出させていただきました。
　その後何らご返答がありませんので、私の書簡がお手元に届いたかどうか、もし届いていたならば、この件についてどのような対応をなさるのか、失礼をも顧みずお尋ね申し上げます。　　　　　　　　　　　　　　敬　具

〔225〕

1874年3月31日

〔ヘンリー・シャーバン〕

拝　啓
　3月28日付と29日付の書信と同封の書類をありがたく受領致しました。
　貴殿への支払不足額9ポンド2シリング3ペンスを埋め合わせるために、貴殿指名の、ロンドン・ジョイント・ストック銀行西支店支払いの小切手を同封、送付致します。

〔226〕

1874年5月4日

外務大臣

拝　啓

　4月28日付の貴信で閣下は、同胞の一人中江篤介から大蔵大臣に造幣局訪問の許可申請の申し出があった旨お知らせ下さり、この申請は日本国公使館の支持があるのかどうかお尋ねでした。

　中江はすでに日本に発っておりますので、その申請に対応なさるには及びません。しかし、当方としましては、彼が大蔵大臣に直接書簡をもって申請することが規則に反しているのを知らず、無知による行動をとったと、釈明しなければなりません。

　この件につきわざわざ当方に書簡を頂きましたことを申し訳なく存じます。

〔227〕

1874年5月4日

外務大臣

拝　啓

　日本国海軍の軍法局を編成するために、フランス国海軍省の技師か係官に日本国への赴任を許可して下さるよう、海軍大臣にお願いする任務を日本国政府より訓令を受けました。

　したがって、この要請を閣下にお伝えし、海軍大臣にそれを進言下さるよう、お願い申し上げます。

　この件に関しては、すでに海軍大臣に対して、日本国横須賀海軍工廠総監の任にあるフランス人技師ヴェルニ氏から非公式の連絡がなされており、海軍技師リスボン氏は、派遣すべき係官の選考にあたっているようです。しかし

ながら、私はこれらの事実を正式に知っているわけではありません。

　海軍大臣がこの提案に同意されますなら、指名された人物には1866年2月19日付の〔海軍〕省公電に言及のあります優遇措置を講ずるのが望ましいと存じます。

〔228〕

1874年5月4日
外務大臣

拝　啓

　去る2月9日付の公信で、閣下は陸軍大臣が同胞2名にエコール・ポリテクニク〔理工科学校〕入学試験の受験を許可することに同意下さった旨、お知らせ下さいました。

　両名のうちの一人、20歳の船越氏〔船越熊吉〕は、来るべき試験を受ける用意ができています。つきましては、必要な許可が下りますように、陸軍大臣に彼の名前をお伝え願いたく存じます。　　　　　　　　　　敬　具

〔229〕

1874年5月11日
外務大臣

拝　啓

　日本の〔博覧会事務局附属磁器製造所〕の監督の一人が、セーヴル工場を見学しました結果、セーヴルで使われている原料を実践的に研究するのが、日本国の産業にとって大変有益であることがわかりました。

　つきましては、セーヴルの工場長が、日本の国営施設における磁器製造に使い得る原料見本を、日本国政府に送ることにつき、また文部宗教美術大臣が許可して下さいますよう、よろしくお取り計らい下されたくお願い申し上

げます。
　日本国の同様の原料見本をできるだけ早く、日本国政府からセーヴルへ送らせるつもりです。

〔230〕

1874年5月21日

ベルリン
外務大臣
フォン・ビュロー閣下

拝　啓
　これまでベルリンの日本国公使館館員でありました品川が、日本国政府の命により同館の二等書記官に昇進しましたことを、閣下にお知らせ致します。この新しい資格で、同氏を閣下に紹介させて頂きます。

〔231〕

1874年5月22日

ドゥカーズ公爵

拝　啓
　去る1月12日付の書信で、私の留守中は、中野氏を日本国代理公使に任ずる旨、閣下に申し上げましたが、私はパリに帰って参りまして、当公使館の指揮を再開しましたことを、閣下にお知らせ致します。

〔232〕

1874年5月23日

外務大臣

拝　啓

　我が畏れ多き主君皇帝陛下は、私にフランス共和国特命駐劄全権公使の地位に昇格する栄を与えられました。

　この新しい状況で、私はすでにフランス国と日本国にあるすばらしい関係を強化するために、あらゆる機会を把えて精進致す所存です。閣下におかれましては、日頃のご好意をもって、私をお助け下さいますよう希望しております。

　閣下におかれましては、共和国大統領元帥閣下に、私の任命をお伝え頂き、私の新しい信任状提出のための謁見を賜わりますよう、お願いして頂きたく存じます。

　公爵殿、さしあたり閣下に対し、信任状の写しおよび翻訳を同封させて頂きます。

1874年5月25日〔仏訳制作日〕

　　　　　信任状の翻訳〔仏訳文より重訳〕

神命により万世一系の日本国皇帝の座にある睦仁
朕が良き、いとも高名なる友、フランス共和国大統領マクマオン元帥閣下へ
　両国間の友好関係を維持し、その相互理解を証明せんとして、先に鮫島尚信を貴政府のもとへ日本国弁理公使として任命せり。
　本人は懈怠なく献身と手腕と思慮をもってその職務を果たせり。よって、本人を貴国における特命全権公使に昇進せしめたり。これをもってその任命を証明せんがために、ここに信任状を進める。
　同人がその職務をよく全うし、ますます閣下の信頼と愛顧を得られますことを疑わざるものの、同人を好意をもって受け入れられ、我が名において言上致しますことに全幅の信頼をお寄せ下さるべく、願うものなり。
　閣下への衷心よりの敬意を伝えるとともに、フランス共和国の繁栄を祈念

するものなり。
　明治6年11月22日　東京の我が皇居にて

　睦仁　日本国国璽

　　　　　　　　　　　　　　　　　　　　奉勅
　　　　　　　　　　　　　　　　　　外務卿　寺島

〔233〕
　　　　　　　　　　　　　　　　　　　　1874年5月23日
外務大臣

拝　啓
　これまで当公使館の館員でありました鈴木氏〔鈴木貫一〕が、日本国政府の命により三等書記官に昇進しましたことを、閣下にお知らせ致します。

〔234〕
　　　　　　　　　　　　　　　　　　　　1874年5月31日

　鮫島尚信は、フランス共和国大統領元帥および元帥夫人マクマオン・マジャンタ公爵夫人に対し、ご両所より賜りました6月4日のご招待につき、心より御礼申し上げます。
　喜んで出席させて頂きます。

〔235〕
　　　　　　　　　　　　　　　　　　　　1874年6月1日
外務大臣

拝　啓

船越氏のエコール・ポリテクニク〔理工科学校〕入学の件につきまして、陸軍大臣の返事をお知らせ下さった5月30日付の貴信、拝受致しました。
　この件に御力添え頂き御礼申し上げます。　　　　　　　　　　　敬具

〔236〕

1874年6月3日

デンマーク公使
モルトケ伯爵

拝　啓
　ある事情で貴殿のご厚情におすがり致します。貴殿の親切なるご援助に訴えるしか他に方法がありません。
　日本国皇帝陛下は、宮殿用にヨーロッパ諸国の元首の肖像画を一揃い作らせております。ヴェネチアで写真から肖像画を制作中です。しかし、デンマーク王の普段着のお写真は、芸術的複製に適さない模様で、ヴェニスの方から何か立派なものを送るように知らせてきました。
　つきましては、そのような焼付けを一葉頂戴できないものか、お尋ねするしだいです。もしできますれば、大いに有難く、心より御礼申し上げます。
　貴殿にお骨折りをおかけして大変申訳なく存じます。　　　　　　敬　具

〔237〕

1874年6月3日

外務大臣

拝　啓
　ご恵投下さいました貴信に、また、共和国大統領元帥が私にレジヨン・ドヌール・オフィシエ勲章を授与下さるという名誉に、どれほど感動し喜んでおりますことか、取り急ぎ申し上げます。大統領には閣下より私の感謝の念

をお伝え願いたく存じます。

　フランス国に赴任してから当地で受けました温かいもてなしを、ますますありがたいと感じるようになって参りました。本日、閣下より、この格別の名誉の証しを賜りましたことは、この上なきご厚情と存じ上げます。

　レジョン・ドヌールの勲位に叙せられましたことを、ただちに日本国政府に報告致します。政府は本件に深く満足し、そこに日仏間のすばらしい関係の新たな証しを見出すはずですし、その関係を強化すべく努力するのが私の努めであります。

　公爵閣下に対して、心より感謝しておりますことを直接お伝え致します。

頓首再拝

鮫　島

〔238〕

1874年6月6日

科学アカデミー終身事務局長
デュマ殿①

拝　啓

　今月3日付の貴信で、金星の通過観測のため横浜に来ることになっている代表団に参加するため、清水氏②〔清水誠〕が日本への出発を遅らせることができるよう、必要な許可を貴殿は申請して来られました。

　貴殿の申請はまことに喜ばしく、取り急ぎ認めさせて頂きます。清水氏には、代表団に同行する許可を与える旨、伝えておきます。彼がその一員としてふさわしいと判断を受けたことにつき、私は大変嬉しく存じます。

　日本国政府には、仏国代表団の近々の到着予定を前もって正式に伝えておきましたことを、この場を借りてお知らせしておきます。政府からの返答が届きしだい、連絡申し上げます。

〔239〕

1874年6月8日

マルセイユ
プラース・デクス1番地
バルム殿

拝　啓
　今月4日付の貴信でお示し下さった助力のお申し出に感謝申し上げます。しかし、私はそれをお受けすることはできません。
　日本国政府が、マルセイユ領事を最近任命したのです。

〔240〕

ベルリン
外務大臣
ビュロー男爵殿

拝　啓
　畏れ多き主君日本国皇帝陛下は、私にドイツ帝国駐在特命全権公使の地位に昇格する栄を与えられました。この任命の連絡をもっと早く閣下にお伝えすべきでしたが、私の健康状態のために5カ月暖地で過ごさざるを得ず、ほんの数日前に仕事に復帰したばかりです。このために、私の昇格についてお知らせするのが図らずも遅れてしまいましたことをお許し下さい。
　閣下におかれましては、皇帝陛下に私の任命をお伝え頂き、新しい信任状をお渡しすべく、陛下の謁見を得られますようお力添え頂きたくお願い申し上げます。
　私と致しましては、皇帝陛下が14日から数週間留守にされる旨を品川〔品川弥二郎〕からもしも知らされなければ、皇帝陛下の御意に従うためすでにベルリンへ出発していたはずです。品川の通知を受けて、私は陛下のお下し

になるご指示をお待ち申し上げることに致します。
　差し当たっては、閣下には信任状の写し1部とその翻訳を、取り急ぎお送り致します。
　この新しい地位で私はあらゆる機会を利用して、日本国とドイツ国間のすばらしい関係を確固たるものと致す所存でありますことを閣下に深くご理解頂き、これまで通り皇帝陛下の政府のご好意でお力添え頂けますよう希望する次第です。

〔241〕
〔フランス国〕国民議会議長
ビュフェ殿①

拝　啓
　誠に遺憾ながら、今夕議長官邸には参上できませんことをお許し下さいますようお願いしなければなりません。
　ここ2日ほど健康がすぐれません。わざわざご連絡下さったご招待に応じたく、最後の最後まで頑張ってみましたが、ヴェルサイユにお伺いするのは私には無理だとわかりまして、心よりお詫び申し上げる次第です。
　本日表敬訪問ができなくなり、非常に残念でありますことを、議長夫人様によろしくお伝え下さいますよう、あえてお願い申し上げます。

〔242〕
　　　　　　　　　　　　　　　　　　　1874年6月20日
オリエンタル銀行頭取

拝　啓
　フランクフルトの本間宛に、日本国政府の紙幣印刷のための貴行口座の基金から100ポンドを送金して頂けるよう、お願い申し上げます。

〔243〕

6月26日

アルクール伯爵

拝　啓

　日曜日の観兵式に際して、貴殿のこの上なきご親切におすがりする次第です。ドゥカーズ公爵が外交官観覧席の座席券を4枚お送り下さいましたが、公使館館員で使わせて頂きます。
　しかしながら、パリには、観兵式に参列したいと強く望み、どうしても座席券を入手するよう願う日本の陸軍留学生が幾人もおります。
　外務大臣に券を請求しましたが、もう残っておりません。そこで伯爵にお願いする次第です。どの観覧席でも結構ですので、座席券を4枚都合して頂ければ、大変ありがたく存じます。

〔244〕

1874年7月20日

ババリア州キッシンゲン
ドイツ帝国
ビスマルク公殿下

拝　啓

　殿下がその標的となった襲撃の件、深くご同情申し上げます。
　私の心底を殿下にお伝えするのが遅れましたのは、私自身長い間健康がすぐれなかったからであります。しかしながら、殿下のご幸運をお祝い申し上げるのが遅くなったからといって、その言葉が誠実さに欠けることは更にありません。

敬　具

鮫　島

〔245〕

7月26日

モルトケ伯爵

拝　啓
　デンマーク国王陛下の肖像写真を入手して頂くのに閣下がお骨折り下さったことには誠に感謝しております。
　閣下よりお送り頂いた写真2葉はすばらしい出来栄えで、日本国に送る油絵のモデルとして全くうってつけとなることでしょう。
　国王陛下が身にお付けになっておられる装飾につき、閣下が用意周到にもお知らせ下さったご説明を、宮内卿に必ず伝え、皇帝陛下に説明申し上げるよう宮内卿に依頼します。その説明はかくも古く名高い二つの勲章に関するものだけに、皇帝陛下は大いに興味をもたれ、耳を傾けられることでしょう。
　再度、閣下に御礼申し上げます。　　　　　　　　　　　　　敬　具

〔246〕

7月21日

ロンドン
オリエンタル銀行頭取

拝　啓
　日本国陸軍省の一員であり、また〔欠字〕でヨーロッパにおりました大山〔巌〕氏が、命により本国に戻ることになりました。ところが日本国政府がその旅費をまだ送金致しておりませんので、まことに申し訳ありませんが、大山が必要と申す総額800ドルを前貸しして頂ければありがたいのですが。
　江戸の陸軍省支払いの、一覧後三日期限払いの私の為替手形によって、この金額を払い戻し〔欠字〕。

お手数ですが手形〔用紙〕を送って頂ければ、私の方で署名してご返送申し上げます。同時に、私宛に800ドル相当分をお送り下さり、現在スイスに滞在中の大山宛〔欠字〕。

〔247〕

　　　　　　　　　　　　　　　　　　　　　　　　　ディエップ
　　　　　　　　　　　　　　　　　　　　　　　　　1874年8月4日

パリ
フルーリ・エラール

拝　啓
　日本国海軍省用材局を指導するためのフランス海軍省技師を当方が任命する件について、先般4月25日に貴殿がお寄せ下さった書簡にようやく返答できることとなりました。
　外務大臣殿は同僚の海軍大臣がこの部門のため、トゥーロンの第一等技師であるデュポン氏を選ばれたと、お知らせ下さいました。
　もっとも私は、最近面会に見えたデュポン氏を通して、任命が決定したことを知っていました。私は外務省から受け取る伝達の通知を、正式に彼に与えるため、これから書簡を書くところです。
　4月25日付貴簡では、技師と交わす契約書を5部準備させるとのこと。それらをここにお送り下されば、私がサインしてデュポン氏に渡します。

〔248〕

　　　　　　　　　　　　　　　　　　　　　　　　　ディエップ
　　　　　　　　　　　　　　　　　　　　　　　　　1874年8月4日

トゥーロン海軍工廠所属
海軍技師
デュポン殿

拝　啓

　外務大臣から最近いただいた通知によれば、同僚の海軍大臣は貴殿が1865年と1869年に雇われた士官や職員と同じ資格で、我が国政府へ一時的に奉職することを許可なさいました。貴殿の出発は3年の無給休暇、定員外扱いの形で行なわれます。貴殿は恩給の権利保全のため、日本国政府から受け取る支給金の控除分5％を傷夷軍人基金に納めます。これは、産業界での奉職を許可される海軍のさまざまな部隊の士官に関する1872年11月17日および1870年6月5日の省令で規定されている通りです。

　おそらく貴殿はこれらの条件をよくご存知でしょうが、貴殿には外務大臣殿の通知にもとづいて、条件をお伝えするべきだと思います。

　フルーリ・エラール氏に契約書を5部用意して、私がサインできるよう送って欲しいと頼んでいます。受け取りしだい、貴殿にそれらをお送り致します。

〔249〕

1874年8月9日

ドゥカーズ公爵殿

拝　啓

　貴信拝受いたしました。金星の太陽通過を観測する使命を帯びた調査隊が日本に派遣されるとのこと。閣下は、我が国政府にこの調査隊の重要性を知らせるよう、私にお求めになりました。

　数カ月前のことになりますが、この時期に際してフランス調査隊が日本に行くことを知るや否やすぐに、我が国政府に書信を認め、この調査隊に対して最高の熱烈な歓迎をするよう要請しました。以来、科学アカデミーによって創設された委員会の委員長デュマ氏およびジャンサン氏①自身とたえず連絡を取っております。

我が国政府は私の要請に対し、このような大規模な調査隊の成功に多少とも寄与するのは大変嬉しいことであり、あらかじめあらゆる必要な措置を講じるとはっきり返答してきております。
　閣下、したがいましてジャンサン氏は日本での歓迎に充分に満足なさるでしょうし、また、調査隊に対してのみならず、氏が学界に築かれた高い地位にふさわしい好意と共感をもって迎えられることを願っております。

〔250〕

　　　　　　　　　　　　　　　　　　　　　　　　ディエップ
　　　　　　　　　　　　　　　　　　　　　　　　1874年8月9日

フルーリ・エラール殿

　拝　啓
　今月7日付の貴信ならびに同封されたデュポン氏との契約書5部の受領を謹んでお知らせ致します。
　それらを5部揃えて私が署名致しました。本日それらをデュポン氏が署名するよう送達します。
　貴殿のご要望にしたがって、私がここに持っている契約書の写しだけをお届けします。それは貴殿からご送付のものではなく（それはパリに残して来ました）、貴殿が5月9日付の書簡でマーシャル氏へ渡されたものです。
　他のものはパリに戻ったときにお返し致します。

〔251〕

　　　　　　　　　　　　　　　　　　　　　　　　ディエップ
　　　　　　　　　　　　　　　　　　　　　　　　1874年8月9日

トゥーロン
デュポン殿

拝　啓
　当月4日付の私の書簡に関して、我々の間で交わす契約書5部を同封してお届け致します。
　うち3部に封蠟付きの署名をし、日付を書き加えて送り返して下さるようお願い致します。
　日本へのご旅行およびご滞在が首尾良く行きますように。

〔252〕

　　　　　　　　　　　　　　　　　　　　　　　　ディエップ
　　　　　　　　　　　　　　　　　　　　　　　　1874年8月10日

ディエップ市市長
ル・ゴーン殿

拝　啓
　カジノ・デ・バンと当月23日に行なわれる競馬の二種の入場券を、私に自由に使わせて下さるとの本日付の2通の貴信拝受致しました。
　市長殿、これらの丁重なご招待に感謝申し上げます。喜んで使わせて頂きます。貴殿のおもてなしのこの上なく楽しい思い出は忘れられないことでありましょう。

〔253〕

　　　　　　　　　　　　　　　　　　　　　　　　ディエップ
　　　　　　　　　　　　　　　　　　　　　　　　1874年8月12日

アルジェ
ロラン・ド・ビュシー通1番地
ペルー領事
S・C・ド・アバン男爵殿

拝　啓

　8月6日付貴信拝受致しました。貴殿は在アルジェ日本領事に任命されたいとのご希望を表明されています。

　目下のところ我が国政府がアルジェに領事を任命する計画はありません。

　従いまして、私にお寄せくださった貴殿の申し出に応じることは不可能です。

〔254〕

1874年8月13日

ドゥカーズ公爵

拝　啓

　本国政府から仰せつかり、信管を製造するための設備一式を、代金と引き換えに日本国陸軍省に譲渡するご許可を下さることを、陸軍大臣に頼んで下さいますよう閣下にお願い申し上げます。

　日本国陸軍省からのそのための要望は、1873年2月に当時の遣日フランス軍事使節団団長マルクリー中佐によって陸軍大臣に出されておりましたが、効果をみませんでした。そこで、閣下に対し再度要望する次第です。

〔255〕

1874年8月13日

フルーリ・エラール

拝　啓

　デュポン氏は5部の契約書のうち2部を取り置きました。1部を公使館に保管し、1部は日本国海軍卿へ送付致します。そしてここに同封した5部目を貴殿からヴェルニ氏に送ることができますよう、謹んでお届け致します。

〔256〕

ディエップ
1874年8月24日

ロンドン
オリエンタル銀行頭取

拝　啓

　ドンドルフ社との2度目の契約のもとに進められて参りました、日本国へ の紙幣の船送が完了致しましたので、お手数ですが、これまでの御手配一切 にかかわる費用の明細書をご送付頂けると幸いです。

〔257〕

1874年8月26日

オリエンタル銀行頭取

拝　啓

　本日、本間氏が当地よりロンドンへと向かいました。ロンドン到着後、た だちに貴殿にお目にかかり、ドンドルフ社との2度目の契約のもと貴殿に預 けてある保証金の解約についてご相談申し上げると存じます。この件の法律 的な部分については、以前〔と同様〕マレイ・アンド・ハッチンズ事務所が取 扱ってくれるよう、本間がお願いすると存じます。

〔258〕

〔1874年〕9月1日

ブロック殿

拝　啓

　昨晩日本国政府より訓令が届いたのですが、それによりますと、ストック

ホルムの統計会議に日本国代表として出かけて頂けるかどうか、尋ねるようにとのことです。

　ただし、おひきうけ頂き、実行されるに十分なお時間がとれるような時点に、この書信が届くとも限りませんでしょうし、また、貴殿のお仕事のご都合上、必要なお時間がとれないこともありうるかと存じます。これらの事柄につきましては、どうか私宛にご一報頂けると幸いです。

　当方に届きました公信はたいへん短いものでしたので、貴殿がストックホルムでどのような姿勢をとられることを我が政府が望んでいるのか、私からはなんとも申しあげかねます。しかし、今回の会議は純粋に準備段階的なものですから、貴殿への詳細な訓令などは、おそらく必要ないであろうと見込まれます。

　ご入用の旅費につきましては私がお渡しする権限を与えられております。大変お手数ですが、貴殿にご用立ていたすべく、お望みの額についてご一報頂ければ幸甚です。

〔259〕

1874年9月3日

オリエンタル銀行頭取

　拝　啓

　去る8月26日に書信を差し上げ、ドンドルフ社との二度目の契約を履行するために、貴殿に保証金〔として〕預けておりましたものの解約を本間氏と処理して頂くよう、お願い申し上げました。

　本間氏からの当方宛書信によりますと、貴殿は、かの契約の第19条に〔欠字〕7カ月の猶予期間は、すでに過ぎ去っている旨の私からの言明を望んでおられるとのこと。

　かの7カ月は去る8月14日に終了している、と貴殿に〔欠字〕。

〔260〕

1874年9月3日

モルトケ伯爵殿

拝　啓

　閣下に当公使館員兼松氏〔兼松直稠〕①を紹介致しますことをお許し下さい。

　私より閣下に申し上げなければならなかった先のお願いに対し、まことに有り難いご返事を賜りました。このため、私のかわりに兼松氏が致しますお願いについても、同様にして頂けるものと念じております。

　閣下より兼松氏に情報をお与えくだされば大変有り難く存じます。

〔261〕

1874年9月9日

地理学会会長
ド・ラ・ロンシエール・ラ・ヌリ海軍中将

拝　啓

　8月29日付貴信拝受致しました。それによりますと、貴殿は我が国政府が、地理学会の国際会議に特別委員を一人、代表として参加させることを希望しておられます。

　私は貴殿のご希望を、会議自体の重要性および日本が実際に参加することによって得る利益を強調して、再度本国政府に知らせました。

　個人的には地理学上の問題に強い興味を持っておりますし、来年の大会にはわが国から堂々たる代表が参加するように、職分をつくして努力致しますので、その旨ご確信下さいますようお願い申し上げます。

〔262〕

1874年9月14日

ベルリン
外務大臣
ド・ビュロー殿

拝　啓
　先の6月13日付の書信で、我が尊厳なる主君日本国皇帝よりドイツ帝国駐在特命全権公使への昇任の栄を賜りましたことを閣下に謹んでお知らせしました。また同時に、私の任命を皇帝陛下に上奏下さり、信任状を陛下に奉呈するために謁見を賜わりますよう願い出て頂くことをお願い致しました。
　閣下に書信を差し上げましてから、ベルリンに赴き陛下のご用にお応えする希望を持ち続けておりました。
　しかしながら不運にも、当分旅行することを医者たちが厳しく禁じるほど私の健康状態が不安定です。もっとも近いうちに旅行できるようになるだろうと彼らは請け合っております。
　こういう事情でベルリンへの出発を遅らせざるをえないのは誠に遺憾に存じます。一刻も早くベルリンに向かい、陛下の御許に参じたく存じます。旅行に耐えうる十分な力を取り戻しましたら、直ちに急ぎ出発致します。

[263]

1874年9月16日
ド・ラ・ヴェガ・ド・アルメジオ・エ・ド・モス侯爵

拝　啓
　パリにおりますれば、閣下のホテルに本日急ぎ参上致し、歓迎のご挨拶をし、ド・ラ・ヴェガ・ド・アルメジオ・エ・ド・モス侯爵夫人に敬意を表したことでしょう。
　私の健康状態のためにここに引き止められ、1カ月後にしかパリに戻れませんので、心ならずも閣下への訪問が遅れますことをお詫び申し上げます。

パリに戻りしだい、すぐにスペイン大使館に参上致します。

〔264〕

1874年9月20日
フランクフルト
本間

拝　啓
　日本国政府との二度目の契約を目的としてドンドルフ社が〔印刷用〕金属版を製作したが、その金属版の所有権がどこに帰属するかという問題について、慎重に吟味を重ね、以下の結論に達したので、通達する。
　先日まで当方は誤った印象を抱き、今回の契約条項に従えば、金属版の表面の図版を消し去りさえすれば、金属版それ自体は今後もドンドルフ社のものであり続けるはず、と考えていた。今にして思えば、この印象がなぜ当方に生じたかといえば、フランクフルトでの二度目の契約交渉の折、私の眼前で、一度目の契約の場合と同様、金属版は廃棄すると受け取れる如き事柄をドンドルフ社が口頭でにおわせていたからであることに思いあたる。同様の印象は、日本国の大蔵省も抱いていたかのようである。
　ところが、ドンドルフ社が貴殿に送った今月10日付書信を受け、ただちに契約文自体を検討したところ、私の印象は不正確であること、金属版は日本国政府の所有物であり続けると契約条項に公式に規定されていることに気付いた。
　契約の内実はかかるものであること、また、ドンドルフ社がかの金属版の占有を維持できると期待したとしても、それはわが方の善意の有無にはかかわりのないこと、以上をドンドルフ社は十分心得ていたとみて相違ない。それゆえ、この金属版を購入すべくドンドルフ社と交渉せよと貴殿に訓令を与えた大蔵省の過ちは遺憾である。ドンドルフ社は、底版のみを自分たちの権利として扱うべきであった。

契約の第16条に曰く、「当該印刷業者が現在占有し、あるいは今後占有することになる……あらゆる金属版は……日本国政府の財産たるべきこと……、および、これら金属版は、本契約で定める目的のための使用が完了した後は、該政府の現地代理人に引渡されるか、あるいは、彼の選択により破棄されるものとする、以上は明確に了解され合意された事項である。」

この条項について問い質した当方からの前便にたいし、問題の金属版は余分の金属版であり、「使用されて」いないとの返答を貴殿より受けたが、貴殿のこの説明によって日本国政府の権利になんらかの変化が生じるとは承服しかねる。本条項は「あらゆる金属版」と述べており、なんらの留保も区別もない。つまり、余分の金属版も使用済み金属版も未使用の金属版も、新しいものも古いものも、すべて含まれる。あらゆる金属版が、わが方の所有に属するのである。

この件につき複数の専門家の意見を聴取したが、全員が当方の判断を迷うことなく支持している。

従って、日本国政府の代表として、私は、あらゆる金属版の所有権を要求する。そして、私がその旨決断したことを、お手数ながら、ドンドルフ社に伝えられたい。

契約通りすべての金属版が紛れもなく日本国政府の財産として貴殿に引渡された後で、もし本件に関するドンドルフ社の態度に私が満足しておれば、貴殿に訓令して、該金属の対価をドンドルフ社に支払わせるだろう。しかし、まず何よりも重要なことは、貴殿の権利が完全に認知されることである。

〔265〕
　　　　　中村のマルセイユ領事任命状の翻訳（仏訳文より重訳）

神命により万世一系の日本国皇帝の座にある睦仁
　本状を見るすべての者に知らせんとす。
　マルセイユの領事職に任命の必要ありと判断し、それがため、中村博愛を①

指名せり。

　その忠誠心にかんがみ、両国間の条約に従いフランスに赴く我が臣民のあいだに良き秩序を維持するため、我が臣民とフランス国の間に存在する航海と貿易を保護する権利を同人に授ける。

　したがって、フランス共和国大統領閣下ならびにフランス国当局が、中村博愛を日本国マルセイユ領事として認め、それを周知させるよう、また同人が必要とするあらゆる援助を与えられるよう、願うものなり。

　紀元2534年5月5日　　　東京の皇居にて

　睦仁　大日本国璽

奉勅
外務卿　寺島

1874年9月24日

ドゥカーズ公爵

拝　啓

　謹んでお知らせ申し上げます。我が国政府は先頃、日本国臣民中村博愛氏を日本国マルセイユ領事として任命しました。同人に領事認可状をご交付下さいますよう謹んでお願い申し上げます。

　中村博愛氏の任命状を同封致します。それにはフランス語の翻訳を添えてあります。

〔266〕

〔18〕74年9月28日

〔公爵宛〕

拝　啓

現在パリにいる日本国ローマ公使河瀨氏〔河瀨真孝〕は、イタリアに帰る途中、トゥーロンに寄る予定です。
　その機会を利用して、海軍工廠を見学することを熱望しております。そこで河瀨氏と夫人、また公使館員浅井氏にこの目的のためのしかるべきご許可を下さいますよう閣下にお願い申し上げます。
　河瀨氏は間もなくパリを離れねばなりませんので、私の願いをすみやかにお認め下されば、大変ありがたく存じます。

〔267〕

〔1874年〕9月27日

フランクフルト

本間

　拝　啓
　20日付の当方からの書信に対する25日付返信を受領。
　契約上は日本国政府のものである金属版に対して金銭の支払いを要求するという重大な過ちを犯したドンドルフ社が、その過ちに対して遺憾の意を示したことを考慮して、20日付の書信で貴殿に与えた訓令を軟化させるにやぶさかではない。
　つまり、もしドンドルフ社が貴殿に書信を送り、当月20日付の貴殿宛の書信を撤回し、かつ、該書信でなされた彼らの要求はすべて根拠なきものであった旨言明するなら、彫刻面を削除した上でそれを自分たちの所有物として手元におくのを許可する権限を貴殿に与える意向である。
　彫刻面の削除がしかるべくなされるよう、貴殿の納得のゆく適切な方法をとられたきこと、言うまでもない。

〔268〕

〔18〕74年9月29日

〔公爵宛〕

拝啓
　日本人学生山崎氏①〔山崎直胤〕が鉱山学校の授業を受けたいと希望し、その目的のため必要な許可を頂きたいと依頼してきました。
　そこで、山崎氏が懇願している許可を下さるよう、権限を持つ高官にお取り成し頂きたいと願い、閣下に問い合わせ致します。　　　〔敬　具〕

〔269〕

〔18〕74年10月8日

〔公爵宛〕

拝啓
　せっかくのご休暇中に後を追いかけますことをご容赦願います。以下が私の弁明です。
　長い留守の後パリに戻りましたところ、貴殿が10日間の休暇に出かけられたことと、帰着後もパリに1週間しかおられないことを知りました。
　ところで私は11月末に数カ月日本へ行くことになっております。そこで、よろしければ私の出発前に郵便協定について結論を出したいと切望しております。
　したがいまして、勝手ながら、その協定に関する覚え書きを非公式にお届けし、お戻りになられましたら拝見の機会を賜わりますようお願い致します。と申しますのは、私の大きな望みは、貴殿がパリにおられる間に協定の原則に関して合意に達したいということだからです。

〔270〕

〔18〕74年10月13日

メサジュリー郵船会社部長

拝　啓

　本日口頭で貴社に、マルセイユから横浜まで信管の製造に使う機械の輸送を承諾して下さるか尋ねさせました。この機械は我が国政府にフランス国政府から提供されるもので、ブールジュの陸軍火工学校で特別に作られました。書面にて再度お尋ね致します。

　貴殿がその機械を輸送することをお引き受け下さるかどうか私が知りたい理由は、見本として送られる幾つかの部品が装塡されているためです。

　最近提示された目録を私が良く理解しているとすれば、それら〔装塡された〕製品はごくわずかです。また私が聞いたことによると、それらは雷酸塩も他の爆発性物質も含んではいません。しかし、この点については私には何も断言できませんし、陸軍省からブールジュに問い合わせて頂くよう外務省に頼まないかぎり、貴殿に正確な情報を与えられる状態にはありません。この依頼に対する返事は数週間後にしか届かないことでしょうし、そうなればそれだけ荷積みが遅れます。しかし我が国政府は、製造工場が設置できるよう、その機械を必要としているのです。

　こういう状況ですので、装塡された部品の輸送を例外的にご承諾下さいますようお願い申し上げます。それらは、弾薬用船艙に置けるよう別に梱包させますし、ご指示下されば他の用心も致します。

　私の要請をぜひお認め下さるよう願いつつ。　　　　〔敬　具〕

〔271〕

1874年10月20日

〔公爵宛〕

拝　啓

　閣下がお寄せ下さいました、フランス国による日本国への、信管製造のための機械の譲渡についての9月11日と30日の貴信に返答が遅くなってしま

いました。

　この遅れの理由は、メサジュリー郵船会社と、引火性物質が装塡された部品の輸送をめぐってやりとりがあり、問題が片付くまで待たなければならなかったということです。

　やっと本日、メサジュリーが一定の条件で、装塡された部品の輸送を請け負うことに同意し、閣下にご返事できるしだいです。

　機械の見積り額6065フラン60サンチームを国庫に納入致しました。その金額の領収証を同封させていただきましたので、陸軍大臣にお渡し下さいますようお願い致します。

　荷積みはマルセイユで行なわれます。したがってこの件について輸出許可が出されなければなりません。

　メサジュリーの要求した条件によると、装塡された部品はすべて、大きさが最大で40センチ、重さが30キロを越えない荷箱に別に梱包され、それぞれ紐で持ち手をつけていなければなりません。こういった用心の目的は、それらの荷箱の弾薬用船艙への収納を容易にするためです。装塡されていない部品はどんな大きさの荷箱にでも詰めることができます。

　閣下より陸軍大臣に、こういった細部につきましてお知らせ下されば幸いです。また、ブールジュの陸軍火工学校当局におかけする迷惑を、私がどれほど遺憾に思っているかを、しかとお伝え下さることを希望致します。

　閣下からそれらの箱が準備できたと教えて頂きましたならすぐに、そのために指名する係員にブールジュで引き取らせます。　　　〔敬　具〕

〔272〕

1874年10月28日

オリエンタル銀行頭取

拝　啓

　まことにお手数ですが、日本国政府外務省の勘定として、私宛に554ポン

ドを送金して頂き、同額を貴行の日本国政府口座の借方にご記入頂けると幸甚です。

〔273〕

1874年10月31日

フランクフルト
ドンドルフ

拝　啓
　日本国政府と貴殿がたとの二度目の契約の履行に関する諸課題はすべて終了し、責務を果たすべく貴殿がたが払われた労に全く満足していることを伝達致すべきであると存じます。
　疑いもなく、本国政府も私と意見を同じくし、貴殿の仕事ぶりを称賛していることと存じます。

〔274〕

〔18〕74年11月6日

ベルリン
外務大臣
ド・ビュロー殿

拝　啓
　まことに遺憾ながら、私の新信任状の奉呈のため皇帝陛下のご命令に従うべくベルリンに参上できないことを、閣下にお知らせしなければなりません。
　私の健康状態が非常に悪く、これ以上の遅滞なく南仏へ出発することを余儀なくされております。さらに、その目的のため承認された休暇の間に体力を取り戻すべく、近々日本へ向けて乗船しなければなりません。
　閣下が皇帝陛下に私の状況をお知らせ下さり、出発前に陛下の御前に参上

できないことの慎ましい弁明を受け入れて頂きたく、深甚なる敬意をもってお願い申し上げる旨、お伝え下さることを期待しております。

　閣下にお別れを申し上げられないのは個人的に深く遺憾に存じます。ヨーロッパに戻りしだい、急いでご挨拶申し上げることに致します。　〔敬　具〕

〔275〕

〔18〕74年11月6日

ド・ビュロー殿

拝　啓

　本日の公式な書信で閣下に謹んでご通知致しました此度の私の日本への出発を前にして、ドイツ国皇帝陛下の下にいるわが国政府代表の地位にある私を交替させるという我が国政府の意向について、閣下に非公式にお知らせしなければならないと思います。

　我が国政府は私の後継者に最近私の留守にベルリンの日本国代理公使であった青木氏を抜擢致しました。この抜擢に閣下は満足なさり、両国間の利害関係は日本国全権公使がベルリンに常駐することによりますます良くなることと存じます。

〔276〕

〔18〕74年11月6日

メサジュリー郵船会社部長

拝　啓

　10月13日に差し上げました信管の製造設備の横浜への輸送についての書簡に関して、陸軍大臣から頂いた輸出許可書を本日お届け致します。

　設備の部品を入れた14個の荷箱(うち一つは1キロの重さがあり、装塡された部品が入っています)は現在ブールジュの火工品製造学校にあります。

それらがマルセイユへ輸送されるよう、貴社の係員に引き取りを担当させて頂ければありがたいのですが。

　貴殿の命令と、ここに同封の輸出許可書とを携えて行く人物に荷箱を引き渡してもらえるよう、本日、火工品製造学校校長宛に書簡を認めます。装塡された荷箱は1番として、各荷箱にJ.P.1〜14の印を付けさせるよう、あわせて校長にお願いします。

　14個の荷箱には6000フランの保険がかけられ、横浜で陸軍卿支払いとして税関長に引き渡されなければなりません。

〔277〕

〔18〕74年11月6日

ブールジュ
陸軍火工学校校長

拝　啓

　貴殿が我が国政府のために用意させて下さった、信管の製造機械の部品を入れた14個の荷箱が、私の指名する人物に渡される準備が現在できていると、外務大臣殿から通知がありました。

　それゆえ、ブールジュで荷箱を引き取ることを請け負ったメサジュリー郵船会社と手筈を整えたところです。

　したがって、それらの荷箱が、メサジュリーの認可証と陸軍省から出る輸出許可書を持参する人物に引き渡されるよう、ご高配のほどよろしくお願い致します。輸出許可書はメサジュリーに渡してあります。

　このたび貴殿におかけしたご苦労に深く感謝申し上げるとともに、装塡された荷箱をNo.1として、荷箱にL.J.P.1〜14の番号を付けられることを最後のお仕事としてお願い致したく存じます。

〔278〕

1874年11月19日

ベルリン
ホルツェンドルフ教授①

拝　啓
　2～3カ月間職務を免ぜられ、只今日本に帰国しようとしているところですが、出発に際し、貴殿から賜ったご親切に対する感謝とお別れのご挨拶を申し上げずにすますことはできません。
　出発前にベルリンに参る所存でしたが、残念ながら私の健康状態がそれを不可能に致しました。従いまして、ベルリンにいる多くの友人たちに直接いとまごいをすることなく、発たねばなりません。
　貴殿への敬意のささやかな証しとして、日本の本を一冊お送り致します。ヨーロッパに戻りました折に、再会できますことを心待ちに致しております。

〔279〕

1874年11月12日

ブールジュ
陸軍火工学校校長
メルシエ少佐殿

拝　啓
　まず初めに、我が国政府宛の荷箱に番号を付けて頂いた大変なご親切に改めてお礼申し上げます。
　ここに私の署名した3通の書類がございます。貴殿のご指示に従い、4通目は私が保管致します。
　これらの書類に記入されている物品の価格は6175フラン60サンチームですが、貴殿の署名のある外務大臣からお渡し頂いた9月17日の通知では合計

は6065フラン60サンチームに他なりません。私が貴国庫に一カ月前に払い込んだのはこの後の方の金額です。想定致しますように超過額を払い込む必要がある場合は、陸軍大臣から私に請求されるようにして頂けないでしょうか。そうしませんと、国庫の担当者はそれとわかりません。

〔280〕

〔18〕74年11月12日

オーストリア
モラヴィア、ヴェセリ
第6機甲連隊大尉
アドルフ・ストローヴ殿

拝　啓

　当月7日付の貴信拝受致しました。それによりますと、貴殿は一時的に日本の軍隊に入りたいというご希望を表明されています。残念ですが、貴殿の申し出を受け入れることはできません。日本国軍隊の教育のために、すでに完全な準備がなされておりますし、目下、我が国政府には、現在日本にいるヨーロッパの士官以外を雇う意志はありません。

〔281〕

1874年11月12日

〔公爵宛〕

拝　啓

　マルセイユ日本国領事に任命されました中村博愛氏に対する領事承認状をご丁寧にお送り下さった昨日付の書信ありがとうございました。
　閣下におかれましては、私の心よりの感謝の気持ちをお受け下さいますよう、お願い申し上げます。

また同時に、閣下が当方にご返送の中村の任命状も受領致しました。

〔282〕

1874年11月17日

オリエンタル銀行頭取

拝啓

　まことにお手数ですが、日本国政府外務省の勘定として、私宛に250ポンドを送金して頂き、同額を貴行の日本国政府口座の借方にご記入頂けると幸甚です。
　　　　　　　　　　　　　　　　　　　　　　　　　　　　敬具

〔283〕

1874年11月19日

トレラ博士①

拝啓

　同胞楢崎氏②〔楢崎頼三〕にお示し下さったご配慮に感謝し、またその際の目を見張るばかりのご手腕にお礼申し上げます。
　マーシャル氏は、今回貴殿が出された書信を、私に読んでくれました。貴殿同様、私も、パリ在住の日本人青年たちのための医療サービスの組織化の必要性を確かに認めておりますが、マーシャル氏からお聞きおよびかと存じます理由のため、現時点では何もできないでおります。
　しかしながら、私は、楢崎にお示し下さったご配慮に対し、貴殿に感謝の意を表明するとともに、確固とした組織のできるまで、当公使館館員への忝ないお心配りを確固たるものとするために、貴殿がパリ日本国公使館付外科医のポストと肩書をお受け下さいますことを、強く希望しております。
　この任命に一定の謝礼金を付けることはできません。私には、それに対して自由に使える予算がないのです。しかしながら、貴殿のご性格をよく存じ

上げておりますので、この問題が貴殿にとっては軽微なことであろうと愚考致します。

〔284〕

〔18〕74年11月20日

オリエンタル銀行頭取

拝　啓

　私が数カ月間日本国に戻るに際し、当公使館一等書記官の中野氏を臨時代理公使に任命致しました。

　恐れ入りますが、日本国政府、当公使館、フランクフルトにおける紙幣の契約、いずれの点に関わる事項についても、すべて中野氏が私の代理であるとお考え下さると幸いです。第3番目の事項に関しましては、さらに関連の支払いが必要になるかと存じますので、特記致す次第です。

　また中野氏が署名致しますものにつきましては、彼が必要とする全額をお支払い頂けるよう、よろしくお願い申し上げます。

〔285〕

〔18〕74年11月22日

ドゥカーズ公爵

拝　啓

　数カ月任地を離れる許可を我が政府より受けましたので、ただちに日本に帰国致しますことを、閣下にお知らせ申し上げます。

　私の留守の間は、公使館の指揮はすべて中野一等書記官に任せます。閣下におかれましては、中野氏を臨時代理公使とお認め下さいますよう、お願い申し上げます。

〔286〕

1874年12月24日

〔公爵宛〕

拝　啓

　陸軍大臣から我が政府に譲渡されました信管製作設備を梱包するのに使用した荷箱の110フランにのぼる追加計算書をお送り下さった旨の当月16日付貴信、ありがとうございました。

　問題の額につきましては、フランス国庫に払い込みましたことを、取り急ぎ閣下にお知らせ申し上げます。

〔287〕

1874年12月6日

〔公爵宛〕

拝　啓

　日本国から、私の住所宛に食品の入った荷箱がベルシー駅に届きました。閣下におかれましては、それが関税をかけずに当方に引き渡されますよう、必要な指示をして頂ければ非常にありがたく存じます。

〔288〕

1874年12月25日

ドゥカーズ公爵

拝　啓

　昨年初め、閣下の前任者に、同胞の一人が文科バカロレア資格証書なしで法学科の授業を受けられるよう必要な認可を申請致しました。

　この認可はおりました。

公爵殿、本日は、あと2名の候補者のためにこの認可を更新し、それぞれ20歳と23歳になる日本臣民中村氏と光田光妙寺氏〔光妙寺三郎〕①がパリ大学の法学部に登録できるよう、文部大臣にお取りなし頂きたく閣下にお願い申し上げます。

〔289〕

1875年1月2日

メサジュリー郵船会社支配人代理

　拝　啓
　税関長気付で、横浜に向けて〔判読不能〕で発送しました木箱14箱分の砲兵材料の船荷証券を12月30日付の貴信にてお送り下さり、ありがとうございました。
　今回の件でご親切にお骨折り下さったことに対する私の感謝の気持ちをお受け下さいますよう、お願い申し上げます。
　ソシエテ・ジェネラル渡しで貴殿指名の、代金1698フラン30サンチームの小切手を本状に同封致します。　　　　　　　　　　　　　　敬　具

〔290〕

1875年1月3日

日本学会会長

　拝　啓
　当月6日付貴信でお知らせ下さったご依頼につきましては、残念ながら、貴意に添えませんことをお伝え申し上げます。
　小倉氏〔小倉衛門太〕①は官費留学生の身分が切れ、日本国に帰国しなければならない旨の通知を1年前に受け取りました。そのため帰国旅費が支払われましたが、彼としましては、単なる一私人としてヨーロッパに残ることを選

びました。

　したがって、小倉氏は当公使館指導下の留学生団にもはや〔欠字〕しておりません。私には、彼に与える指示も、彼に渡す資金もありません。

　彼が日本学会と交わした取り決めは、全く個人的なものであって、私にはそれに口を挟む権利も権限もありません。

　このようなお知らせをしますことは、私にとって心苦しいことであります。できれば貴殿のお望み通りにしたく思いましたが、残念ながら私には不可能です。
　　　　　　　　　　　　　　　　　　　　　　　　　　　　敬　具

〔291〕

　　　　　　　　　　　　　　　　　　　　　　　　　75年1月8日
サンペール通15番地
ボドゥリ

拝　啓

　中島氏の注文しました本の代金が日本国政府より届きましたことを、幸いにもお知らせできますことになりました。

　貴請求書の総請求額は、2599フラン45サンチームとなっておりますが、直接口頭でご説明させて頂きますある事情で、私の方には2100フラン56サンチームしか送られてきませんでした。この金額は、いつでもご用立てできます。
　　　　　　　　　　　　　　　　　　　　　　　　　　　　敬　具

〔292〕

　　　　　　　　　　　　　　　　　　　　　　　　1875年1月9日
ドゥカーズ公爵

拝　啓

　当月7日付で閣下がお出し下さった書信への返答として、陸軍大臣の口座

あて国庫に払い込みました110フランの受領証を同封致します。　　　　敬　具

〔293〕

1875年1月9日

リセ・アルジェ数学教授
オリヴィエ殿

拝　啓
　モリス・ブロック氏が今月2日付の貴信についてわざわざお知らせ下さいました。取り急ぎ返答致します。
　契約は、日本到着の日より2年間で、おそらく、更改されるでしょう。
　給料は、日本到着の日から数えて1カ月350円とします。1円はおよそ5フランです。
　渡航費として支給されます額は5000フランとします。
　江戸には、フランス人教師が何名もおります。1年10,000フランで十分暮らせます。
　教育内容につきましては、私はその詳細をお知らせできる立場にありません。
　現時点では、今お話ししておりますポスト以外、空きはありません。
　もし、以上に挙げました情報が、原則において貴殿が決心なさるに十分でしたら、交わすべき契約書の写しを1部お送り致します。　　　　敬　具

〔294〕

1875年1月10日

ドゥカーズ公爵

拝　啓
　閣下が国民議会議員メルシエ氏の要請により当方へお届け下さいましたカ

リエ兄弟社の要求には、誠に残念ながら応じられません。
　この件につきまして、日本国政府より受けました正式の訓令に忠実に従い、私としましては、この種の全く個人的問題へのいかなる介入も慎重に控えさせて頂きます。
　ご通知に対してこれ以上良い返事ができませんこと、誠に遺憾に存じておりますことをご理解いただき、今後ともよろしくお願い申し上げます。

〔295〕

1875年1月21日

ルピシエ夫人

拝　啓
　私どもが天文学器具の件で日本に送付した電報の返事が届きましたので、ここにその写しを同封致します。
　つきましては、この器具の製作を続行していただき、ルピシエ氏と日本国文部省との間に交わされた取り決め通り、支払いに必要な措置を取るよう、お願い致します。　　　　　　　　　　　　　　　　　　　敬　具

〔296〕

〔日付欠〕

ルピシエ夫人

拝　啓
　数日前、天文学器具の件で一筆差し上げました。まだご返事を頂いておりませんので、この件につきまして何日にご返事頂けるか、お知らせ下さい。
　　　　　　　　　　　　　　　　　　　　　　　　　　　　　　敬　具

〔297〕

1875年1月29日

ブロック

拝　啓

　日本国政府より受けました通達に従い、貴殿におかれましては、パースで開催されます国際統計学会議に日本国代表としてご出席頂けるご用意がありますかどうか、お伺い致します。

　もし快くご返事が頂けますなら、必要な権限を貴殿に託す任務を私は受けております。　　　　　　　　　　　　　　　　　　　　　　　　敬　具

〔298〕

1875年1月29日

スイス公使
ポルトガル公使
ベルギー公使
スペイン代理公使

拝　啓

　私は、東京の博物館に陳列するために、ヨーロッパで使われている紙幣を集めるようにとの命を受けました。

　そのために、パリの両替商に必要な紙幣を手に入れるように頼みましたが、各国にはどのような紙幣がどれほどあるのかも分らず、差し当たって手元にあるものしか送ってきませんでした。

　このような次第ですので、〔ベルギー〕について問題の収集品の入手を担当して下さるような誰かお国の方を、指名していただけるかどうかお知らせ頂きたく、失礼を顧みず閣下にお問い合わせ致します。

　銀行券は最高でも200フランを越えてはいけませんが、各券この金額以下の見本を送るよう言われております。

　閣下におかれましては、このような件で申し出を致し、ご迷惑をおかけす

ることを、お許し下さいますようお願い申し上げます。　　　　　敬　具

〔299〕

1875年2月1日

ブロック

拝　啓

　〔欠字〕付貴信に返答申し上げます。パースでまもなく開催されます国際統計学会議に日本国代表としてご出席頂くのに必要な権限を、本状をもって、日本国政府の名において、貴殿に委譲致します。
　ウィーン駐在の日本国代表は、貴殿の任命をオーストリア政府に通知することになっております。　　　　　　　　　　　　　　　　　　　敬　具

〔300〕

1875年2月15日

ルピシエ夫人

拝　啓

　6週間前に当方にお越し下さり、ルピシエ氏がパリで注文した子午環の支払いの金を日本国政府より受け取られたらしいこと、氏が亡くなられてから、この器具の製作を中止するようにとの電報が日本国政府から届いたこと、その結果、制作者が違約金を請求してきたこと、その状況のもとでどのような措置を取るべきかご相談に来られたことをお話し下さいました。
　その際、私は日本国政府に電報を入れ、訓令を仰ぐつもりである旨、お答えしました。
　そして、1月21日にお手紙で、その器具の製作を続行するようにとの訓令を受けたことをお知らせし、そのために必要な措置を取って頂くよう、お願い致しました。

本日、日付のないお手紙をいただきましたが、何事も拒否なさっておられるようで、また日本国政府とルピシエ氏との間で何があったのか説明を求めておられます。
　このような態度をお取りですので、私は日本国政府の名において、故ルピシエ氏の代理たる貴女に、そのための資金をすでにお受けになった器具の製作をあらためて注文し、引き渡しに生じ得るいかなる遅延についても、貴女に全責任がある旨、確認させて頂きます。さらに、この件に関しましては、セバストポル街135番地の、公使館委託代訴人ラミ氏の手に任せてあります。今後この件で交渉なさる場合は、氏となさって下さるようお願い致します。
　　　　　　　　　　　　　　　　　　　　　　　　　　敬　具

〔301〕

1875年2月20日

師範学校校長
ベルソ殿①

拝　啓
　次のような次第で申し入れさせていただきます。
　日本国政府は、日本国で数学を教えるフランス人教師を必要としています。師範学校②学生のステファヌ・マンジョ氏が応募しています。
　マンジョ氏は、理学博士でも正教授でもありませんので、私一人の責任で彼を選ぶのを躊躇しています。
　つきましては、果たしてマンジョ氏がその職務を果たす能力があるとお考えになられるか、内々に当方にお知らせ下さいますようお願い申しあげます。
　　　　　　　　　　　　　　　　　　　　　　　　　　敬　具

〔302〕

1875年3月2日

リール
ソワン・ダルガンビ

拝　啓
　本日当方にお示し下さいました領収証に御宅の固定資産税1028フラン2サンチームを含ませておられますが、そのようになさった動機を解明する必要はありません。
　この誤りを正し、賃貸借契約書第4条の条項に則した別の領収証をお出し下さるようお願い致します。　　　　　　　　　　　　　　　　　敬　具

〔303〕
　　　　　　　　　　　　　　　　　　　　　　　　　1875年3月8日
リセ・アルジェ数学教授
オリヴィエ

拝　啓
　1月26日付貴信で提起されました件につきましては、書面で解決できるようには思えませんでした。それ故、パリ中を探して、ある人物を選びました。その人物についてはきわめて熱心な推薦を受けました。近々日本国に向け出発するはずです。
　貴殿とはあまりに距離的に離れすぎており、面談できませんでしたことは誠に残念であります。今はこのことをお伝えするほかありません。

〔304〕
　　　　　　　　　　　　　　　　　　　　　　　　　1875年3月13日
ドゥカーズ公爵

拝　啓

日本国政府は、騎兵下士官を1名、駐日フランス軍事使節団に参加させたい旨、伝えて来ております。
　公爵閣下におかれましては、陸軍大臣に当の任務につくこの階級の軍人を一人選抜して下さるよう、お取りなし頂きたく存じます。
　この下士官との契約は、1877年4月11日まで、すなわちこのたび更新を行ないました現在の使節団メンバーの契約期間が終了する期日まで有効とします。　　　　　　　　　　　　　　　　　　　　　　　　敬　具

〔305〕

1875年3月13日

ロンドン
オリエンタル銀行頭取

拝　啓
　当公使館より日本の陸軍省のため、7704フラン50サンチーム相当額を前貸ししていたのですが、その額を陸軍省から引き出す必要が生じました。
　恐れ入りますが、当地における貴行の取継者にご連絡頂き、いつもの手順でこの件を処理し、私が日本宛に〔政府支払いとして〕振り出す手形と引き替えに7704フラン50サンチームを私にお渡し下さるよう、指示して頂けないでしょうか。

〔306〕

1875年3月17日

ドゥカーズ公爵

拝　啓
　当月13日に閣下に書信を差し上げました後に届きました新しい通信で、私は、駐日フランス軍事使節団に新たに5名加えるという日本国政府の要望を

お伝えするよう連絡を受けました。
　すなわち
　　歩兵隊中尉または少尉
　　機械仕上工手
　　銃工長
　　鍛造工
　公爵閣下におかれましては、陸軍大臣にこの要望をお伝え頂き、シセー将軍から応諾の返答を得て頂きたくお願い申し上げます。
　契約は、1877年4月11日に効力がなくなるものと致します。　　　敬　具

〔307〕

1875年3月18日
スイス連邦銀行頭取
スタンプレ

　拝　啓
　ヨーロッパ各国で使われております銀行券の見本を、江戸の博物館のために収集するよう、日本国政府より命を受け、パリ駐在スイス代表部の方にスイス紙幣収集にご協力下さるようお願いしておきました。
　ケルン博士からは、クラウス商会とヘルチュ・リュチェン商会に問い合わせるようお勧め頂きました。しかし、両商会とも紙幣の見本を送ってくれませんでしたので、ケルン博士は、もし貴殿へ書簡を差し上げれば、恐らくお断りになることなく、求めるものが手に入るようにして下さるであろうとご教示下さいました。
　そこで、このような事情ですので、貴殿にお手数をおかけすることをお許し下さいますよう祈りながら、貴殿のご尽力をお願い致します。
　スイスには国の紙幣がなく、各州の〔欠字〕が独自の紙幣を出している由、存じております。ベルン州の紙幣が日本国政府の目的に適っていると思われ

ます。各種紙幣の見本をお送り頂ければ、誠に有難く存じます。ただし、各紙幣250フランを越えないように願います。
　以上の紙幣に相当する額を、取り急ぎお送り致したく存じます。　　敬　具

〔308〕

1875年3月22日

オリエンタル銀行頭取

拝　啓
　日本国の海軍省から1000フランを引き出したく存じます。
　大変恐縮ですが、私が当地で1000フランを受領できるよう、P・ギルを通じてお取り計らい頂けないでしょうか〔欠字〕。

〔309〕

1875年3月25日

ベルン
〔スイス〕連邦銀行頭取
スタンプレ

拝　啓
　ご丁寧なご返答、またわざわざお送り下さいましたスイス紙幣の見本、誠にありがとうございました。
　お送り頂いた見本は、日本国政府のめざしております目的に十二分にかなっております。
　今回の件で賜りましたご協力に対して心より感謝しておりますことを、貴殿に直接お伝え頂くよう、ケルン博士にお願いいたしました。　　敬　具

〔310〕

1875年4月6日

パリ造幣局局長

拝　啓

　日本国政府よりパリ造幣局の年次報告を送れとの要請がきていますが、この件で、直接外務大臣に正式な形で要請するかわりに、直接貴殿にお手紙を差し上げることをお許し願います。
　造幣局報告書がございましたら、どこで入手できるかご教示下されば幸甚に存じます。
　貴殿にこのようなお手数をおかけすることをお許し下さいますよう。衷心から感謝しておりますことをご理解頂き、この上なく尊敬申し上げておりますことをご確信下さい。

〔311〕

1875年4月6日

ドゥカーズ公爵

拝　啓

　同胞の一人長嶺正介氏①は、サン・シール陸軍士官学校の受験を希望しており、入学を許可された場合、講義を受けたいと望んでおります。
　陸軍大臣殿は、サン・シールに日本人を数名入学させて下さいましたが、閣下のお力添えを得て、シセー将軍殿が長嶺についても同様の許可をお出しになることを拒まれませんよう希望しております。
　閣下におかれましては、上で述べさせて頂きましたお願いを、陸軍大臣殿によしなにお取り次ぎ下さいますよう、お願い致します。
　　　　　　　　　　　　　　　　　　　　　　　　　　敬　具

〔312〕

1875年4月29日

ロンドン
クイーン・ヴィクトリア街12番地
H・アーレンズ社

　拝　啓
　昨日付の貴信によりますと「パリに薬莢を送るのには越えがたい困難が予想される」〔引用文仏語〕とのこと。おそらく貴殿は、問題となっているカートリッジの中味が空だということを〔1語未詳〕。　　　　　　　　敬　具

〔313〕

1875年4月29日

ドゥカーズ公爵

　拝　啓
　閣下におかれましては、日本国陸軍の村田少佐①〔村田経芳〕にヴァンセンヌの射撃学校とシャロンの野営地の視察を認める陸軍大臣の許可証を、わざわざ3月30日にお送り下さいました。
　さて、村田は本日ピュトーの火砲加工工場、シャテルローとサン・テティエンヌの兵器製造所そしてブールジュの鋳砲廠を訪れたいとの希望を出して参りました。
　公爵閣下におかれましては、これらの4施設のなかに入るのに必要な特別許可を村田のために出して頂けるよう、再びシセー将軍に対してご好意をもって仲介して頂きたくお願い申し上げます。　　　　　　　　敬　具

〔314〕

1875年4月29日

ドゥカーズ公爵

拝　啓
　日本人学生小野氏〔小野弥一〕①は、しばらく前に司法省の統計局で働く許可を頂きました。
　さて彼は今、農商務省のフランス国総合統計局で同様に働くのに必要な許可を得たいと希望しております。
　閣下におかれましては、小野が希望しております許可が与えられますよう、ご支援を賜り、ド・モー子爵殿②へお口添えして下さいますよう、お願い申し上げます。

〔315〕

1875年5月1日

頭取

拝　啓
　日本国の外務省から3304フラン60サンチームを引き出したく存じます。
　そこで、日本宛の〔政府支払い〕当方の手形とひきかえに、同額の3304フラン60サンチームが当方の手元に用意されるよう、貴行の当地取継者にご指示頂けないでしょうか。

〔316〕

1875年5月12日

ロンドン
クイーン・ヴィクトリア街12番地
H・アーレンズ社

拝　啓

村田氏によれば、薬莢と火薬をパリに送るに必要な許可を〔欠字〕得るための準備を、ロンドン駐在の日本国公使上野氏にはかり、完了したとのことです。
　そこで、10日付貴信への返答としましては、誠に恐縮ですが、上野氏にこの件につきお問い合わせ頂けないでしょうか。

〔317〕

1875年5月17日

頭取

　拝　啓
　日本国外務省支払いの1059フラン55サンチームの手形を振り出しますので、それと引き替えに同額が当方に渡るよう、P・ギル氏にお願いして頂けないでしょうか。

〔318〕

1875年5月21日

エコール・ポリテクニク校長

　拝　啓
　日本人学生太田氏は、しばらく前にエコール・ポリテクニク〔理工科学校〕の受講許可を頂きましたが、このたび政府の命令で日本に呼び戻されることになりました。
　校長殿におかれましては、退学許可を与えて下さいますよう、お願い致します。
　この書面をもちまして、貴学在学中の太田氏にお示し下さった特別のご配慮に対し、お礼申し上げます。このことは、日本国政府に報告させて頂きます。貴殿と教授の方々に対する衷心よりの謝意をお受け下さいますよう、お

願い申し上げます。　　　　　　　　　　　　　　　　敬　具

〔319〕

1875年6月3日

エコール・ポリテクニク校長
ヴィリエ将軍

拝　啓
　5月27日付の貴信を拝受致しました。そのなかで、太田氏はさらに2カ月フランスに滞在してエコール・ポリテクニクでの2年の勉学を修了するのが望ましいとのご意見をお示し下さいました。
　貴信を（太田氏の属します）日本人軍人留学生団の団長に示しました。その同意を得て、あと2カ月の滞仏を太田氏に許可することにしました。
　このような状況のもと、閣下の〔欠字〕下さいました〔欠字〕に沿った措置を取ることができ非常に嬉しく存じます。　　　　　　　敬　具

〔320〕

1875年6月7日

〔大臣宛〕

拝　啓
　日本国政府の命により、日本国陸軍省のためにパリでサーベルを31振り、サーベルの刀身を3本購入致しました。
　閣下におかれましては、マルセイユ経由で日本国に向けこれらの武器を積み込む許可を頂きたく、お願い申し上げます。　　　　　　敬　具

〔321〕

1875年6月12日

地理学会議委員長
レイユ男爵①

　拝　啓
　当月20日に当公使館より地理展示会に送る予定の出品目録を提出させて頂きます。
　地図を9葉、そして書籍を65冊集めることができました。
　地図を吊るすのに必要な〔欠字〕の面積が決定できるように、地図の寸法を目録の欄外に示しておきました。書籍につきましては、1平方メートルのテーブルで十分でしょう。代金10フランを当方にとっておいて頂けますよう、お願い申し上げます。
　今後いかなるお問い合わせもお受けする用意があります。　　　敬　具

〔322〕
ドゥカーズ公爵

　拝　啓
　日本国皇帝陛下の4月14日にご署名されました詔書を、閣下にお知らせする任を日本国政府より仰せつかりました。
　この詔書により、畏れ多き我が主君皇帝陛下は、日本国統治の諸条件を畏くもご修正になられました。
　その勅令の原文の写しを、フランス語訳とともに閣下にお送りさせて頂きます。

翻訳〔仏訳文より重訳〕
　朕は即位に際し、我が国の貴族、高官を招集し、公論に和して統治する五カ条の誓文を遵守し、我が人民の権利を実現することを、天に誓った。
　我が畏れ多き祖先の輝かしき神聖なる皇統と、我が臣民の輿論に助けられ、

410

朕は平和と平安を得ることができた。

　しかしながら、維新はまだ最近のことであり、なお幾つもの本質的改革を、国事の運営の中で実施しなければならない。

　遵守すると誓った五カ条を維持するにとどまらず、さらに先に進み、国内の発展の範囲を広げることが、朕の望みである。

　このような目的で、帝国の憲法作成のために元老院を、そして裁判所の法的権威を強化するために大審院を今ここに設けることとする。帝国諸州の地方官吏に訴えかけることで、公共心の知られることとなり、公益が問われ、そのようにして最善の行政組織が決定されることになるだろう。

　このような方法で、朕と臣民の幸福を強固にすることを望む。臣民は必然的に旧習を棄てねばならないが、改革の無謀な要求には屈するべきではない。

　朕が責務にしかるべき注意を払い、その遂行のために最善の努力をせんことを。

〔323〕

1875年6月21日

リール

ソワン・ダルガンビ

拝　啓

　現在日本国公使館が使用しておりますパリのジョゼフィーヌ通75番地の居館の賃貸借契約更新の件で、日本国政府より指示を受けましたこと、ご連絡申し上げます。

　現在の賃貸借契約の期限の終了する日より、日本国政府の希望に応じて2、3、6あるいは9年の賃貸借契約に更新する権限を日本国政府より受けました。

　指示により、私には現在の条件に対していかなる修正も認める権限がな

く、貴殿がこれらの条件に変更を要請される場合は、帝国公使館の所在地を他の場所に〔欠字〕する命令を受けていますことをお伝えしなければなりません。

　貴殿におかれましては、上記の条件で賃貸借契約の更新を〔欠字〕されるかどうか、お知らせ下さるとありがたいのですが。もし同意されますなら、日本国政府に連絡できるように新しい賃貸借契約にご署名下さるよう提案致します。もしそうでない場合は、来年8月からの解約を通告しなければなりません。　　　　　　　　　　　　　　　　　　　　　　　　　　　敬　具

〔324〕

1875年7月2日

モンマルトル・ラボ通28番地
ジャンサン殿

拝　啓

　日本国政府より同封の書簡とそれにともなう小包を、貴殿の元に届けるよう訓令を受けました。

　この役目をつとめるのは私の喜びであります。貴殿が樹立された日本国との関係を維持するために、私にできますことは万事喜んでさせて頂きますので、ご安心下さい。

〔325〕

1875年7月8日

パリ
ロシェ通91番地
コワンテ殿

拝　啓

最初の貴信にはご返事するまでもないことと思いました。
　第２信を頂きましたのでお伝え致します。割れないと言われておりますガラスの件で、日本国政府に連絡する必要が生じた場合、直接私が話し合いをしなければならないのは、その製造方法の考案者（私の知人）であります。

〔326〕

1875年7月10日

地理学会議委員長
レイユ男爵

拝　啓
　私こと地理学会議日本国代表を務めるよう日本国政府より権限を与えられましたので、お伝え申し上げます。
　つきましては、開会式にはこの肩書で出席させて頂きます。
　この会議の成功に貢献できますことを大変光栄に存じますとともに、何らかのお役に立てます場合、よろしく私をお使い下さいますようお願い致します。

〔327〕

1875年7月13日

ドゥカーズ公爵

拝　啓
　日本人士官小坂氏は、サン・シール陸軍士官学校の受講を、２年前に許可されました。
　来月23日にその学業を終えますが、閣下におかれましては、小坂氏に陸軍幹部学校への入学許可が得られますよう、陸軍大臣殿に働きかけて頂きたく、

お願い申し上げます。

　小坂氏は学業が十分進んでおりますので、私のお願いしております許可を有効に活用するものと確信しております。もし許可を頂けるようであれば、深く感謝致します。

〔328〕

1875年7月22日

オリエンタル銀行頭取

拝　啓

　日本国の外務省から、5417フラン50サンチームを引き出す必要が生じました。

　この額の現金が当方で受け取れますよう、P・ギル氏に必要な指示をお与え頂けませんでしょうか。

〔329〕

1875年7月27日

ドゥカーズ公爵

拝　啓

　駐日フランス軍事使節団に火工長を加えたいと、日本国政府が希望しておりますことを閣下にお伝えするよう訓令を受けました。

　閣下におかれましては、陸軍大臣殿にこのお願いをお伝え頂き、それをよろしくお聞き入れ下さいますよう、大臣殿へお取りはからい頂きたく存じます。

　契約は先の派遣団員と交わしたものと同一と致します。

〔330〕

1875年8月6日

ドゥカーズ公爵

拝　啓

　日本国政府の去る6月18日付の命により、M・前田氏が当公使館館員に任命されましたことを閣下にお伝え申し上げます。

〔331〕

1875年8月10日

ドゥカーズ公爵

拝　啓

　去る4月29日、日本人学生小野がフランス国総合統計局で働くのに必要な許可を頂けるよう、閣下にお願い致しました。
　閣下におかれましては、快く許可して下さいました。
　農商務省でその仕事を終えました小野の方から、本日、大蔵省で統計の仕事につきたい旨、願い出ております。つきましては、大蔵省で小野が同じ肩書で受け入れられますことをレオン・セー①殿がご承諾下さるよう、お取りはからい頂きたくお願い申し上げます。　　　　　　　　　　　　敬　具

〔332〕

1875年7月27日

ドゥカーズ公爵

拝　啓

　去る11月、ピニエール、ドゥラエの両氏が当方の告訴により、当公使館に対する詐欺罪で、パリ軽罪裁判所より懲役6カ月の刑を受けました。
　両名はこの判決につき上訴しましたが、〔上告〕裁判所で確定しました。そ

翻訳篇——415

の結果、両名とも現在すでに2カ月刑に服しております。
　私は、この気の毒な両名のために残りの刑の免除を強く望んでおり、閣下におかれましては、私の要望を法務大臣殿にお伝え下さるようお願い致します。
　列強の代理人が日本の司法当局に同じような要求をすることが、日本では時々あります。日本政府がこのような要求に好意ある対応をしていることが、このフランス人両名の減刑を得るのに有効な論拠となったと、日本国政府に通知できれば大変うれしく存じます。
　閣下におかれましては、私のお願いに関心を寄せて頂き、法務大臣殿のもとで必ずお力添え下さるものと、僭越ながら希望する次第であります。
　取り急ぎ。
　　　　　　　　　　　　　　　　　　　　　　　　　　　　　中　野

〔333〕

1875年7月28日

ホテル・ド・ストラスブール
リシュリュー通50番地
ド・コホフスキー将軍

拝　啓
　アジア圏ロシアの立派な地図を日本国政府に送りたいという私の希望につき、カニコフ将軍にわざわざお話し下さり、そしてカニコフ将軍がまさにその地図を私の自由に使えるようにと、貴殿に賛同して、寛大にもそして大変ありがたくもお送り下さいましたこと、マーシャル氏よりたった今連絡がありました。
　貴殿の寛大なるご親切に対する衷心からの感謝の気持ちをお受け取り下さり、またカニコフ殿にもそのようにお伝え頂けますようお願い致します。日本国政府には非常な喜びをもってこのことを通知致します。
　貴殿におかれましては、私どもの日本地図のうちから、貴博物館にお役に

立ちそうなものを(4番以外)お選び下さいますよう願っております。敬　具

〔334〕

1875年8月4日

レモン・ド・カンプー殿

拝　啓
　我が国政府がマルセイユの日本国副領事の職を充足するため、貴殿を選んだことを謹んでお知らせ致します。
　この資格における貴殿への任命状を同封致しました。本日その副本を外務大臣にお渡しし、大臣がしかるべき承認を貴殿にお与え下さるようお願い致します。
　貴殿の職務の詳細については、貴殿がその配下に入るマルセイユの日本国領事中村氏と話し合わなければなりません。中村氏の要請にしたがって、貴殿の〔欠字〕と助言で氏を助けて下さい。
　我々の間では口頭で、貴殿の職務は純粋に名誉的なものであって、それについていかなる報酬もあてられないことが了解されています。ご返書にてこの条件を確認していただきたく存じます。
　私自身は、この通知の代行者であることに非常に満足しております。当今確立している我が国政府と貴殿自身との間の関係が末長く良好であることを願っております。

レモン・ド・カンプー氏任命状

　マルセイユ駐在日本国副領事の職に補することを望む我が国政府から受け取った訓令に従い、また、レモン・ド・カンプー氏の知性、誠実、熱意を知るに及んで、上記の職を充足するため同氏を選んだ。以上の理由により、彼に託される職務を遂行するためレモン・ド・カンプー氏を本状にて任命する。したがって、フランス共和国大統領元帥閣下とフランス国高官各位に対

して、レモン・ド・カンプー氏を在マルセイユ日本国副領事として承認し、またその旨周知させ、本人がなんの障害も妨害もなく思いのままに職務を遂行できるようにしていただきたく、願い上げるものなり。

　上記の証拠として日本国パリ公使館公印を本状に押させるものである。

1875年8月4日　　パリにて作成
一等書記官兼臨時代理公使
中　野

[335]*

レモン・ド・カンプー氏任命状

　マルセイユ駐在日本国副領事の〔職〕に〔補する〕ことを〔望む〕我が国政府からそのために受け取った訓令に従い、〔また〕、レモン・ド・カンプー氏の知性、〔誠実〕、熱意を〔知るに及んで〕、上記の職を充足するため同氏を〔選んだ〕。以上の〔理由〕により、彼に託される職務を遂行するためレモン・ド・カンプー氏を本状〔にて〕〔任命する〕。したがってフランス共和国大統領元帥閣下と〔フランス国高官各位〕に、レモン・ド・カンプー氏を在マルセイユ日本国副領事として承認し、またその旨周知させ、本人が〔なんの障害も妨害もなく〕〔思いのままに職務を遂行できるようにしていただきたく〕願い上げるものなり。

[336]

[18]75年8月4日

ドゥカーズ公爵
　拝　啓
　本国政府から受け取った訓令に従い、さきごろマルセイユ日本国副領事にレモン・ド・カンプー氏を任命したことを、謹んで閣下にお知らせ申し上げます。
　レモン・ド・カンプー氏はマルセイユ・ヴァゾン通56番地に住んでおります。

その職務遂行のためのしかるべきご許可を氏に交付して下さることと存じます。

氏の任命状を本書信に同封致します。

〔337〕

〔18〕75年8月24日

ジャンサン殿

拝啓

大変興味深いお写真をお送り頂き、心からお礼申し上げます。それらは日本ご訪問の貴殿の思い出を当館に長く残すことと存じますし、すべての来訪者に必ずお見せすることに致します。　　　　　　　　　　　　敬具

〔338〕

〔1875年〕8月30日

ドゥカーズ公爵

拝啓

ピニエール氏とドゥラエ氏に対する私からの減刑願いを、法務大臣殿のもとでかくも効果的に後押し下さいまして本当にありがとうございます。

共和国大統領閣下が法務大臣殿のご提案についてその正しさをお認め下さり、大変嬉しく存じます。また、本国政府にこの結果を通知できることを非常に嬉しく思っております。

〔339〕

〔18〕75年8月30日

〔公爵宛〕

拝　啓

　日本国陸軍の村田少佐は、我が国政府により、使命を帯びてヨーロッパに派遣されていますが、モン・ヴァレリヤン要塞とサン・シール陸軍士官学校の見学を希望しております。

　村田氏がこの2つの施設に入ることを許されるためのしかるべき許可をシセー将軍にお願いして下されば大変ありがたく存じます。

〔340〕

〔1875年〕9月13日

〔公爵宛〕

　拝　啓

　我が国政府の命により、日本国陸軍の村田少佐はプロシアで軍用銃一丁と空薬莢30個を購入しました。

　これらの武器を入れた2個の荷箱がちょうどパリに到着したところで、現在東駅にあります。

　そこで閣下に、村田氏がこれらの荷箱を税関で受け取ることができるように、しかるべき許可をシセー将軍にお願いして頂きたく存じます。　　敬　具

中　野

〔341〕

1875年9月24日

〔公爵宛〕

　拝　啓

　フランス軍事使節団の人員を、歩兵隊、騎兵隊の中尉または少尉を2人と、工兵隊の中尉または少尉を1人増やして頂くよう、シセー将軍に依頼して頂くことを閣下にお願い申し上げるよう本国政府から命じられました。

軍事使節団指令官ミュニエ大佐は、それらの士官をできるだけ早く出発させて欲しいと願っています。
　任命がすみやかに行なわれますよう、閣下がしかるべきご指示をお出しくださることを希望しております。
　　　　　　　　　　　　　　　　　　　　　　　　敬　具
　　　　　　　　　　　　　　　　　　　　　　　　中　野

〔342〕

　　　　　　　　　　　　　　　　　　〔1875年〕9月27日
〔公爵宛〕

拝　啓
　ボルドーで注文致しました4樽のワインがベルシー駅に到着したところです。それらが入市税免除で私のところに届けられますよう、しかるべき指示を閣下がお出し下されば大変ありがたく存じます。
　　　　　　　　　　　　　　　　　　　　　　　　敬　具
　　　　　　　　　　　　　　　　　　　　　　　　中　野

〔343〕

　　　　　　　　　　　　　　　　　　1875年10月4日
〔公爵宛〕

拝　啓
　少し前、我が国の何人かの者が文科バカロレア資格証書を提出しないで、法律学校の講義を受けられるためのしかるべき許可を閣下にお願い申し上げました。
　その許可は与えられました。
　此度は、23歳になる日本国臣民西園寺氏①〔西園寺公望〕に同じ許可を与えて下さること、および、彼がパリ大学の法学部に登録させて頂けるよう文部大臣に依頼して下さるべくお願い申し上げます。
　　　　　　　　　　　　　　　　　　　　　　　　敬　具
　　　　　　　　　　　　　　　　　　　　　　　　中　野

〔344〕

1875年10月6日

　下記に署名したパリ日本国公使館一等書記官兼臨時代理公使は、飯塚ヨシトシおよびその妻飯塚フサの息子にして、1851年1月14日、日本国の島根に生まれたる日本国臣民飯塚納氏①と、オーギュスト・リヒターおよびその妻カトリーヌ・リヒターの娘にして、1858年10月6日ニューヨークに生まれたるポーリーヌ・リヒターとの結婚に同意する。

1875年10月6日　　パリにて作成

T. N.

〔345〕

1875年10月11日

マルセイユ
ド・カンプー

拝　啓

　8月4日に貴殿に宛た先の書信に関して。

　当月9日の公用文書で外務大臣閣下は、私が8月4日に差し上げた書信への返答として、マルセイユ駐在の領事中村氏が留守あるいは差しつかえのある時、同所における日本副領事としての職務を貴殿が満たすことができるように、しかるべき指示を与えるよう、ブーシュ・デュ・ローヌ県知事が先頃要請を受けたばかりであることをご通知下さいました。この旨を謹んでお知らせ致します。

　貴殿の任命の最後の手続きが、かくして終わったことを貴殿にお知らせするのは嬉しいことです。

〔346〕

〔18〕75年10月18日

ドゥカーズ公爵

拝啓
　閣下は幾度かにわたり、私の依頼により、日本人学生が文科バカロレア資格の証書を提出することなく法学部の講義を受けられるよう、文部大臣からしかるべき許可を取って下さいました。
　またしても同様の許可を閣下に切にお願い致します。
　我が国政府によってフランスの法律を学ぶために送られた7人の学生（その氏名は同封のリストに記されています）がパリに着いたところです。この者たちはそのために、東京の法律学校で特別の準備教育を受けました。この者達は私の申請しております免除を有効に利用できるものと確信しております。

		年齢
磯部　四郎①		23歳
井上　正一②		24歳
関口　豊③		23歳
栗塚　省吾④		22歳
熊野　敏三⑤		20歳
岡村　誠一⑥		21歳
木下　広次⑦		23歳

〔347〕
　9月20日、7人の学生に交付。
　下記に署名するパリ日本国公使館一等書記官兼臨時代理公使は＿＿＿＿氏が18＿＿年、日本国＿＿＿＿＿で生まれたことを証明する。

　　　　　　　　　　　　　　　1875年11月20日　パリにて作成
　　　　　　　　　　　　　　　　　　　　署名　T・中野

〔348〕

　　　　　　　　　　　　　　　　　　　　　1875年4月7日

地理学会会長
ド・ラ・ロンシエール・ラ・ヌリ中将

拝　啓
　パリ駐在日本国公使が去年の9月9日貴殿に差し上げました書簡に関して、我が国政府は本年パリで行なわれる地理学会議に展示するための日本の地図および書籍を1箱送るとの通知がありましたことをお知らせ致します。
　それらの品を受け取りしだい、貴殿にお届けするのを楽しみにしております。
　会議の行なわれる日時をお教え頂ければありがたくと存じます。

〔349〕

　　　　　　　　　　　　　　　　　　　　　1875年12月2日

ドゥカーズ公爵

　日本国代理公使は、お送り頂きました国民議会の会議のための新しい〔傍聴〕券につきまして外務大臣閣下に謹んでお礼申し上げます。
　同時に古い券は同封してお返し申し上げます。

〔350〕＊

公爵

　日本国代理公使は外務大臣閣下に、〔　　〕して頂きました〔　　〕につきま

して謹んでお礼申し上げます。

〔351〕

〔18〕75年12月11日

アルブル・セック通48番地
グルベール・ボルニオ毛皮商会

拝啓

　我が国政府が最近、蝦夷島の北で取れたカワウソの毛皮の見本を送って来ました。その毛皮のヨーロッパでの価値の情報を収集する命令つきです。もし有利な値段なら、毎年大量に送ることができます。
　こういう事情ですので、見本を調べるために誰かを当方（ジョゼフィーヌ通75番地）に寄越して下さるようお願い申し上げます。私は毎日1時から3時まで館におります。

〔352〕

〔18〕75年12月16日

ドゥカーズ公爵

拝啓

　去る4月に、伊勢〔Isey〕の近くで遭難した3人の日本人がフランス船パラナ号によって救助されました。
　パラナ号船長レネ氏に、同氏がなしとげられた人道的行為に対する記念品を差し上げるよう、本国政府から指示され、それを彼に届けて下さるよう閣下にお願い申し上げます。
　パラナ号はナントの船主ボワシエ氏に所属しております。
　私はこの通知の代行者であることを嬉しく存じます。我が国政府がフランスに抱いている心からの共感を証明する機会が生じるたびに、真実、非常な

満足をもって事にあたらせて頂いております。

本状にレネ氏に贈られる品を同封致します。

〔353〕

1876年1月12日

自然誌博物館教授
ポール・ジェルヴェ①殿

拝　啓

　昨日の貴信と同封下さった科学アカデミーへの報告書を受領したことを取り急ぎお知らせ致します。

　これらの書類を次便で本国政府に届け、特に、ご所望の骸骨を貴殿にお届けするよう本国政府に依頼致します。

　日本から送られた見本の伝達の仲介者を勤めましたのはこの上ない喜びです。このような機会がしばしばあることを願っております。

　自然誌博物館内の比較解剖学博物館を、来週のいつか詳細に見学する許可を頂けましたら大変ありがたく存じます。

敬　具

〔354〕

1876年1月21日

警視総監

拝　啓

　12月10日付で差し上げましたダ・ローザと言う名のポルトガル人詐欺師に関する書信に関し、ロンドンの日本国公使上野氏からただいま受け取った電文を取り急ぎお伝え致します。このダ・ローザがパリへ出発したとのことです。

　本国政府から昨日届いた通信によりますと、ダ・ローザは日本国海軍のた

めの偽の船舶注文書によって金銭を入手しようとしているようです。

〔355〕

1876年1月30日

司法大臣宛

拝　啓

　フランス国刑事民事商業裁判行政一般報告の最新2巻をお送り頂きました12月20日付の貴信は昨日ようやく届きました。
　お届け頂きました資料、誠にありがとうございます。すぐに本国政府に送ることに致します。
敬　具

〔356〕

1876年2月8日

ヴォジラール通56番地
オズー博士[1]

拝　啓

　ロンドンの日本国公使の要望にしたがって、同封のカタログを謹んでお届け申し上げます。その中から抽出して次に列挙するものを我が国政府に提供して頂きますようお願い申し上げます。

No.	12	人間の脳	150	フラン
〃	19	目	75	〃
〃	25	耳	150	〃
〃	27	喉頭	30	〃
〃	34	馬	4000	〃
〃	45	馬の足	50	〃
〃	49	雌牛の子宮	80	〃

〃	50	○○(ママ)	100	〃
〃	61	反芻動物の胃	80	〃
		合計	4715	フラン

これらの引き渡しがいつになるか教えて頂ければありがたく存じます。

〔357〕

パリ　1876年2月14日

　日本国代理公使は交通警視殿に謹んでお知らせ致します。明日（火曜日）夜会を開催致します。恐らく30〜40台の自家用馬車が集まると思われます。そのうちの多くは駐車券を所持しており、駐車を認められるはずであります。

〔358〕

〔18〕76年2月15日

ドゥカーズ公爵

拝　啓

　先の12月20日付の我が国政府の辞令で、フレデリック・マーシャル氏がパリ日本国公使館の名誉書記官に任命されたことを謹んで閣下にお知らせ申し上げます。

〔359〕

〔18〕76年2月15日

〔駐仏〕イギリス大使
ライアンズ卿①
拝　啓

先の12月20日付の我が国政府の辞令で、フレデリック・マーシャル氏がパリ日本公使館の名誉書記官に任命されました。この任命につきましては、ドゥカーズ公爵殿に公式にお知らせ致しました。
　同時に、そのことを非公式に閣下に謹んでお知らせ申し上げます。マーシャル氏はイギリス臣民でありますので、閣下にこのことを通知し、閣下に対し敬意を表しますとともに礼を尽したく存じます。　　　　　　敬　具

〔360〕
〔公爵殿〕

拝　啓
　私は5箱のワインをボルドーから取り寄せました。現在オルレアン駅にあります。
　そこで、入市税免除で私に引渡されますよう必要な命令を出して下さることをお願いする次第です。　　　　　　　　　　　　　　　　　敬　具

〔361〕
　　　　　　　　　　　　　　　　　　　　　　　〔18〕76年3月3日
師範学校校長
ベルソ殿

拝　啓
　再び貴殿のご親切とご助言におすがりすることをお許し下さい。
　我が政府は日本で中級クラスおよび上級クラスの物理学、機械学、数学を教える教師1人を選抜するよう求めてまいりました。そして、マンジョ氏は書簡で、トゥルノンの教師ベルソン氏、またはポアチエの教師ディブウォスキー氏を提案しております。
　これらの方々が問題の職務を遂行する上で適格かどうか、また2人のうち

どちらの採用をお薦めになるかを、何卒私に内々にお伝え下さい。

〔362〕

〔18〕76年3月9日

ボナパルト通40番地
ペルドリ殿

拝　啓
　当月5日および6日付の貴信を拝受致しました。
　貴信に対して、日本国臣民がフランス国内で負った債務の支払を続けることは、全く私の職務に属さないことに、ご注意を促がさざるを得ません。
　貴殿が私に述べられた債権について我が政府に伝えることには同意したく存じますが、これは全く私的な気持から非公式に行なったもので、それ以上の措置をなすつもりはありません。したがって、本書簡が最終のものとお考え下さい。
　ただし、我が政府から本件に関係するなんらかの連絡を受けた際には、必ずお知らせ致します。

〔363〕

〔18〕76年3月13日

ポルトガル代理公使
サントス男爵

拝　啓
　閣下にご通知申し上げます。ロンドン駐在の日本国公使上野氏は我が政府の辞令により貴国王への特命使節に任ぜられ、現在その任を果たすためリスボンへ出発するところであります。
　上野氏はすでにロンドン駐在ポルトガル公使に対して、公式に自分の任を

告げておりますが、私は閣下にそのことをお知らせすることで閣下に対して礼を尽したく存じます。

　上野氏は、鈴木金蔵氏①とステュアート・レーン氏の2名の書記官を同伴致します。
　　　　　　　　　　　　　　　　　　　　　　　　　　　　　敬　具

〔364〕

〔18〕76年3月14日

日本学会会長
モンブラン伯爵

　拝　啓
　日本学会の図書館用に、太閤記1部60巻を貴殿宛に送ります。
　この物語が最後の巻まで揃っていないのは残念です。きわめて面白いものだからです。しかしながら、不足分を後日補足することは不可能ではありません。

〔365〕

〔18〕76年3月14日

モリス・ブロック殿

　拝　啓
　当年ブダペストで開催予定の統計会議関連資料を同封させていただきます。
　同資料はウィーンの我が政府代表が私宛に送ってきたものです。

〔366〕

1876年3月20日

〔公爵宛〕

拝　啓
　我が同胞の一人河野氏①〔河野通信〕がパリ鉱山学校の入学試験を受験したいと希望しております。彼は数年来その準備をしてきました。このようなしだいですので、河野氏の鉱山学校入学に必要な許可を与えて頂けますように、文部大臣に要請して下さることを閣下にお願い申し上げます。　　敬　具
　　　　　　　　　　　　　　　　　　　　　　　　　　　　中　野

〔367〕

〔18〕76年3月22日
〔公爵宛〕

拝　啓
　我が同胞の一人K・船越氏は2年間エコール・ポリテクニク〔理工科学校〕の講義を受けておりますが、今日ではフォンテーヌブローの〔砲兵・工兵〕実施学校の入学試験を受験したいとの希望を持っています。
　それ故、閣下から入学のための必要な許可を陸軍大臣に要請して下さるようお願いする次第です。　　　　　　　　　　　　　　　　　敬　具

同人宛
　渡辺小三郎氏①および小国磐氏の日本人学生2人が、エコール・ポリテクニク〔理工科学校〕の入学試験受験を希望しています。彼らは数年間その準備をしてきました。
　このような事情ですので、閣下から陸軍大臣に、彼らのために必要な許可を要請して下さるよう、お願いする次第です。　　　　　　　　　敬　具

〔368〕

〔18〕76年3月29日

美術院院長
ド・シェヌヴィエール殿[①]

拝　啓
　以下の事情で貴殿の支援を受けることをお許し願いたく存じます。
　我が政府は日本に総合博物館を設置しようと意図しておりまして、フランスの美術館および博物館の設計図を送付するよう私に求めてまいりました。江戸に建設予定の建築物の模範とするためです。
　私宛の訓令に答えるべく、件の設計図をいたるところ探しましたが、何もみつかりませんでした。とくに求めております設計図は、ルーヴル、産業宮、パリ植物園陳列館、地方の美術館や陳列館のものです。そのようなものは皆無であると言われました。
　しかし、本国政府が求めるものを調達できない旨回答する前に、失礼を顧みず貴殿に申し出る次第です。この点をお許し下さり、探求中のものを発見する望みを全く捨てるべきかどうか、是非ともご教示のほど、お願い申し上げます。

〔369〕
〔18〕76年4月3日
ロンドン
オリエンタル銀行頭取

拝　啓
　日本国の文部卿から、3250フランを引き出す必要が生じました。
　お手数ですが、その金額をこれまでと同様に当地で受理できるよう、P・ギル氏に必要なご指示を頂けないでしょうか。

中　野

〔370〕

〔1876年〕4月14日

メサジュリー郵船会社局長

　拝　啓
　私どもは日本の陸軍卿宛に貨物2箱を発送しなければなりません。
　その1箱はさまざまの型式の軍用小銃20丁で、もう一つは実包200箇、弾丸およびその他の付属品です。
　もしも貴殿がこの発送を引き受けて下さるならば、私は大いに感謝致します。その場合には、オータン通39番地のガスティヌ・ルネット氏の店に、フランス陸軍省の輸出許可証付のこの貨物2箱がありますので、荷馬車を回して下さるようお願い致します。　　　　　　　　　　　　　　　敬　具

〔371〕

1876年4月22日

　拝　啓
　ホーイブレンク氏発明の人工授精法に関する報告の写しと証明書を頂き、貴殿のご親切に対し心から深甚なる感謝の意を表します。
　即刻本国政府に該文書を送付致します。

〔372〕

1876年5月3日

〔公爵宛〕

　拝　啓
　海上公衆衛生の新規の一般規則2部を同封した、4月27日付貴信を拝受致しました。

これらの資料につき、閣下に感謝の意を表したく存じます。　　　敬　具
　　　　　　　　　　　　　　　　　　　　　　　　　　　　中　野

〔373〕
　　　　　　　　　　　　　　　　　　　　　　1876年5月25日
外務省〔外務大臣宛〕

拝　啓
　パリ大学法学部正教授ボワソナード氏は、1873年に日本国政府と3年契約を受け入れました。
　氏の契約期間が終わりに近づいており、我が政府はボワソナード氏にさらに3年の更新を提案しました。同氏はこの提案を、フランス国政府が同期間、休職を延長することに同意することを条件に受諾しました。
　それ故、本国政府の訓令にもとづき、ボワソナード氏に現休職期間の満了以降、3年の追加休職期間を与えられるよう、閣下から文部大臣に要請して頂くことをお願い致します。

〔374〕
　　　　　　　　　　　　　　　　　　　　　　1876年6月7日
オリエンタル銀行

拝　啓
　昨日付の貴信への返答として、以下の通り報告させて頂きます。
　1875年2月25日に私は日本国政府に通信を送り、その中で、陸軍省のために一定の金額を支出したこと、また、ほどなくその額の手形を振り出すことを伝えました。
　1875年4月〔書簡397によれば3月〕25日には、再度通信を送り、手形を振り出したことを伝えました。

その後、1875年4月23日付の返信を陸軍省から受け取ったのですが、それによりますと、陸軍省は2月25日付の当方の通信を受理しており、私の手形は、提出されれば換金されるであろう、とのことでした。
　以上の事実に照らせば、私の手形が換金されないのは如何なる理由によるのか、見当がつきません。
　現在申し上げられるのは、お望みであれば、同一の金額をいつでも返済申し上げる用意はある、ということです。
　私の方から日本国政府に通信を送り、支払遅延についての説明を求めておきますし、その説明がこちらに届き次第、翻訳文を送付致します。

〔375〕

〔18〕76年6月8日

オリエンタル銀行

拝　啓

　昨日付の貴信、拝受致しました。日本国政府大蔵大輔の依頼に応じて、P・ギル氏の手形、それぞれ2389フラン25サンチームのものと、2671フラン1サンチームのものを同封して頂き、ありがとうございました。

〔376〕

〔18〕76年6月2日

ドゥカーズ公爵

拝　啓

　閣下に、当公使館の三等書記官鈴木氏の二等書記官への昇格、および三等書記官厚東氏の日本への召還を報告致します。

〔377〕

〔18〕76年7月13日

オリエンタル銀行

拝　啓

　日本国の外務卿から7988フラン引き出す必要が生じました。
　いつも通り、P・ギル氏にご指示頂き、日本宛に〔政府払いとして〕振り出した当方の手形とひきかえに、同額の現金を、ギル氏が貴行に代わって当方に手渡してくれるようにして頂けないでしょうか。

〔378〕

1876年8月2日

〔公爵宛〕

拝　啓

　本国政府から、フランス国海軍省の刊行物数種を送付せよとの訓令が届きました。以下その書目を掲げます。
　　　　1．フランス船舶工学時報
　　　　2．フランス船舶工学図解
　　　　3．水理工学時報
　　　　4．海軍砲兵時報
　　　　5．艦隊船舶用の全備品の装備関連規則
　　　　6．簿記教科書
　　　　7．技術規則集
　　　　　　滑車図解1冊
　　　　　　帆柱と帆桁用の備品用具と鉄具の図解1冊
　　　　8．海軍工廠職工就業規則
　閣下に申し出る前に、いく日も書店で以上の書物を見つけようとしました。

それが不首尾に終わったものですから、閣下のご好意におすがりする次第です。どうぞ海軍大臣に我が政府が上記刊行物の所蔵を願っていることをお伝え下さい。フリション提督が閣下の要請を受けて資料の提供に同意なさる場合は、規則に反しないならば、代金の支払い許可を本国政府に要請致します。　　　　　　　　　　　　　　　　　　　　　　　　　　敬　具

〔379〕

〔1876年〕8月2日

〔公爵宛〕

拝　啓

　我が政府がパリに派遣した軍人留学生の一人、広虎一①は陸軍主計に勤めるよう予定されています。したがって、この青年にとって、フランス国陸軍の行政に関して正確な知識を獲得することは、特別の利益があります。

　それ故、閣下からシセー将軍に要請して、広虎一がパリの陸軍経理局内で、特に糧秣部で、行政研修のため働くことを許可して頂きたいのです。敬　具

〔380〕

1876年8月7日

ブリュッセル
サン・クリストフ通
ドゥヴェルデール弁護士殿

拝　啓

　同封の覚書に記載されている事件につき、ベルギーで告訴せよとの訓令を本国政府から受け取りました。

　当方からモンブラン伯爵に問い合わせたところ、伯爵はベルギー弁護士会の重鎮の一人として貴殿を指名されました。

係争の対象は相対的に小事とは言え、原則の問題が係わっております。私どもは、貴殿がこの事件を引き受けて下さるものと考えました。どうか貴殿のご見解をお示し頂き、場合によっては告訴して頂きたく存じます。敬　具

日本国代理公使　中野

〔381〕

〔18〕76年8月24日

ドゥカーズ公爵

拝　啓

　本国政府から、駐日フランス軍事使節団に陸軍砲兵中尉が加わることを許可するよう、フランス国政府に対し要請せよ、との訓令が届いたことを閣下にお知らせ致します。

　閣下から本要請を陸軍大臣に取り次いで頂き、当該任務を担当する将校を選定して下さるよう希望致します。

〔382〕

1876年9月

パレスチナ国際委員会事務総長殿

拝　啓

　長期休暇を終えてパリに帰着し、聖地におけるキリスト教徒とユダヤ教徒の保護に関する7月31日付貴信を拝受致しました。

　本件は、我が政府が検討できる性質のものではないように私には思われます。したがって、ご通知には大いに感謝致しますが、残念ながらそれに対応することはできません。

〔383〕

〔18〕76年9月16日

農商務大臣
テスレーヌ・ド・ボール閣下

拝　啓

　閣下が1878年万国博覧会の件でパリ駐在日本国公使にあてられました当月13日付貴信を、鮫島氏不在ながら拝受致しました。
　貴信の付属文書を承知致しました。次の便で本国政府へ発送致します。
　1878年博覧会に対する本国政府の意向について、是非ともすぐにでも、閣下にお知らせしたく思いました。しかし、回答を受ける上で必要な時間と距離から見て、日本で決められた措置を閣下にお知らせできるのは、早くとも来年の初頭になると思います。
　4カ月前、博覧会開催の案が最終的に承認されるや否や、直ちに本国政府にこのことを通信で報告しました。私は必要な準備がすでに開始されていることを毫も疑っておりません。しかし、この件に関して本国からの指示が全く得られない状態にあって、閣下のご連絡に対しては、ただ深く感謝するばかりです。本国政府の回答が届き次第、即刻お知らせすることを信じて下さるようお願いするのみです。

〔384〕

〔18〕76年9月16日

フランス農業者協会会長
ドルアン・ド・リュイ殿

拝　啓

　フランス農業者協会が1878年に開催を予定しております国際農業会議に関する14日付貴信を拝受致しました。

貴殿が私にご送付下さった資料を興味深く読みました。本国政府に送り、当会議に代表を出席させることによる日本の利益について強く主張しておきます。
　本国政府からの回答が届きしだい、直ちに貴殿にお知らせ致します。

〔385〕

〔18〕76年9月16日

〔公爵宛〕

拝啓
　8月2日付の私の書信で、陸軍行政研修のため本国政府によってパリに派遣された陸軍留学生の一人、広虎一のために、パリ陸軍経理局内で、特に糧秣課で実習する許可を陸軍大臣に要請していただくよう、閣下にお願い致しました。
　閣下の8月23日付ご回答によれば、陸軍大臣は広虎一がパリの陸軍パン製造所およびその他若干の施設を訪ねることを許可されています。
　これらの訪問は、それがいかに有益なものであっても、経理局吏員の日々の行政実務を局内で熱心に、しかも細部まで追うことでこの青年が得られる知識を与えることはできません。
　したがって、再び閣下にお願いしたいのですが、広虎一が陸軍経理局、特にパリで糧秣課を担当する主計正の下で働く許可を、ベルトー将軍①を介してお取り頂けないでしょうか。
　　　　　　　　　　　　　　　　　　　　　　　　　　　敬具

〔386〕

〔18〕76年10月2日

オリエンタル銀行頭取

拝啓

日本国の司法卿から2809フランを引き出す必要が生じました。

いつも通り、P・ギル氏を通じて、該金額を当方が受け取れるよう、お取りはからい下さいませんか。

〔387〕

〔18〕76年10月12日

ドゥカーズ公爵

拝　啓

日本国海軍省の留学生T・山口氏〔山口辰弥〕①が、技術訓練を習得すべくフランスに派遣されました。

該学生のシェルブール海軍工兵実施学校入学に必要な許可を、閣下から海軍大臣に要請して頂くよう、本国政府から訓令を受けております。

私のお願いする入学許可が規定上の障害のために下りないというような事態のなきことを期待致します。

〔388〕

〔18〕76年10月12日

ドゥカーズ公爵

拝　啓

先に、閣下は私の要請に応じて文部大臣から、日本人留学生が文科バカロレア資格の証書を提出せずに、パリ大学法学部で聴講できるよう必要な許可を得て下さいました。

本日は、本国政府の訓令にしたがって、同学部に宮城氏〔宮城浩蔵〕①、小倉氏〔小倉久〕②、岸本氏〔岸本辰雄〕③ら3名の新しい学生の入学を要請致します。彼らは、フランスに到着したばかりで、法律の勉学を続けるため、日本の司法省が派遣してきたものです。

442

彼らに以前と同様の特権が与えられれば、誠に有難く存じます。

〔389〕

〔18〕76年10月23日

　下記に署名した日本国公使館一等書記官兼臨時代理公使は、パリ市パシー地区レヌアール通22番地の建築家シャップ氏が、パリ・オトゥーユ墓苑に永代墓地を得るために必要な活動を行なう権限を与えます。その地には、日本国臣民岡村誠一氏の遺体を埋葬します。

中野

〔390〕

〔18〕76年10月24日

ロンドン
オリエンタル銀行頭取

　拝　啓
　日本国の司法卿から11060フランを引き出す必要が生じました。
　いつも通りに、手形の準備につき、P・ギル氏に私のために労をとって頂くようご指示下さいませんか。

〔391〕

〔18〕76年10月28日

ドゥカーズ公爵

　拝　啓
　西氏①〔西徳二郎〕が在パリ日本国公使館員に任命された旨、閣下にお知らせ致します。

〔392〕

〔18〕76年10月27日

1878年万国博覧会委員長
クランツ殿①

拝　啓

　当月26日付貴信、並びに万国博覧会会場正面の設計図を、また回状と展示品取扱特別規則を、2部ずつ拝受致しました。回状は貴殿のもとに派遣された外国の委員宛に最近発送なさった由。これらの文書は本国政府に発送致します。

〔393〕

〔18〕76年10月27日

〔万国博覧会〕委員長

拝　啓

　当月26日付の貴信を興味深く拝読致しました。そのなかで、1878年万国博覧会への本格的参加を日本国に期待することを表明しておられます。
　早速、該書簡の写しを本国政府に発送致します。
　日本国から派遣される委員が到着するまで、何なりと貴意に添う所存です。この大いなる国際的盛典の準備に、側面から協力できることは幸甚です。

〔394〕

〔18〕76年10月25日

オリエンタル銀行頭取

拝　啓

　日本国の陸軍卿から7268フラン15サンチームを引き出す必要が生じまし

444

た。

　いつも通りに、私のために手形の準備につき、P・ギル氏に労をとって頂くようご指示下さいませんか。

〔395〕

〔1876年〕10月30日

在シェルブール海軍司令

拝　啓

　日本国海軍省留学生山口氏を紹介致します。フランス海軍大臣閣下がシェルブール海軍工兵実施学校で勉学することを許可された者です。　　敬　具

署名　中野

〔396〕

〔18〕76年11月6日

ドゥカーズ公爵

拝　啓

　我が政府から、フランス陸軍省のためディニェ氏が製作した新型の軍事用電信機器4台を送付せよとの訓令が参りました。しかし、製造業者はこの新型機器を販売する許可を与えられていないように思われます。

　それ故、閣下のご好意におすがりして、本国政府の希望をベルトー将軍に伝えて頂き、ディニェ氏に対し、当該機器を当方に提供する許可を与えることに将軍が同意されるよう、ご支援下さい。

〔397〕

〔18〕76年11月9日

オリエンタル銀行頭取

拝　啓
　去る6月7日付でお送り申し上げた書信に関連してですが、日本国政府の陸軍省支払いとして私が振り出した7704フラン50サンチームの手形への支払が遅れていることにつき、日本国政府から下記の情報を得ましたので報告申し上げます。
　1875年2月25日と3月25日付の当方からの通知が接受されると同時に、該手形が提出されれば即座に金銭の支払がなされるよう、必要な指示が出されていたとのこと。しかし横浜のオリエンタル銀行の支配人は、この手形を提示するかわりに、ごく単純に「正当な」支払を陸軍省に書信で求められた由。それにたいし陸軍省は、支配人が主張される金額の明細を求め、その金額が、私の上記2通の通知における額と一致するかどうかを確かめようとしました。しかし、支配人はなんら返事を出されず、そのかわり、日本国政府の大蔵省に苦情を持ち込まれた由。
　この件は大蔵省から陸軍省へと差し戻され、結局、該金額は去る8月7日に陸軍省事務方から支払われたとのことです。
　以上の説明をもちまして、そもそも手形の提示がなかった以上、陸軍省にはなんら落度がないことがご理解頂けたかと存じます。

〔398〕

〔18〕76年11月11日

大統領府秘書官
アルクール伯爵

　　拝　啓
　当月9日付の貴信を拝受致しました。大統領府で今冬挙行予定の祝宴に向けて、当方で招待状発送を希望する方々の氏名をお尋ねになっております。
　本状に、当公使館員名簿を添えます。

公使館員以外には、現在のところ日本国陸軍省参謀局の山沢〔山沢静吾〕陸軍中佐の招待を求めるにとどめます。中佐は日本国陸軍留学生監督で、住所はパリ市サン・ドミニク通99番地です。

　しかしながら、もしもこの冬本国の重要人物がパリに到着した場合には、閣下のご厚情により、その方々をご招待して頂けますよう希望する次第です。

〔399〕

〔18〕76年11月14日

ドゥカーズ公爵

拝　啓

　日本国陸軍省参謀局山沢陸軍中佐は、現在パリで本国政府がフランスに派遣した陸軍留学生の監督を担当しておりますが、当地滞在を利用して陸軍省管轄下の各種機関の見学を希望しております。

　したがって、山沢陸軍中佐が兵舎、病院、並びに陸軍省各部および軍政部直轄の各種製造所、工場、倉庫をつぶさに見学できますよう、閣下からベルトー将軍に然るべき許可を要請して頂くよう申し上げたいのです。

　閣下にあらかじめ感謝の意を申し述べさせて下さい。　　　　　敬　具

〔400〕

〔18〕76年12月2日

セバストポール街135番地
ラミ宛

　ここにルピシエ夫人から届きました1通の書簡の写しがあります。

　熟慮の結果、中野氏は該書簡に回答せず、ルピシエ夫人が支払いを言い渡された金額の取立てを遂行することにしました。

中野氏は、自分にはいかなる示談も受け入れる権限がないとの意見です。その上、私は、ルピシエ夫人の振舞は、我々が是非とも全額支払いを厳しく要求するに値する性質のものと思っております。
　したがって中野氏は、私から貴殿にお願いして、貴殿の用意できるあらゆる手段を駆使して淡々と審判の執行を進めていただくよう、私に依頼しました。
　数カ月前に、我々が本件についてボワイエ氏に渡さねばならない金額を教えて下さるようお願い致しました。それをお示し下されば幸いです。

〔401〕

〔18〕76年12月11日

オリエンタル銀行頭取

拝　啓
　日本国政府の外務卿から、4148フラン85サンチームを引き出す必要が生じました。
　いつも通りに私の同額の手形を換金して頂けるよう、P・ギル氏にご指示頂けないでしょうか。

〔402〕

〔18〕76年12月22日

ナルボンヌ駅
ガテュモー殿

拝　啓
　日本国陸軍卿の書簡を貴殿に送付します。それに翻訳を付けます。日本からの到着品1箱が、今夕鉄道便で〔貴駅へ〕向かいます。

〔403〕

〔18〕77年1月12日

ドゥカーズ公爵

拝啓
　日本国の監獄制度改善の目的で、フランス国の監獄規則と懲役場規則の完全な揃いを送るよう訓令がきました。
　私の得た情報によれば、これらの規則集は販売されておりません。そこで直接内務省から入手する以外にないように思われます。
　それ故、閣下から内務大臣殿①〔シモン〕に我が政府の希望を通知して頂きたく、ここに閣下に申し上げます。問題の規則集ご提供につき大臣殿にお伝え下さるよう、お願い申し上げます。

〔404〕

〔18〕77年1月19日

1878年博覧会委員長
クランツ殿

拝啓
　我が政府から電信で、委員到着までの間、私に博覧会委員会の日本国委員として行動するよう、ただ今訓令を受けた旨、通知致します。
　委員長殿、このように貴殿のもとで公式に任命を得たことは実にうれしく存じます。すでにその一端を示して下さったご好意に引き続きあずからせて頂きますようお願い致します。

〔405〕

農務省官房長
テスレーヌ・ド・ボール

1878年博覧会への発送品に対するメサジュリー郵船会社の運賃軽減について、昨日私宛に書信を賜り感謝申し上げます。

　ご親切にお知らせ下さった書籍の発送は痛切にその必要を感じます。直ちに本国政府に通報致します。この機会に、前田氏が貴殿から実に懇切な配慮を賜り、誠にうれしく存じておりますことを一言申し添えます。

〔406〕

〔18〕77年1月20日

ドゥカーズ公爵

拝　啓

　ヴィエイヤール陸軍大尉のフランス帰国の結果、駐日フランス軍事使節団の人員に欠員が生じました。

　閣下からこの事実を陸軍大臣に通知して頂き、陸軍工兵中尉でその欠員を補充したいという我が政府の要望を閣下に伝えるよう、訓令を受けました。

　該士官の契約は1878年12月31日までとなります。

〔407〕

〔18〕77年1月22日

ドゥカーズ公爵

拝　啓

　閣下が当月19日付書信とともに監獄行政に関する書物をご送付下さったことに対し、閣下から内務大臣に私の心からの謝意をお伝え頂くようお願い致します。

　本国政府はこれらの書物を感謝の念をもって受領し、日本国で現在引き続き行なわれている監獄関連業務の中で、広く活用するはずと存じます。

〔408〕

〔18〕77年1月24日

ドゥカーズ公爵

　現在フォンテーヌブロー陸軍〔砲兵〕実施学校の学生であります日本国陸軍少尉船越は、欄外に示す著作2点を手に入れたいこと、これらの著作はフランス人学生には規定にのっとって配布されますが、外国人学生には海軍大臣の許可がなければ手渡されないこと、を通知してまいりました。したがって、船越が件の書物を受領できるようフリション海軍大将に、許可を求めて頂きたく、お願い申し上げます。なお、伝えられた情報によれば、本件は原則上なんら支障はないとのことです。

　前もって謝意を表したく存じます。

〔409〕

〔1877年〕2月3日

電信局長

　失礼を顧みず、以下の事情で貴殿にお問い合わせ致します。
　本国政府の訓令で、電信機21台をフロマン・デュムラン社に最近注文致しました。
　本日、日本向けに発送される用意ができました。しかし、発送前に、それらの機器をフランス電信局の監督部門によって検査して頂きたく存じます。
　そこで、製造業者に電信局監督部門へ機器を提出させる許可をいただきたく、お願い申し上げます。　　　　　　　　　　　　　　　敬　具

〔410〕

〔1877年〕2月3日

博覧会委員長

商工業原材料となる生きた植物の展示に関する貴信をたしかに拝受致しました。
　次の便で、東京の博覧会事務局へ貴信を伝えます。もちろん、我が政府はかかる趣旨に従い、必要な措置を講じたと確信できますが、貴殿の呼びかけに応えて、該原料の提供を国民各層に奨励すべく一段と努力するでしょう。

〔411〕

〔1877年〕2月5日

オリエンタル銀行頭取

拝　啓
　日本国の外務卿から7130フランを引き出す必要が生じました。
　私が手形に署名し、当地でその金額を受領できるよう、P・ギル氏にいつも通りご指示頂けないでしょうか。

〔412〕

〔18〕77年2月14日

パリ
電信検査官

拝　啓
　公使館書記官マーシャル氏が一昨日貴殿と交した会話に関連して、私が先に日本に送りました至急便の領収証9通を貴殿にお渡し致します。
　本状に添付した覚え書によって、私の支払い価格に相当大きな不一致のあることがお分かりのはずです。
　以後必要とされる情報は何なりと用意致しますので、本件を貴殿にお委せ致します。

〔413〕

1877年2月15日

ドゥカーズ公爵

拝　啓
　1876年10月尾張〔Ouari〕湾で、4人の日本人船員がメサジュリー郵船会社のメンサラー号船長によって難船から救助されました。
　我が政府はメンサラー号船長パスカリニ氏に対しその働きを評価し、漆器の箱を贈呈するよう送付して来ました。
　貴外務省を通じてパスカリニ氏にこの贈物を送付する許可をくださるようお願い致します。我が国に対する奉仕について、一フランス人に感謝の意を表明する役目を与えられた喜びを、この機会に閣下にお伝え致します。その上、パスカリニ氏にとっても、私が伝達するよう命ぜられた通知を閣下から受け取られ、格別に喜ばれることは疑いを入れません。

〔414〕

1877年2月

オリエンタル銀行頭取

拝　啓
　日本国の司法卿から3125フランを引き出す必要が生じました。
　私が手形に署名し、当地でその金額を受領できるよう、P・ギル氏にいつも通りのご指示をして頂けないでしょうか。

〔415〕

〔1877年〕4月6日

オリエンタル銀行頭取

拝　啓

　日本国の陸軍省から6634フラン80サンチームを引き出したく存じます。

　そこで、私が手形に署名すれば当地で金銭を受領できるよう、P・ギル氏にいつも通りご指示をして頂けないでしょうか。

〔416〕

1877年4月9日

師範学校校長

拝　啓

　高等数学、物理学、および機械学担当の教師1名の選抜について、改めて貴殿のご好情にあずかることをお許しいただけるものと存じます。

　条件は以下の通りです。

　　1．日本上陸から16カ月の契約
　　2．月額300円（約1500フラン）の給料
　　3．赴任費650円および同額帰国旅費の給付

　マンジョ氏の契約（5月13日満期）は恐らく更新され、ベルソン氏の働きには我が政府が格別満足している旨聞いております。要請されている新任教師は特に後者のような人物を、と指示されております。

〔417〕

〔18〕77年4月9日

ドゥカーズ公爵

拝　啓

　日本人学生湯川氏①〔湯川温作〕がエコール・ポリテクニク〔理工科学校〕での受講を許可されるよう希望しております。そのため、彼は数年来準備して参りました。

閣下に湯川氏の申請を紹介するに当たり、この種の先例すべてと同様、陸軍大臣に対して氏を推薦することに同意下さいますよう希望致します。

〔418〕

〔18〕77年4月24日

世界周遊旅行協会会長殿

拝　啓

　ロンドン出張で不在のため、去る10日付貴信に対する回答が今日にいたってしまいました。

　世界一周旅行を目的としている乗客を乗せた船が、年末頃日本国に寄港する可能性がある旨、我が政府に必ず伝達しておきます。ただし、貴協会がフランス国政府から公式に認可される前に、またフランス国政府が私の推薦を東京政府へ通知するよう要請する前に、本件で私の公式な推薦を我が政府に提出することはできません。

　貴協会の目的が徐々に分かってまいりましたので、非公式な通信の範囲内で、喜んでお役に立ちましょう。しかし、(貴協会がお求めの)我が政府の〔欠字〕が私のこのような活動に与えられることはあり得ません。

〔419〕

〔18〕77年5月3日

ドゥカーズ公爵

拝　啓

　今季、日本国在住フランス人が狩猟できる条件を規定する目的で、先般東京において我が政府と在日フランス代表者間で取り交わされた暫定的協定に関する、4月11日付貴信拝受致しました。

　貴信で閣下は、このように結ばれた協定は本年に限って有効であるが、同

時に問題の最終的な解決に向けた重要な第一歩となっている、との見解を表明されております。

この見通しに関して、閣下と見解を等しくできれば宜しかったのですが、我が政府からの指示で反対意見を表明せざるを得ません。東京政府は、現協定が閣下と同様我が政府も切望する最終的解決なるものにつながる条件を提示しているとは考えないことを、言明するよう訓令してきました。

東京で行なわれた協議は、我が政府の本件に対する見解になんら修正を加えなかったこと、したがって、我が政府は将来にわたり、交渉の当初に提示した提案をすべてそのまま維持すべきものと考えていることを、閣下にお伝えするよう訓令を受けております。

現協定は純粋に暫定的なものですので、問題はそのまま残っております。そして、フランス国政府が我が政府の要求の正当性を認知し、狩猟違反に対してフランス法廷から課される罰金を日本国当局へ引き渡すとの原則を、最終協定の基礎として受け入れるよう希望致します。

閣下が日本国に対し、しばしば示された友好的かつ協調的な対応を、本件に関しても再びお示しくださることと確信しております。このように確信しておりますので、すでに閣下にお示しした愚見をすくなくとも当面は繰り返し申し上げることは意味のないことと存じます。その大部分は1876年3月30日に直接写しをさしあげました寺島の急送公信のなかに示されていたものです。

〔420〕

〔18〕77年4月30日

ドゥカーズ公爵

拝　啓

　セーヴル美術館へ提供するよう、日本磁器の見本1箱を我が政府が送付してきた旨、謹んで閣下に報告致します。

本日、直ちにこの箱を美術館長あてに郵送致します。

〔421〕

〔18〕77年4月30日

親愛なるロベール殿

　近々到着する旨お知らせしておいた箱入りの日本磁器を届けます。箱はもっと大きなものと考えておりました。もう一つ続けて来るかも知れません。中身はわかりませんが、今週中に貴殿とお目にかかってこの件についてお話ししたいものです。

〔422〕

〔18〕77年4月30日

オリエンタル銀行頭取

拝　啓

　日本国の宮内卿から11,925フランを引き出す必要が生じました。
　私が手形に署名し、当地でその全額を受領できるよう、P・ギル氏にいつもの通り、指示して頂けないでしょうか。

〔423〕

1877年5月8日

ドゥカーズ公爵

拝　啓

　1875年10月26日付貴信にて閣下は、陸軍大臣殿が長嶺正介氏に外国人枠で歩騎兵士官学校へ入学することを許可されたる旨お知らせ下さいました。
　この8月に長嶺氏はサン・シールを卒業します。もし規則に抵触しなけれ

ば、氏はフランス歩兵連隊に仮に属しつつ、実際は勉学を継続する許可を得たいと希望しております。

　公爵殿におかれましては、我が若き同胞の要請に対し、陸軍大臣への推薦を拒まれることなく、また、閣下のご助力により然るべき許可が彼に与えられますよう、希望しております。

　なお、長嶺氏はサン・シール卒業と同時に、日本陸軍少尉に任官の予定である旨、申し添えます。

〔424〕

1877年5月11日

〔ジェルヴェ氏宛〕

　拝　啓
　同封の日本国文部省からの書信を貴殿の住所あてに転送致します。
　同書信に言う木箱は現在ベルシー駅にあります。そして、1日か2日以内に植物園において貴殿に引き渡されるはずです。
　木箱は全部で5個ありますが、うち一つはジャンサン殿宛の標本を含んでおります。私はその木箱が貴殿の手元に届く旨通知する手紙を彼に書きます。
　貴殿に届く品物が、いくらかでもお役に立つよう希望致します。

〔425〕

〔18〕77年5月11日

〔ジャンサン氏宛〕

　拝　啓
　日本国からの貴殿あて書信を同封致します。そこに言及されている木箱はジェルヴェ殿宛の4個を含め、全部で5個が植物園でジェルヴェ殿に引き渡

されます。

　あらかじめジェルヴェ殿には、うち1個は貴殿宛である旨知らせてあります。全部がリヨン駅から直送されるため、貴殿宛の木箱を別便にすることができなかったためです。

〔426〕

1877年5月1日

パリ
ヴォジラール通56番地
オズー博士

拝　啓
　我が政府の命により、以下の件について、それらの引き渡し可能となる期日と価格について貴殿にお尋ね致します。
　　1.8メートルの完全な弾力のある男性標本2体
　　生殖器官のある女性骨盤1点
　　卵管妊娠および卵巣妊娠の標本を伴った月別の子宮コレクション1点
　　大脳、小脳、脳橋および延髄1点
　　超大寸法の完全眼球1点
　　耳および長さ60センチメートルの側頭骨2点
　　拡大喉頭1点
　ちなみに、私は直ちに発注する権限を与えられております。

〔427〕

〔18〕77年5月29日

オリエンタル銀行頭取

拝　啓

日本国の外務省から9672フラン55サンチームを引き出す必要が生じました。
　私が手形に署名し、当地でその全額を受領できるよう、必要な指示をＰ・ギル氏に与えて頂けないでしょうか。

〔428〕

〔18〕77年5月30日

パリ
ヴォジラール通56番地
オズー博士

拝　啓
　私の当月16日付書信に対する貴殿の返事を拝受致しました。我が政府にはその写しを1通取り次ぎました。
　貴殿がより短い期間に見本を完成することができないのは、もちろん残念ではありますが、遅いからとて注文に何ら変更はありません。取り急ぎ貴殿に発注する次第です。

〔429〕

〔18〕77年6月5日

パシー通48番地
登記局局長

拝　啓
　同封の通知書により、貴殿はパリ駐在日本国公使に対し、公使館のある建物の賃貸借契約の登記を要請されました。
　外交特権によれば、公使館に対するこの種の課税は免除されております。それ故、賃貸借契約の登記をする必要はありません。

〔430〕

[18]77年6月5日

師範学校校長
ベルソ殿

　拝　啓
　教師1名を私どものために新規に選定して下さり、お骨折りに対し深く感謝致します。
　条件はベルソン氏と同様です。
　昨晩、日本国よりマンジョ氏の後任は送らないよう求める電報を受理しました。私はそれ故、マンジョ氏は〔日本国に〕とどまるものと結論しています。

〔431〕

[18]77年6月5日

マルセイユ日本国副領事
レモン・ド・カンプー殿

　拝　啓
　ただ今我が政府から受け取りました訓令にしたがい、謹んで貴殿にお知らせ致します。マルセイユ駐在日本国領事として、中村氏の後任が直ちに任命される見込みはないので、貴殿はここ当分副領事の資格で中村氏の職務を果たすことになります。
　貴殿がこの余分の業務を引き受けることに異議なく同意して下さるものと確信しております。
　中村氏の離任の結果、領事館のために特別事務所を維持することは無用になります。それ故、〔欠字〕（転貸借又は解約の）方法と条件を是非とも貴殿の方でお調べ下されば有難く存じます。

貴殿は現在の事務所の賃貸契約を解約することができます。同時に、貴殿が労を厭わず、家具類の目録と販売価格の見積書を価格査定官吏に作成させて下されば、大変助かります。
　現在の事務所を閉鎖すると、貴殿が領事の職務を遂行する場所がないことになります。それ故、貴殿の個人事務所内の一部屋を該職務に充てても構わないかどうか、その場合、貴殿がこの部屋の賃貸料および事務所の給仕の給料にあてることを希望される金額が年間どれほどか、お尋ね致します。備品類に関しては、売却前に現在の事務所のものを確保することもできます。
　我が政府は、貴殿が自由に使える日本人職員(書記見習い) 1 名をつけます。その給料は我が政府が支払います。用紙代、手紙の郵送料、電報、暖房、照明その他事務所の全経費も我が政府が支払います。
　この取り決めに貴殿がご同意下されば、ご都合が最も良い時期に、当公使館との間で勘定を清算することになります。
　以上の問題に関して我々の間で意見の相違がないよう希望しております。我々の個人的関係がさらに緊密になるのは私にとって実にうれしいことです。この気持ちを御察し下さい。
　現在の事務所の賃貸契約条件を知りたく思います。その写しを私に御送付頂ければ幸甚に存じます。

〔432〕

パリ
1877 年 8 月 1 日

〔公爵宛〕

拝　啓
　1874 年 10 月 13 日付の鮫島氏宛貴信で、フランス国は、当時実施中の仏日間の郵便制度を修正することを目的とする協定につき単独で交渉する意図はないこと、この件に関しては英国の同意を得てはじめて進むこと、を伝えら

れました。

　公爵閣下、問題の形態が変わっておりますので、今一度閣下の注意を喚起することに致した次第です。

　去る6月1日以来、日本国は〔万国〕郵便連合に加盟しております。この結果、我が政府はフランス国と別の協定を提案する必要はもはやないように思われます。なぜなら、外国との全ての通信は、すでにこの2カ月来、同連合の条項および一般的条件に添って実施されているからです。

　かかる状況の変化により、日本国と英仏両国間の特別協定の必要性はなくなっておりますが、日本国にある英仏の郵便局の閉鎖が従来にも増して望ましいものになっております。実際閣下は、日本での〔郵便〕連合制度の実施と外国郵便局の平行的維持との間には明白な矛盾が存在する、ということを必ずやお認めになることと存じます。

　しかしながら、以上のように考えることは十分意味のあることではありますが、それを閣下にお示しする前に、在ロンドン日本国代表が本件に関し英国政府と交渉を開始することを待っておりました。この交渉は1カ月前に始まり、ダービー伯爵①は未だ正式決定を発表しておりませんが、条項は完全に我が政府の要求に好意的なもの、との見解を申し上げても間違いはないと存じます。

　それ故、公爵閣下、1874年10月13日付貴信で必須のものとしてご指摘の仏英間の合意が、今や障害なしに実現され、また閣下がいつもながらのご厚情をもって本問題をご検討頂き、在日フランス郵便局を廃止する旨、わが政府に報告することを閣下が私にお許しいただける日の近からんことを希望致します。

　日本国の郵便業務組織に関し、最近2年間の〔内務省〕駅逓頭年次報告書を閣下に送らせて頂きました。閣下はそこに、〔日本の〕郵便業務が目ざましく急速に進展し、しかもすでに相当な規模に達していること、それもヨーロッパにおける業務と同一の基礎、同一の秩序で行なわれていることを、満足感をもってご覧になることでしょう。

取り急ぎこの場を借りて、公爵閣下に対し、深甚なる敬意を改めて表したく存じます。
　　　　　　　　　　　　　　　　　　　　　　　　　敬　具
　　　　　　　　　　　　　　　　　　　　　　　　　　N

〔433〕

　　　　　　　　　　　　　　　　　　　　　　1877年8月6日
ベルジェ殿宛

拝　啓

　1878年万国博覧会担当の貴職務に関連したある問題に関して、貴殿の好意ある検討をお願い致します。

　最近の法令により、公共事業大臣は博覧会に出陳する商品と、各種の物品の輸送費用の50パーセント割引を認めました。この割引は、旅行者には認められておりません。しかしながら、局長殿、後者の規則に日本人出陳者のための例外を設けることはできないでしょうか。

　日本国はフランス国からすこぶる遠隔の位置にあり、渡航経費は相当額にのぼります。そのため、パリ―リヨン―地中海線について、マルセイユ―パリ間の運賃割引を我が国からの商品と同様に、人間にも適用して下されば、極めて高くつく旅行が我が同胞にとって容易になるのではあるまいか、と私は躊躇なく考える次第です。

　私には、フランスに来る日本人は少なくとも80人から100人だと考える十分な根拠があります。約50人の職人は3等か2等で旅行するでしょう。残りは1等で旅行します。

　それ故、局長殿、この問題は貴殿に委ねますが、できれば好意的な決裁を局長ご自身から、または部下の方から頂けるよう祈念致します。　　敬　具
　　　　　　　　　　　　　　　　　　　　　　　　　中　野

〔434〕

1877年8月10日

〔副領事殿〕

拝啓
　2人の日本人船員、デンキチとジョウキチのために、実に適切に貴殿が処置された件をご報告いただきました今月4日付貴信に対する返事として、本件における貴殿のご手腕にただ感服するばかりです。
　しかしながら、将来同様な事態が発生するのであれば、可能な場合はすべて、日本人船員に対しては日本向け船舶での雇用契約を行なわせることが望ましく思われます。このようにすれば、英国であれ米国であれ、あるいは他のどの国でも、再び窮地に身を置く危険を免れさせることができます。
　この指摘は一に将来に係わるもので、今回の処置に対する私の同意を変えるものでは決してありません。
　　　　　　　　　　　　　　　　　　　　　　　　　　敬具
　　　　　　　　　　　　　　　　　　　　　　　　　　中野

〔435〕

パリ
1877年8月14日

〔副領事殿〕

拝啓
　中村氏がセント・ペテルスブルグより当地に到着しました。彼は数日後にマルセイユに赴き、領事館に関し必要なすべての処置を取ります。私は取るべき処置について彼と協議しました。貴殿は彼と協調の上、事にあたられますよう。
　　　　　　　　　　　　　　　　　　　　　　　　　　敬具
　　　　　　　　　　　　　　　　　　　　　　　　　　中野

〔436〕

1877年8月16日

〔ブロック氏殿〕

拝　啓

　我が政府が貴殿を、近くローマで開催予定の〔万国〕定期統計会議における日本国代表に任命した旨、お伝えします。

　貴殿のような傑出した統計学者で、かつその業績と著作物をもって名高い学者を代表に迎えることは、我が政府にとり光栄の至りです。　　　敬　具

中　野

〔437〕

〔18〕77年9月19日

ドゥカーズ公爵

拝　啓

　昨年10月12日付で、日本人学生山口氏のシェルブール海軍工兵実施学校への入学許可を閣下に求めました。

　同月24日、閣下は、海軍大臣が私の求めを承認したことをご通知下さいました。

　本日、公爵に対し、新たに同様の許可を懇願致します。

　4人の我が同胞、若山氏①〔若山鉉吉〕、桜井氏②〔桜井省三〕、辰巳氏③〔辰巳一〕、および広野氏④〔広野静一郎〕が、フランスに到着する予定です。山口氏と同じくシェルブール校で勉学するために我が政府によって派遣されたものです。

　これらの若者のために訓令を受けました私の求めを閣下が好意的に受理され、彼らの希望する特権が海軍大臣より認められますよう、お世話下さることを希望致しております。　　　敬　具

〔438〕
オシュ・ラ・モリエール・エ・フィルミニ鉱山会社監督
ヴェルニ氏

拝　啓
　我が政府が貴殿に授与する勲二等旭日重光章が、勲記と共に日本から到着し、私の手元にあることを貴殿に通知できることを幸甚に存じます。
　もし貴殿が近々パリにお越しになる機会があるようでしたら、この勲章を貴殿に直接お渡しできるよう保管しておきます。しかし、もしお越しになれないのであれば、鉄道便で貴殿宛に発送致します。
　もし貴殿がティボディエ殿①とサヴァティエ博士②の住所をお知らせ下されば、大変ありがたく存じます。お二人宛の勲章も同様に預かっているからです。

〔439〕
〔18〕77年10月9日
ドゥカーズ公爵

拝　啓
　閣下の当月6日付の貴信により、我が政府がフランス国海軍省へ支払うべきものとして、総額58フラン8サンチームの支払請求をなさいました。輸送船サルト号に乗船してサイゴンからトゥーロンにいたる渡航中、モノーなる人物に支給された食料費です。
　閣下は貴信中に、〔フランス国〕海軍経理部発行の証明書類を同封されております。それによると、モノーなる人物の渡航費用は彼の契約条項にしたがって、日本国政府の勘定で支払うべきものと思われます。
　契約書をご送付下さるようお願い致します。それは、未詳の渡航に関する費用を負担することは我が政府の慣例に反しますし、したがって失礼ながら

そこに間違いもあり得ると考えるからです。と同時に、それだけでなく日本国からの回答を得るのにほぼ4カ月を要しますので、遅れを避けるためでもあります。我が政府へ裁定を求める前にできる限り完全に各疑問点を明確にしておきたく存じます。

ところで、我が政府が通例従っている規則によりますと、公務に就く外国人は全員渡航費を見積りで受取ります。本件は例外扱いであったかもしれませんが、そのようなことは〔事実上〕可能とは思えません。

それ故、閣下がご送付の証明書類で問題になっている契約書の文言について、できれば知っておきたいと考えております。トゥーロン駐在官は必ず該契約書の写しを取っているはずです。彼らは請求の証拠にそれを援用しているからです。

もし当方がこのような慎重策をとらないならば、補足的な情報の請求を受けかねません。しかし、そのような請求は、起源にさかのぼって本件の完全な報告書を送付することで回避できます。

海軍省での調査を容易にするために、閣下の6日付書信の添付資料をお返しすることが有用と信じます。

〔440〕

1877年10月22日

ドゥカーズ公爵

拝　啓

　昨年閣下は、ミカド陛下誕生日の11月3日、光栄にもご来臨下さり、晩餐を共にして下さいました。

　来る11月3日、この記念日を祝って再び閣下がご来駕下さるものと希望致しております。

　閣下は、我が政府がいかに閣下のご臨席を重んじているか、ご存じです。そして、我が国の祝典に2度目のご臨席を賜る旨、東京に報告できれば、幸

甚に存じますと共に名誉至極に存じます。

〔441〕

1877年10月23日

〔公爵宛〕

拝　啓
　我が政府の去る8月3日付訓令により、熊崎氏〔熊崎寛良〕①がパリ駐在日本国公使館員に任命されたことを閣下にお知らせ致します。

〔442〕

1877年10月30日

ブリュッセル
サン・クリストフ通
弁護士ドゥヴェルデール殿

拝　啓
　1876年8月7日付で、我が政府がベルギーにおいて起こそうとしている訴訟に関し、貴殿に書信を送りました。
　貴殿からの便りがありませんでしたので、本件の成り行きを存じません。しかし、日本国から受け取りました新たな訓令によりますと、我が政府は最後まで本件に関わる意図は持っていないものと存じます。今後、改めて書信をお送りする場合は別ですが、とりあえず、貴殿にこの見解をお伝え致します。

註　　釈

犬塚孝明

注：本註釈の作成にあたって、先行の各種事典類（参考文献参照）を参照するとともに、フランス人の
　　伝記、フランスの諸制度などにわたる事項については、同僚の三間晶生氏およびパリ在住 浦留美氏
　　の調査・協力を得た。

※フランス語原標題については巻頭の「書誌事項」を参照のこと

〔1〕
　　わが国に在外使臣制度が設けられたのは、明治3年（1870）6月である。この結果、鮫島尚信は同閏10月2日付で少弁務使（chargé d' affaires ）に任じられ、翌3日欧州へ向けて日本を出発、12月（1871年1月）にフランスに到着している。出発にあたって、鮫島が英・仏・孛3国外相あての信任状（明治3年閏10月2日付）を持参して赴任したことが、本書簡と、あとの〔3〕〔4〕の各書簡からわかる。
　　鮫島は1871年1月27日、ボルドーにおいて、当時国防政府の外相であったジュール・ファーヴル（Jules C. G. Favre）に信任状を提出、2月6日、ロンドンに到着後直ちにグランヴィル外相に着任を告げた。本書簡は滞在先のランガム・ホテルからグランヴィル外相にあてた着任状である。澤外務卿のグランヴィル外相あて英文信任状の写しが添付されている。
　　この後、鮫島は英国では外交代表としての資格を認められず、信任状提出の機会を与えられないまま、約2カ月の間ロンドンのホテルで空しく日を送る。背後には駐日公使パークスの妨害があった。これについての詳細は解説の拙論を参照して頂きたい。以下に澤外務卿の信任状原文を参考までに記しておく。
　　　　以手紙致啓上候　然は我国
　　　　皇政維新の際に当り両国政府の信意を通知して貴国と友睦の交誼を益厚ふせんが為め今般従五位鮫島尚信を少弁務使に任し貴国に差出申候　同人等は着実にして頗る国事に勉励致我政府においても深く信任致候者に有之候間拙者に代り閣下に申述候諸件は何れも御信用有之度且同人職務上の義に付都合相成候様閣下御注意被下度此段我政府よりも御依頼申上候　右の段
　　　　天皇陛下の命を奉し申進度併せて貴国の平寧幸福を祈り候
　　　　右可得御意如斯御坐候　以上
　　　　　　午閏十月　日

澤　外務卿　花押

英仏孛外国事務執政閣下

(『日本外交文書』第3巻、402文書付属書)

①グランヴィル (George Leveson-Gower, second Earl Granville, 1815～91)
　イギリスのロンドン出身。オックスフォード大学在学中にホイッグ党員として下院に入る。外務次官・商務院副総裁を経て、1851年ラッセル内閣の外務大臣となる。枢密院議長・植民地大臣等を歴任し、70年からグラッドストン内閣の外務大臣を2期勤める。小英国主義の立場を堅持したことから軟弱外交との批判を受けた。

②澤宣嘉(さわ のぶよし　1835～73)
　幕末に尊攘急進派の公家として活躍、文久3年(1863)8月18日の政変で失脚した七卿のひとり。1868年、新政府の成立に伴い参与となり、九州鎮撫総督兼外国事務総督・長崎裁判所総督・長崎府知事等を歴任、69年外国官知事を経て、外務省創設とともに初代外務卿に就任した。71年盛岡県知事に転じたが辞任、73年には特命全権公使としてロシア駐在を命じられたが赴任直前の9月、病のため死去する。

〔2〕
　1871年4月、鮫島はロンドンを発ってドイツのベルリンへ赴く。本書簡は滞在先であるベルリンのオテル・ド・ロームからプロシア国宰相ビスマルクへあてた着任状である。

①ビスマルク (Otto Eduard Leopold, Fürst von Bismarck, 1815～98)
　プロシア国ブランデンブルク州のシェーンハウゼンのユンカー出身。1847年プロシア連合州議会の議員となり政界入りし、ロシア大使・フランス大使を歴任、プロシア国王ヴィルヘルムI世の信頼を得た。1862年プロシア国宰相となると、大ドイツ主義の立場からドイツの国民的統一を推進、普仏戦争後の1871年、その鉄血政策により念願のドイツ統一を実現し、ドイツ帝国を成立させた。新帝国の初代宰相となったビスマルクはヨーロッパの現状維持とフランスの孤立化をはかるため、同盟政策を推進し、1880年代のヨーロッパ国際政治の主導権を握り、いわゆるビスマルク体制を現出させた。1890年に辞職引退、帝国建設の功により侯爵を授けられた。

〔3〕
　澤外務卿のビスマルクあての信任状。内容は書簡〔1〕と同文。

〔4〕
　1871年6月には鮫島はフランスへ入り、パリに到着した。本書簡は滞在先であるパリのオテル・シャトランからファーヴル外相へあてた着任状である。

①ファーヴル（Jules Claude Gabriel Favre, 1809～80）
　リヨン出身。弁護士・政治家。1830年の七月革命に参加、雑誌に王政廃止と憲法制定議会の創設に関する論文を寄稿。1848年の二月革命で内務省事務局長となる。1870年、国防政府成立と同時に副首相兼外務大臣に就任、ヴェルサイユ休戦条約締結に努力した。

〔5〕
　新政府が旧幕時代のパリ名誉総領事フルーリ・エラールの後任として、フランスにおける外交事務を委嘱していたモンブランのファーヴル外相あて、「在巴里大日本国公務弁理職」の正式解任通知書である。
　モンブランは明治2年（1869）9月28日付で在巴里大日本国公務弁理職に任じられ、新政府の委託を受けフランスにおける外交事務全般を管理していたが、鮫島の赴任にともない、明治3年10月28日付で同職務を解かれた。本通知書は、外務省原文案では下記の通りである。

　　以手紙致啓上候　然は今般従五位鮫島尚信義弁務使に任し欧羅巴へ差遣し候ニ付ては兼て貴国人モンブラン氏へ委任せしめ候職務の儀は今度差免し候　右は我国在留貴国公使閣下へ報知および置候得共
　　天皇陛下の命に依り更に閣下へ申述度如此御坐候　已上　　　　　　　　謹言
　　　　　　　　　　　　　　　　　　　　　　　　　　　　　澤　外務卿
　　仏国
　　　　外国事務執政閣下

（『日本外交文書』第3巻、415文書）

①モンブラン（Comte des Cantons Charles de Montblanc, baron d'Ingelmunster, 1832～91）
　ベルギーの西フランドル州インゲルムンステル出身。日本では白山伯と称される。1858年に旅行者として来日（62年来日説あり）、数カ月滞在の後、日本人斎藤健次郎を伴って帰国した。64年幕府使節団池田長発一行の渡仏の際、フランス政府への斡旋を申し出たが断られたため、翌年来欧した薩摩藩使節団に近づき、同藩の新納久脩・五代友厚らと商社設立契約を締結するなど薩摩藩との関係を深めた。ついで67年に開かれたパリ万国博覧会では、薩摩藩使節一行の顧問として活躍、会終了後に

薩摩藩の軍制改革顧問として来日。新政府成立直後の68年に在仏日本代理公使兼総領事に任じられ、ついで翌年在巴里日本国公務弁理職に就任、対ヨーロッパの外交事務を掌る。70年に同職を解任されたあとは、パリにあって日本文化の研究・紹介に努めた。『日本、その制度と産物とヨーロッパとの関係』(全2巻、1865〜67)『日本の現状に関する一般的考察』(1866) などの著書がある。

〔6〕
　書簡〔5〕と同日付で発せられたモンブランあての正式解任通知書である。これより前の5月12日付書簡で、モンブランは自らの公務弁理職をコンシュル・ジェネラル(総領事)とシャルジェ・ダフェール(代理公使)を兼ねた職務として認めるよう、日本の外務省へ申請していた(『日本外交文書』第3巻、414文書)。
　本書簡の外務省原案は下記の通りである。

　　　　　　　　　　　　　　　　　　　　　　コントデモンブランへ
　其方儀仏国巴里に在て我公務弁理職を委任せしめ両国間の事務取扱来候処今般従五位鮫島尚信をして仏国へ被差遣交際の事務等を為取扱候筈に付其方是迄の職務被免候　奉職以来彼は尽力勉励いたし候段は我政府於て満足の至に候　即天皇陛下の命を奉し此旨相達候也
　　年　月　日　　　　　　　　　　　　　　　　　　　　澤　外務卿
　　　　　　　　　　　　　　　　　　　　　(『日本外交文書』第3巻、415文書)

〔7〕
　鮫島が日本公使館顧問として雇い入れた英人フレデリック・マーシャルとの契約に際しての交渉に関する書簡。マーシャルとの間に正式な雇用契約が成立したのは、明治4年(1871)7月である。マーシャルと鮫島についての詳しい関係は解説の横山論文を参照されたい。

①マーシャル(Frederic Marshall, 1839〜1905)
　在仏英国実業家。万国博事業や外交慣行に詳しいことから1871年、在仏日本公使館の顧問として雇われ、鮫島にヨーロッパ外交の実務を教えた。74年、鮫島と共同で英文の外交実務手引である*Diplomatic Guide*を出版し、黎明期日本の外交実務確立に貢献。翌75年書記官格に昇格、81年には顧問格となり、井上馨の条約改正交渉においてフランスの対日交渉進展に大きな役割を果たした。88年に解雇されたが、その後もヨーロッパの政況を中心に英国から国際情報を日本政府に送り続けた。

〔8〕
　1871年8月2日、レミュザ伯爵がティエール内閣の新外相に就任した。本書簡はその就任祝の書簡である。

①レミュザ（Charles François Marie, comte de Rémusat, 1797～1875）
　パリ出身。政治家。パリで法学を勉強し弁護士となり、政治学・立法の研究に従事。1830年七月王政時に議員に当選、36年内務省閣外補佐官、40年内務大臣等を歴任し、51年のクーデターの際公職を離れる。71年に外務大臣に就任。著書に『哲学論』（1842）がある。

〔12〕
　本書簡によると、鮫島は駐日プロシア公使フォン・ブラントに対し、新政府が雇い入れを計画していたドイツ人法律顧問の人選を依頼していたようである。これはブラントからの人選決定通知に対する返書である。当時ブラントは賜暇帰国中でベルリンにいた。本件については解説の拙論を参照されたい。

①ブラント（Max August Scipio von Brandt, 1835～1920）
　プロシア陸軍を中尉で退官した後、1860年オイレンブルク伯爵の東アジア遠征使節団の随員として来日。日孛修好通商条約締結にたちあう。62年プロシア初代駐日領事として横浜に赴任、代理公使を経て、68年北ドイツ連邦総領事となる。71年賜暇帰国中にドイツ帝国が成立、翌年改めて駐日ドイツ全権公使として帰任し、74年に駐清公使に転じるまで対日外交や日独文化交流の発展に尽くした。93年ワイマールに引退。著書に『東アジアにおける33年——あるドイツ外交官の思い出』（全3巻、1901～2）がある。

〔13〕
　日本政府は、陸軍の軍事教育をフランス政府へ依頼するにあたり、軍事使節団の編成をフランス陸軍大臣に委任することを決定。その全権を鮫島に与えた。本書簡はレミュザ外相に対する軍事使節団編成への協力方依頼の書簡である。当時の陸軍大臣はシセー少将である。
　なお、新政府が駐日フランス公使ウトレーに対し第二次のフランス軍事使節団の派遣を要請したのが明治3年（1870）4月、「陸軍はフランス式」との決定を見たのが10月、そして12月には雇入れの条約書案が兵部省からフランス公使館に提示されたが、折しも普仏戦争のさ中でフランス側にこの要請に応える余裕なく、最終的に第

一陣の16名の人選が決定したのは明治5年(1872)になってからであった(篠原宏『陸軍創設史』、昭和58年、316-17頁)。

このあと、鮫島はフランス側の行なう人事に積極的に関与していたことが他の書簡からうかがえる。本書索引「フランス遣／駐日軍事使節団」の項を参照。

〔16〕
　新政府はこれまでの諸紙幣がいずれも粗悪であるうえ、旧藩札も加えるとその種類もすこぶる雑多で一般流通の便を失い、弊害も少なくなかったところから、明治3年(1870)12月、ドイツのフランクフルトにあるドンドルフ・ノーマン社に精巧な紙幣1億円を注文、翌年12月これを発行した。いわゆる新紙幣といわれるもので、これが旧紙幣と引換えられほぼ各種紙幣の整理統一が実現された。

　本書簡はフランクフルトに駐在し紙幣製造を監督していた大原令之助(吉原重俊)が本間清雄と交代する旨を、ドンドルフ社へ通知したもの。文中の日本国外交使節団(ambassade japonaise)は岩倉使節団を指す。なお、岩倉使節団一行は、翌明治5年5月5日、このドンドルフ・ノーマン社を訪れており、『米欧回覧実記』に「朝九時ヨリ駕シ、『ノーメン』会社ニテ、日本通行ノ紙幣ヲ製造スル場ヲ回ル、屋造五層、瓦壁ニテ黄堊ヲナス、甚タ美ナラス、最下ノ層ニ於テ、書記局ヲ建テ、其出入ヲ扼ス」云々の記事がある(岩波文庫版、4巻、231-2頁)。本書索引「紙幣製造」「ドンドルフ社」の項を参照。

①大原令之助(おおはられいのすけ　1845～1887)
　薩摩藩出身。本名は吉原重俊(よしはらしげとし)。1866年に米国へ留学、71年エール大学を卒業後、新紙幣製造監督を命じられ渡欧、その後岩倉使節団の外務三等書記官に任命され外交事務に携った。73年には大蔵省へ転じ、横浜税関長・大蔵大丞・大蔵少輔・租税局長等を歴任、82年日本銀行初代総裁に就任する。

②本間清雄(ほんまきよお　1843～1923)
　駿河出身。横浜のヘボン塾で英語を習得。1867年に渡仏、70年には政府留学生となりプロシア・オーストリアに学ぶ。71年新紙幣製造御用取扱を命じられフランクフルトに駐在、翌年さらにウィーン万国博覧会事務掛兼勤となる。74年オーストリア公使館三等書記官に任じられ、二等書記官を経て、85年帰国、91年には無任所弁理公使に昇進する。

〔17〕
　新政府の通貨・金融制度の確立にあたって大きな役割を果たしたのが、英国系の

オリエンタル銀行である。新政府は通貨・金融・財政など各方面でオリエンタル銀行の協力を仰いでいたが、ヨーロッパにおける政府勘定もすべてオリエンタル銀行が一手に引き受けていた。本書簡の受取人であるチャールズ・ステュアートはオリエンタル銀行の頭取である。

①オリエンタル銀行（Oriental Bank Corporation）
　1842年英領インドのボンベイに設立され、45年に名称をBank of Western IndiaからOriental Bankに改め、本店をロンドンへ移した。51年には勅許状を獲得、セイロンと清国で銀行券を発行する一方、喜望峰以東の各地で為替・預金・送金業務を営むことを認められ、50年代・60年代に飛躍的に発展した。64年に横浜支店を開設し日本進出を果たした。旧幕府時代の横須賀製鉄所の接収に必要な50万ドルの融資を契機に新政府と密接な関係を築き、大阪造幣寮の建設や鉄道建設・外国公債発行等の新政府の営む金融・財政事業に関与し顧問銀行的役割を果たした。銀行そのものは70年代末から巨額の不良債権をかかえて経営が悪化、1884年に支払停止に陥り破綻した（立脇和夫『明治政府と英国東洋銀行』、中公新書、1992年）。

〔18〕
　第二次フランス軍事使節団の派遣要請に際し、日本の陸軍省が希望する条件を示す覚書をシセー陸相に送付し、その意見を求めた書簡。

①シセー（Ernest Louis Octave Courtot de Cissey, 1810～?）
　フランスのパリ出身。陸軍軍人・政治家。サン・シール陸軍士官学校・参謀学校を卒業し、1835年にアフリカへ従軍。71年少将となり、陸軍大臣に任じられる。73年まで陸軍の大幅な再編成に貢献。74年内務大臣代理を経て、同年首相に就任し、陸軍大臣を兼任する。76年まで陸相を勤める。

〔19〕
　日本人留学生のサン・シール陸軍士官学校入学を前提として、サン・ルイ校への入学許可を要請した書簡。

①サン・シール陸軍士官学校（Ecole de Saint-Cyr）
　17世紀末にマントノン夫人がフランス貴族の子女のためにパリ西郊サン・シールに設立した寄宿学校が1793年廃校となったあと、一時幼年学校が置かれたが、1808年、ナポレオンの命によりフォンテーヌブローの特別士官学校がこの地に移される

と、サン・シールは陸軍士官学校の異名として定着、青バンドに赤ズボンの制服を着た生徒たちはサンシリアンと呼ばれ、軍人志望の青年たちの憧れの的となった。1944年に戦災で破壊されたため、46年に士官学校はブルターニュのコエトキダンに移転した。

〔20〕
　岩倉使節団の随員である文部理事官田中不二麿のフランスにおける学校教育制度調査に対する便宜供与の依頼状。教育行政にかかわる特定の人物を田中に推薦してくれるよう要請している点も注目される。

①田中不二麿（たなかふじまろ　1845～1909）
　尾張藩出身。1868年徴士参与職、71年文部大丞となる。岩倉使節団の派遣にあたり、文部理事官として随行、欧米の教育事情を調査研究。74年文部大輔に任じられ、76年から翌年にかけて米国に出張して教育制度を調査、文部省顧問の米人デビッド・マレーと協力して79年教育令の基礎資料を作成する。80年には司法卿に転じ、さらに駐伊公使・駐仏公使を経て、91年第一次松方内閣の司法大臣に就任。

〔22〕
　1867年のパリ万国博覧会における残余経費を、当時日本出品物総理事官（commissaire général）であったジェール・ド・レセップスが新政府に改めて請求してきたことに対し、鮫島はこれを不当として拒絶した。この問題はひきつづき翌73年にかけてレセップスとの間で争われ、結局、フランス外務省担当係官のモラールの調停で決着がついた。書簡〔134〕〔147〕〔148〕〔165〕を参照。

①岩倉具視（いわくらともみ　1825～83）
　公家出身。1854年侍従に任じ、62年には左近衛権中将となる。この間、日米修好通商条約の勅許不可を建言し不成立に至らしめたほか、公武合体策を推進、和宮降嫁に尽力した。67年、薩摩藩士大久保利通らと提携して討幕の秘策を練り、同年12月王制復古のクーデターを成功させ、新政権樹立後の中心人物として実権を握った。68年議定兼輔相となり、以後大納言・外務卿・右大臣等の要職を歴任、71年特命全権大使に任じられ、副使大久保利通・木戸孝允らとともに1年半にわたって欧米を視察、73年帰国した。帰国直後に起った征韓論には内治優先の立場から反対、その後も皇室制度や立憲制度の確立に努めた。
②田辺太一（たなべたいち　1831～1915）

幕臣出身。甲府徽典館教授を経て幕府外国方に登用され、書物方出役となり横浜開港事務に携わる。1861年外国奉行支配調役並、ついで63年横浜鎖港談判使節随員を命じられ渡仏、外国奉行支配組頭に昇進した。67年にはパリ万国博覧会使節に随行、フランスでは博覧会出品展示問題をめぐり薩摩藩と争った。維新後は沼津兵学校教授を経て、70年新政府の外務少丞に就任、以後外務大書記官・駐清臨時代理公使等外交畑で活躍した。著書に『幕末外交談』(1898) がある。

③フルーリ・エラール (Paul Fleury Hérald、生没年未詳)

フランスの銀行家。1865年、幕府からパリ在留の名誉総領事を委託される。

④向山一履 (むこうやまかずとし　1826〜97)

幕臣出身。箱館奉行支配組頭・外国奉行支配組頭を経て、1863年目付となる。65年に兵庫開港問題で譴責を受け辞職するも、66年外国奉行に再任され、翌年駐仏公使として渡仏。フランスではパリ万博使節の徳川昭武らとの間に齟齬をきたし、外交交渉が進展しないところから中途で帰国した。維新後は沼津兵学校等で教鞭を執ったが、晩年は東京に閑居した。

〔23〕

①ブロック (Maurice Block, 1816〜1902)

ドイツのベルリン出身。フランスに帰化し、試補として一般統計局・農商務省等に勤め、1853年に農商務省次長となる。61年に公務から退き、ジャーナリスト・編集者を経て、政治学者・経済統計学者としての名を高める。政治的立場は限定された立憲君主制の信奉者で、経済学者としては典型的な自由放任主義者であったといわれる。統計の政治的重要さを説き、統計学にも詳しいところから、新政府はブロックに日本代表の資格を与え、ヨーロッパにおける国際統計学会議にたびたび出席させている。72年から翌年にかけて岩倉使節団の訪欧の折には、岩倉や木戸をはじめ司法官僚たちを前に政治や財政の講義を行ない、彼らに政治的漸進主義の準拠理論を吹き込んだという。77年日本政府からパリ在留領事に任命される。著書に『政治学一般辞典』(1862)『経済学概論』(1873) などがある。ブロックについては、マリーン・メイヨ「岩倉使節の西洋研究」(大久保利謙編『岩倉使節の研究』所収、宗高書房、1976年) 並びに山室信一『法制官僚の時代』(木鐸社、1984年) を参照。

〔26〕

①アルナン (Harry Charles Conrad Edouard, comte d' Arnim, 1834〜？)

ドイツのポメラニア出身。外交官。キェスリンのギムナジウムを卒業。1871年に駐仏ドイツ大使としてパリに赴任するも、教皇選挙会議に関する公文書の横領容疑

で告訴され74年国外逃亡。欠席裁判により国家反逆罪で5年の禁錮重労働を言い渡される。オーストリアに亡命し、ビスマルク政権に対する批判を続けた。

〔27〕
　第二次軍事使節団の編成に関するブリュネ大佐の意見書に対する返書。日本側の案では編成人員は将校7名、下士官8名の計17名であった。

①ブリュネ（Jules Brunet, 1838～？）
　1867年、幕府が招聘した第一次フランス軍事使節団の一員で、砲兵大尉として来日、幕府軍の訓練指導にあたった。戊辰戦争の際に数名の同僚と榎本軍に参加し、箱館に籠城して新政府軍と戦う。69年帰国し、翌年にはパリ・コミューンの攻撃軍に加わり、72年陸軍大臣副官。73年駐オーストリア大使館付武官を経て、76年砲兵少佐に昇進し、80年には駐イタリア大使館付武官、85年にフェール砲兵工廠長官となる。翌年大佐、91年に准将、98年には官房長官に抜擢され、少将に昇進した。
②ウトレー（Maximilien-Ange George Outrey, 生没年未詳）
　第3代駐日フランス公使。ロッシュに代わり、1868年横浜に着任。箱館戦争で榎本軍に投じたフランス軍将校の処置、横須賀製鉄所の移管、浦上キリスト教徒問題等の処理にあたる。

〔30〕
①シーボルト（Alexander Georg Gustav von Siebold, 1846～1911）
　オランダのライデン出身。父は日本学の研究で有名なドイツ人医師フランツ・フォン・シーボルト。1859年、父の再来日に同行、日本語に熟達して在日英国公使館の特別通訳官に任命され、67年にはパリ万国博覧会使節団に通訳として参加した。維新後の70年民部省雇となり工部院出仕、78年にはベルリン駐在日本公使館書記官となり、87年以降は居所自由の在外勤務となった。94年、駐英公使青木周蔵の随員としてロンドンへ赴き、日英通商航海条約の調印に成功。その後ベルリンに住み、国際情報を日本に提供する一方、ヨーロッパにおける対日世論の形成にも尽力した。

〔31〕
　明治3年（1870）6月17日、新政府は鉄道建設に関し、懸案の英人ネルソン・レイとの借款契約を解消し、新たにオリエンタル銀行との間に起債契約をなすため、民部権少丞上野景範を特例弁務使として英国へ派遣することを決定、同日付で上野を大蔵大丞に昇進させ、民部省駅逓正前島密を副使に任じた。この時、上野は新紙幣

製造監督の任務も命じられていた。辞令書には、「今般英国ニ於テ新紙幣製造監督被仰付候ニ付テハ名工相撰ヒ精良緻密贋模ノ患不生様方法便宜処置御委任候事」とある。この後、製造場所は英国からドイツのフランクフルトに変更された。上野は、前島とともに6月24日に横浜を出帆、米国経由で8月24日ロンドンに到着した。本書簡は新紙幣製造特例弁務使の職権が、1871年6月27日付で、上野から鮫島へ移譲された旨を伝えたもの。ベットマン（Bettman）はドンドルフ社の関係者であろう。

①上野景範（うえのかげのり　1844〜1888）
　薩摩藩出身。1856年長崎で英学を学び、63年、洋学研究のため上海へ密航、帰藩後は藩洋学校開成所で英学を教授。68年外国事務局御用掛に任じられ、造幣器械購入のため香港へ出張、翌年には在留日本人召還交渉のためハワイへ派遣された。70年以降、大蔵大丞・租税権頭など財務関係の任に就いたが、72年外務省に転じ、駐米弁理公使・外務少輔・駐英公使等を歴任、80年に外務大輔となる。

〔32〕
　日本人留学生で、フランスのサン・シール陸軍士官学校へ正式に入学したのは、本書簡の渡六之介（正元）が最初であろう。1872年末には陸軍大臣から許可が下りている（書簡〔121〕を参照）。以後、多くの日本人留学生がサン・シールで学ぶことになる。

①渡　六之介（わたりろくのすけ　1839〜1924）
　広島藩出身。兵学寮生徒となり、1870年兵部省留学生としてフランスへ渡る。73年にサン・シール陸軍士官学校へ入学、兵学を修める。帰国後は太政官大書記官・参事院議官・元老院議官等を歴任し、90年には貴族院議員に勅選される。著書に『巴里籠城日誌』(1914)がある。

〔36〕
　第二次軍事使節団派遣の関連書簡。

①マルクリー（Charles Antoine Marquerie, 1814〜84）
　フランスの陸軍軍人。1872年陸軍中佐の時、第二次軍使節問団の団長として来日し、創設期日本陸軍の近代化に尽力する。翌73年末に帰国。

〔38〕
　1872年2月28日現在の在仏日本公使館員のリスト。

①塩田三郎（しおださぶろう　1843～89）
　幕臣出身。箱館でフランス語を修得。1863年通弁御用となり、横浜鎖港談判渡欧使節に参加し翌年帰国。ついで65年外国奉行柴田剛中を正使とする遣仏使節に加わり二度目の渡行。67年には外国奉行支配組頭に進む。維新後の70年、民部権少丞となる。ついで外務省に転じ、外務権大記として鮫島に随行渡仏、72年には岩倉使節団の外務一等書記官に任じられる。その後、外務大丞・外務少輔などを歴任、85年駐清公使に任じられたが、在任中に北京で客死した。

②長田銈太郎（おさだけいたろう　1849～89）
　幕臣出身。幕府蕃書調所でフランス語を修得。1865年駐日フランス公使ロッシュの通訳、翌年開成所助教授、68年開成所頭取に進む。69年横浜兵学校雇として新政府へ出仕、72年駐仏日本公使館勤務となり渡仏、翌年外務三等書記官に任じられる。74年帰国し外務少丞に就任。さらに76年二等書記官としてロシアへ赴任した。帰国後は宮内省書記官・内務省参事等を歴任、愛知県知事として赴任直前に事故死。

③後藤　常（ごとうつね〔一条十次郎　いちじょうじゅうじろう〕　生没年未詳）
　仙台藩出身。1867年米国へ留学し英学を修得。68年帰国し、同郷の高橋是清とともに当時公議所議長心得であった森有礼の書生となる。70年外務省に出仕、外務権少記として鮫島に随行渡仏。帰国後は外務省中録・同八等出仕などに任じられ、外交事務に携わる。

〔42〕
　1867年のパリ万国博覧会が終了したあと、幕府はその出品物のほとんどをパリで売却することに決め、幕府の駐仏理事官であった栗本鋤雲はその売却方を名誉総領事フルーリ・エラールとフランス商人シュヴリヨンに委任して帰国した。　薩藩と佐賀藩の出品物は両藩がそれぞれ独自に引き取って、すでに始末はつけられていた。
　幕府出品物の総計は約千余点、売れた場合はその商品の売価の6.45％の利益を得る条件でシュヴリヨンは承諾、シュヴリヨンの保証人を兼ねて売却の監督を引き受けたフルーリ・エラールには3.23％の利益が支払われることになった。今後2年間のうちにできるだけ売り捌くようにし、3年たっても売れないものは日本で引き取るという契約であった（高橋邦太郎『チョンマゲ大使海を行く』210-211頁、人物往来社、1967年）。
　維新後、新政府より公務弁理職に任じられたフランス人モンブランは、この幕府

出品物売却の件も引き継ぐことになった。1870年5月12日付の澤外務卿並びに寺島外務大輔あての書簡で、モンブランは、「博覧会へ御差送り相成候品物売捌の儀御託し相成居候処、右売捌方に未た取懸り不申、右は高価に売れ候時限を計り候積りて好機会を相待居候」(『日本外交文書』第3巻、414文書) と述べているところから、恐らく日本品が高値を呼ぶ機会をねらっていたのであろう。その後、モンブランは日本出品物をロンドンで一括売却することに決め、シュヴリヨンとの間で個人的に契約を交わしたものと思われる。その際、モンブランがシュヴリヨンに与えた不当に高額な手数料利益が問題となった。本書簡はその真偽を質す質問状である。書簡〔47〕でこの問題はさらに徹底的に追求されている。

この時期、こうした日本品が大量にヨーロッパに出回ったことも、ジャポニスムの流行に拍車をかけたと思われる。

〔46〕
　工部省技師稲垣喜多造のサン・シャマ火薬製造所見学の許可申請書。

①稲垣喜多造（いながききたぞう　1848〜？）
　横浜仏語伝習所でフランス語を修得。1869年横須賀製鉄所の土木少祐となり、71年会計簿記修学と国営工場の組織研究のためフランスへ留学する。74年帰国し、工部省工作造船技師・横須賀造船所造船大技師等を経て、79年横須賀造船所計算課長となる。フランス式簿記導入の先駆者といわれる。

〔49〕
　岩倉使節団理事官、陸軍少将山田顕義のフランスにおける軍事学研究に対する便宜供与の依頼状。

①山田顕義（やまだあきよし　1844〜92）
　長州藩出身。幕末には討幕派志士として活躍。1868年戊辰戦争では参謀として各地に転戦、69年兵部大丞に任ぜられ、71年には陸軍少将となる。岩倉使節団に理事官として随行、欧米各地を視察。73年帰国後は東京鎮台司令官・司法大輔等を勤め、陸軍中将に進み、79年参議兼工部卿、83年司法卿、85年内閣創設後は司法大臣となる。

〔54〕
　海軍兵学寮生徒の前田十郎左衛門と伊月一郎の両人は、明治3年(1870)3月14日

付で航海術修業のため英国軍艦フィービ号(Phœbe)乗組を命じられ、同23日に横浜を出帆、米国経由で英国へ向かった。9月12日、南米ブラジル領バイヤ湾に到着、翌日明方4時頃、突然前田が士官室で割腹自殺をして果てた。原因は航海中に英人士官と口論し侮辱を受けたためといわれる。前田の遺体をブラジルのサルバドル英人墓地に埋葬したあと、英艦は出航、10月22日に英国に到着した。彼らの乗組期間中の給料は1人1カ月100ドル(内食費30ドル)であった(『日本外交文書』第3巻、380～387文書を参照)。

本書簡は前田と伊月両者の給料150ポンドの小切手を裏書きなしで現金化できるよう、オリエンタル銀行へ依頼したもの。

①伊月一郎(いづきいちろう〔江戸一郎　えどいちろう〕　1848～1891)
　徳島藩出身。1866年長崎へ遊学し蘭学を修得。69年海軍兵学寮に入り、翌年実地修行のため英国軍艦へ乗り組み、南米経由で英国へ向かう。その後欧米諸国を航海、75年帰国し海軍大尉に任官。88年英国公使館付武官となりロンドンへ赴任。91年任期終えて帰国、海軍大佐へ昇進するも病のため死去。

〔56〕
　アメリカン・ジョイント・ナショナル・エージェンシー(The American Joint National Agency, London)は、ニューヨークに本店を持ち金融業を営むボウルズ兄弟社(Bowles Brother & Co.)が、1872年初にロンドンに設立した金融関係の子会社である。建物はストランド街446番地(446 Strand)にあった。長州藩留学生であった南貞助がリンカーンズ・イン法曹院に在学中、ボウルズ兄弟社の社長チャールズ・ボウルズに見込まれ、新設のアメリカン・ジョイント・ナショナル・エージェンシーの取締役に就任した。これが機縁となって、旧知の留学仲間であった鮫島や来欧中の岩倉使節一行が多額の金銭をアメリカン・ジョイント・ナショナル・エージェンシーに預けることになる。ところが、親会社のボウルズ兄弟社のロンドン支店が推計10万ポンドの負債を抱えて、1872年11月に閉鎖されたのに伴い、アメリカン・ジョイント・ナショナル・エージェンシーも12月に倒産、日本の政府関係者は多大の損害を被ることになる。日本人全体の損害額は約25,000ポンド、この内鮫島は個人預金のほか海軍士官雇入旅費その他の費用として海軍省より送付された2,700ポンド余りの被害にあっている。岩倉使節団一行は、とりあえずオリエンタル銀行から大蔵省名義で15,000ポンドを融通してもらい、ここから海軍省損失分の2,000ポンドを補塡している。アメリカン・ジョイント・ナショナル・エージェンシーと南貞助の関係については、小山騰『国際結婚第一号』(講談社、1995年)が詳しい。

本書簡は、倒産直前のアメリカン・ジョイント・ナショナル・エージェンシーが、資金繰りをつけるために、鮫島あてに送られてくる予定の工部省技師雇入資金をあてにしていたことを示す資料となっている。書簡〔60〕で工部省から8,000ドルの送金があった旨を伝えている。

〔57〕
　日本に女学校を設立したいというオランダ人の推薦状に対する返信。関連書簡〔66〕参照。

①ポルスブルック (Dirk de Graeff van Polsbroek、生没年未詳)
　オランダ出身の伯爵。1859年神奈川副領事として来日、63年より代理公使となる。64年の下関戦争講和交渉、翌年の改税約書調印等に参加、69年には弁理公使に昇進し帰国する。72年外交界から引退する。

〔58〕
　本書簡は、書簡〔51〕と〔62〕とを合わせ参照されたい。
　書簡〔51〕で日本の陸軍省代表と記されているのは、陸軍省の御用商人である山城屋和助であることが、書簡〔62〕からわかる。山城屋は、長州藩留学生の三刀屋三九郎(七郎次)を通訳として伴い1871年12月に日本を発った。パリ到着は翌年2月、そして件のモリソー商会(la Maison veuve Moriceau et fils)から陸軍用各種軍装品を買付けることに成功。その際製品検査のため、革製品と布製品双方の鑑定専門家の派遣を、日本公使館を通じてフランス陸軍省に依頼する。その依頼書が書簡〔51〕である。
　この結果、布製品の鑑定人としてリヴィエールが、革製品の鑑定人としてデュドネがそれぞれ派遣され、両者との間で契約が交わされた。その確認書が本書簡で、三刀屋の署名が記されている。三刀屋は当時カレール氏の塾に通っていたことが、留学生監督であった入江文郎のメモから確認できる(藤田東一郎「入江文郎に関する研究」、『日本学士院紀要』6巻1号、1947年)。

〔61〕
　文部省理事官田中不二麿一行の教育行政調査に関する関係資料の収集協力依頼書。

①今村和郎(いまむらわろう　1846～91)
　土佐藩出身。1869年上京し、箕作麟祥に就いてフランス語を学ぶ。71年文部省に

入り文部中助教に任じられる。岩倉使節団派遣にあたり田中文部理事官随員として渡欧、ヨーロッパ各地の教育事情を調査ののち、73年フランス政府の要望によりパリ東洋語学校教授試補に就任する。74年帰国、左院御用掛に転じ、78年太政官法制局権少書記官兼司法権少書記官となる。ついで、内務権大書記官を経て、82年板垣退助・後藤象二郎の通訳として再び渡仏、84年帰国後外務権大書記官に就任。88年には法制局参事官、90年法制局法制部長に昇任される。

〔62〕
　モリソー商会と日仏協会(la Société franco-japonaise)との契約条件の確認書であるが、契約の当事者は日本陸軍省を代表する山城屋和助と通訳の三刀屋であったことがわかる。三刀屋については〔58〕の註釈を参照。

①山城屋和助（やましろやわすけ　1836～72）
　長州藩出身。本名野村三千三。浄土宗の僧であったが、1863年還俗し奇兵隊に入る。戊辰戦争に従軍後、横浜で商人となり山城屋和助と改名した。主に生糸の貿易を営んだが、山県有朋の眷顧を受け、兵部省の御用商人となるに及んで省金を借用して軍需品を納めるようになった。その後も諸省の用達となって巨富を積み、1871年貿易を目的に欧行、外遊先のパリで豪奢な生活を送っていた。これが鮫島の目にとまり、外務省へ内報されたことから政府部内で陸軍省の汚職問題へと発展。帰国後の72年11月、借用した省金が返済できず陸軍省内で割腹自殺した。

〔63〕
　日本陸軍省の軍事顧問デュ・ブスケに対しレジョン・ドヌール・シュヴァリェ勲章が授与されたことを喜ぶ書簡。

①デュ・ブスケ(Albert Charles du Bousquet, 1837～82)
　ベルギーのリエージュ出身。1867年、陸軍中尉の時、第一次フランス軍事使節団の一員として来日、シャノワーヌ使節団長のアシスタントとして全般的指導にあたる。68年顧問団の解散後もフランス公使館付通訳官として日本に残留し、70年には兵部省の兵学顧問となる。71年左院・正院雇、75年元老院・東京府雇などを勤め、80年にフランス公使館領事に就任。自ら「治部輔」と称した。

〔69〕
　書簡中の「残酷な試練」とは、駐日英国公使パークスの長女ネリーの突然の死を

指す。本書簡はその悔み状である。

　1871年家族とともに賜暇帰国したパークスは、翌年にかけて岩倉使節団との交渉や接待に追われる一方、わずかな暇を利用して家族と旅をした。ランカスターゲイトに家を借りて、家族で休暇を楽しんだ折、長女ネリーがジフテリアにかかり、6月14日看病の甲斐なく死亡、彼は妻とともに深い悲しみに沈んだ。日本へ帰任したのは73年2月である。F・V・ディキンズ『パークス伝』(東洋文庫、1984年) を参照。

①パークス (Sir Harry Smith Parkes, 1828～85)
　1841年、通訳生として中国へ渡り、のち厦門・広東・上海各地の領事を歴任、アロー号事件の際には英国の権益を擁護するため献身的な努力をした。65年、オールコックの後任として駐日特命全権公使兼総領事に任命され横浜に着任。徹底した自由貿易主義の立場から対日貿易の推進をはかった。幕府の貿易独占政策を支持するフランス公使ロッシュと対立して、　長を中心とする討幕派に接近したのもその自由貿易主義を貫徹せんとする意図からであった。新政府成立後はその近代化政策に対して助言と協力を惜しまなかったが、英国側の不利益となるような事業や条約改正に対しては日本に激しい圧力をかけた。83年駐清公使に転じ、在任中北京で死去した。

〔75〕
　東久世通禧と五辻安仲が欧州宮廷儀礼を研究するにあたってのオイレンブルク伯爵への指導依頼状。

①オイレンブルク (Friedrich Albrecht, Graf zu Eulenburg, 1815～81)
　プロシアのケーニヒスベルクの貴族出身。1848年大蔵省・内務省に勤務後、外務省に転じ、58年アントワープ総領事となる。翌年ワルシャワ総領事に任じられたが、赴任直前に東アジア遠征艦隊司令官に任命され、全権公使として清国・日本・シャムへ派遣された。61年1月、日本との間に、同9月には清国との間に修好通商条約を締結して帰国、62年ビスマルク内閣の内務大臣に抜擢され就任、15年間の長きにわたってその任にあり、ビスマルクの右腕としてドイツ統一への実現に向けて努力した。著書に『第一回独逸遣日使節日本滞在記』がある。
②東久世通禧 (ひがしくぜみちとみ　1833～1912)
　公家出身。幕末尊攘急進派の一人として重きをなし、1862年国事御用掛、翌年国事参政となるも、8月18日の政変により太宰府に流寓。67年王政復古により帰洛し参与職となる。維新後は外国事務総督・横浜裁判所総督・外国官副知事等を歴任、専ら外交事務を掌った。69年議定職に進み、開拓長官となり、71年侍従長に転じ、

ついで岩倉使節団の理事官として欧米を巡遊する。82年元老院副議長、92年枢密院副議長に就任。著書に『竹亭回顧録』(1911)がある。

③五辻安仲（いつつじやすなか　1845〜1906）

　公家出身。幕末尊攘派の一人として知られ、1864年禁門の変に際して長州藩のために画策し参朝を止められる。67年王政復古とともに三職書記御用掛を命じられ、68年参与・内国事務局権判事となる。69年少弁、71年式部助等を歴任、岩倉使節団欧米巡遊に際して東久世理事官と随従、翌年帰国後は宮内省御用掛・爵位局次官を勤める。

〔79〕

①ポテュオー（Louis Pierre Alexis Pothuau, 1815〜？）

　フランス領マルティニク出身。海軍軍人・政治家。1832年海軍士官学校を卒業、各艦艦長を経て、64年に海軍准将に昇進する。71年海軍少将となり、ティエール及びデュフォール両内閣の海軍大臣に就任。

〔80〕

　在ロンドンのメキシコ総領事からの岩倉全権大使への紹介状依頼に対する返書。
　寺島宗則が駐英大弁務使に任じられ、ロンドンに到着したのは、1872年8月11日であるから、この書簡が出されたわずか4日前のことである。10月14日付で寺島は特命全権公使となる。

①寺島宗則（てらしまむねのり　1832〜93）

　薩摩藩出身。幕末には松木弘安の名で蘭学者として知られる。1856年幕府蕃書調所教授手伝に任じられ、62年には幕府遣欧使節に翻訳方兼医師として随行し欧州を巡遊。帰藩後船奉行となり63年薩英戦争に参加。65年薩摩藩遣英使節団の一員として渡英し、英国外務省と外交交渉を行なった。翌年帰国後、寺島陶蔵と改名する。68年新政府成立とともに、参与職外国事務掛・外国事務局判事等を歴任、69年外国官副知事、ついで外務省設立にあたり外務大輔となり外交事務全般を掌った。72年駐英大弁務使、翌年参議兼外務卿に就任。条約改正交渉においては関税自主権の回復を中心に尽力した。79年文部卿に転じ、81年元老院議長・駐米公使、88年には枢密院副議長となる。

〔82〕

　鮫島は1872年6月19日（明治5年5月14日）付で中弁務使（ministre résident）に昇

任され、7月下旬には本国から辞令とともに新しい信任状が届いたものと思われる。さらにその後、外務省の組織改正に伴い、11月14日(旧10月14日)付で弁務使の名称が廃止され、鮫島は弁理公使となった。

　本書簡は鮫島による中弁務使への昇任通知書であると同時に、大統領への謁見依頼書でもある。フランスの外務省外交文書館には本書簡の原本が鮫島の鮮やかな署名とともに保存されており、同時に8月31日付の外務省よりの同書簡に対する返書も残されている。

〔83〕
　鮫島が自分の中弁務使への昇任を旧知の駐日公使ウトレーに伝えた書簡。ウトレーについては〔27〕の註②を参照。

〔84〕
①吉田清成(よしだきよなり　1845～91)
　薩摩藩出身。1865年藩留学生として英米へ渡り理財学を修得。帰国後の71年大蔵省へ出仕、租税権頭・大蔵少輔を歴任、秩禄処分実施のため渡欧し外債募集の任にあたる。74年駐米公使に任じられ、関税自主権の回復を目的とした条約改正を行い、78年米国国務長官エヴァーツとの間に吉田・エヴァーツ条約を結ぶ。79年来日の前米国大統領グラントの接待にあたり琉球帰属問題に尽力する。82年外務大輔、86年農商務次官等を経て枢密顧問官となる。

〔85〕
　鮫島の新信任状の翻訳文。フランスの外務省外交文書館に原本が保存されている。下に原文を記す。
　　天ノ命ニ則リ万世一系ノ帝祚ヲ践タル日本国天皇睦仁敬テ威望隆盛ナル良友仏蘭斯大統領チエ閣下ニ白ス曩ニ両国交誼ノ親厚ナルヲ保証スル為従五位鮫島尚信ヲ少弁務使トシテ貴政府ノ下ニ奉職セシム尚信恪勤懈タラス能其職ヲ盡セリ依テ今般中弁務使ニ昇任シ此書ヲ付シテ委任ノ証トス朕固リ尚信ノ更ニ重職ヲ奉シ益閣下ノ寵眷ヲ蒙リ貴政府ノ信任ヲ受ルコ疑ヲ容レサルナリ此書ヲ呈スル時懇待セラレ其陳述スル処ヲ聴納シ且朕カ名ヲ以テ上言スル処ヲ信用セラレンコヲ望ム爰ニ朕カ恭敬ヲ表シ
　　閣下ノ康寧ヲ祈ル
　　　明治五年壬申五月十四日東京
　　　宮城ニ於テ親ラ名ヲ署シ璽ヲ鈐ス

睦仁　|日本国|
　　　　　|国　璽|

　　　　　　　奉勅　外務卿正四位副島種臣（花押）

〔86〕
　大統領のヴェルサイユ到着後の9月後半に謁見のうえ、新信任状を奉呈する旨の確認書。
　本書簡の原本はフランスの外務省外交文書館に保管されている。

〔89〕
　陸軍省理事官随行兵学大教授原田一道のフランスにおける軍事研究に対する便宜供与の依頼書。

①原田一道（はらだいちどう　1830～1910）
　岡山藩出身。江戸で西洋砲術を学び、のち幕府蕃書調所教授手伝となる。1864年横浜鎖港談判使節に随行し渡仏、その後オランダに留学し兵学を研究する。帰国後は江戸に出て洋学を研鑽、維新後の68年徴士兵学校御用掛に任じられ、70年兵学権頭となる。71年兵学大教授に進み、陸軍省理事官山田顕義に随行し欧米の軍事研究に従事、帰国後の73年陸軍砲兵大佐に任じられる。太政官大書記官・砲兵会議議長を経て81年陸軍少将に進み、名古屋鎮台司令官に就任する。予備役に編入後は元老院議官・貴族院議員等を歴任する。

〔92〕
　工部省理事官造船頭肥田為良のフランスにおける各地海軍造船所の見学許可願書。当時の海軍大臣はデュフォール内閣のポテュオー中将（Louis P. A. Pothuau）である。海相に直接許可申請をしたため、後日レミュザ外相より規則違反としてクレームがついた（書簡〔94〕参照）。

①肥田為良（ひだためよし　1830～89）
　幕臣出身。海軍伝習生として長崎に遊学、1859年軍艦操練所教授方出役、翌年遣米使節随行の咸臨丸に機関担当士官として乗り組み渡米する。64年軍艦操練所教授方頭取となり、造船学研究のためオランダへ留学、帰国後の66年軍艦頭に進む。維新後は民部省に出仕、70年工部省へ転じ工部少丞・横須賀造船所技師長に任じられ

る。71年造船頭兼製作頭に進み、岩倉使節団派遣にあたり理事官として随行、欧米各地を巡遊、73年帰国後は、横須賀で造船所の整備拡充に尽力した。82年海軍機関総監、85年御料局長官となる。理財にも長じ、第十五銀行及び日本鉄道会社の創設にも関与、鉄道事故のため死去。

〔95〕
　もと長崎のオランダ商館医であったボードインからの駐オランダ日本総領事への就任希望に対する返書。鮫島とは幕末長崎留学時代から旧知の間柄であった。

①ボードイン（Antonius Franciscus Bauduin, 1821〜85）
　オランダのユトレヒト出身。ユトレヒトの陸軍軍医学校教官を経て、1862年ポンペの後任として長崎オランダ商館医に就任、多くの蘭学者たちに医学を教え、彼らと親交を深めた。66年いったん帰国したが、68年再来日し大阪仮病院に勤め、翌年大阪医学校教師となり、わが国医学教育の振興に努めたほか、兵部省内に軍医の法則を伝授した。70年帰国、駐オランダ日本総領事への就任を希望したが容れられなかった。

〔102〕
　ボウルズ兄弟社の倒産事件については、書簡〔56〕の註釈を参照。ボウルズ兄弟社の子会社であるアメリカン・ジョイント・ナショナル・エージェンシー関係の損害金25,000ポンドの回収見込がたつまでの代金支払延期願書である。ヘンリー・シャーバン（Henry Sharban）は、チャールズ・スチュアートに代わるオリエンタル銀行の新頭取（Chief Manager）である。

〔105〕
①ラッセル（Odo William Leopold Russell, First Baron Ampthill, 1829〜84）
　イタリアのフィレンツェに生まれる。英国の外交官。ドイツで教育を受け、1849年にウイーンのオーストリア大使館に勤務。フランス・米国などの大使館勤務後、58年バチカンに英国外交代表として駐在。70年外務省次官補、71年に駐独大使となる。

〔111〕
　岩倉使節団一行のパリ到着は1872年12月16日（明治5年11月16日）で、宿泊場所は凱旋門の西北に位置する旧トルコ公使館の建物であった。11月19日以来ベルリンに出張中であった鮫島は、岩倉らの到着に間に合うよう12月14日に公使館にもどって

いる。本書簡は、岩倉使節団の正確な到着日時をレミュザ外相に知らせたものである。

〔112〕
　大蔵省派遣租税寮七等出仕長岡義之と大野直輔のフランスにおける関税規則調査への便宜供与依頼書。

①長岡義之（ながおかよしゆき　1840～86）
　長州藩出身。1872年、大蔵省租税寮七等出仕となり関税調査のため欧州へ出張、帰国後の74年租税権助に任じられ神戸税関に勤務。77年大蔵省少書記官に進み、神戸税関長兼大阪税関長となる。82年会計検査院検査官に転じ、翌年審査第一部長に就任する。
②大野直輔（おおのなおすけ　1838～1921）
　長州藩出身。1868年徳山藩主毛利元功の従者として英国へ留学し経済学を修得。70年帰国し大蔵省租税寮に出仕、72年長岡義之とともに関税調査のため欧州へ派遣される。帰国後は81年に造幣局長、85年預金局長、88年銀行局長等の要職を経て、会計検査院部長に就任する。

〔124〕
　1872年11月に倒産したボウルズ兄弟社（書簡〔56〕の註釈参照）に対する日本人の債権取立訴訟をマレイ・ハッチンズ弁護士事務所に全面的に委任する旨を伝えた書簡。
　マレイ（Murray）もハッチンズ（F. Hatchins）もともに、オリエンタル銀行付きの事務弁護士（solicitor）で、英人ネルソン・レイとの鉄道建設解約交渉において日本政府の代理人として活躍した（田中時彦『明治維新の政局と鉄道建設』、254頁、吉川弘文館、1963年）。マレイ・ハッチンズ弁護士事務所はロンドンのバーチン小路11番地（11 Birchin Lane）にあった。

〔128〕
　東京開成学校で必要とするドイツ人教授の派遣をドイツ外相バラン（Hermann Ludwig von Balan, 1871～72年在任）に依頼したもので、候補者の選考は文部大臣に一任するとの意図を伝えている。当時の文部大臣はファルク（Adalbert Falk, 1872～79年在任）であった。

〔130〕
　司法省警保助川路利良のパリ警察制度調査に対するパリ警視総監への協力依頼書。当時の警視総監はレオン・ルノーであった。

①ルノー（Léon Charles Renault, 1839～?）
　フランスのアルフォール出身。政治家。リセ・ボナパルト、リセ・サンルイで学び、のち法学を勉強し弁護士になる。1870年警視庁書記長、71年ロワール県知事を経て、パリ警視総監に就任。76年に議員となる。著書に『刑事訴訟手続きにおける18世紀哲学の影響』(1862)がある。
②川路利良（かわじとしよし　1834～79）
　薩摩藩出身。幕末江戸に遊学し洋式練兵を学び、戊辰戦争には兵具方隊長として活躍、1871年上京し東京府大属となり、鹿児島から邏卒千人の募集にあたった。72年邏卒総長となり、ついで司法省警保助兼大警視に任じられ、警察制度調査のため渡欧し翌年帰国。74年東京警視庁の創設にともない大警視となり、わが国警察行政の確立に努めた。77年陸軍少将に任じられ警視庁巡査隊の別働旅団を率いて西南戦争に参加、79年再び警察制度調査のため渡欧したが病気となり、帰国直後に死去した。

〔134〕
　パリ万国博覧会の残余経費の支払いをめぐるレセップスとの係争問題。鮫島はこの問題については、ひき続き岩倉使節一行と協議したが結論としては支払いはできないとされた。その際第三者の調停が必要とのことで、これを外務省担当官のモラールに依頼するよう提案されたことが知られる。書簡〔22〕の他、本書索引「モラール」の項を参照。

〔135〕
　フランス政府の文部大臣から、文部省理事官田中不二麿の随員であった文部中助教今村和郎を、パリ東洋語学校の教授試補に雇いたい旨の要請があり、レミュザ外相を通じて1873年1月21日付で照会がなされた。
　本書簡はそれに対する返信で、岩倉大使らと協議の結果、別段支障なしとの決議が下された旨を伝えている。参考までに、この件に関する岩倉大使らの差図書と関連文書を下に記す。

　　　　　　　　　　　　　　　　　　　　　　　　　書記官　礼之
　先日鮫島公使方ニ御引渡相成候元文部理事官随行今村和郎儀弥当府東方国語学

校教授試補トシテ相雇度候ニ付差支ノ有無相尋候段文部卿ノ望ニ応シ外務卿ヨリ鮫島公使ヘ書翰相贈リ候依之鮫島方ヨリ差支無之返答致シ可然哉ノ旨申来候ニ付御指図書相添此段奉伺候以上
　　　二月十日

　　御差図
　　今村和郎儀当国東方国語学校ノ教授試補ニ相雇度段文部卿ノ望ニ応シ外務卿ヨリ貴館ヘ差支ノ有無尋越シ候趣承知致候右ハ一統協議ノ上ニテ本人引渡候事故本文ノ通御取計可有之候也
　　　二月十日　　　　　　　　　　　　　　　特命全権大副使
　　　　　　　　鮫島弁理公使殿
　　　　　　岩倉　公
　　　　　　木戸　公
　　　　　　大久保公
　　　　　　伊藤　公
　　　　　　山口　公
本官ヲ免可為鮫島申立ノ通事
　　　　　　　　　　　　　　　　　　　　　（「在仏雑務書類」）

　なお、今村和郎については書簡〔61〕の註①を参照のこと。

〔136〕
　新紙幣製造に関し、フランクフルトのドンドルフ社と第2回目の契約を結ぶため、担保としての有価証券の手配を依頼した書簡。吉田清成については〔84〕の註①を参照。

〔140〕
　加賀藩留学生黒川誠一郎のパリ大学法学部への正規入学につき、文部大臣の許可を取り付けるための外相に対する仲介依頼書。最終的にこの認可は下りた（書簡〔288〕参照）。なお文科バカロレア資格は、ヨーロッパ古典語の一定の習得を意味する。当時の邦訳では「文学得業士」であった。

①黒川誠一郎（くろかわせいいちろう　1844～1909）
　加賀藩出身。1869年藩費留学生としてフランスへ渡り、パリ大学で法律を学び74年帰国。司法省へ出仕し、明法大属・司法少丞を経て、77年司法少書記官に進む。82年に司法大書記官となり、84年外務省へ転じ外務大書記官としてイタリア在勤、

88年には無任所公使館参事官となる。

〔141〕
　岩倉使節団一等書記官福地源一郎のトルコにおける政治法制・裁判制度等の視察調査に対する便宜供与の依頼書。

①福地源一郎（ふくちげんいちろう　1841～1906）
　幕臣出身。江戸で森山多吉郎について英学を修め、1859年外国奉行支配通弁御用雇となり翻訳に従事。61年第一回幕府遣欧使節に通弁方として随行、さらに65年には外国奉行柴田剛中に随行して英仏へ赴く。維新後は『江湖新聞』を発行し、反政府派としての論陣を張るが、のち70年大蔵省御用掛に挙げられて新政府へ出仕、71年岩倉使節団の一等書記官として再度渡欧するも、帰国後の74年官を辞して東京日日新聞の社長・主筆に就任、政府支持の立場から健筆を揮う。82年には立憲帝政党を組織、東京府会議長となる。晩年は著述に専念し、著書に『幕府衰亡論』『懐往事談』等がある。

〔145〕
　工部省理事官肥田為良がオランダで購入した書籍の日本への無認可搬出に対する許可申請書。肥田の上司である工部大輔伊藤博文自ら署名している。

①伊藤博文（いとうひろぶみ　1841～1909）
　長州藩出身。幕末に尊王攘夷派の志士として活躍し、1863年井上馨らと英国へ密航留学する。64年帰国後は討幕派として重きをなし、つとにその名を知られる。新政府成立とともに徴士参与・外国事務局判事に任じられ、69年大蔵少輔、翌年民部少輔を兼任し財政調査のため渡米、帰国後の71年工部大輔となり岩倉使節団の副使として欧米を巡遊する。73年参議兼工部卿、78年内務卿を兼ね、政府内の実力者となる。82年憲法調査のため渡欧、帰国後憲法草案の作成準備にとりかかる。85年内閣制度の創設にともない初代内閣総理大臣に就任、88年枢密院議長として憲法草案を審議する。前後四回の組閣を経験、1900年には立憲政友会を結成して総裁となる。1905年に初代韓国総監に就任、「韓国併合」の基礎を作った。1909年満州視察に赴いた折、ハルビン駅頭で暗殺される。

〔149〕
　岩倉使節団三等書記官川路寛堂と大蔵省検査寮大属杉山一成のオランダにおける

水利施設調査への便宜供与依頼書。

岩倉使節団文書中の「在仏雑務書類」に命令書が含まれている。参考までに記す。

田中戸籍頭

　随行ノ内、川路寛堂、杉山一成両人和蘭国ヘ差遣シ堤防ノ方法研究、其後実地ノ都合ニヨリ一成ハ再ヒ使節方ニ復シ、寛堂ハ改暦四月中帰朝可申候事

　なお、明治8年6月付で、川路・杉山両名による復命書「和蘭水理堤防取調之儀ニ付申牒」が『理事功程』中に収録されている。

①川路寛堂（かわじかんどう　1844〜1927）

　幕臣出身。幕府小納戸役を経て1866年横浜仏語伝習所に入りフランス語を学ぶ。同年歩兵頭並に挙げられ、留学生取締に任じ、英国へ渡る。68年帰国、71年大蔵省に出仕し、岩倉使節団に三等書記官として随行を命じられ、杉山一成らとオランダの水利施設調査にあたる。73年帰国後は大蔵省七等出仕、外国文書課長等を歴任し、76年退官し実業についたが失敗、神戸松蔭女学校校長等教育に従事する。著書に『英国倒行律例』『川路聖謨之生涯』等がある。

②杉山一成（すぎやまかずしげ　1843〜80）

　幕臣出身。維新後大蔵省に出仕、71年検査寮大属に任じられ、大蔵理事官田中光顕の随員として渡欧、帰国後検査権助に進み、75年から翌年にかけて米国に渡り金融財政調査に携わったほか、フィラデルフィア博覧会の事務官としても活躍する。のち内務少書記官に任命される。

〔150〕

　モンブランが公務弁理職時代に支払った諸経費のうち、正当な公費として認められたものの内訳とその支払確認書。その経費の大部分はモンブランに同行した薩摩藩の留学生前田正名の留学費用である。従来、前田の渡航費は自ら編集印刷した英和辞書の売却益と外務省補助金を充てたとされていたが、不足分は前以てモンブランが立て替えていたことがこの書簡からわかる。

　なお、この支払問題は岩倉大使らの討議にかけられたようである（書簡〔133〕参照）。

①前田正名（まえだまさな　1850〜1921）

　薩摩藩出身。幕末長崎に遊学し英学を修得、留学資金調達のため英和辞書を編纂し上海に密航のうえ印刷に付した。1869年モンブランとともにフランスへ渡り、外交事務に携わる。75年在仏公使館二等書記生、78年パリ万博事務官長を経て、81年大蔵・農商務省の大書記官となる。84年『興業意見』30巻を編纂し、産業振興策を

示す。農商務省農務局長・東京農林学校長等を経て、90年農商務次官に就任。退官後は民間にあって日本の産業振興と育成に努めた。

〔151〕
　在仏日本公使館の人事異同の通知書。
　二等書記官塩田三郎は1873年4月5日に帰国し、5月18日付で外務少丞、12月22日付で外務大丞に任じられた。長田銈太郎は1873年1月17日付で外務二等書記官心得となり、2月3日付で三等書記官に昇格した(『外務省沿革類従』所収「現任履歴」)。したがって文中塩田の「一等書記官」、長田の「二等書記官」は正確には誤記である(ただし、塩田の岩倉使節団随行中の資格は一等書記官である)。
　なお、塩田と長田については、書簡〔38〕の註①と②を参照。

〔157〕
　1872年(明治5年)正月、政府はベルリンに在ドイツ日本公使館を設置することを決定、同月16日付で長州藩留学生青木周蔵を外務一等書記官心得に任じ、対ドイツ外交事務の専任とした。さらに青木一人では繁雑な事務を処理しきれないところから、岩倉使節の田中理事官随員である文部中助教近藤鎮三(昌綱)を外務二等書記生心得としてベルリンに在勤させることとした。なお、ベルリンの公使館設置費用として鮫島は2,000ポンド必要と算定、同月3月27日付でその内1,300ポンドを家賃と家財購入費用として岩倉大使へ請求している(「在仏雑務書類」)。当時ベルリンの公使館所在地はアルゼン街4番地(4 Alsen Strasse, Berlin)であった(書簡〔160〕参照)。本書簡はバラン外相にあてた公使館人事の決定通知書である。

①青木周蔵(あおきしゅうぞう　1844～1914)
　長州藩出身。長崎で西洋医学を修得、1868年プロシアへ留学するも、修学目的を政治学へ変更、在独留学生総代を経て73年外務一等書記官心得となり在独公使館勤務を命じられる。翌年駐独特命全権公使へ昇格、プロシア貴族の娘を妻にむかえる。85年外務大輔、89年外務大臣に就任し条約改正にとりくむが、91年大津事件により辞任、翌年再び駐独公使となり、74年には駐英公使を兼勤し日英通商航海条約の調印を成功させる。98年に再び外務大臣となり、さらに枢密顧問官・駐米大使等を歴任する。
②近藤鎮三(こんどうしんぞう　?～1894)
　幕臣出身。1871年文部中助教に任じられ、文部理事官田中不二麿に随行し欧米の教育事情を視察、翌年外務二等書記生心得となりベルリンに駐在する。帰国後は司

法省へ転じ、86年には東京始審裁判所分局検事となり欧州へ留学する。

〔158〕
　大蔵省七等出仕渋沢喜作と租税寮中島才吉のフランスにおける蚕糸業調査に対する便宜供与の依頼書。

①渋沢喜作（しぶさわきさく　1838～1912）
　武蔵国豪農出身。渋沢栄一の従兄。幕末に尊王攘夷派の志士として活躍、1864年一橋家に軍制所調役組頭として仕え、のち幕府陸軍奉行支配調役に抜擢される。戊辰戦争では天野八郎らと彰義隊を組織し頭取となる。その後、箱館戦争に従軍し敗戦後は下獄する。72年新政府へ出仕、大蔵省七等出仕となり蚕糸業視察のため欧州へ派遣される。帰国後は実業界に転じ、96年東京商品取引所理事長に就任する。

②中島才吉（なかじまさいきち　1846～1925）
　幕臣出身。横浜仏語伝習所でフランス語を修得、維新後は神奈川県通弁出仕ののち、70年横須賀製鉄所土木少佑、72年大蔵省租税寮出仕となり、蚕糸業視察のため欧州へ派遣される。帰国後の74年外務省へ転じ、外務一等書記生・外務三等書記官を経て、76年副領事に任じられローマに在勤、のちミラノ在勤領事に進む。

〔160〕
　司法省への法律顧問雇い入れが正院で議決されたことを受けて、1873年2月1日付で岩倉大使は鮫島へ人選その他の交渉を一任した。パリ大学のジロー教授（Charles Giraud）の紹介で、在仏日本人留学生のため憲法・刑法の講義に訪れたパリ大学法学部教員のボワソナードの学識・人格ともに気に入った鮫島は2月末には早速雇傭契約の交渉に入った。本書簡は、ボワソナードの提示した契約条件には応じられない旨を伝えたものであるが、日本側の雇傭条件が月給600ドル、渡航費1,000ドルであったことがわかる。鮫島との間で最終的に雇傭契約が成立したのは6月24日である。司法省官吏名村泰蔵とともに11月日本に到着した。ボワソナードとの雇傭契約についての顛末は堀内節「御雇法律教師のブスケとボワソナード——雇入から雇止までの経過——」（『比較法雑誌』第8巻第1号、1974年）が詳しい。

①ボワソナード（Gustave Emile Boissonade, 1825～1910）
　フランスのヴァンセンヌ出身。パリ大学で法律を学び、1852年法学博士、64年グルノーブル大学講師となる。67年にパリ大学へ移り教鞭をとる。日本人留学生に法律を講義したのがきっかけで、73年司法省法律顧問として来日、日本の近代的立法

事業に参画、その確立に努めた。在日期間22年の長きに及ぶところから、政府は年額2,000円の年金支給を決定している。95年帰国し、フランスのアンティーブで死去。

〔173〕
　1873年5月24日フランス共和国大統領にマクマオン元帥が就任、25日首相兼外相にド・ブローイ公爵が就任した。本書簡はド・ブローイからの就任通達に対する返書である。

①ド・ブローイ（Albert, duc de Broglie, 1821～1901）
　フランスの政治家・歴史家。1871年に国民議会議員となり、駐英大使を経て73年から翌年にかけて副首相兼外相を勤める。マクマオン大統領の七年独裁制成立に尽力し、76年元老院議員となる。77年に内閣を組織し司法大臣を兼任する。著書に『ルイ十五世の秘密外交』(1879)などがある。
②マクマオン（Marie Edme Patrice Maurice Mac-Mahon, Duc de Magenta, 1808～93）
　1827年アルジェリア征討に従軍後、54年クリミア戦争に師団長として参加、59年のイタリア戦争で勲功を立て元帥に就任。64年にはアルジェリア総督となる。普仏戦争に第一軍団長として出征するも捕虜となり、71年帰還後パリ・コミューンを鎮圧、73年王党から推され第三共和政二代目の大統領となる。79年退任。

〔174〕
　兵部省留学生柏村庸之允と小坂千尋に対する留学費の前払い申請書。

①柏村庸之允（かしわむらようのすけ　1849～？）
　長州藩出身。1870年、大阪兵学寮生徒として兵学寮教師シャルル・ビュランに同行して砲兵学を学ぶためフランスへ渡る。
②小坂千尋（おさかちひろ　1851～91）
　岩国藩出身。1869年、横浜兵学校に入学、翌年兵部省留学生として渡仏、73年サン・シール陸軍士官学校で参謀学を修得。75年卒業後、さらに参謀学校へ進み77年卒業し、陸軍中尉に任官、翌年帰国し陸軍士官学校教官兼参謀本部出仕となる。80年大尉に進み陸軍大学校教授、84年少佐、陸軍卿大山巌に随行し欧米諸国を巡遊、帰国後は参謀本部第一局第二課長を経て、90年軍務局第一軍事課長に就任。

〔178〕
①アルクール（Pierre Louis Bernard, comte d'Harcourt, 1842～？）

アフリカへ従軍後、1870年普仏戦争に参加、捕虜となりドイツに送られるが、のち釈放され、マクマオン元帥の副官となる。71年国民議会の議員に選ばれるが、その後は当選せず。75年に国防軍第五連隊副指揮官に就任。

〔184〕
1873年7月9日、当時スイスに滞在中の岩倉使節団のもとに、日本政府より急ぎ帰国を促す旨の電信が入ったため、一行は予定していたポルトガル訪問を中止し、帰装をなすこととなった。本書簡は、ポルトガル訪問中止に対する副使伊藤博文の謝罪書である。この後、一行は18日にマルセーユに到着、20日アウア号に搭じて帰国の途に就くことになる。この書簡が認められた14日は、伊藤らはジュネーヴに滞在していた。

〔186〕
海軍少将兵学頭中牟田倉之助のフランスにおける各海軍工廠視察に対する便宜供与の依頼書。中牟田はウィーン万国博覧会へ出席のため、海軍省の伊東栄らと1873年2月に日本を発ち、オーストリア・ベルギーを経て8月19日にパリに到着。フランスをはじめヨーロッパ各地で海軍関係施設の視察調査にあたった。

①中牟田倉之助(なかむたくらのすけ　1837～1916)
佐賀藩出身。長崎海軍伝習所で海軍学を修得、戊辰戦争では海軍先鋒隊として活躍、1870年海軍中佐に任じられ、73年海軍少将・兵学頭となる。同年ウィーン万博出席のためヨーロッパへ渡る。海軍省副官・海軍兵学校長・横須賀造船所長等を経て、78年中将に進む。93年には初代海軍軍令部長に就任、翌年退役し枢密顧問官となる。

②伊東　栄(いとうさかえ　1846～1911)
幕臣出身。横浜フランス語学所でフランス語を学ぶ。維新後は新政府へ出仕、神奈川県庶務試補通弁官・横浜製作所詰中師を経て横須賀造船所会計掛一等訳官兼通弁となる。のち海軍省へ出仕。

〔188〕
本書簡はド・ブローイ外相に対する在仏日本公使館の移転通知書である。
在仏日本公使館は、これまでラ・レーヌ・オルタンス街26番地(26 avenue de la Reine Hortense)にあったが、1873年9月8日付をもってジョゼフィーヌ街75番地(75 avenue Joséphine)の建物へ移転した。建物はリール市に住む市議会議員ソワ

ン・ダルガンビ(Soins d' Alegambie)の持家で、家賃は年18,000フラン、3年ごとの更新を条件に7月10日契約がなされている。外務省外交史料館に日仏両文による「在仏日本公使館借入条約」が保存されているほか、旧公使館の建物は現存している（口絵参照）。ただしジョゼフィーヌ街はほどなくマルソー街(avenue Marceau)と改称されることになる。なお、公使館移転にあたり、外務省は、家具その他備品代と移転費用として10,000円、公館諸費として5,000円、合計15,000円を拠出している（「借地及借家料関係雑纂・在仏大使館」）。公使館貸借に関する書簡は、本書簡の他、本書索引「日本国公使館〔パリ〕」を参照されたい。

〔189〕
　兵部省留学生太田徳三郎のフォンテーヌブロー砲兵学校への入学許可申請を陸軍大臣に行なうにあたっての仲介依頼書。書簡〔318〕・〔319〕も参照されたい。

①太田徳三郎（おおたとくさぶろう　1849～1904）
　広島藩出身。1869年兵部省留学生としてスイスへ留学し、スイスの兵学校で砲兵学を修得、73年フランスへ移りフォンテーヌブロー砲兵学校に入り、砲術を学ぶ。75年帰国し陸軍省七等出仕となり、77年砲兵大尉に任官。81年には造兵技術研究のため欧州へ派遣される。82年少佐、86年鳥尾小弥太中将に随行し再び渡欧、90年に大阪砲兵工廠提理となる。97年少将、1902年中将に進む。

〔190〕
　第二次フランス軍事使節団派遣に関し、獣医・軍楽隊員各1名の増派を依頼した書簡。文中にある1871年11月27日付の書簡とは、書簡〔15〕のことである。第二次フランス軍事使節団については同書簡の註釈を参照されたい。

〔198〕
　新外相ドゥカーズ公爵からの就任通知に対する返書。

①ドゥカーズ(Louis Charles Elic Amanieu, duc de Decazes, 1819～？)
　フランスのパリ出身。グリュックスベルク公爵。スペイン・ポルトガル駐在公使および大使を勤め、1848年二月革命で公職を退く。1873年、駐英大使として政界復帰、同年外務大臣となり、77年まで在任。

〔200〕
　1873年8月の日米郵便交換条約の調印成功を受けて、日仏間でも条約締結交渉が進められることになった。鮫島に交渉の全権委任が通達されたのは1873年9月22日である(『日本外交文書』第6巻、349文書)。本書簡は、全権を委任された旨を、ドゥカーズ外相へ通知したもの。なお、日仏郵便交換条約の交渉の経緯については、書簡〔432〕の註釈を参照されたい。

〔201〕
　スイスにいる日本人留学生尾崎平八郎の病状を問い合わせた書簡。

①大山巌(おおやまいわお　1842～1916)
　薩摩藩出身。幕末に尊攘派志士として活躍、1868年戊辰戦争に砲隊長として各地を転戦し、70年軍事視察のため欧州へ派遣される。71年に帰国、兵部権大丞となる。同年陸軍少将となり再びフランスへ留学、74年帰国後に陸軍少輔に就任。80年陸軍卿、84年から翌年にかけて欧米の兵制視察に出張する。85年内閣制度の創設に伴い初代陸軍大臣となる。91年大将、98年元帥に列せられる。日露戦争では満州軍総司令官、1914年に内大臣に任ぜられる。
②尾崎平八郎(おざきへいはちろう　？～1874)
　薩摩藩出身。大学東校で医学を修める。1870年、化学研究のため大学東校よりドイツへ留学、ベルリン大学に入るが、のちスイスへ移る。勉学中の74年、病気のためチューリッヒで死去する。

〔202〕
①ビュロー(Bernhard Ernst, Baron von Bülow, 1815～79)
　ドイツのシスマール出身。政治家。ゲッティンゲン、キール等で法律学を学ぶ。1839年ビスマルク政権で公職に就き、外務省公使館参事官等を歴任。73年にドイツ帝国の外務大臣に就任。
②品川弥二郎(しながわやじろう　1843～1900)
　長州藩出身。幕末に尊攘派志士として活躍。戊辰戦争に従軍後、1869年弾正少忠に任じられ、翌年普仏戦争視察のため渡欧。74年に外務二等書記官としてドイツ公使館に在勤。一等書記官となり76年帰国。帰国後は内務大書記官・農商務大輔等を歴任し、85年より駐独公使に就任。91年に第一次松方内閣の内務大臣となる。選挙干渉により辞任後の92年、国民協会を組織し副会頭に就任する。

〔206〕
①エコール・ポリテクニク（l' Ecole polytechnique）
　文部省所管のグランドゼコールで、高級技術将校の養成を目的として、1794年、旧体制下の土木学校や工兵学校を母体にパリに設立された。一般に理工科学校と称される。従来の技術教育が実際的な知識の伝授に重点を置いていたのを、数学・物理学・化学などの理工系基礎学問を徹底して修得できるように改めた点に特徴がある。こうした斬新な教授法は理工科教育に多大な成果をあげ、これまで多くの優秀な科学者や技術者が輩出した。

〔207〕
①小国磐（おぐにいわお　？～1901）
　岩国藩出身。1870年、大阪兵学寮に入り、フランスへ留学する。リセ・デカルトを経て、76年フォンテーヌブローの陸軍砲兵実施学校で工兵学を学ぶ。帰国後の80年工兵中尉に任官し、工兵局御用掛兼士官学校教官となる。82年大尉、87年少佐に進み陸軍大学校教官に補され、中佐を経て95年大佐に昇進、砲工学校長に就任する。1900年少将に進む。
　柏村庸之允と小坂千尋については〔174〕の註①②を参照。

〔210〕
　在仏日本公使館に着任した新任書記官の通知書。

①中野健明（なかのたけあき　？～1898）
　佐賀藩出身。1870年外務省に出仕し、外務権大丞となる。翌年、岩倉使節団に司法権中判事として随行し欧米巡遊。74年外務省へ転じ一等書記官として在仏公使館に在勤、鮫島公使不在中臨時代理公使を勤める。79年オランダ公使館へ転じ82年帰国する。帰国後は大蔵大書記官・関税局長等を歴任し、93年神奈川県知事となる。
②厚東樹臣（こうとうたておみ　1829～1889）
　長州藩出身。1872年新政府へ出仕し、租税寮七等出仕を命じられる。翌年、外務省へ転じ外務三等書記官に任じられ、在仏公使館勤務となる。75年帰国し、77年外務省奏任心得御用掛、翌年には内務省勧商局准奏任御用掛へ転任、さらに82年太政官准奏任御用掛に進み、88年内閣属を命じられる。

〔213〕
①大江　卓（おおえたく　1847～1921）

土佐藩出身。幕末陸援隊に入り倒幕派の志士として活躍。戊辰戦争に従軍後の1868年兵庫県判事試補となり、翌年、外国事務御用掛に転じる。上海へ渡り民情を視察、帰国後の71年民部・工部の両省出仕を経て神奈川県に移り、72年に神奈川県権令に就任。マリア・ルーズ号事件では中国人苦力解放に尽力した。74年大蔵省理事官となるも翌年辞職、さらに西南戦争勃発に際して挙兵を企て捕縛収監される。出獄後の88年大同団結運動に参加し、90年第一回衆議院議員選挙で当選する。晩年は実業界で活躍する。

〔226〕
　日本人留学生中江篤介（兆民）が在仏日本公使館を通さずに直接大蔵大臣に対し、フランス造幣局見学の申請をしたことに対する詫び状。

①中江兆民（なかえちょうみん　1847〜1901）
　土佐藩出身。長崎・江戸でフランス語を修得し、1871年にフランスへ留学、哲学・文学を研究。74年に帰国し仏学塾を開く。81年東洋自由新聞主筆に迎えられ、自由民権思想の普及に努める。82年に『政理叢談』を発行し、ルソーの『社会契約論』を「民約訳解」と題して連載、人民主権論を説く。88年大阪で『東雲新聞』を創刊、専制政治攻撃の筆をとる。90年には衆議院議員に当選するも、翌年辞職、98年国民党を組織して政界復帰を企てたが失敗、失意のうちに世を去る。

〔227〕
　日本海軍の法規業務を組織化するため、フランス海軍の担当係官の派遣要請を海軍大臣へ行なうにあたり、ドゥカーズ外相へ仲介を依頼した書簡。

①ヴェルニ（François Léonce Verny, 1837〜1908）
　フランス海軍の造船技師で、1866年幕府に招かれ、多くのフランス人技師を伴い来日、横須賀製鉄所首長として製鉄所建設とその経営の任にあたった。75年新政府の顧問となり翌年帰国。77年日本政府よりその功績に対し勲二等が贈られた。帰国後はオッシュ・ラ・モリエール・エ・フィルミニ鉱山会社監督に就任。

〔228〕
①船越熊吉（ふなこしくまきち　1852〜？）
　広島藩出身。大阪兵学寮に入学し、1870年フランスへ留学、サンルイ学校、サン・シール陸軍士官学校で砲術学を学び、76年フォンテーヌブローの陸軍砲兵実施

学校で砲兵学を研究する。

〔232〕
　鮫島は明治6年11月22日付で特命全権公使に昇格した。本書簡はドゥカーズ外相に対する昇格の通知状である。本書簡の原本は信任状原本とともにフランス外務省外交文書館に保管されている。信任状の原文を参考までに記しておく。
　　天佑ヲ保有シ万世一系ノ帝祚ヲ践シタル日本国皇帝睦仁敬テ
　　仏蘭西国共和政治大統領マルシャルトマクマホン氏白ス
　　曩ニ両国交誼ノ親厚ナルヲ保証スル為メ弁理公使鮫島尚信ヲ貴政府下ニ奉職セシム尚信恪謹懈ラス能ク其職ヲ尽セリ依テ今般特命全権公使ニ昇任シ此書ヲ付シテ委任ノ証トス　朕固リ尚信ノ更ニ重職ヲ奉シ益々貴大統領ノ寵眷ヲ蒙リ信認ヲ受ルコ疑ヲ容レサルナリ此書ヲ呈スル時懇待セラレ其陳述スル所ヲ聴納シ且朕カ名ヲ以テ上言スル所ヲ信用セラレンコヲ望ム　爰ニ朕カ恭敬ヲ表シ貴大統領ノ康寧ヲ祈ル
　　　明治六年十一月廿二日　東京宮城ニ於テ親ラ名ヲ署シ璽ヲ鈐ス
　　　　　睦仁　□

　　　　　　　　　　　　　　　　　　奉勅　　外務卿寺島宗則
　　　　　　　　　　　　　　　　　　（フランス外務省外交文書館所蔵）

〔233〕
①鈴木貫一（すずきかんいち　生没年未詳）
　彦根藩出身。1870年米国へ留学し、73年に帰国する。74年外務三等書記官に任じられ、在仏公使館勤務を命じられる。76年には二等書記官へ進む。80年鮫島公使の死去に伴い翌年まで臨時代理公使を勤める。

〔237〕
　鮫島に対して、フランス政府からレジオン・ドヌール・オフィシエ（4等勲章）の叙勲が通達されたのは、1874年6月1日であった。叙勲に関する通達一覧の政府文書中に鮫島の名が記されている（フランス外務省外交文書館所蔵）。本書簡は、叙勲申請への労をとってくれたドゥカーズ外相への感謝状である。

〔238〕
　フランス政府代表団による金星の太陽面通過観測が、1874年10月に日本において

実施されることになり、その通知が在仏日本公使館を介して、日本政府へなされた（書簡〔249〕を参照）。観測隊の出発にあたって、フランス科学アカデミーは、パリのエコール・サントウルで理化学を勉強していた日本人留学生の清水誠を隊員に加えたい旨を鮫島へ伝えた。本書簡はその申請に対する許可状である。

①デュマ（Jean Baptiste Dumas, 1800～？）
　フランスのガール県出身。化学者。ジュネーヴで植物学・医学・化学等を学ぶ。パリの理工科学校で化学を教え、明晰な頭脳と幅広い知識で知られる。下院委員会から貨幣改鋳などについて協力を求められ、のち政界入り。1850年に農商務大臣となる。1851年のクーデター後は上院議員、国民教育高等委員会や特別中等教育改善委員会の委員、パリ市議会副議長などを歴任する。1832年より科学アカデミーの会員をつとめ、1868年に終身幹事に選ばれた。

②清水　誠（しみずまこと　1846～99）
　加賀藩出身。幕末に長崎へ遊学し洋学を修得。1869年に藩留学生としてフランスへ渡る。パリのエコール・サントウルで理化学を勉強、74年フランスの金星の太陽面通過観測隊の一員として帰国する。観測終了後の75年上京し、日本で初めてマッチの製造を始める。76年には海軍少匠司として横須賀造船所に勤務するが、まもなく退官しマッチ事業に専念、新燧社を設立する。78年にマッチ事業視察のため渡欧、翌年帰国してマッチ業者の組合を組織する。その後、マッチ製造機械の開発と改良に尽くし、日本のマッチ製品の輸出振興に貢献した。

〔241〕
　大統領主催の晩餐会欠席に対する謝罪の返書。この頃から鮫島の体調は極度に悪化していた。

①ビュッフェ（Loúis Joseph Buffet, 1818～？）
　フランスのヴォージュ県出身。弁護士を勤めたあと、1848年二月革命後のナポレオン政権下で農商務大臣を勤めるが、翌年辞職。50年に選挙制度整備委員会メンバーとなる。51年のクーデター後は公職から離れるが、63年に政治活動を再開し立法院委員に就任。75年から76年まで首相兼内務大臣を勤める。76年の選挙以降は再選されず。

〔249〕
①ジャンサン（Pierre Jules César Janssen, 1824～？）

フランスのパリ出身。物理学者・天文学者。1853年リセー・シャルルマーニュの代理教授となり、60年物理学博士。65年から71年まで建築専門学校教授を勤める。68年インドへ日食観測に行ったのをはじめとし、科学アカデミーより天文観測のため世界各地へ派遣され、74年には太陽面の金星通過観測で日本へ、75年には日食観測でシャムへそれぞれ赴いた。

〔260〕
①兼松直稠(かねまつなおしげ　？～1886)
　幕臣出身。1872年外務省に入り、外務三等書記生となり、74年二等書記生へ進み在仏公使館に勤務。76年に一等書記生へ昇進。78年内務省勧農局准判任御用掛を経て、85年には外務権少書記官に任じられ、内閣制度の創設に伴い外務大臣官房次長心得となる。

〔265〕
　在ロシア公使館の二等書記官中村博愛が1874年3月8日付でマルセイユ領事に任じられ着任した旨を、ドゥカーズ外相に伝える通知書。信任状の訳文が添えられている。信任状原文は下記の通りである。
　　　領事中村博愛ヘ御委任状
　　天佑ヲ保有シ万世一系ノ帝祚ヲ践シタル日本国皇帝此書ヲ見ル有衆ニ宣示ス
　　朕仏朗西国馬耳塞ニ領事ヲ在留セシムルコトヲ必要ト慮リ茲ニ中村博愛ノ勉強誠実ナルヲ信愛シ仏朗西国馬耳塞在留領事ニ任シ即チ両国ノ条約ニ従ヒ其地ニ到ル我国臣民ノ権理及商舶貨財貿易等ヲ保護スルノ権ヲ授与ス　宜シク朕カ旨ヲ体シ其地ニ到レル我国臣民ニ諭告シ此命ヲ遵奉セシムヘキヲ命ス　故ニ仏朗西大統領及官民等中村博愛ノ領事タルコトヲ承允シ至当ノ需メヲ為サハ之レニ輔助ヲ与ヘラレンコトヲ冀望ス

　　神武天皇即位紀元二千五百三十四年明治七年五月五日　東京宮中ニ於テ親ラ名ヲ署シ璽ヲ鈐ス
　　　御名　国璽

　　　　　　　　　　　　　　　　　　　奉勅　　外務卿寺島宗則
　　　　　　　　　　　　　　　　　　(『法規分類大全』第24巻、外交門3)

①中村博愛(なかむらひろやす　1843～1902)
　薩摩藩出身。長崎で蘭学を修得。1865年藩留学生として渡欧、フランスで勉学。

68年帰国し、藩開成所教授。69年には西郷従通・山県有朋の欧州視察に通弁官として随行する。70年兵部省へ出仕、翌年工部省へ転じ、72年製作権頭となる。73年外務省へ再転し、外務二等書記官としてロシアに在勤。74年にマルセイユ領事に任じられる。78年イタリアへ転任し臨時代理公使を勤める。帰国後は外務大書記官・会計課長等を歴任、85年から89年までオランダ兼デンマーク駐在弁理公使。91年貴族院議員となる。

〔266〕
①河瀬真孝(かわせまさたか　1840～1919)
　長州藩出身。幕末に倒幕派の志士として活躍。1867年に英国へ留学、71年帰国し、工部少輔となるも、その後侍従長へ転任する。73年イタリア兼オーストリア駐在弁理公使に任命され、ついで駐伊特命全権公使へ進む。79年元老院議官、83年司法大輔等を歴任し、84年駐英公使に就任。帰国後の94年枢密顧問官となる。

〔268〕
①山崎直胤(やまさきなおたね　1853～1918)
　中津藩出身。フランス語を修得したのち、1872年工部省留学生としてフランスに渡り、鉱山学を学ぶ。帰国後は太政官に出仕、参事院法制局に勤める。82年、伊藤博文の欧州出張に随員として渡欧。85年、内務省県治局長に就任。その後、宮内省に転じ調度頭に任じられるも、96年に退官、錦鶏間伺候に補せらる。

〔278〕
①ホルツェンドルフ(Joachim Guillaume François Philippe, baron von Holtzendorf, 1829～？)
　ドイツのフィートマンシュドルフ出身。刑法学者。ベルリン・ハイデルベルクの両大学で学び、1861年にベルリン大学教授、73年にミュンヘン大学教授に就任。74年には国家反逆罪に問われたアルナン伯爵(書簡〔26〕の註①参照)の弁護士を勤める。特に受刑者の弁護に取り組み、ヨーロッパ各地を巡る。『古代及び現代における刑罰としての国外追放』(1859)など多数の著書がある。

〔283〕
　肺結核で療養中の陸軍省留学生楢崎頼三に対し、献身的な治療にあたってくれたのは、フランス人医師トレラ博士であった。博士は多くの日本人留学生たちのための専門医療施設を早急に設けることを、鮫島に推めた。公使館雇のマーシャルとも、鮫島はたびたびこの問題について話し合ったらしい。経費の点からも医療施設を設

けることは難しかった。そこで、鮫島はトレラ博士に公使館付の医師になってくれるよう要望した。しかも無報酬に近い条件であったと考えられる。博士の人柄を見込んで、無理を承知で鮫島は頼んだのであろう。それが、この書簡である。楢崎の治療に対する礼状の形をとっている。だが、楢崎はこうした博士の献身的な治療の甲斐なく、翌1875年2月17日死去する。

①トレラ（Ulysse Trélat, 1828〜？）
　パリ出身。1854年に医学博士となり、60年以降は外科医として活躍。72年にパリ大学外科病理学教授、74年医学アカデミーの会員に就任。
②楢崎頼三（ならさきらいぞう　1845〜75）
　長州藩出身。馬関戦争・禁門の変等に出陣、多くの戦功をあげる。戊辰戦争では東山道先鋒をつとめる。1870年大阪兵学寮生徒となりフランスに留学、軍事刑法を学ぶ。73年には留学生取締となるも、肺結核のため療養を余儀なくされ、パリで客死。

〔284〕
　鮫島が賜暇帰国のため一等書記官中野健明を臨時代理公使に任命する旨の通知書。
　鮫島はこの書簡を出した当日の11月20日夜、リヴィエラのイエールに向けてパリを発ち、しばらくリヴィエラに滞在したのち、12月20日にマルセイユを出帆、翌年2月中旬日本に帰着した。賜暇のつもりで帰国した鮫島であったが、11月10日付で外務大輔に任じられ、当分の間、本省勤務となる。再びフランスに向けて日本を離れたのは、78年1月であった。この間約3年を中野が臨時代理公使を勤めることとなる。

〔288〕
　長州藩留学生光妙寺三郎と中村某のパリ大学法学部入学につき、文部大臣の許可を取り付けるための外相に対する仲介依頼書。文中の「同胞の一人」とは加賀藩留学生黒川誠一郎のことである。黒川の申請は1873年2月4日付で、前外相レミュザあてに提出されている（書簡〔140〕参照）。

①光妙寺三郎（こうみょうじさぶろう〔光田三郎　みつださぶろう〕1849〜93）
　長州藩出身。横浜兵学校でフランス語を修得し、1871年、フランスへ留学、75年パリ大学法学部へ入学し法律を学ぶ。78年帰国、東洋自由新聞の記者となるも、のち官途につき、太政官権少書記官・外務少書記官を経て、80年外務権大書記官に進み、82年在仏公使館勤務となる。84年帰国、86年検事に任じ大審院刑事第二局検察

官に補され、明治法律学校講師を兼任。89年逓信省参事官、東京郵便電信学校長等を歴任する。

〔290〕
①小倉衛門太(おぐらえもんた　1847～1915)
　長州藩出身。本名は馬屋原二郎(まやはらじろう)。大阪兵学寮に学んだのち、1871年、藩費留学生としてフランスへ渡り、法律学を修得する。75年帰国し、司法省へ出仕、大阪地方裁判所所長・大審院判事等を歴任し、1903年貴族院議員に勅選される。晩年は愛国婦人会事務総長等を勤める。

〔295〕
　本書簡は天文学器具の製作に関し、文部省とルピシエ(E. Lepissier)との間で交わされた契約通りに製作を続けてほしい旨を同夫人に伝えた要求書である。ルピシエは契約締結後に死亡し、製作が中止された。この後、製作の続行を要求する日本政府とルピシエ夫人との間で係争が続くことになる。なお、ルピシエは1872年から74年まで大学南校数学教師および東京開成学校天文学教師として勤めている。書簡〔296〕〔300〕〔400〕を参照。

〔297〕
　モーリス・ブロックに対する日本代表資格での国際統計学会議への出席依頼書。この後、数回にわたって、ブロックはヨーロッパで開かれた統計学会議に日本代表として参加している。ブロックについては、書簡〔23〕の註①を参照されたい。

〔298〕
　東京の博物館展示用のヨーロッパ紙幣収集に対する協力依頼書。書簡〔307〕〔309〕を参照。

〔301〕
　パリ高等師範学校校長ベルソに対する数学教授派遣の依頼書。
　モーリス・ブロックの紹介でリセ・アルジェのオリビエ教授との交渉が行われたが(書簡〔293〕)、条件が合わず交渉は中止された(書簡〔303〕)。こうした背景のうえに、今回の師範学校長への人選依頼があったと考えられる。とりあえず、ベルソは師範学校生徒ステファヌ・マンジョ(Stéphane Mangeot)を推薦し、彼はこの年、東京開成学校へ数学教師としての雇入れが決まり、来日することになる(1879年帰

国）。

①ベルソ（Pierre Ernest Bersot, 1816～？）
　フランスのシュルジェール出身。文学者。1841年にコレージュ・ド・ボルドーの教授。43年パリ大学で哲学博士号を取得。45年コレージュ・ド・ヴェルサイユ教授に就任。59年より『ジュルナル・ド・デバ』誌に哲学・文学の論文を数多く発表。66年に科学アカデミー会員となり、76年よりパリ高等師範学校の校長を勤める。
②パリ高等師範学校（Ecole normale supérieure）
　文部省所管のグランドゼコールで、1794年にパリのウルム街に設立された男子校。本来は中等教育に従事する教師や各地師範学校の教授の養成を目的としているが、フランスの政治や学術の分野を代表する名士が多く輩出していることで、世界的に有名になった。高等師範学校は、現在この他にパリ女子高等師範、カシャンの技術教育高等師範、サン・クルーの高等師範などがある。

〔311〕
　陸軍省留学生長嶺正介のサン・シール陸軍士官学校入学許可申請に対する陸軍大臣への仲介依頼書。

①長嶺正介（ながみねしょうすけ　1849～？）
　1872年、陸軍省留学生としてフランスへ渡り、75年サン・シール陸軍士官学校へ入学し、77年卒業、陸軍少尉に任じられる。ひきつづきフランスの陸軍歩騎兵士官学校（Ecole spéciale militaire）へ進む。書簡〔423〕を参照。

〔313〕
　陸軍少佐村田経芳のピュトー他3都市の兵器製造工場視察許可申請に対する陸軍大臣への仲介依頼書。

①村田経芳（むらたつねよし　1838～1921）
　薩摩藩出身。戊辰戦争に出征後の1871年、新政府へ出仕し歩兵大尉に任官、製銃研究に携わり村田銃を発明する。75年軍銃研究のため渡欧、帰国後さらに小銃の改良研究を重ね、80年、いわゆる十三年式村田銃を製造、これが陸軍正式銃として採用される。85年には、村田式連発銃を発明、その後も村田銃の改良に努力し、90年少将に昇任される。

〔314〕
　静岡藩留学生小野弥一のフランス農商務省統計局における勤務許可申請に対する農商務大臣への仲介依頼書。
　小野弥一は1871年パリ到着後、元統計中央局長ルゴアーの家に寄宿して、ルゴアーから直接行政学・経済学・統計学の指導を受け、ついでモーリス・ブロックの教授を受けたあと、司法省・農商務省・大蔵省の各統計局で実務修業に就いたことが、その履歴書に記されている。

　　明治四年二月　仏国留学免許候事　大学
　　　明治四年三月横浜解纜米国及独逸国ヲ経テ瑞西日内巴府ニ到着同府ニ滞在当時孛仏戦争後内乱ノ全ク治マルヲ待ツ後仏京巴里府ニ到リ元統計中央局長ルゴアー氏方ニ寓シ同氏ニ就テ行政学経済学及統計学ヲ修ム同氏年老ヒ多病ナルヲ以テ去リ元同氏ノ副長当時著述家兼経済家モーリス・ブロック氏ニ学フ既ニシテ在法国駐劄中野代理公使ヲ以テ同国司法省農商務省大蔵省ノ大臣ニ照会シ其各統計局ニ就テ実地事務ヲ執リ書式ノ調製事実ノ蒐集編纂ノ方法等ヲ攻究シ各局長ヨリ勉励証書ヲ受ケ同九年三月帰朝ス

　　　　　　　　（西堀昭『日仏文化交流史の研究』、326頁、駿河台出版社、1981年）

①小野弥一（おのやいち　1847～93）
　幕臣出身。横浜仏語伝習所でフランス語を修得。1868年開成所教授となり、71年経済学・統計学を学ぶためフランスへ留学。76年帰国し、翌年調査局御用掛に任じられ、81年統計院四等属となる。会計検査院属・帝国大学書記官を経て、第1回ニューカレドニア移民の総監督に就任するも、滞留中に移民の実態が問題となる。更迭直前に現地で客死。
②モー（Marie Camille Alfred, vicomte de Meaux, 1830～？）
　フランスのモントリゾン出身。政治家。共和党員として、1871年の国民議会選挙で当選し、国民議会書記に選出される。75年から翌年にかけてビュフェ・デュフォールの両内閣で農商務大臣を勤め、さらに77年ド・ブローイ内閣でも農商務大臣に就任する。

〔318〕
　エコール・ポリテクニク校長ヴィリエ将軍にあてた太田徳三郎の退学願についての書簡。太田は1875年にエコール・ポリテクニクに入学、卒業直前に帰国命令が出た。これに対して、ヴィリエ将軍から5月27日付で返信があり、太田の帰国を2カ月延ばすよう要請がなされた。そこで〔319〕の書簡が出され、太田の帰国を2ヵ月

延期する旨を伝えたわけである。なお、太田については書簡〔189〕の註①を参照。

〔321〕
　パリで開かれる地理展示会用に日本の地図と地理書を送付する旨を伝えた書簡。

①レイユ（René Charles François, baron de Reille, 1835〜？）
　フランスのパリ出身。政治家・軍人。1852年サン・シール陸軍士官学校に入学。58年大尉としてイタリア従軍。69年に立法議会議員に選ばれる。普仏戦争時に大佐としてパリ包囲の対抗策を練る。76年に政界復帰し、翌年内務省閣外補佐官となる。

〔322〕
　明治天皇は1875年4月14日、「漸次立憲政体樹立の詔」を発布、元老院・大審院の設置、地方官会議の開催を宣明。こうした立憲政への準備を進める日本の現状をヨーロッパ各国に伝えるため、詔書の翻訳文が外交責任者へ送付された。本書簡はデカーズ外相にあてた翻訳文である。詔書の原文を記す。
　　　元老大審二院ヲ置クノ詔
　　朕即位ノ初首トシテ群臣ヲ会シ五事ヲ以テ神明ニ誓ヒ国是ヲ定メ万民保全ノ道ヲ求ム幸ニ祖宗ノ霊ト群臣ノ力トニ頼リ以テ今日ノ小康ヲ得タリ顧ニ中興日浅ク内治ノ事当ニ振作更張スヘキ者少シトセス
　　朕今誓文ノ意ヲ拡充シ茲ニ元老院ヲ設ケ以テ立法ノ源ヲ広メ大審院ヲ置キ以テ審判ノ権ヲ鞏クシ又地方官ヲ召集シ以テ民情ヲ通シ公益ヲ図リ漸次ニ国家立憲ノ政体ヲ立テ汝衆庶ト倶ニ其慶ニ頼ラント欲ス汝衆庶或ハ旧ニ泥ミ故ニ慣ルルコト莫ク又或ハ進ムニ軽ク為スニ急ナルコト莫ク其レ能ク朕カ旨ヲ体シテ翼賛スル所アレ

　　　　　　　　　　　　　　（『法規分類大全』第1巻、政体門1）

〔323〕
　ジョゼフィーヌ街75番地の日本公使館の賃貸借契約更新に関する書簡。この結果、臨時代理公使中野健明は、家主ソワン・ダルガンビとの間で1875年12月25日付で契約を更新、期間は3年としている。その後1879年1月29日付で鮫島が再更新、この時は契約期間が6年もしくは9年となっている。結果的に現在の日本大使館所在地であるオッシュ街7番地（7 avenue Hoche）に新館を設置した1906年まで、33年間にわたり日本公使館はこの建物を使用することになる。なお在仏日本公使館の移転については書簡〔188〕を参照されたい。

512

〔327〕
　小坂千尋のサン・シール陸軍士官学校卒業にあたり、さらに参謀学校への入学許可が得られるよう陸軍大臣への照会を依頼した書簡。小坂については書簡〔174〕の註②を参照。

〔330〕
　摩藩留学生前田正名が1875年6月18日付で正式に在仏日本公使館の二等書記生に任命された旨を伝えた書簡。前田については書簡〔150〕の註①を参照。

〔331〕
　静岡藩留学生小野弥一のフランス大蔵省統計局における勤務許可申請に対する大蔵大臣への仲介依頼書。小野については、書簡〔314〕の註①を参照。

①セー（Jean Baptiste Léon Say, 1826～？）
　フランスのパリ出身。政治家・経済学者。1871年に国民議会議員当選。セーヌ県知事として財政・行政並に公共事業におけるパリ区長業務の再編成等を実施。72年から73年までデュフォール内閣の大蔵大臣、75年から77年までビュッフェ内閣の大蔵大臣を勤める。80年に駐英大使に就任。著書に『パリ市財政状況の批判調査』（1866）などがある。

〔332〕
　日本公使館に対する詐欺罪で懲役6カ月の判決を受け服役中のピニエール（Pignière）とドゥラエ（Delahaye）の両人の減刑を国璽尚書に働きかけてくれるよう外務大臣に依頼した書簡。こうした行動は、世論への受けも良く、フランスにおける日本の立場を有利にしたものと考えられる。書簡〔338〕も参照のこと。

〔334〕
　レイモン・ドゥ・カンプーをマルセイユ駐在の日本副領事に任命する旨を伝えた書簡。

〔343〕
　西園寺公望は1871年3月にパリに到着し、エミール・アコラスやミルマルらの私塾に通い、しばらくフランス語の勉強に励むことになる。その間、ジュネーブやマルセイユへも出かけて見聞を広めたりしている。本書簡は、西園寺のパリ大学法学

部への正規入学につき、文部大臣の許可を取り付けるための外相に対する仲介依頼書である。すでにこのような形で、入学を許可された者に加賀藩の黒川誠一郎（書簡〔140〕参照）や長州藩の光妙寺三郎（書簡〔288〕参照）らがいた。現存するパリ大学法学部の学籍記録によると、西園寺の第一回の受講登録は1875年11月4日ということであるから（立命館大学編『西園寺公望伝』第1巻、226頁、岩波書店、1990年）、本書簡の1カ月後には文部大臣の許可がおりたと思われる。

①西園寺公望（さいおんじきんもち　1849～1940）
　公卿出身。1868年山陰道鎮撫総督として戊辰戦争に参加。70年開成所に入り、翌年フランスに留学し、パリ大学で法律を学ぶ。80年帰国、翌年『東洋自由新聞』の社長となる。その後、駐墺・駐独公使を経て、94年には第二次伊藤内閣の文部大臣に就任。1900年枢密院議長、03年政友会総裁となり、06年第一次内閣を組閣し、文相・外相を兼任する。11年第二次内閣を組閣するが、2個師団増設問題で辞職、以後は元老として政界に君臨し、後継首班推薦の任にあたった。

〔344〕
　飯塚納は、普仏戦争でスイスへ難を避けた際、ニューヨーク出身の米国人女性ポーリーヌ・リヒターと知り合い婚約した。本書簡は、在仏日本公使館が両者に対して出した結婚許可証である。この結果、両者は10月8日に正式に結婚した。日本人と西洋人との国際結婚としては5番目のケースであった（小山騰『国際結婚第一号』、講談社、1995年参照）。

①飯塚　納（いいずかおさむ　1845～1929）
　松江藩出身。1862年江戸に遊学し福沢諭吉の塾で英学を学ぶ。71年フランスへ留学しエミール・アコラスの私塾に入り法律を学ぶ。75年に米国人女性ポーリーヌ・リヒターと結婚、一男一女をもうける。80年帰国し、翌年『東洋自由新聞』を創刊、副社長に就任する。晩年は官職に就かずもっぱら詩作に耽った。

〔346〕
　司法省は、1875年8月、司法省法律学校第一期生のうち成績優秀な者7名を選び、フランスへ留学させて本格的な法律の勉強をさせることとした。本書簡は、その7名が、そろってパリ大学法学部へ入学できるよう、文部大臣の許可を取り付けて欲しい旨、ドュカーズ外相へ仲介を依頼したものである。7名のうち、関口豊と岡村誠一の両名はパリで客死している（岡村については、書簡〔389〕を参照）。

①磯部四郎（いそべしろう　1851～1923）
　富山藩出身。1868年江戸に遊学し村上英俊の塾でフランス語を学ぶ。71年藩の貢進生に選ばれ大学南校に入学、のち司法省明法寮に移り法律を学ぶ。75年司法省法学校の留学生としてフランスへ渡り、パリ大学で政治・法律を勉学し、79年に帰国。民法編纂に従事し、太政官少書記官・大審院判事等を歴任、1902年には衆議院議員に当選する。『民法釈義』『日本刑法講義』などの著書がある。1923年の関東大震災で死去。
②井上正一（いのうえせいいち　1850～1936）
　長州藩出身。1870年藩の貢進生として大学南校に入学、72年司法省明法寮に移り法律を学ぶ。75年フランスへ留学し、パリ大学で法学を研究。81年帰国し、のち大審院部長を勤める。
③関口　豊（せきぐちゆたか　1852～1877）
　磐前出身。1872年司法省明法寮に入学し法律を学び、75年にはフランスへ留学、パリ大学で法律を研究するが、77年病のためパリで死去。
④栗塚省吾（くりづかせいご　1853～1920）
　福井藩出身。1863年江戸で英学を修得し、68年に村上英俊の塾に入りフランス語を学ぶ。70年藩の貢進生として大学南校に入り、72年に司法省明法寮へ転学、法律を学ぶ。75年にフランスへ留学しパリ大学で法律を研究、81年に帰国する。司法省書記官・刑事局長等を経て、92年大審院部長となる。1902年衆議院議員に当選。
⑤熊野敏三（くまのびんぞう　1855～99）
　長州藩出身。1872年司法省明法寮で法律を学ぶ。75年フランスへ留学しパリ大学で法学を研究、78年法学士の学位、83年には法学博士の学位を得て帰国する。86年東京控訴院検事、90年大審院判事などを歴任し、94年に退官後は弁護士として活躍する。
⑥岡村誠一（おかむらせいいち　1854～76）
　1872年に司法省明法寮へ入学し法律を学ぶ。75年にフランスへ留学し、パリ大学で法学を研究するも、翌年病気のためパリで客死、オトゥーユ墓地に埋葬される。
⑦木下広次（きのしたひろじ　1851～1910）
　熊本藩出身。1870年藩の貢進生として大学南校に入学、72年に司法省明法寮へ転じ法律を学ぶ。75年フランスへ留学しパリ大学で法学を研究、81年に法学博士の学位を得て帰国する。文部省御用掛を経て86年帝国大学法科大学教授となる。第一高等学校校長、文部省普通学務局長等を歴任し、97年京都帝国大学の初代総長に就任する。

〔347〕
　上記書簡〔346〕に記された7名の司法省留学生に与えられた身元保証書の書式。

〔353〕
①ジェルヴェ (Paul Gervais, 1816～79)
　フランスのパリ出身。博物学者・医学者。1841年モンペリエ大学理学部の動物学及び比較解剖学教授、56年に学部長に就任。61年に科学アカデミー会員となる。65年からパリ大学理学部の教授として動物学を教える。『無翅昆虫の自然史』(1844～47年)などの著書がある。

〔356〕
①オズー (Louis Auzoux, 1797～？)
　ウール県出身。解剖医。パリ大学より博士号取得。解剖学の普及のため、形や色に忠実で、必要に応じて部分を付けたり取り外したりできる解剖模型を考案する。その模型の解説用として『解剖学・生理学の基礎講義あるいは形態解剖模型による生命の物理的現象などの簡潔な記述』を1839年に出版する。のち動物模型も考案し、数々の万博に出品され、金賞・銀賞など多くの賞を受ける。

〔359〕
　在仏日本公使館雇であったフレデリック・マーシャルが日本政府より名誉書記官に任命された旨の通知書。

①ライアンズ (Richard Bickerton Pemell, Second Baron and First Earl of Lyons, 1817～1887)
　イギリスのリミントン出身。外交官。オックスフォード大学を卒業し、1839年に在アテネ大使館館員となる。56年在フィレンツェ公使館書記官を経て、58年に駐米公使。65年に駐トルコ大使に任命され、67年より駐仏大使を勤める。

〔361〕
　パリ高等師範学校校長ベルソに対し、中等及び高等学校で物理学・力学・数学を教えられる教授1名の推薦を依頼した書簡。書簡〔301〕を参照。本書簡中のトゥルノン校教授ベルソン (Félix Gustave Adolphe Berson) が東京開成学校の物理学教授として1876年来日することになる(のち東京大学理学部教師となり、1880年帰国)。
　ディブウォスキー (Alexandre Antoine Dybwoski) はのちに陸軍省雇となって来日する。1888年、日本政府から勲四等旭日小綬章を授与されている。

〔363〕
　駐仏ポルトガル代理公使サントスに対し、駐英公使上野景範がポルトガル特命使

節に任命され、三等書記官鈴木金蔵、公使館雇スチュアート・レーンとともにリスボンへ向け出発準備中であることを伝えた書簡。

①鈴木金蔵(すずききんぞう　1835〜82)
　幕臣出身。1872年外務省に出仕、外務少記に任じられ英国在勤を命じられる。外務三等書記官を経て、76年外務二等書記官に進む。80年帰国し、外務権少書記官に転じ翌年外務少書記官となる。

〔364〕
　日本学会会長モンブランに対し、協会図書館用図書として『太閤記』60巻を送ったことを伝えた書簡。モンブランについては書簡〔5〕の註①を参照。

〔366〕
　工部省留学生河野通信の鉱山学校入学許可が得られるよう文部大臣に対する仲介依頼をした書簡。

①河野通信(こうのみちのぶ　1833〜?)
　佐土原藩出身。本名は富田孟次郎(とみたもうじろう)。幕末に尊王攘夷派の志士として活躍。維新後は藩権大参事となり、のち工部省へ出仕。1873年工部省留学生として英仏両国で鉱山学を修得する。

〔367〕
　陸軍省留学生船越熊吉の陸軍応用技術学校への入学許可並びに同渡辺小三郎と小国磐の両名のエコール・ポリテクニク(理工科学校)への入学許可が得られるよう陸軍大臣に対する仲介依頼をした書簡。小国については〔207〕の註①、船越については〔228〕の註①をそれぞれ参照。

①渡辺小三郎(わたなべこさぶろう　1849〜?)
　長州藩出身。大阪兵学寮に入学し、1872年フランスへ留学する。サン・シール陸軍士官学校を経て、76年陸軍理工科学校へ入学する。

〔368〕
　本書簡は、現在日本に総合的な博物館建設を計画中であるため、その建築モデルとしてルーヴルその他博物館やギャラリーの設計図を調査しているが、それらが入

手可能かどうかをフランス美術院長シェヌヴィエールに問合せたものである。

　1872年文部省は大博物館建設構想を立てるが、その中心となったのは文部大丞町田久成である。町田は鮫島と同様、　薩藩英国留学生の一人で、帰国後、古美術保存を目的に英国の大英博物館やケンジントン博物館をモデルにした総合博物館の建設を太政官に建議した。町田らの努力で内務省は77年末に本館建設を決定、翌年から英人コンドルの設計で建設が始まり、81年完成する。こうした日本の博物館建設過程を知る上で、本書簡も注目すべき資料である。

①シェヌヴィエール (Charles Philippe, marquis de Chennevières, 1820 ～ ?)
　フランスのカルヴァドス県出身。美術家。1846年に王立美術館館長に任じられ、52年地方美術視察官となる。73年には美術院長に就任、78年の万国博覧会ではフランス絵画の責任者となる。『古フランスの地方画家たちの生涯と作品の研究』(1845 ～ 52) など著書も多く、Archives de l'art français を創刊するなどフランス美術界への貢献は大きい。

〔373〕
　日本の司法省法律顧問ボアソナードの休職期間を3年延期してもらえるよう文部大臣への仲介を依頼した書簡である。この結果、11月15日付で再契約がなされた。ボアソナードについては書簡〔160〕の註①を参照されたい。

〔376〕
　在仏公使館の人事異動の通知。三等書記官鈴木貫一は1876年5月9日付で二等書記官へ昇進し、三等書記官厚東樹臣は1875年6月23日付で帰朝を命じられている。鈴木については書簡〔233〕の註①を、厚東については書簡〔210〕の註②を、それぞれ参照のこと。

〔378〕
　フランス海軍省の刊行物を入手するため、デュフォール内閣の海軍大臣フリション中将(Martin Fourichon, 1876 ～ 77年在任)に対する許可依頼を申請した書簡。

〔379〕
　陸軍省留学生広虎一がフランス陸軍省経理局での実務研修許可が得られるよう陸軍大臣への仲介を依頼した書簡。

①広虎一（ひろこいち　？～1906）
　長州藩出身。1872年陸軍省留学生としてフランスに渡り、経理学校で学んだのち、76年陸軍省経理局において実務研修、78年帰国し、陸軍省八等出仕となる。第一師団監督部食糧課長・陸軍大学校教官・陸軍経理学校長等を経て、95年陸軍一等監督に進み占領地総督部監督部長に就任する。

〔382〕
　本書簡によると、在仏日本公使館はパレスチナ国際委員会を通じて、パレスチナ問題に関して詳しい情報を入手していたようである。鮫島のイスラム教に対する関心もこのあたりに原因があるかも知れない。

〔383〕
　テスレーヌ・ド・ボール農商務大臣からの1878年開催予定のパリ万国博覧会への日本参加要請に対する返書。パリ万博関係は書簡〔392〕〔393〕〔404〕〔405〕を参照。

〔384〕
　フランス農業者協会会長ドルアン・ド・リュイからの1878年国際農業会議への参加要請に対する返書。

〔385〕
　陸軍省留学生広虎一がフランス陸軍省経理局、特に兵糧の管理部門を担当する主計補佐官事務所での実務研修許可が得られるよう陸軍大臣ベルトー将軍への仲介を依頼した書簡。書簡〔379〕を参照。広については同註①を参照のこと。

①ベルトー（Jean Auguste Berthaut, 1817～？）
　フランスのコート・ドール県出身。陸軍軍人。サン・シール陸軍士官学校・参謀学校に学び、アフリカへ従軍。パリの機動憲兵隊司令官、第五歩兵軍団第十師団司令官を経て、74年国土防衛軍編成の任につき、76年デュフォール内閣の陸相、77年にはシモン内閣の陸相を勤める。78年ボルドーの第十八軍団司令官となる。

〔387〕
　海軍省留学生山口辰弥がシェルブール海軍工兵実施学校への入学許可が得られるよう、海軍大臣への仲介を依頼した書簡。山口に対しては10月24日付で入学許可が下りている（書簡〔395〕〔437〕参照）。

①山口辰弥（やまぐちたつや　1856〜1927）

　幕臣出身。横須賀製鉄所で学んだあと1872年海軍省へ出仕、76年フランスへ留学し、シェルブール海軍工兵実施学校で造船技術を修得、78年海軍権少匠に任官し80年帰国する。86年神戸小野浜造船所長、95年横須賀鎮守府造船部長を経て、1900年海軍造船総監に就任する。その後、官を辞し民間造船業の発展に尽くす。

〔388〕
　司法省留学生宮城浩蔵・小倉久・岸本辰雄の3名がパリ大学法学部への入学許可が得られるよう文部大臣への仲介を依頼した書簡。

①宮城浩蔵（みやぎこうぞう　1852〜93）
　天童藩出身。戊辰戦争に出陣後1872年司法省明法寮に入学。76年フランスへ留学し、パリ大学法学部で法律を学ぶ。81年帰国し東京裁判所検事に任官、84年大審院判事・司法省参事官を経て、90年衆議院議員に当選。明治法律学校の創設に参画し、のち講師となる。

②小倉久（おぐらひさし　1852〜1906）
　沼田藩出身。1870年貢進生として大学南校に入り、のち司法省明法寮に転じ、76年フランスへ留学し、パリ大学法学部で法律を学ぶ。79年帰国し司法省へ出仕、82年元老院権少書記官に任じ、さらに84年四等駅通官となりポルトガルへ出張、86年大阪控訴院検事へ転ず。98年内務省警保局長、その後、監獄局長・和歌山県知事等を歴任する。

③岸本辰雄（きしもとたつお　1852〜1912）
　鳥取藩出身。1870年貢進生として大学南校に入り、のち司法省明法寮に転じ、76年フランスへ留学し、パリ大学法学部で法律を学ぶ。80年帰国し東京大学理学部講師兼太政官御用掛となる。81年明治法律学校を創立し校長に就任。85年には法制局参事官として新法典の編纂にあたる。司法省参事官・大審院判事を経て、93年官を辞し弁護士となる。

〔389〕
　司法省留学生岡村誠一の遺体をパリのオテーユ墓地に埋葬するにあたって、フランス人建築家シャップ（Chappe）へ墓地永久借用権獲得のための権限を委任する旨を記した委任状。岡村誠一については、書簡〔346〕の註⑥を参照。

〔391〕
　文部省留学生西徳二郎が在仏日本公使館二等書記見習に任命された旨の通知。

①西徳二郎（にしとくじろう　1847〜1912）
　薩摩藩出身。戊辰戦争に従軍後、1870年新政府へ出仕。大学少舎長となりロシアへ留学する。ペテルスブルク大学卒業後の76年外務二等書記見習として在仏公使館に勤務。78年二等書記官へ進み在露公使館勤務となる。太政官大書記官・宮内大書記官を経て、86年駐露公使に任じられ、96年まで公使として日清戦争および戦後問題の処理にあたる。97年第二次松方内閣の外相に就任、翌年、西・ローゼン協定に調印する。99年駐清公使、1901年には枢密顧問官となる。

〔392〕
　パリ万国博覧会正面の設計図並に回状の見本を落手した旨を万博委員長クランツへ通知した書簡。

①クランツ（Jean Baptiste Sébastien Krantz, 1817〜？）
　フランスのヴォージュ県出身。理工科学校・土木学校で学び、1864年に主任技師となる。パリに水蒸気製粉機を設置したことで有名。71年国民議会の選挙で当選、76年には万博委員長に任じられる。

〔398〕
　大統領府秘書官アルクールに対し、大統領府において今冬開催予定の祝宴に出席する公使館員の名簿、並に陸軍中佐山沢静吾の住所を送付する旨を通知。当時の山沢の住所が、パリのサン・ドミニク街99番地（99 rue Saint-Dominique）であったことが、本書簡からわかる。アルクールについては書簡〔178〕の註①を参照。

①山沢静吾（やまざわせいご　1845〜97）
　薩摩藩出身。戊辰戦争に従軍後、1871年近衛少佐に任官するが、翌年官を辞して米国へ留学、74年帰国し陸軍省等外出仕となる。76年再び渡欧し、78年露土戦争に際して、ロシア軍に加わり参戦する。80年帰国し、歩兵中佐、ついで大佐へ進み、85年少将となり歩兵第三旅団長に補される。95年中将・留守第五師団長、ついで第四師団長に転じ遼東半島に出征する。

〔399〕
　陸軍中佐山沢静吾がフランスにおける陸軍省軍事施設視察許可を得られるよう陸軍大臣への仲介を依頼した書簡。山沢については前書簡を参照。

〔403〕
　フランスの刑務所規則と労働作業場規則を日本政府に送付するため、内務大臣の許可が得られるよう仲介を依頼した書簡。当時の内務大臣はジュール・シモンである。

①シモン（Jules François Suisse Simon, 1814～96）
　フランスのロリアン出身。政治家。ロリアンおよびヴァンヌで学び、コレージュ・ド・レンヌの代用教員を勤めたあと、師範学校を卒業し、1836年からパリのソルボンヌ大学哲学教授に就任する。二月革命後政界入りし、初等教育委員会書記・教育組織法委員会委員など多くの立法委員会の委員を歴任、70年から73年まで文部大臣を勤め、75年にはフランスアカデミー会員となり、終身上院議員に選ばれた。76年に内閣を組織し、内務大臣を兼任する。著書に『自由』(1859)、無料義務教育を論じた『学校』(1864) などがある。

〔417〕
　陸軍省留学生湯川温作が、フランスのエコール・ポリテクニクに入学できるよう陸軍大臣の許可を得たい旨の仲介依頼書。湯川温作については、奥村功「明治初期のあるフランス留学生——湯川温作——」(西川長夫・松宮秀治編『幕末・明治期の国民国家形成と文化変容』所収、新曜社、1995年) を参照されたい。

①湯川温作（ゆかわおんさく　？～1879）
　長州藩出身。藩の兵学寮でフランス語を修得、1872年フランスへ留学し軍事学を学ぶ。77年陸軍理工科学校に入学、79年に卒業し陸軍少尉に任官するも、帰国途次香港にて客死。

〔419〕
　外国人の銃猟規則改正に関する公信である。寺島外務卿から各国駐日公使あてに、「改正鳥獣猟規則案並に外国人銃猟取締に関する覚書案」が送付されたのは、1874年11月10日であった。この内、覚書案第4条の罰則規定に問題があるとして各国公使から抗議が出され、列国政府間交渉が2年にわたり続けられた。1876年12月29

日、とりあえず当狩猟季のみの適用という限定付きで、外国人銃猟規則が確定し、英公使パークスを除いて各国公使もこれを了承、約定書が調印された。

1877年4月11日付で、フランス外相ドゥカーズより中野臨時代理公使に対し、今回の銃猟を今期のみならず永久のものとして認める趣意の書簡が届いたため、中野はこれを積極的に評価し、早速ドゥカーズ外相へ返信に及んだ。それが本書簡である。『日本外交文書』中にも、本書簡とその訳文が収録されているので、参考までに訳文を記す。

　　五月三日付仏国外務卿ヘノ返翰写
　日本国在留貴国人当節中銃猟許可ノ儀ニ付規則制定ノ為メ先般東京ニ於テ日本政府及ヒ同国剳駐ノ貴国公使ノ間ニ於テ仮定セシ約議ニ付四月十一日閣下ヨリ拙者エ御送致相成候貴翰ヲ正ニ致落掌候貴翰中閣下ヨリシテ此約定ハ仮令僅ニ本年ヲ限リテ効用ヲ有ス可キ者ナリト雖モ此問題ニ付キ確然一定ノ結局ニ至ル可キ至重ノ進歩ノ為メ裨益タル可キトノ貴翰ヲ悉フセリ
　此先見ニ付キ閣下ノ高論ト拙者ノ意ト同一タルニ於テハ実ニ幸福ノ至リト可申候得共吾国政府ヨリ差送候訓条ニ依リ致勘考候時ハ反対ノ儀有之候ト申ササルヲ得ス且現今ノ約定ニテハ閣下ヨリノ来意ノ如ク吾政府ノ懇請イタシ候確然ノ決議ニ赴キ可申条款ヲ東京内閣ニ出シ候儀トハ難認様相見エ申候
　東京ニ於テ相発シ候論議ハ更ニ吾政府ノ趣旨ニ変更ヲ生セス且右ノ事由ニ依リ当初此協議ヲ起シ候節已ニ陳述セシ趣意ハ後日ノ為悉皆固守致ス可キ者ト思考致候趣ヲ閣下ニ御通知可申ノ令ヲ吾政府ヨリ致収受候現今約定ノ件ハ全ク一時仮定ノ儀ニテ其問題ニ至リテハ未タ其儘ニテ現存シ更ニ変換ノ廉ナキニ付テハ貴国政府ハ吾政府ノ請求至当ナルヲ認メ商議一定ノ基礎タル所ノ銃猟上ノ犯則ニ付仏国裁判所ヨリ賦課可有之罰金ヲ日本政府ニ交付ス可キノ元則ヲ允可アラン事ヲ偏ニ致希望候
　閣下ノコレ迄日本国ノ為メ已ニ数回ノ証憑ヲ表セシ懇篤且親愛ナル高意ハ現今ノ場合ニ於テ再ヒ現出スルハ拙者ノ深ク信シテ疑ヲ容レサル儀ニ御座候
　右ノ情実有之候間先般已ニ閣下ニ陳述シ且其意ノ大部分ハ千八百七十六年三月三十日拙者ヨリ閣下ニ親呈セシ寺島氏ノ書翰ノ写ノ内掲載セシ旨意ヲ今日再ヒ茲ニ縷述スルハ不安ニ属シ候儀致勘考候敬具
　巴里府ニ於テ千八百七十七年五月三日

中野健明

　　ルジック君

(『日本外交文書』第10巻、79文書付属書2)

〔426〕
　オズー博士に対する医学用標本の送付依頼である。こうした学術用製品の発注も公使館が行なっていたことは興味深い。オズー博士については、書簡〔356〕の註①を参照。

〔431〕
　マルセイユ領事中村博愛の転任後における領事館業務を副領事のレイモン・ド・カンプーに委任することを伝えた書簡。マルセイユ領事館は1877年4月に簡素化され、領事の中村は一等書記官として在露公使館へ赴任することとなった。1883年2月20日付でマルセイユ領事館は完全閉鎖され、カンプーは解任される。カンプーの副領事任命については書簡〔334〕及び〔335〕を参照。

〔432〕
　日本は1877年6月30日付で万国郵便連合に加盟した。この結果、各国が日本に設置していた郵便事務機関は必要なくなった。このため、最右翼の英国とフランスに対し、在日郵便局の閉鎖を要求、本書簡はこうした意図を踏まえて出されたドゥカーズ外相あての閉鎖要請の公信である。
　新政府は外国との間に郵便物の交換を行なうため、1873年8月、日米郵便交換条約を調印、さらに英・独・仏とも同様の交換条約締結の交渉を進めたが、英仏は歩調を合わせて消極的態度を示し、1874年11月に日仏郵便交換条約は不成立となった。一方、ドイツとの交渉の過程で、74年にスイスのベルンで成立した万国郵便連合に加盟した方が得策との忠告を受けた政府は、これまでの個別交渉を取り止め、1877年6月、万国郵便連合に加盟することとなった。
　しかし、加盟後も英仏両国は在日郵便局を存続させたため、日本側はこれを不都合として廃止を要求、1879年10月、井上外務卿とパークス公使との間に、在日英国郵便局を同年12月31日をもって閉鎖し、その郵便業務を日本政府に引渡すという約定が成立、続いて日仏間にも協定が成立し、横浜のフランス郵便局は1880年4月1日をもって閉鎖されることになったのである（『日米文化交渉史』第1巻、309-310頁、洋々社、1956年）。

①ダービー（Edward Henry Stanley, 15th Earl of Derby, 1826～93）
　イギリスのランカシャー出身。1848年保守党員として下院に入り、外務次官・植民大臣等を経て、66年に父の第三次ダービー内閣の外務大臣に就任する。74年に再び第二次ディズレーリ内閣の外務大臣となるも保守党の外交政策に反対して辞職、

80年自由党に転じ、82年にはグラッドストン内閣の植民大臣となる。晩年はロンドン大学総長等を勤める。

〔433〕
　1878年開催のパリ万国博覧会への日本からの参加者に対し、パリ・マルセイユ間の運賃を50％割引く特例を希望。本書簡でパリ万博への日本人出席者の数を80人から100人と計算していることに注目したい。

〔437〕
　海軍省留学生若山鉉吉・桜井省三・辰巳一・広野静一郎等4名が山口辰弥と同様に、シェルブール海軍工兵実施学校へ入学できるよう海軍大臣の許可を得たい旨の仲介依頼書。山口辰弥については、書簡〔387〕〔395〕を参照。
①若山鉉吉（わかやまげんきち　1856～99）
　幕臣出身。1870年横須賀製鉄所に入り造船学と機関学を修得。77年フランスへ留学し、シェルブール海軍工兵実施学校で造船技術を学び、80年帰国、海軍省准判任御用掛となる。84年海軍権少匠司に任じられ、軍艦建造監督のため再渡仏、86年海軍少技監に進み翌年帰国、90年には海軍技術会議幹事となり水雷発射機の開発に尽くす。のち三井芝浦製作所長となる。
②桜井省三（さくらいしょうぞう　1854～？）
　加賀藩出身。横須賀製鉄所並に海軍造船学校で造船学を修得、77年フランスへ留学しシェルブール海軍工兵実施学校で造船技術を学び、さらに英国へ転地留学を命じられる。帰国後は海軍御用掛として横須賀造船所に勤務、87年造船監督に任じられ英仏両国へ出張し92年帰国する。96年海軍造船大監として米国出張、帰国後、官を辞し1900年には浦賀船渠株式会社の本工場長に就任する。
③辰巳　一（たつみはじむ　1857～1931）
　加賀藩出身。横須賀製鉄所で造船学を修得、1877年フランスへ留学しシェルブール海軍工兵実施学校で造船技術を学ぶ。81年帰国し横須賀造船所御用掛を経て、85年海軍少技監に就任、翌年造船監督官として渡仏する。92年帰国後は、横須賀鎮守府造船科長・佐世保海軍造船廠長等を歴任し、海軍造船大佐で退官。その後、日本鋼鉄株式会社社長となる。
④広野静一郎（ひろのせいいちろう　生没年不詳）
　1877年フランスへ留学し、シェルブール海軍工兵実施学校で造船技術を学ぶ。

〔438〕
　元横須賀製鉄所首長フランソア・ヴェルニに対して、日本政府より勲二等が授与されたことを伝えた書簡。元横須賀製鉄所技師ジュール・ティボディエ並びに同所医師ポール・サヴァティエにも叙勲がなされた旨を同時に知らせている。

①ティボディエ（Jules César Claude Thibaudier、生没年未詳）
　1869年横須賀製鉄所技師として来日、造船寮雇入れとなる。
②サヴァティエ（Paul Ludovic Amédée Savatier, 1830～91）
　フランス人医師で、1866年ヴェルニとともに来日、横須賀製鉄所医師となる。
　なお、ヴェルニについては書簡〔227〕の註①を参照されたい。

〔441〕
　外務省八等属熊崎寛良が1877年8月3日付で外務一等書記見習となり在仏公使館に赴任した旨を伝えた書簡。

①熊崎寛良（くまさきひろよし　？～1898）
　愛媛県出身。1874年外務省へ出仕し、翌年十三等出仕となり、77年八等属に任じられる。同年、外務一等書記見習として在仏公使館勤務を命じられ渡仏、79年三等書記生に進む。84年リヨン領事館に駐在、88年には在清公使館へ転じ交際官試補となる。

〔主要参考文献〕
『日本外交史辞典』（山川出版社、1992年）
『明治維新人名辞典』（吉川弘文館、1981年）
『明治過去帳　物故人名辞典』（東京美術、1971年）
『外務省沿革類従』（クレス出版、1997年）
『戦前期日本官僚制の制度・組織・人事』（東京大学出版会、1981年）
『海を越えた日本人名辞典』（日外アソシエーツ、1985年）
『日本人名大事典』全6巻（復刻版、平凡社、1979年）
『岩波西洋人名辞典』（増補版、岩波書店、1981年）
『世界大百科辞典』（平凡社）
『グランド現代百科事典』（学習研究社）
外務省編『日本外交文書』第3巻～第10巻
内閣記録局編『法規分類大全』第1巻・第24巻

田中彰監修『国立公文書館所蔵岩倉使節団文書』(マイクロフィルム版、ゆまに書房、1994年)
西堀昭『日仏文化交流史の研究』(駿河台出版社、1981年)
Dictionary of National Biography, London, Smith Elder & Co., 1885-1900.
Vapereau, G., *Dictionnaire Universel des Contemporains*. 5ᵉéd. Paris, Librairie Hachette et Cⁱᵉ, 1880.

索　引

注1： 人名・事項ともに書簡番号により示した。
　2： 初出書簡番号の註釈に解説のあるものは項目に＊印を付した。
　3： 事項については、[ ]で語句を補ったほか原語を( )内に示した。
　4： 事項のうち、国名・地名・一般的な省名・役所名・役職名等は省いた。
　5： 欧州各国の人名・事項のカタカナ表記については、原則としてそれらの母国語発音に近づけた。ただし、フランス語式表記に従った場合もある。また、日本で一定のカタカナ表記が行われている場合には、それに従った(例：シーボルト)。

【人　名】

ア

青木周蔵＊……………………………………………………………[157][202][275]
浅井…………………………………………………………………………………[266]
アバン／ハーベン(S. C. de Haben)…………………………………………[253]
アルクール(Pierre Louis Bernard, comte d' Harcourt)＊………[178][205][243][398]
アルナン／フォン・アーニム(Harry Charles Courad Edouard, comte d' Arnim)‥[26]
アンベール(Aimé Humbert)…………………………………………………[113]

イ

飯塚納＊………………………………………………………………………………[344]
飯塚フサ……………………………………………………………………………[344]
飯塚ヨシトシ………………………………………………………………………[344]
磯部四郎＊…………………………………………………………………………[346]
伊月一郎(江戸一郎)＊………………………………………………………………[54]
五辻安仲＊……………………………………………………………………………[75]
伊東栄＊……………………………………………………………………………[186]
伊藤博文＊……………………………………………………………………[145][184]
稲垣喜多造…………………………………………………………………………[46]
井上正一＊…………………………………………………………………………[346]
今村和郎＊……………………………………………………………………[61][135]

岩倉具視*..[22][80]

ウ

ヴァルセール (Jacques Valserre)..[180]
ヴィエイヤール (Antoine Vieillard)..[129][406]
ヴィリエ (Villiers)..[319]
ヴェガ (Marquis de la Vega de Armejio et de Mos)..........................[263]
ヴェルニ (François Léonce Verny)*..............................[227][255][438]
上野景範*..[31][115][316][354][363]
ウォーターズ (Waters)..[172]
ウトレー (Maximilien-Ange Georgees Outrey)*...........................[27][83]

エ

エニャン (Aignan)...[129]

オ

オーヴァベック (Phile Overbeck)..[114]
オイレンブルク (Friedrich Albrecht, Graf zu Eulenburg)*.................[75]
大江卓*..[213]
小倉衛門太 (馬屋原二郎)*..[290]
太田徳三郎*..[189][318][319]
大野直輔*..[112]
大原令之助 (吉原重俊)*...[16][25][30][34]
大山巌*..[201][246]
岡村誠一*..[346][389]
小国磐*..[207][367]
小倉久*..[388]
オゴー (Augot)...[208]
小坂千尋*..[174][207][327]
尾崎平八郎*..[201][214]
長田銈太郎*...............[38][123][151][159][176][187][188][189][190][218][219]
オズー (Louis Auzoux)*...[356][426][428]
小野弥一*..[314][331]
オリヴィエ (Olivier)..[293][303]

カ

柏村庸之允* ……………………………………………………………[174][207]
ガテュモー(Gatumeaux) ………………………………………………[402]
兼松直稠* ………………………………………………………………[260]
カニコフ(Kanikof) ……………………………………………………[333]
カプロン(Capron) ……………………………………………………[199]
河瀬真孝* ………………………………………………………………[266]
川路寛堂* ………………………………………………………………[149]
川路利良* ……………………………………………………[130][156][168]
カンプー(Campou, Reymond de) ……………………………………[345][431]

キ

岸本辰雄* ………………………………………………………………[388]
木下広次* ………………………………………………………………[346]
ギル(P. Gil) …………[119][221][222][308][317][328][369][375][377][386][390][394]
　　　[401][411][414][415][422][427]
キルヒ(von Kilch) ……………………………………………………[201]

ク

クーレン(Hulst van Keulen) …………………………………………[35]
クーシュ(Feuillet de Couche) …………………………………………[39]
クヴァン(Eugène Kevens) ……………………………………………[168]
熊崎寛良* ………………………………………………………………[441]
熊野敏三* ………………………………………………………………[346]
グランヴィル(George Leveson Gower, Second Earl Granville)* ………[1]
クランツ(Jean Baptiste Sébastien Krantz)* ……………………[392][393][404]
栗塚省吾* ………………………………………………………………[346]
クルジエ(Crougier) ……………………………………………………[88]
クルト(Courtes) ………………………………………………………[129]
クレマン(de Buck Clément) …………………………………………[171]
クローゼン(A. J. Klausen) …………………………………[71][76][77][93]
黒川誠一郎* ……………………………………………………………[140]
グトー・ビロン(Goutau-Biron) ………………………………………[106]

ケ

ケルン(Kern)……………………………………………………[307][309]

コ

厚東樹臣*………………………………………………………[210][376]
河野通信(富田孟次郎)*………………………………………………[366]
光妙寺三郎(光田三郎)*………………………………………………[288]
ゴッドフロイ(Godfroy)……………………………………[59][68][155]
コデリッチ(von Kodelitsch)……………………………………………[24]
後藤常(一条十次郎)*……………………………………………………[38]
コホフスキー(Kokhovsky)……………………………………………[333]
コワンテ(Cointet)………………………………………………………[325]
近藤鎮三*………………………………………………………………[157]

サ

西園寺公望*……………………………………………………………[343]
サイモンズ(John Symons)……………………………………………[101]
サヴァティエ(Paul Ludovic Amédée Savatier)*……………………[438]
桜井省三*………………………………………………………………[437]
鮫島尚信…………[1][2][3][4][5][6][7][8][38][85][110][115][176][190][191][192][204]
　　[216][220][221][232][234][237][244][383][432][その他無署名のものあり]
澤宣嘉*……………………………………………………………[1][3][5][6]
サントス(de Santos)……………………………………………………[363]

シ

シーボルト(Alexander Georg Gustav von Siebold)*………[30][33][50][84]
ジーバー(Sieber)………………………………………………………[214]
シェヌヴィエール(Charles Philippe, marquis de Chennevière)*……[368]
シェファー(C. P. Schaeffer)……………………………………………[80]
ジェルヴェ(Paul Gervais)*………………………………………[353][424]
塩田三郎*…………………………………………………………[38][151]
シセー(Ernest Louis Octave Courtot de Cissey)*…………[18][49][306][311][313]
　　[339][340][341][379]

品川弥二郎*···[202][230]
渋沢喜作*···[158]
清水誠*··[238]
シモン (Jules François Suisse Simon)*·····································[403]
シャーバン (Henry Sharban)*·········[93][102][118][127][193][215][216][217][225]
シャップ (Chappe)··[389]
シャルル／カール殿下 (le prince Charles de Prusse)··················[104]
ジャンサン (Pierre Jules César Janssen)*·················[249][324][337][424][425]
シュヴリヨン (Chevrillon)···[42][47]
シュネ (Chenet)··[24]
ショヴェ (Chauvet)··[204]
ジョウキチ (Djiokitchi)···[434]

ス

ズイレン・ド・ネイエフェルト (le baron de Zuylen de Nyevelt)················[122]
杉山一成*···[149]
鈴木貫一*··[233][376]
鈴木金蔵*···[363]
スタンフォード (Stanford)··[194]
スタンプレ (Stampflé)···[307][309]
ステュアート (Charles Stuart)*······················[17][34][40][41][48][54][74]
ステュアート・レーン (Stuart Lane)··[363]
ストローヴ (Adolph Stróhv)*··[280]

セ

セー (Jean Baptiste Léon Say)*··[331]
関口豊*···[346]

ソ

副島種臣*··[85]
ソワン・ダルガンビ (Soins d'Alegambie)·······················[204][302][323]

タ

ダ・ローザ (Da Roza)··[354]

ダービー(Edward Henry Stanley, 15th Earl of Derby)*……………………[432]
ダグラス(Campbell Douglas)………………………………………[70][71][93]
辰巳一*………………………………………………………………………[437]
田中不二麿*…………………………………………………………………[20]
田辺太一*……………………………………………………………………[22]
ダニエル(J. J. Daniell)……………………………………………………[29]
タベ／タベット(Tabbet)…………………………………………………[201]

チ

チーズマン(Cheesman)……………………………………………[77][93]

テ

デール(James Dale)………………………………………………………[101]
ティエール(Thiers)…………………………………………………………[10]
ティッセン(Thissen)………………………………………………………[122]
ディブウォスキー(Alexandre Antoine Dibwoski)*………………………[361]
ティボディエ(Jules César Claude Thibaudier)*…………………………[438]
ディニェ(Dignay)…………………………………………………………[396]
テスレーヌ・ド・ボール(Teisserène de Bort)…………………[383][405]
テュイヤール(P. Thuillard)………………………………………………[13]
デュドネ(Dudonné)…………………………………………………[58][62]
デュ・ブスケ(Albert Charles du Bousquet)*……………………[63][64]
デュポン(Jacques Dupont)………………………[247][248][250][251][255]
デュマ(Jean Baptiste Dumas)*……………………………………[238][249]
デュラール(Durard)………………………………………………………[129]
寺島宗則*………………………………………………[80][232][265][419]
デンキチ(Denkitchi)………………………………………………………[434]
天皇(睦仁・テンノ・ミカド・日本国皇帝)………[1][2][3][5][6][20][80][81][82][85]
　　[100][129][210][212][232][236][240][245][262][265][322][440]

ト

ドールン(Van Doorn)………………………………………………………[35]
ドウェルスオヴェール(Dwelshauver)……………………………………[168]
ドゥヴェルデール(Develdère)……………………………………[380][442]

翻訳篇(索　引)——533

ドゥカーズ(Louis Charles Elic Amanieu, duc de Decazes)*‥‥[198][231][243][249]
　　[254][265][285][288][292][294][304][306][311][313][314][322][327][329][330]
　　[331][332][336][338][339][340][341][342][343][346][349][350][352][358][376]
　　[381][385][387][388][391][396][399][403][406][407][408][413][417][419][420]
　　[423][432][437][439][440][441]
ドゥラエ(Delahaye)*……………………………………………………[332][338]
トゥースタン(de Toustain)…………………………………………………[28]
トレヴレック(de Trévelec)…………………………………………………[28]
ドルアン・ド・リュイ(Drouyn de Lhuys)………………………………[384]
トレラ(Ulysse Trélat)*……………………………………………………[283]
トレリアス(Thomas Treleas)………………………………………………[101]
ドンホフ(Donhof)……………………………………………………………[104]

ナ

中江篤介(兆民)*……………………………………………………………[226]
中島才吉*……………………………………………………………………[158]
中島…………………………………………………………………………[291]
中野健明*………………………………[210][215][220][231][284][285][332][334][340][341]
　　[342][343][344][347][366][369][372][380][395][400][432][433][434][435][436]
　　[その他無署名のものあり]
中牟田倉之助*………………………………………………………………[186]
中村博愛*………………………………………………[265][281][334][345][431][435]
中村…………………………………………………………………………[288]
長岡義之*……………………………………………………………………[112]
長嶺正介*…………………………………………………………………[311][423]
楢崎頼三*……………………………………………………………………[283]

ニ

西徳二郎*……………………………………………………………………[391]
ニュグ(Nugues)……………………………………………………………[129]

ハ

原田一道*……………………………………………………………………[89]
パークス(Sir Harry Smith Parkes)*………………………………………[69]

パスカリニ(Pasqualinie)……………………………………………………[413]
バラン(Hermann Ludwig von Balan)………………………………………[117]
バルジョン(Bargeon)…………………………………………………………[168]
バルム(Balme)…………………………………………………………………[239]

ヒ

東久世通禧*……………………………………………………………………[75]
肥田為良*………………………………………………………[92][94][96][145]
広虎一*…………………………………………………………………[379][385]
広野静一郎………………………………………………………………………[437]
ピニエール(Pignière)*……………………………………[219][224][332][338]
ビスマルク(Otto Eduard Leopold, Fürst von Bismarck)*……[2][3][9][81][244]
ビュフェ(Louis Joseph Buffet)*……………………………………………[241]
ビュロー(Bernard Ernest, Baron von Bülow)……[202][230][240][262][274][275]

フ

フーフェン(Vander Hoeven)…………………………………………………[153]
ファーヴル(Jules Claude Gabriel Favre)*……………………………………[4]
福地源一郎*……………………………………………………………………[141]
船越熊吉*………………………………………………………[228][235][367][408]
ブラナシュ(Branache)…………………………………………………………[208]
ブラント(Max August Scipio von Brandt)*………………………………[12]
フリション(Martin Fourichon)*……………………………………[378][408]
ブリュネ(Jules Brunet)*………………………………………………………[27]
フルーリ・エラール(Paul Fleury Hérald)*……………[22][55][247][248][250][255]
フルーリ(Lanie Fleury)………………………………………………………[166]
ブロイ(Albert, duc de Broglie)*……………………………………[173][196][198]
ブロック(Maurice Block)*……………………[23][258][293][297][299][365][436]

ヘ

ペサリック(John Petherick)*……………[59][67][68][73][97][101][116][120][155]
　　[172][179][185]
ベットマン(Gobin der Bettman)………………………………………………[31]
ペルドリ(Perdrix)……………………………………………………………[362]

ベルジェ (Berger) ……………………………………………………………[433]
ベルソン (Félix Gustave Adolphe Berson)* ………………………[361][416][430]
ベルソ (Pierre Ernest Bersot)* ……………………………[301][361][416][430]
ベルダン (Victor Berden) ……………………………………………………[168]
ベルトー (Jean Auguste Berthaut)* ………………………………[385][396][399]
ヘンリー (T. N. Henry) ………………………………………………………[14]

ホ

ホーイブレンク (Hooibrenk, Daniel) ………………………………………[371]
ホルツェンドルフ
　(Joachim Guillaume François Philippe, baron de Holtzendorf)* …………[278]
本間清雄* ……………………………………[16][30][34][242][257][259][264][267]
ボードイン (Antonius Franciscus Bauduin)* ……………………………………[95]
ボドゥリ (Baudry) ……………………………………………………………[291]
ボワシエ (Boissier) …………………………………………………………[352]
ボワソナード (Gustave Emile Boissonade)* ……………………………[160][373]
ポティケ (Potiquet) …………………………………………………………[166]
ポテュオー (Louis Pierre Alexis Pothuau)* ……………………………………[79]
ポルスブルック (Dirk de Graeff van Polsbroek)* ……………………………[57][66]
ボワンビル (de Boinville) ……………………………………………………[93]

マ

マーシャル (Frederic Marshall)* ………[7][124][148][250][283][333][358][359][412]
マーティン (Martin) …………………………………………………………[185]
前田十郎左衛門* ………………………………………………………………[54]
前田正名* ……………………………………………………[150][209][330][405]
マクマオン (Marie Edme Patrice Maurice Mac-Mahon, duc de Magenta)* ……[173]
　[210][232][234]
マジャンタ公爵夫人 (Duchesse de Magenta, マクマオン元帥夫人) ………[205][234]
マックヴィーン (McVean) …………………………………………[56][60][70][93]
マルクリー (Charles Antoine Marquerie)* ……………………[36][37][45][203][223][254]
マンジョ (Stéphane Mangeot)* ………………………………[301][361][416][430]

ミ

三刀屋三九郎*……………………………………………[58][62][163]
宮城浩蔵*………………………………………………………[388]
ミュニエ(Charles Claude Munier)………………………………[341]

ム

向山一履*………………………………………………………[22]
村田経芳*……………………………………………[313][339][340]

メ

メルシエ少佐(Mercier)………………………………………[279]
メルシエ(Mercier)……………………………………………[294]

モ

モー(Marie Camille Alfred, vicomte de Meaux)*………………[314]
モノー(Monot)…………………………………………………[439]
モラール(Mollard)………………………………[134][147][148][165][181]
モルトケ(Moltke, comte de)……………………………[236][245][260]
モルナ(Jean Marie Mornat)…………………………………[208]
モンブラン(Comte des Cantons Charles de Montblanc, baron d' Ingelmunster)*…[5]
　[6][42][47][133][150][364][380]

ヤ

山口辰弥*……………………………………………[387][395][437]
山崎直胤*………………………………………………………[268]
山沢静吾*………………………………………………[398][399]
山城屋和助*……………………………………………………[62]
山田顕義*……………………………………………[49][87][121][129]

ユ

湯川温作*………………………………………………………[417]

ヨ

吉田清成* ……………………………………………………[84][136][137][142]

ラ

ライアンズ(Richard Bickerton Pemell, Second Baron of Lyons)* ………[359]
ラッセル(Odo William Leopold Russel, First Baron Ampthill)* ………[105]
ラブラーシュ(Lablache) ……………………………………………[28]
ラミ(Lamy) …………………………………………………[300][400]
ラ・ロンシエール・ラ・ヌリ(de la Roncière la Noury) ………[261][348]
ランソン(Renson) ………………………………………[28][36][44][45]

リ

リヴィエール(Rivière) ……………………………………………[58][62]
リスボン(Lisbonne) …………………………………………………[227]
リヒター(Pauline Richter)* ………………………………………[344]

ル

ル・ゴーン(Le Goon) ………………………………………………[252]
ルビエ(Gabriel Roubié) ……………………………………………[152]
ルビエ(Loubier) ……………………………………………………[203]
ルネット(Gastinne Renette) ………………………………………[370]
ルノー(Léon Charles Renault)* ……………………………………[130]
ルピシエ(E. Lepissier)* ………………………………………[295][300]
ルピシエ夫人 …………………………………………………[295][300][400]

レ

レネート(Lénetes) …………………………………………………[168]
レネ(Lainé) …………………………………………………………[352]
レイユ(Charles François Reille, baron de René)* ………………[321][326]
レセップス(Baron Jules de Lesseps) ……………[22][134][147][148][165]
レミュザ(Charles François Marie, comte de Rémusat)* ……………[8]
    [72][83][121][161][162][190]
レモン・ド・カンプー(Reymond de Campou)* ………[334][335][336][345][431]

ロ

ロベール（Robert）……………………………………………………………[421]

ワ

若山絃吉＊……………………………………………………………………[437]
渡辺小三郎＊…………………………………………………………………[367]
渡六之介＊……………………………………………………………[32][90][121]

【事　項】

ア

アーレンズ社（H. Ahrens et Cie）………………………………………[312][316]
アシニーアム・クラブ（Atheneum Club）……………………………………[69]
アメリカン・ジョイント・ナショナル・エイジェンシー
　　（The American Joint National Agency）＊…………[56][60][76][77][78][127][175]

イ

岩倉使節団……[20][22][66][75][111][128][131][132][133][134][135][141][144][145]
　　[149][153][176]
イングランド銀行（The Bank of England）……………………………[175][182]

ウ

ヴィルモザン・アンドリュウ会社（Vilmosin Andrieux et Cie）………………[199]

エ

エストリーヌ商会（Estrine et Cie）……………………………………………[11]
エコール・ポリテクニク〔理工科学校〕（Ecole polytechnique）＊
　　……………………………………………[206][228][235][318][319][367][417]

オ

オッシュ・ラ・モリエール・エ・フィルミニ鉱山会社
　　（Compagnie des mines de Hoche la Molière et Firminy）…………………[438]

オスマン帝国政府 …………………………………………………………………〔141〕
オテル・シャトラン（Hôtel Chatram）……………………………………………〔4〕
オテル・ド・ローム（Hôtel de Rome）……………………………………………〔2〕
オランダ国水利省技師……………………………………………………………〔122〕
オランダ国水利組織機関の研究 …………………………………………………〔149〕
オリエンタル銀行（Oriental Bank Corporation）*………〔17〕〔34〕〔40〕〔41〕〔48〕〔54〕〔74〕
　　〔76〕〔78〕〔108〕〔115〕〔118〕〔119〕〔120〕〔125〕〔126〕〔137〕〔142〕〔175〕〔182〕〔194〕〔221〕
　　〔242〕〔246〕〔256〕〔257〕〔259〕〔272〕〔282〕〔284〕〔305〕〔308〕〔328〕〔369〕〔374〕〔375〕〔377〕
　　〔386〕〔390〕〔394〕〔397〕〔401〕〔411〕〔414〕〔415〕〔422〕〔427〕

カ

外国人銃猟規則改正*………………………………………………………………〔419〕
骸骨 ………………………………………………………………………………〔353〕
海上公衆衛生 ……………………………………………………………………〔372〕
改暦 ………………………………………………………………………………〔116〕
滑車図解（atlas de poulierie）……………………………………………………〔378〕
カリエ兄弟社（MM. Carrier frères）……………………………………………〔294〕
監獄制度 …………………………………………………………………〔403〕〔407〕
観兵式 ……………………………………………………………………〔178〕〔243〕

キ

宮廷儀礼 …………………………………………………………………………〔75〕
教育組織の調査 …………………………………………………………………〔20〕
金星の〔太陽面〕通過観測* ………………………………………………〔238〕〔249〕

ク

クラウス商会（Krauss et Cie）………………………………………………〔307〕
グラン・ジュアン農業学校（Ecole d'agriculture de Grand-Jouan）……………〔209〕
グルベール・ボルニオ毛皮商会（Grebert Borgnio）……………………………〔351〕
軍事施設の調査 ………………………………………………………〔89〕〔91〕〔92〕〔94〕
軍制の調査 ………………………………………………………………………〔49〕〔87〕
軍装品 ……………………………………………………………………〔51〕〔58〕〔62〕〔167〕
勲二等旭日重光章（Grand officier de l'ordre de Meiji）………………………〔438〕

ケ

警察組織の調査……………………………………………………[130][156]
警察行政手続き……………………………………………………………[196]
毛皮(カワウソ)……………………………………………………………[351]
減刑願い……………………………………………………………[332][338]
遣日軍事使節団……………………[13][15][18][24][27][28][36][37][40][44][45][49]

コ

コーン・ライナハ会社(Kohn Reinach et Cie)………………………………[214]
ゴータ年鑑(Almanach de Gotha)………………………………………[107]
公共土木事業の調査………………………………………………………[96]
鉱山地質調査士………………………………………[67][68][73][116][120][155]
公務弁理職*………………………………………………………………[6]
国際結婚……………………………………………………………………[344]
国際電信協定(Convention télégraphique internationale)………………[43]
国際統計学会議(Congrès international de statistique)………………[297][299]
国際農業会議(Congrès agricole international)…………………………[384]
国際郵便協定(Convention postale)………………………………………[269]

サ

サーベル……………………………………………………………………[320]
サルト号(Sarthe)…………………………………………………………[439]
サン・シール陸軍士官学校(Ecole de Saint-Cyr)*
…………………………………[19][32][90][121][206][311][327][339][423]
サン・シャマ火薬製造所(Manufacture de poudre à Saint-Chamas)………[46]
サン・ルイ校(lycée Saint-Louis)…………………………………………[32]

シ

シェルブール海軍工兵実施学校
 (Ecole d'application du génie maritime à Cherbourg)………[387][395][437]
磁器…………………………………………………………………[420][421]
子午環………………………………………………………………………[300]
漆器…………………………………………………………………………[413]

師範学校（Ecole normale）……………………………………………[301][361][416][430]
紙幣製造……………………………………[25][31][33][50][125][126][136][137][264][267]
紙幣の収集………………………………………………………………[298][307]
写真………………………………………………………………[236][245][337]
銃…………………………………………………………………………[340]
重罪院（cour d'assises）…………………………………………………[53]
狩猟………………………………………………………………………[419]
肖像画……………………………………………………………[236][245]
少弁務使（Chargé d'Affaires）*……………………………[1][2][3][5][172]
条約改正…………………………………………………………………[20]
女学校設立………………………………………………………………[57]
植物園……………………………………………………………[424][425]
植物／種子………………………………………………………………[199]
信管製造設備……………………………[254][270][271][276][277][279][286][289]
人工授精法………………………………………………………………[371]
人体解剖標本……………………………………………………[426][428]
信任状〔日本国特命全権公使〕*…………………………………[232][274]
信任状〔日本国少弁務使〕*……………………………………[1][2][3][5]
信任状〔日本国弁理公使〕*……………[82][83][85][86][96][100][103][104][105][106]

ス

数学…………………………………………………[56][293][301][303][361]
スイス連邦銀行（Banque fédérale suisse）……………………………[307][309]
水理工学時報（Mémorial des travaux hydrauliques）…………………[378]

セ

セーヴル…………………………………………………………………[229]
セーヴル美術館（Musée de Sèvres）…………………………………[420]
世界周遊旅行協会（Société des voyages autour du monde）…………[418]
世界同盟（Alliance universelle）…………………………………………[52]

ソ

造幣局（hôtel des Monnaies）……………………………………[138][226][310]
ソシエテ・ジェネラル銀行（Société générale）………………[150][215][220][289]

タ

太閤記……………………………………………………………………[364]
体操教師………………………………………………………………[223]
大弁務使(Japanese Minister)………………………………………[80]
炭鉱採炭技師(coal mining engineer)………………………[116][155][179]

チ

地質調査士………………[56][60][67][68][70][71][73][76][77][93][120][155]
地理学会(Société de la géographie)………………………[261][326][348]
地理学会議(Congrès géographique)……………………[261][321][326][348]

テ

鉄道敷設関係資料………………………………………………………[169]
デルタ社(Delta)………………………………………………………[78]
電信機器…………………………………………………………[396][409]
電信技師…………………………………………………………………[14]
天皇誕生日……………………………………………………………[440]
天文学器具*………………………………………………………[295][296]

ト

ドイツ人教師の選考…………………………………………………[128]
ドイツ帝国駐在特命全権公使……………………………………[240][262]
統計………………………………………………………………[314][331]
統計会議〔万国〕(Statistical Congress)…………………[258][365][436]
東洋語専門学校(Ecole spécial des langues orientales vivantes)………[135]
トムソン・ベナー社(Thomson Benor et Cie)……………………[110]
トゥーロン海軍工廠……………………………………[247][248][251][266]
トゥルノン校(Tourrnon)……………………………………………[361]
トルコ大使〔駐仏〕……………………………………………………[195]
ドンドルフ社(Messrs. Dondorf)*
　　……………[16][25][50][108][125][126][136][137][256][257][259][264][267][273]

二

日仏協会 (Société franco-japonaise)………………………………………[62][174][207]
日仏郵便協定 (une convention de poste entre la France et le Japon)*……[200][269]
日本学会 (Société des études japonaises)………………………………………[290][364]
日本国公使館〔パリ〕*……………………………………[188][283][302][323][429]
日本国政府
　大蔵省………………………………………………………………[158][375][397]
　海軍省…………………………………………………………[227][247][387][437]
　　軍法局編成………………………………………………………………[227]
　　用材局………………………………………………………………………[247]
　宮内省………………………………………………………………………[422]
　工部省……………………………………………………………[46][59][60]
　司法省………………………………………………………………[390][414]
　文部省………………………………………………………………[61][369][424]
　　博覧会事務局……………………………………………………[229][410]
　陸軍省…………[49][51][62][87][129][154][254][370][374][379][385][394][397]
　　　　　[398][399][402][415]
日本国総理事官〔1867年パリ万博〕……………………………………[22][148]
日本国特命大使〔岩倉使節団〕…………[20][22][66][72][80][81][94][111][131][132]
　　　　　[133][134][135][141][144][145][149][153][176][184]
日本紙幣製造………………………[84][108][115][125][126][256][264][267][273][284]
日本人船員……………………………………………………………………[434]
日本における女学校の設立………………………………………………………[57]

ハ

博物館 (musée à Tokei)………………………………………………………[298][368]
パラナ号 (la Parana)……………………………………………………………[352]
パリ・オトゥーユ墓地 (cimetière de Paris Auteuil)………………………[389]
パリ軽罪裁判所 (le tribunal correctionnel de Paris)………………………[332]
パリ鉱山学校 (Ecole des mines à Paris)……………………………………[366]
パリ高等師範学校 (Ecole normale supérieure)*…………[301][361][416][430]
パリ大学法学部 (Faculté de droit de Paris)……[140][288][343][346][347][373][388]
パリ中央郵便局 (le bureau central des Postes à Paris)……………………[21]

パリ陸軍経理局(les bureaux de l'intendance militaire à Paris)……………〔385〕
パレスチナ国際委員会(Comité international de Palestine)………………〔382〕
バーリントン・ホテル(Burrington Hotel)………………………………………〔123〕
万国定期統計会議(Congrès permanent de statistique)……………………〔436〕
万国博覧会〔1867年〕………………………………〔22〕〔42〕〔98〕〔99〕〔134〕〔148〕
万国博覧会〔1878年〕……………………………〔383〕〔392〕〔393〕〔404〕〔405〕〔433〕
万国郵便連合(Union postale)……………………………………………………〔432〕

ヒ

P・ギル商会(P. Gil et Cie)→ギル
美術館・博物館の設計図……………………………………………………………〔368〕

フ

ブールジュ陸軍火工学校
　(Ecole de pyrotechnie de Bourges)………………〔270〕〔271〕〔276〕〔277〕〔279〕
フォンテーヌブロー陸軍〔砲兵〕実施学校
　(Ecole d'application [d'artillerie] à Fontainebleau)………………〔189〕〔367〕〔408〕
フグルリ号(l' Hooglely)……………………………………………………………〔218〕
フランス共和国大統領(Président de la République)…………………〔144〕〔205〕
フランス共和国駐剳特命全権公使 …………………………………………………〔232〕
フランス遣／駐日軍事使節団*……〔13〕〔15〕〔18〕〔24〕〔27〕〔28〕〔36〕〔37〕〔40〕〔44〕〔154〕〔190〕
　〔203〕〔208〕〔211〕〔223〕〔254〕〔280〕〔304〕〔306〕〔329〕〔341〕〔381〕〔406〕
フランス国営工場組織の研究 ………………………………………………………〔46〕
フランス国海軍工廠職工就業規則
　(Règlement sur le personnel ouvrier des arsenaux)………………………〔378〕
フランス国海軍広報(Bulletin officiel de la Marine)…………………………〔79〕
フランス国海軍省刊行物 ……………………………………………………………〔378〕
フランス国海軍砲兵隊時報(Mémorial de l'artillerie de la Marine)………〔378〕
フランス国科学アカデミー(Académie des sciences)………………〔238〕〔249〕〔353〕
フランス国鉱山学校(Ecole des Mines)………………………………〔268〕〔366〕
フランス国裁判行政 …………………………………………………………………〔355〕
フランス国総合統計局(Bureau de la statistique générale de la France)…〔314〕〔331〕
フランス国電信局 ……………………………………………………………………〔409〕
フランス国郵政局 ……………………………………………………………………〔65〕

フランス国陸軍幹部学校(Ecole d'état-major) ……………………………………[327]
フランス国陸軍組織の研究……………………………………………………………[49]
フランス国陸軍歩騎兵士官学校(Ecole spéciale militaire) ……………………[423]
フランス国立自然誌博物館……………………………………………………………[353]
フランス国家機関の調査 ………………………………………………………………[21]
フランス船舶工学時報(Mémorial du génie maritime français) ………………[378]
フランス船舶工学図解(Atlas du génie maritime français)……………………[378]
フランス農業者協会(Société des agriculteurs de France)……………………[384]
フロマン・デュムラン(Froment Dumoulin) ………………………………………[409]
文科バカロレア資格証書(le diplôme de bachelier ès lettres)*
　……………………………………………………[140][288][343][346][388]

ヘ

ベランジェ・フィス商会(Béranger fils et Cie) …………………………………[218]
ペルシャ国王 ……………………………………………………………………………[177]
ヘルチュ・リュチェン商会(Hertsch Lütschen et Cie) ………………………[307]
ベルリン日本国公使館(légation du Japon à Berlin) ……………………………[230]

ホ

帆柱と帆桁用の備品用具と鉄具の図解
　(atlas de garniture et de ferrement pour les mâts et vergues)………………[378]
ボウルズ兄弟社(Bowles Brother & Co.)*…………………………………[102][124]
簿記教科書(Instruction sur la comptabilité) ………………………………………[378]
ポルトガル国王 …………………………………………………………………………[184]

マ

マーカンタイル銀行
　(Chartered Merchantile Bank of India, London & China) ……………………[74]
マシリア社(Massiliar)…………………………………………………………………[78]
マルセイユ日本国領事(consul du Japon à Marseille)*……………………[265][281]
マルセイユ日本国副領事(vice-consul du Japon à Marseille)*…[334][335][336][431]
マレイ・アンド・ハッチンズ事務所
　(Murray & Hatchins)*………………………………[124][127][136][137][142][175][257]

メ

メサジュリー郵船会社 (Messageries maritimes) ……… [65][143][183][213][218][219]
　　[270][271][276][277][289][370][405][413]
メンサラー号 (le Mensalah) ……………………………………………………… [413]

モ

モリソー商会 (la Maison veuve Moriceau et fils) ……………………… [51][58][62]

ヨ

ヨーロッパの制度調査 (étudier l'organisation européenne) ……………… [20]

ラ

ラ・フランス紙 (journal la France) ……………………………………………… [53]
ランガム・ホテル (Langham Hotel) ……………………………………………… [1][80]

リ

リヴィエール・デュドネ鑑定人事務所 (MM. Rivière et Dudonné-Experts) ……… [58]
リセ・アルジェ (lycée Alger) ………………………………………………… [293][303]
立憲政体漸次樹立の詔書* ……………………………………………………… [322]
リヨン商工会議所 (Chambre de commerce de Lyon) ……………………… [158]

ル

ルーヴル美術館 (musée du Louvre) …………………………………………… [98]

レ

レジョン・ドヌール・オフィシエ勲章
　　(croix d'officier de la Légion d'honneur)* ……………………………… [237]
レジョン・ドヌール・シュヴァリエ勲章
　　(croix du chevalier de la Légion d'honneur) ……………………… [63][64]

ロ

ロシア地図 …………………………………………………………………………… [333]
ロンドン・ジョイント・ストック銀行 (London Joint Stock Bank) ‥[215][217][225]

翻訳篇 (索　引) ——547

ワ

ワイン……………………………………………………………[212][213][342][360]

第III部　解説篇

黎明期日本外交と鮫島尚信

犬塚孝明

はじめに

　地下鉄エドガー・キネの駅から東南の方角へ2～3分ほど歩くと、モンパルナス墓地の入口に着く。正門を入って、涼やかな並木道を真直ぐ南へ進み、突き当たり少し手前を左へ折れると鮫島の大きな墓がある。御影石でできた日本式の墓で、正面上部に「日本特命全権公使鮫島尚信之墓」と大書してある。下部にはフランス語で、「1844年3月10日に鹿児島で生まれ、1880年12月4日パリに死す」と刻まれている。周囲の十字架を押し立てた寝棺形の墓石群とは馴染まない。
　大海に浮かぶ孤舟の感がある。
　西洋という途轍もない大海に独り舟を漕ぎ出し、日本というひ弱な小船の進むべき針路を探りあてようと努力しつつ翻弄され、ついに大海にわが身を呑まれた鮫島の姿そのものを映し出しているようでもある。近代外交に全く疎い新生日本が、宮廷外交の尖端を行くヨーロッパでまがりなりにも外交活動を展開し得たのは、黎明期日本の外交官たちの言語を絶する勉強と努力があったからではないのか。鮫島尚信という男は、そうした外交官のひとりであった。初代駐欧弁務使という大役を担って日本を出発した鮫島にとって、外交という分野に限っていえば、ヨーロッパはまさに未知の大海に等しかった。外交とはいかなるものか、というところから知らねばならなかった。相

手に出す手紙の書き方、用紙のサイズ、洋服の着こなしから、食事のマナー、立居振舞いにいたるまで、ヨーロッパ宮廷外交の基本的慣習を身につけることからそれは始った。鮫島が「外国交際」を学の問題としてしだいに重視するに至ったのは、彼がヨーロッパに赴任中に味わった苦い経験があったからに他ならない。

「交法学未夕開明ナラス」とは、鮫島自身の言葉である。黎明期日本の外交法を、実務経験の中でいかに確立するかが、鮫島にとって最大の課題であった。

小論では、鮫島の最初のパリ赴任時代を中心に、その短い生涯を追いながら、黎明期日本の対ヨーロッパ外交がどのように形成されて行ったのかを考察してみたいと思う。

1　西欧との出会い

南　加世田郷の吹上浜一帯から野間半島にかけての浦浜には、冬期に吹く強い西北風の煽りを受けて難破漂着する船が多かった。とくに野間半島の北側、小浦片浦や小松原あたりは深い入江をなし、船の避難場所としてだけでなく密貿易にも恰好の浦場所であった。17世紀のごく初期、朝鮮出兵の帰還勇士のひとりであった鮫島宗政という男が、家督を弟に譲り、自らはひとりの浦人となって大海へ乗り出し密貿易を始めた。どこまでも続く大海原と東シナ海の荒波がこの男に武士を捨てさせたのである。宗政は万治元年(1658)に死んだが、一代で巨富を築き、子孫は小松原の豪商として富み栄えた[1]。一族からは代々医者や唐通事の職に就く者が多く出た。宗政の血がそうさせたのであろう。宗政7代後の鮫島淳愿(尚行)も医者であった。蘭方医学を学んだと言われている。藩医は通常城下住いとなる。淳愿も二本松馬場に屋敷を構え、時々は患者の見立てもした。

弘化2年(1845)3月10日、淳愿36歳の時、次男が生まれた[2]。金熊と名づけ、淳愿はこの子をことのほか可愛いがった。金熊は幼少から利発ではあったが身体が弱かった。金熊が生まれた頃、藩内では琉球への外国船渡来の噂でも

ち切りであった。英国やフランスの軍艦が琉球那覇へやって来て通商を要求したというのである。この事件は琉球が薩摩藩属であっただけに、藩政そのものに大きな影響を与えた。ペリーの浦賀来航を10年先取りした貴重な体験は、他藩に先駆けて薩摩藩が近代化を推し進める強力な発条となった。

　金熊は長じて誠蔵と改め、名を尚信と称した。藩校造士館で漢学を修め、15歳の時君命により藩蘭学者石河確太郎に就いて蘭学を修得したが、文久元年(1861) 3月、蘭方医学研究のため、岩崎玄朴・田中幸斉らとともに長崎遊学を命じられた。鮫島は長崎で医学を勉強する傍ら、越前人瓜生寅の主宰する英学塾培社に入塾し英学を学んだ。実際に培社の経営にあたっていたのは越後出身の洋学者巻退蔵(のちの前島密)であった。鮫島は培社で巻と親しく交わり、その学識と力量に感じ入る。鮫島が帰藩を命じられたのは、長崎に遊学して2年半を経た元治元年(1864)の夏頃であった。

　この頃、薩摩藩では薩英戦争後の大がかりな藩政改革に取り組んでおり、全藩的な規模で実質的開国への道を歩み始めていた。洋式軍制改革の一環として、人材養成のための藩洋学校「開成所」が設けられたのは、この年6月のことである。鮫島はこの開成所に訓導師として呼び戻されたのである。それに巻退蔵の招聘という任務も帯びていた。前島はその自叙伝にこう述べる。

　　此時、薩州藩士鮫島誠造氏(培社に来学の人)一日薩藩の命を帯び、余に談じて曰く、弊藩は近頃鹿児島に開成学校を開き、英語を主として生徒を教育せんと欲す、然るに其教授及督学に任ずる人を得ざるに当惑せり、足下幸に此培社を捨て、鹿児島に来り之に任ぜられよと。(3)

　西郷吉之助(隆盛)が大久保一蔵(利通)に対して、鮫島を有為の人として推薦したのも、同じ頃のことである。開成所の学頭には大目付の町田民部(久成)が任じられ、石河確太郎・八木称平等藩内著名な蘭学者らが教授職に就任した。相変らず中心は蘭学であり、英学を選ぶ者は生徒中にも少なかった。この時招聘された英学者には巻のほかに中浜万次郎がいる。

　鮫島が開成所に勤めて半年ほどたった翌元治2年1月、薩摩藩は大規模な

海外留学生派遣計画を具体化させた。派遣の目的は西欧の文化技術、とりわけ軍事学の修得と産業視察である。派遣先は英国とされた。理由は一大近代化をめざす薩藩にとって、英国は最も身近な文明国であるのみならず、薩英戦争後の親善を通じて反幕政治路線の協力者になってもらえる可能性が強かったからである。結果的に選ばれた留学生は督学の町田を含めて全部で15名、そのうち開成所出身者は10名を数える。ほかに団長の大目付新納刑部（久脩）と視察員の船奉行松木弘安（のちの寺島宗則）・船奉行副役五代才助（友厚）の両名、それに通訳の堀壮十郎（孝之）が加わり、総員で19名という大使節団となった。海外渡航は国禁であったところから、全員が変名を使うことになる。鮫島は野田仲平と名のった。

　鮫島が鹿児島を発つ直前の1月12日、父淳愿が世を去った。56歳であった。辞令が鮫島の手許に届いたのが18日であるから、父は息子が異国に旅立つことなど知らなかったはずである。鮫島は、1月20日早朝、他の仲間と串木野へ向け城下を出立する。串木野で彼らは2カ月ほど船待ちをする。英商グラヴァー（Thomas Blake Glover）の持船に乗って、一行が串木野羽島浦を出帆したのは3月22日であった。そして、何度か船を乗り継ぎ、2カ月にわたる長い航海を経て、5月28日（洋暦6月21日）の明け方、英国の古い港町サウサンプトンに到着した。翌日から英京ロンドンにおける彼らの新しい生活が始まる。それは、鮫島にとって、西欧文明を精神の深みにおいて捉える苦行の始まりでもあった。

　鮫島は旅の疲れからか、到着翌日から寝込んでしまう。町田久成の日記にも「鮫島病気に付医師頼に差越、夕八時半頃医師参リ診察薬相渡候」との記述がある。ほどなく病も癒え、秋には鮫島は他の仲間とともにガワー街のロンドン大学ユニヴァーシティ・カレッジに聴講生として入学する。他の留学生たちが海軍・陸軍の軍事学や、造船・化学など自然科学系の学問修得を目的としていたのに対し、鮫島はひとり英学（文学）という人文学系の学問修得を命じられていた。それだけ彼が語学力に秀でていた証拠でもあった。鮫島が大学時代に使ったと思われる書物の中に、語学や歴史の関係書が多いのも

その理由からであろう。(7)

　英国での生活も一暦を経た1866年の夏、鮫島は仲間のひとり吉田巳二（清成）とスコットランドへ旅をする。当時下院議員の要職にあった親日家オリファント（Laurence Oliphant）の勧めでもあった。オリファントは外交官として来日経験もあり、また小説家・紀行家としても著名な人物であった。この後、鮫島たちはオリファントの強い思想的影響下に入る。8月13日夜、ロンドンの町田久成に宛ててスターリングで認めた手紙が残っている。少し長いが重要な点をいくつか含んでいるので全文を紹介する。(8)

　　尚々僭文御仁免之事
　八月八日付之尊翰慥ニ相届致拝見候処、弥御壮剛被為在御座早速御返書可差上之処今日ニ致延引候、真平御高免可被下候、陳者肥芸長之藩等も逢ヒ至極息才ニ被居候、尤彼等之憐家不致止宿居候故毎日之集会殊ニ当十日ゟBalmoral Castleへ同道ニ而差越翌日夕暮ニ帰宿仕候、ハルモラルハ閑静之場所なり。今午後 Aberdeen 出立 Stirlingへ薄暮著直様 Mr. Oliphantも此宿Royal Hotelへ見舞被呉当郷 Lord Mayor之宅江 Dinnerニ被誘候故長沢も同道ニ而差越候、将又明日者或人之宅江夕飯ニ被誘事御座候故ニ参る之賦ニ約置申候、Oliphant先生直様より亜行を尋掛候故未タ決定不為得之段を申せし処彼等も当十八日出艘(ママ)を決定をせりと云々、且又彼乃云ヘリ、余か思ふニ此度汝等が亜行を為スハ実ニ莫大之益なり、余も又誘導せん事を至極幸ニ思となり、故ニ必行ケヨと頻ニ勧メたり、故ニ僕等も殆猶豫(ママ)せり、如何となれば金貨之難も有之且ウキルリヤムソン之不平を抱んともなし真ニ窮せり、然るニ暫時あつて問日幾箇之入費ニ及ん歟を尋しニ彼答曰、金貨ニ関係する時を論シ難シ併シ各百封度を貯ヘハ充分なるべしと云ヘり、須臾ニシテ又問曰、無期ニ亜行を為すを好シとする哉又ハ一両年之後ニ行キ半年位も滞留学ひたらば如何と尋ぬるニ、亜行を為るなり当時為を如何となれば自分ニも同導し誘導せんと親切ニ勧メたる事ニてありたる故ニ明朝返答せんと云置し、然ラハ十二時をかきりとせよ無左ハFicher(ママ)旁不都合ならんと頻ニ急事なりたる左候

而別れたる、宿江帰り後二時間此件を議論せしニ既ニ決定し伝信機を以
貴下江御尋問申上越せし次第なり、若拝借候時は亜行を一ヶ月半之内ニ
咸遂帰英致シ度。上納之義ハ当十月より毎月二封度を納メ且其余来年三
拾二封度を納メ左候ヘハ惣高六十二封度とならん、残る所之三十八封度
ハ其後ニ納めんと決定仕居申次第御座候、然シ此上は先生乃御決定ニ如
何成リ共奉侍也　恐々謹言

六六

　　　八月十三日夜　　　　　　　　　　　野田仲平（鮫島尚信）
　　　　　　　　　　　　　　　　　　　　永井五百助（吉田清成）

　　上野（町田久成）雅丈

　　　　　榻下

　　スターリングはエジンバラから西北へ約60キロほどの所にある古都だが、オリファント家の居館があるコンディにも近かった。鮫島と吉田が、10日に、アバディーンへ留学していた佐賀藩の石丸安世や馬渡俊邁、それに長州藩の竹田庸次郎、広島藩の野村文夫らと一緒にアバディーンの西70キロにあるバルモラル城見物へ行ったことが、この書簡からわかる。そして、13日午後には、同じ留学仲間で、やはりアバディーンで勉学を続けていた長沢鼎（磯永彦輔）ともども、同地を出発し、夕方にはスターリングへ着いたらしい。ここで2人は、オリファントから甚だ重要な提案を受けることになる。一緒に米国へ行かないか、というのである。金がない、というと、金など問題ではない、行くことそれ自体が「莫大之益」になるのだとしきりに勧める。ロンドン大学で彼らの指導にあたっているウィリアムソン教授（Alexander William Williamson）の反対を招くだろうと、鮫島も返答に窮している。なぜオリファントは、これほどまで執拗に彼らに米国行きを勧めたのか。彼が信奉する米国の宗教家トーマス・レイク・ハリス（Thomas Lake Harris）に彼らを引き合わせるためである。ホテルで2時間かけて議論をしたすえに、2人は米国行きを決意する。旅費の100ポンドは督学の町田から前借りするというわけである。結果的にこの2人の米国行きとハリスとの邂逅が、その後の留学生たち

の運命を決めることになる。

　鮫島と吉田はオリファントに伴われて、予定通り8月18日に英国を出帆し、米国へ向かった。2人はニューヨーク州アメニアにあるハリスの宗教的コロニイを訪れ、そこで触れ得た愛の「気」(sphere)と自己を否定した激しい労働の生活に感動すると同時に、ハリスの説く文明批判に深い感銘を受けたといわれる。彼らは約ひと月をコロニイで過し、再びロンドンへ戻ると、友人たちにその感動を語り、さらにその年の冬ハリスが出版交渉のためロンドンへやって来た折に、ハリスを仲間に引き合わせた。ここに薩藩留学生とハリスとの深い絆が作られることになる。(10)

　スウェーデンボルグ派のスピリチュアリストでラディカルな社会改良主義者でもあったハリスは、アメニアに「新生社」(the Brotherhood of the New Life)と称する特殊なコロニイを開設し、「真のキリスト教回復」と新しい文明世界の創造と再生とをめざす「神の事業」にとり組んでいた。そこでは、自己の完全な否定と厳しい規律、激しい肉体労働による無報酬の神への使役を通じて、人間が再生をとげるための営みが行なわれていた。ハリスは自らの世界再生の一環として、現今のキリスト教文明に汚染されていない日本へ大きな期待を抱いていた。「日本の再編成」の尖兵としてハリスが考えたのが、日本からの留学生たちの一群であった。留学生たちも教義の内容を深く理解しないままに、「祖国再建」のチャンスとしてハリスの考えを受け入れたようである。時たまたま維新の動乱で、学費が届かなかったこともあって、鮫島ら6人の薩藩留学生たちは米国にあるハリスのコロニイに移る決心をする。(11)それには彼らが信頼するオリファントの強い教導もあった。

　1867年8月13日、鮫島は他の5人の仲間と米国に渡った。10月にはコロニイの移転に伴い、アメニアからエリー湖畔のブロクトンに彼らは移っている。ここで鮫島は、直ちに激しい肉体労働を課せられ、厳しい規律と秩序に縛られながら、自己再生への道を歩み始めた。鮫島は米国到着後の8月23日、ハリスの命令でマサチューセッツ州のモンソンを訪れている。そこには仁礼景範・吉原重俊ら薩摩藩からの5人の米国留学生たちがいたからである。(12)つ

まり、鮫島は他の留学生たちをコロニイへ勧誘する役割も担っていたのである。それだけハリスの鮫島に対する信頼は篤く、鮫島もハリスの教義を純粋に信奉していた。鮫島のハリスのコロニイ内における行動を知る手がかりが、仁礼景範の日記中にある。きわめて簡単な英文で記されている。(13) 和訳して下に記す。

　　12月14日。土曜日。野田(鮫島)、永井(吉田)それに私は、朝食前に牛に水をやり、靴を磨いた。

　　12月16日。月曜日。4時半に起床。野田、沢井(森有礼)、それに私とで靴を磨き、牛に水をやりに行く。朝食後に茶を飲む。4時、牛の飲み水を探しに出かけた。

　　12月17日。火曜日。5時に起床。野田、沢井と私で食事の後片付け、皿やコップ類を洗う。

こうした牛の水汲みや皿洗い、靴磨きのほか、葡萄の竿切り、木材の伐採、ほし草の梱包、温室の手入れなどが鮫島たちに与えられた「任務」であった。こうした「任務」を忠実に励行することで自己が再生され、その再生された自己を通じて国家は再建できる、鮫島はそう信じていた。1868年5月、ハリスと対立して、他の仲間がコロニイを去った時、鮫島は森有礼や長沢鼎とともにハリスの許にとどまった。それは、ハリスが果たそうとしている「神による王国」の建設に全く疑念を持たなかったからである。

仲間が去った直後、ハリスは意外にも「神託」と称して、鮫島と森の2人に対し帰国を勧めた。日本人の大量退去で強い衝撃を受けたハリスは、自己の教義と行動とを純粋に信じて疑わない2人に、自らの「日本再編」計画の一部なりとも実行させてみようと思ったのかも知れない。いずれにしても、この時のハリスには、二人が身につけ得たかぎりでの新生社の精神にしたがって、祖国再建の仕事に従事することが彼らの当然の責務であるとする、強い判断が働いていたようである。長沢の言葉によると、ハリスは彼らに向かって「日本帝国は今や国難の急にあり、二子速に帰朝し、国事につくすべし」と告げると、両者に旅費を与えて急ぎ帰朝させたという。(14)

鮫島がハリスの言葉にしたがって帰国を決意し、森とブロクトンを発ったのは1868年6月8日である。翌日ニューヨークについた2人は、その日の正午の船で直ちにパナマに向けて出帆した。船がパナマ地峡の海港アスピンウォールに到着した時、鮫島は森と連名で米国に残留していた仲間に宛てて英文で手紙を書いた。この中で、彼らは、帰国の目的を、なんら特別の意味はなく、ただ単に祖国への義務を果たすことだけであると述べ、続けて、現在の国情に対する無知を知りながらも、あえて動乱に身を投じ、祖国の危急を救う決意であることを、淡々とした口調で、次のように語る。(15)

　知識も乏しく、その上、今日の祖国の情勢について全く何も知らない我々であることは、充分承知している。言うに足るほどの寄与をなしうる見通しはほとんどないが、我々は帰り、そして動乱と暗黒の真ただ中に身を投じることを決意した。それは、我々がそうすべきだと感じたからである。

　だが、そうした決意にくらべて、彼らの抱負がごく小さなものであることも忘れずに書き添えた。「王国の回復されるための最も小さな犠牲にでもなれれば、我々は非常に嬉しく、また充分満足である」と。こうして、鮫島は、「神の意志」と、ハリスの勧告と、自己の責務に従って、森とともに米国の地をあとにした。

2　渡欧と外交代表資格問題

　慶応4年(1868)5月、戊辰戦争のさ中に鮫島は森とともに帰国した。長旅の埃を落とす暇もなく、2人は京都に時の権力者で議定兼輔相の要職にある岩倉具視を訪ね、西欧文明をわが国に移植することの急務を説いた。最新の欧米知識を必要としていた新政府は、諸手をあげて両者を迎え入れた。7月25日、鮫島と森は、外交事務を管掌する外国官の権判事に任命された。鮫島は時に23歳、政治家としてはあまりに未熟な若者であった。寺町通りの寓居に参与横井小楠を訪ねたのも、あるいは横井の優れた国家経綸の論説を聴き、自らの未熟さを補おうしたのかも知れない。反対に小楠の方が彼らの語るハ

リスの教義とその人となりに聞き入り感嘆したという。[16]

　9月8日、慶応は明治と改元され、新しい時代が始まった。議事体裁取調御用掛や東京府権判事など兼職を命じられた鮫島は、それから暫くして東京と改称された江戸へ向かう。明治2年(1869)から3年にかけて、鮫島は東京府権大参事、あるいは大参事として府政に携るが、3年8月には再び新設された外務省に戻る。地位は外務大丞であった。

　版籍奉還後の官制改革により、明治2年7月、外交事務を取扱う専門機関として、従来の外国官に代わり新たに外務省が創設され、外務卿に澤宣嘉、大輔には寺島宗則がそれぞれ就任した。外交上最大の懸案となっている欧米との条約改正の準備を進めるため、外務省では、明治3年(1870)4月、英国と各国との間に結ばれた条約文を取り寄せその比較研究に着手、10月には省中評議で「条約改正順序」が討議され、条約改正取調係の設置も検討された。「条約改正順序」では、翌年3月までに試案を作成したうえ、関係各省と集議院などで衆議をつくして交渉案を決定、5月から各国公使との交渉に入る、とされていた。[17]これと並行して省内では在外使臣制度の検討が開始される。外務省が太政官弁官宛に伺書の形で欧米への公使派遣を建議したのは、明治3年2月である。伺書にいう。

　　一体公法上ニテハ公使取扱不宜候節ハ此方ノ政府ヨリ彼方ノ政府ニ掛合差戻シ候事モ有之候位ノ処、右等恣ノ振舞等有之候モ無拠被差置自然対立並肩ノ交出来兼候様ニモ成行候事ハ強弱ノ勢ノミニ無之彼我ノ事情相貫徹不致、此方ヨリ彼方ニ入込居周施候モノ無之ヨリ相生候儀、即公使被差置候事ハ即今ニ至リ最御猶予難相成筋ニ可有之カ、就テハ当時御国ヲイテ御交際筋尤多端ノ国ハ英国第一ニ有之間右弁理公使被差置候節ハ同国ヲ最初ト仕度[18]

　すなわち、わが国に派遣されている欧米各国公使の放恣と横暴な振舞いを批判し、こうした勝手な行動を許してしまうのも、彼我の国家的「強弱ノ勢」の相違だけではなく、結局は相手国の事情をわが国がよく知らないからであり、つまりは「此方ヨリ彼方ニ入込居周施」する者がいないことに起因して

いる。とくにそうした意味で、即刻公使を派遣すべき国は英国である、と当局は断言する。

　さらに、公使派遣の結果、「事情探偵事実相悉シ御開拓ノ為多少御手順ノ都合」もつき、「留学生勤惰ノ監督」や鉄道器械その他「工廠」に関して「精粗美悪」等を現地で詳しく調査することもできる。以上のことをよく考えて、ぜひとも公使派遣の議を決定してもらいたいと述べる。

　これに対して、太政官からはなんの返答もなかった。そこで、外務省では、6月14日、再度弁官宛に伺書を提出する。ここでは、「各国御交際上ニ於テ兎角事情貫徹不致或ハ機会ニ後レ候事杯有之談判向不都合不少右等ハ彼方へ在留ノ御国官員有之諸事周旋候ハハ多少御便宜可相成」と、前回の趣旨が繰り返し述べられるとともに、「弁理公使」の派遣が国家財政上当座は無理であるならば、「弁理公使」の名を使わずに、「英仏両国へ向ケ可然官員両三人モ被差遣時宜次第欧州外各国ヘモ旅行イタシ百事周旋為致候」ようにすれば「頗ル御便益」にもなるであろうと、至急の評議を促す。この結果、太政官もこれを無視できず、「伺ノ通御決定候間猶人撰規則等見込可伺出事」との決定を下す。(19)

　これを受けて、外務省では早速人選に着手、9月13日には、鮫島と外務権少丞塩田三郎の両名を英国を中心に欧州へ差遣することに決定した。塩田は旧幕臣で、英・仏両語に通じ、文久3年(1863)に池田鎖港談判使節の仏語通詞、また慶応元年(1865)には柴田遣仏使節の随員として渡欧経験を持つ。明治3年4月、民部省へ出仕、権少丞となり今回外務省へ転出することになった。

　この人事は決定以前すでに英国公使パークス(Sir Harry Smith Parkes)の耳にも入っており、1週間前の9月6日、延遼館で岩倉がパークスと当座の外交問題を話し合った際、話題に出ている。パークスが「鮫島とか申人」を英国へ派遣するということだが、なんの目的からか、と尋ねたのに対し、岩倉は「各国都府に互にミニストルを置候事は条約面も有之先年より公使不差出候ては不相成候処彼是延引に成来候間両国懇親且留学生取調旁可差出評議中に

黎明期日本外交と鮫島尚信——561

候」と、ヨーロッパへ公使を派遣することが「両国懇親」を深めるためにも必要だと答えている。[20]

とりあえず「弁務使」の名称で欧州差遣を命じられた鮫島は、10月9日付で、「弁務使」はいわゆる「在留公使」とは違うので国書持参の必要はないのではないか、と外務省当局へ伺いを立てると同時に、「在留公使」は「欧州各国交際上の法則」では4階級に分別されている旨を上申している。[21] そこで外務省では、鮫島から再度提出された外務省あて伺書を添付し、10月17日付で太政官弁官あてに派遣心得の指示を仰ぐ。鮫島から提出された伺書には、外交上の重大事件については朝裁を仰ぐこと勿論だが、「些末の事件」はいちいち決裁を経ず実行すること、現地でホテル住いでは「過分の失費」となるから、「相当の家屋」を賃借し奴僕を雇うつもりであること、その際の公館の家賃、奴僕の給金、出張旅費、招宴経費、その他筆、墨、紙等の「公用に属し候雑費」はすべて公費扱いとすること、機密報はすべて卿輔両名宛とすること、など現地外交に従事する者にとって常識的な事柄が羅列されてあった。[22] しかし、こうした点こそ、初めて在外使臣としてヨーロッパに赴く鮫島にとって、緊要かつ確認をとっておかねばならない重要事であった。

ついで、10月28日、澤と寺島の連名で、英・仏・独三国公使宛に鮫島を弁務使として欧州へ派遣する旨が通達された。それには、「同人貴国等に赴きての職任は両国の交誼益厚に至候様周旋いたし且貴国に留学する我生徒の怠惰勉励を監察し学業の進歩に可相成様便宜を与候義に有之候」と記され、交誼周旋と留学生監督を職務とし、特別の外交特権を与えられた者としては扱われていなかった。[23] ところが、太政官では鮫島からの建議を重視し、在外使臣制度について正確な規定を設ける必要を痛感したと見え、外務省に至急その調査を命じた。外務省から答申がなされたのは閏10月2日である。

殊ニ欧州各国ヘ被遣候上ハ彼方弁理公使ノ等級ニハ公法有之万国一定仕候事ニ付強テ彼ニ泥ミ候筋ニハ無之候ヘ共、御国迎モ矢張右振合ニ不準候テハ交際上差支相成候ニ付、長官次官ノ名義モ難下ニ付同様弁務使ノ

名目ニテ三等ニ分別致シ、大弁務使ハ彼方特派全権公使及全権公使、中弁務使ハ在留公使充両様トモ国書持参君主謁見致シ、少弁務使ハシヤルゼダフヘールニ充外務卿ヨリノ書状持参表向君主謁見ハ不致者ト致シ度右官位ハ卿ヨリ一等下リ候処ヨリ階級相立大弁務使ハ大輔、中ハ少輔、少ハ大丞同等ノ者ト仕度奉存候(24)

　欧州各国と同様、わが国でも「公法」、すなわち1815年制定の在外常置使節に関するウィーン規則に準じた制度を採用することが外交上有利であると述べ、従来の「弁務使」を大・中・少の三階級に分け、別に一・二等の大・少記を設けることを提案している。大弁務使は envoyé extraordinaire et ministre plénipotentiaire（全権公使）にあたり、中弁務使は ministre résident（弁理公使）、少弁務使は chargé d'affaires（代理公使）にそれぞれ該当するというわけである。ウィーン規則上の第一階級にあたる ambassadeur（大使）は、「別格」として弁務使階級には含まないものとした。特命全権大使の名称が、在外使臣の第一階級として正式に加わるのは、明治5年9月からである。

　伺書は即日認可され、同日付で外務省に常置在外使臣として、大・中・少の弁務使および大・少記が設置されることが内外に布達された。この結果、鮫島は直ちに「弁務使」から「少弁務使」に名称が切り替わり、英・仏・孛三国へ差遣のうえ、「交際ノ事務及留学生等管轄委任」の達を正式に受けることになった。同時に塩田は外務権大記に任じられ「書記翻訳等ノ事務取扱」を、また新たに仙台藩出身の後藤常（一条十次郎）が権少記に任じられ、「記録会計等取扱」を、それぞれ命じられた(25)。閏10月3日、外務省では卿・輔の名で三国公使に対して今回の変更を通達、鮫島の資格を「貴国於てシャルゼダフヘールと唱られ候第四等のジブロマチクエゼント（ママ）に相当いたし候事務取扱候義に有之候」と明記し、しかるべく待遇されたい旨通知した(26)。すなわち、鮫島は正式に日本の外交代表の資格でヨーロッパへ派遣されることになったのである。

　鮫島は、塩田と後藤を伴って閏10月3日、東京を発ち、横浜からヨーロッパへ向け旅立った。慌ただしい出発であったが、横浜でフランス公使ウトレ

ー（Maximilien-Ange George Outrey）とプロシア公使ブラント（Max August Scipio von Brandt）に会い、改めてchargé d'affairesとしての資格でヨーロッパへ赴任する旨告げた。ブラントに異存はなかったが、ウトレーは三国公使に事前に熟談せず「突然」赴任しては外交代表としての扱いは難しいかも知れない、と多少不満の色を現した(27)。一方、英国公使パークスには、鮫島出発後の閏10月9日、澤外務卿が直接会ってその了解を求めるつもりであったが、折悪しく不在で、書記官アダムス（Francis Ottiwell Adams）が代わって応待に出た。アダムスは澤に対し、パークス公使が今回の鮫島の派遣に関し快く思っていない旨を伝えた。理由は、まず彼の年齢と身分の低さであり、「少弁務使シャルジダフヘールに当り候旨に候へ共右様軽きものへは我国にても不申付候、卿より三等下り候」とか、「今少々早く御相談有之出立前公使に面会被致候へはよろしく英国へ右様位卑きもの御遣しは難得其意候」とか多々異論を申し立てている(28)。英国のような大国に鮫島のような小僧っ子を派遣するのは無礼、といわんばかりの言い草である。

　澤外務卿はこれに対し、勅任官でもあり位が特に卑しいわけではないが、公家や大名のような高位の者は公務に疎く用い難いのだと弁解している。第二の理由は、パークスに直接の挨拶なしに赴任したことである。アダムスが、「公使の留守中右様の御処置有之英国へ被遣候に英人へ委細の御話し無之甚以不快なり、岩倉寺島両公よりも其段御話し無之」と詰問すると、澤は「急速の出帆」でもあり、他意はなかったと答えている。しかしアダムスは澤の返答には満足せず、鮫島の「代理公使」としての資格をあくまで認めず、次のように言い切る。

　　寺島公より兼てシャルジにも不言付またミニストルにもいたし不申と申事丈けは御話し有之候へ共、今般御申越の趣にては交際上聊議論申上候義にてシャルジに当り候ては不承知の事に御座候(29)

外交代表としての身分不安定のまま日本を出発した鮫島であったが、閏10月24日（洋暦12月16日）にはシンガポールに到着、直前の20日付で次のような委任通達を澤外務卿より改めて受け取っている。

一英仏独乙北部連邦在留之御国人ハ都テ少弁務使ニテ管轄イタシ可申事
　　但宮華族ニテモ其国留学中ハ管轄之事
一交際之事務大小トナク本国ノ廟議ニ決ヲ取可申事
一其内小事ハ往復ノ暇無之且差迫候節ハ臨時専決可致事
一交際之事務ハ一々条理ヲ以テ弁別シ能其情ヲ通シテ両国交誼之親厚ヲ主トスベキ事
　右令委任候事⁽³⁰⁾

　シンガポールから外務省にあてた書簡で「出立後は事情如何と心配致候」と述べているように、三国外相あて信任状を携えて出発した鮫島ではあったが、ヨーロッパ外交界が、はたして自分のことを外交代表として認めてくれるのかどうか、ヨーロッパの地が近づくにつれてその不安は募ったに違いない。

　だが、鮫島の不安とは裏腹に、日本の初めての在外使臣派遣を、少なくとも米国の新聞は比較的好意的に受けとめてくれたようである。1870年12月16日付の『ニューヨーク・タイムズ』は、「鮫島五位」という見出しで次のような記事を掲げている。

　　もはや、それまでの統治者の政策により運命づけられた、他の国々から孤立した状態を続けることをよしとせず、ついに、日本人は西欧に駐在する使節を派遣することを決めた。急速な進歩を遂げている「日出ずる帝国」の使節として選ばれた役人は、鮫島五位という奇妙な名前を持った人物であり、彼がわが町のどこかのホテルの宿泊名簿に、近々名を表すことは間違いない。信任状を携えた日本人代表の任命は外国の公使から要請されたものではなく、周知のように、日本人自身が考え出したものだが、その意図は、あちらこちらの文明国家で生じつつある日本人に対する敬意の念を増長させようとするところにある。⁽³²⁾

　「日本人に対する敬意の念を増長させよう」としたかどうかはともかくとして、「弁務使」の派遣は確かに「日本人自身が考え出したもの」であり、外国側からの要請によるものではなかっただけに、西欧列国の日本に対する

風当りは強かった。鮫島はこうした圧力を撥ね除ける努力から、まず始めねばならなかった。

フランス経由で英国に向かった鮫島は、1871年1月27日、ボルドーにおいて、国防政府の外相ファーヴル (Jules Claude Gabriel Favre) に、とりあえず自分が日本の外交代表に任命された旨を告げた。鮫島がパリを避けたのは、市内が普仏戦争による混乱状態にあり、国防政府と労働者や小市民層を中心とする革命勢力との間の緊張が高まり、不穏な情況を呈していたからである。この翌日、国防政府はドイツと休戦協定を結び、2月12日にはボルドーに国民議会を成立させ、ティエール (Louis Adolphe Thiers) を行政長官に選出することになる。一方、プロシアはパリ攻囲中の1月18日、ヴェルサイユ宮殿でプロシア王ウィルヘルムⅠ世をドイツ皇帝に推戴し、念願のドイツ統一を成し遂げた。ドイツ帝国の誕生である。戦争中にもかかわらず、フランス政府は彼を外交代表として認め、通行証を発行してくれた。

混乱状態のフランスをあとに2月6日、ロンドンに到着した鮫島は、ポートランド・プレイスのランガム・ホテルを宿所とし、早速、グラッドストン内閣の外相グランヴィル伯爵 (George Leveson-Gower, second Earl Granville) に着任を知らせるとともに、信任状の写しを送りその正本奉呈の日時を問い合わせた。[33] しかし、英外務省は鮫島をコミッショナーとしては認めるが、外交代表 (diplomatic agent) とは認めない旨を通知してきた。パークス公使からすでにグランヴィル外相宛に、反対の見解を示す書簡が届いていたからである。この間、日本では澤外務卿に対して、パークスより、「英ヘハ別ニ門閥アル者ヲ撰ミ交際官トシテ派遣相成可然」との要求が出されていた。[34] ロンドンのホテルで空しく日を送る鮫島は、3月末、英国引揚げを決意し、わが国外務省当局にその旨を報告のうえパリへ移った。入れ違いに澤外務卿よりプロシアへ向かうよう指示が届いた。そこで彼はベルリンへ赴くと、ウンター・デン・リンデン街にある高級ホテル、オテル・ド・ロームに宿をとり、4月4日付でドイツ帝国宰相ビスマルク (Otto Eduard Leopold, Fürst von Bismarck) へ着任状を送り、信任状奉呈の日時を指示してくれるよう依頼した。[35] 新生ドイツ

帝国は英国と違い、鮫島のことを外交代表として快く受け入れてくれたのである。

パリ・コミューン終結後の6月、再びパリに戻った鮫島は、暫くの間オテル・シャトランに滞在し公館開設の準備を進めるかたわら、7月3日付でファーヴル外相に宛てて正式に着任状を送っている。(36)鮫島もようやく外交代表として、その落ち着き場所を見出したようであった。

3　対ヨーロッパ外交の始動

パリに落着いた鮫島が最初にやらねばならなかった仕事は、これからの外交活動の拠点に相応しい公館を探すことであった。結果的にこの公館探しに彼は2年を費すことになる。

鮫島がパリに赴任するまで現地で日本の外交事務を掌っていたのは、フランス貴族の出であるモンブラン伯爵（Comte des Cantons Charles de Montblanc, baron d' Ingelmunster）であった。(37)親日家で日本研究家としても知られていたモンブランは、幕末に薩摩藩との関係が深かったところから、維新後の慶応4年（1868）2月11日、幕府時代に日本総領事の職にあったフランス人銀行家フルーリ・エラール（Paul Fleury Hérald）に代わって、新政府から日本代理公使兼総領事に任命されたが、駐日フランス公使ウトレーから外国人を日本の代理公使とするのは国際法上違法だとして不承知のクレームがついたため、外務省では改めて翌明治2年9月28日付で彼を在パリ大日本公務弁理職に任じパリに駐在させることにした。モンブランの任務は、その辞令書に「日本国ト仏朗西国ノ間ニ関係之諸務ハ勿論或ハ風説等伝聞之節ハ無遅滞報知可致事、欧羅巴州各国并米利堅其他ノ国々ニ於テ日本国ニ関係イタシ候有益ノ事件ハ風聞ニ至ルマテ同断報知可致事」とあるように、主としてヨーロッパでの情報収集にあった。(38)

モンブランは薩摩藩の留学生前田正名を同伴して、同年11月23日（洋暦12月25日）に横浜を出帆、フランスへ向かった。パリに到着したのは、恐らく翌1870年2月末頃であろう。到着後直ちにモンブランは、サン・ラザール駅

にほど近いティヴォリ街8番地に事務所を開設し、前田を書記として使いながら外交事務の取り扱いを始めた。しかし、この頃すでに日本では在外使臣制度の問題が検討され始めており、9月には鮫島の派遣が決定する。これについては前節で見た通りである。したがって、モンブランがパリで日本代表の資格において外交事務を扱ったのはわずか半年あまりということになる。明治3年(1870)10月28日付で、モンブランは公務弁理職の職務を解かれ、閏10月2日、本人とファーヴル外相宛に解任通知書が発送された。[39] 鮫島のパリ到着が1871年6月初めとなると、モンブランとの事務引き継ぎもほとんどなされないまま、公使館業務が開始されたと思われる。

　7月3日付のファーヴル外相宛の書簡も、オテル・シャトランから出しているところを見ると、公館探しは思いのほか手間どったと考えられる。とりあえずの措置として、鮫島がラ・レーヌ・オルタンス街26番地の建物に公館事務所を開いたのは、恐らく8月になってからであろう。いずれにしても、ラ・レーヌ・オルタンス街の事務所が、わが国がヨーロッパに開設した最初の在外公館ということになる。さらに彼は、ヨーロッパの外交事情に詳しい英国人フレデリック・マーシャル(Frederic Marshall)を雇い入れる。その後、マーシャルは鮫島にとって有能な秘書となったばかりでなく、これから彼が取り掛かろうとしている対ヨーロッパ外交の実務面における優秀な教師ともなって行くのである。

　生涯の課題でもある祖国の再建、すなわち日本の近代化にとって、鮫島が当座やらねばならない外交実務上の仕事が2つあった。ひとつは国内の近代化を推進するのに必要な優秀な外国人専門家の招聘交渉であり、もうひとつは人材養成としての留学生の世話である。外国人専門家の日本招聘について、鮫島は大学(のちの文部省)と兵部省から大任を負わされていた。

　大学は明治3年12月18日付で、「法律学」質問のため「上等ノ法学者」の人選を鮫島に依頼、さらに同23日、重ねて依頼状を発したが、そこには「精密御取調ノ上トクトール。アン。(ママ)ドソ一人御雇御取計有之度申迄モ無之候ヘトモ英語独逸語ハ勿論希臘甸(ママ)語熟達ノ者ニテ是迄アホカー相勤候者ナレハ猶

更都合宜候」と銓衡の条件が記されてあった。法学博士(docteur en droit)であるうえ、法廷弁護士(avocat)の資格を持つ法律実務家を希望していたのである。これは大学大丞加藤弘之とともに依頼状に名を連ねていた中弁江藤新平あたりから出た要望であろう。

　この厳しい条件に適う人物を探し出すのは、赴任したての鮫島にとっては恐らく至難の業であったに違いない。この依頼状は大学南校御雇教師であったフルベッキ(Guido Herman Fridolin Verbeck)にも送られ、彼を通じて英国のロンドン大学キングス・カレッジ中国語教授サマーズ(James Summers)へも照会がなされていた。サマーズからの紹介で一人の人物が鮫島のもとに来たが、面接の結果彼は不合格となった。そこで鮫島は新外相レミュザ伯爵(Charles François Marie, comte de Rémusat)を介してパリ大学法学部総監(secrétaire général)へ直接銓衡を依頼、この結果、26歳の青年法律家ジョルジュ・ブスケ(Georges Hilaire Bousquet)が適材として推薦され、1872年1月12日、鮫島との間で雇傭契約が結ばれた。ブスケは1月14日マルセイユを出帆し、3月24日に日本に到着、4月25日(明治5年3月18日)付で左院及び司法・文部両省の同時雇いとなった。その後ブスケが法律顧問として多くの立法事業に参画、活躍したことは周知の通りである。

　さて、ここで興味深いのは、本書『鮫島尚信在欧外交書簡録』(以下『書簡録』と略記)に収録されている鮫島の1月8日付の駐日ドイツ公使フォン・ブラント宛書簡であろう。ブラントは当時賜暇帰国中であったが、書簡の中で、鮫島はブスケと同一条件によるドイツ人法律家の人選を彼に依頼している。これは大学とは別途に、明治4年4月7日、刑法編纂の目的で刑部省が鮫島に対して、ドイツ人法学者の人選を依頼してきたことに基づいている。依頼状の中で、刑部省は「法律之ドクトルニ而プロヘッソル相勤候人所望ニ有之候」と、これも高い条件を提示している。この問題は同年7月に刑部省が廃止されたのに伴い、司法省へ移され、再びフランス法律家雇入れへと方針が変わり、のちのボアソナード雇傭へとつながっていくことになる。

　一方、兵部省からの依頼は、軍事使節団の派遣要請にかかわるものである。

兵部省がフランス軍事使節団の派遣を駐日フランス公使ウトレーに要請したのが明治3年4月で、さらに雇入れに関する条件案を示したのが12月であった。兵部省が希望した派遣要員は、全部で17名、うち将校7名、下士官は8名であった。フランス政府との折衝は鮫島のパリ到着を待って始ったようである。1871年11月27日付のレミュザ外相宛の書簡の中で、鮫島は初めてフランス軍事使節団の派遣要請に触れ、直接陸軍大臣であるシセー将軍(Ernest Louis Octave Courtot Cissey)に会って日本政府の派遣要請の意図とその覚書を提示したい旨を伝えている。そして、翌月にはその条件覚書をシセー将軍へ送付している。鮫島はその後、翌年初めにかけて、陸軍省人事局長ランソン将軍(général Renson)と直接折衝を重ね、1872年3月には、マルクリー中佐(Charles Antoine Marquerie)以下16名の派遣員を、鮫島がひとりひとり面接のうえ、人物を見定めて最終決定した。3月18日付ランソン将軍宛の書簡で、鮫島は次のように述べている。

　　貴殿の指名を受けて遣日軍事使節団に参加することになった士官の方々にお会いし、彼らについて所見を得る機会が何度かありました。

　　彼らについて大変満足していることを、貴殿にお伝えしなければ義務に反するように思われます。私が見た限りでは、彼らはこれから日本で果たすことになる役割に必要な、基本的な資質を多く兼ね備えているように思われますし、私の受けた印象から判断して、彼らは交際を結ぶことになるすべての人々に対し、必ずや強い親近感を抱かせるにちがいありません。

マルクリー中佐ら16名のフランス軍事使節団が横浜に到着したのは、それから2カ月後の5月17日である。鮫島の見込み通り、その後の彼らは陸軍の軍事教育の近代化に大いに貢献することになるのである。

ところで留学生監督は、外交代表たる鮫島が担わねばならぬ重要な職務の一つであったが、彼らの勉学ぶりや勤惰の情況を把握するにとどまらず、優秀な人材を見つけ育てることも彼にとって大切な仕事であった。優秀な人物がいれば、彼らをフランスの高等教育機関へ入学させる努力をしなければな

らず、そのためにはフランス政府の当該機関との直接交渉が必要であった。『書簡録』にも、サン・シール陸軍士官学校やエコール・ポリテクニク、パリ大学法学部等への入学許可を求める外務大臣・陸軍大臣・文部大臣宛の依頼状が数多く含まれている。当時の外交慣行として、外務大臣にまずお伺いをたて、その後外相を介して関係部署の各大臣へ依頼願いを提出するのが公式の手順であった。これに反した場合、それは外相の職掌を無視するものとして詰問される。例えば1872年10月5日、鮫島は来仏した工部省理事官肥田為良のシェルブール並にトゥーロンの海軍工廠見学の許可申請を、外相を通さず直接ポテュオー海相（Louis Pierre Alexis Pothuau）に行なったところ、10月22日付でレミュザ外相からクレームの書簡が届き、鮫島はあわてて26日、通例の規則からはずれたことを詫び、今後はこうしたことがないよう注意する旨の返書を送っている。[51]

　鮫島は試行錯誤をくり返しながら、外交実務をひとつひとつ自分のものにしていった。そうした真摯な態度は、鮫島が社交慣れをしていくに従い、かえってフランス外交界や政界の人々に好感をもって迎えられるようになる。鮫島が6月19日（明治5年5月14日）付で中弁務使（ministre résident）へ昇任された時も、ヨーロッパ外交界の多くの同僚たちが喜んでくれた。それは、鮫島がヨーロッパの慣習多い宮廷外交の世界に、次第次第に馴染み、かつ受け入れられていく過程でもあった。11月14日（旧暦10月14日）、本国での外交官制改革による中弁務使の名称変更に伴い、鮫島は弁理公使となった。この通知を受け取った時、鮫島はフランス到着がひと月後に迫った岩倉使節団一行を迎えるための準備に追われていた。

4　岩倉使節団と文化外交

　西欧の文物制度調査と不平等条約の改正準備を目的に、1871年12月横浜を出帆した岩倉使節団が、英国からドーヴァー海峡を渡りフランスのカレーに到着したのは、日本出発から1年を経た72年12月16日の昼であった。特別船が入港すると、カレーの守備隊全員が武装して整列、使節団一行を栄誉

礼で迎えた。接伴役のアペール将軍(Félix Antoine Appert)とシャノワーヌ司令官(Charles Sulpice Jules Chanoine)、それに鮫島と塩田・マーシャルらが出迎え、一行をひとまず駅傍にあるホテルへ案内した。昼食後、一行は鉄道でパリへ向かい、夕方6時すぎに到着、凱旋門前にある旧トルコ公使館にその旅装を解いた。「猶雲霧ヲ披キテ、天宮ニ至リシ心地スルナリ」とは、ここに寓した『米欧回覧実記』の編者久米邦武の言葉である(52)。

　岩倉使節団一行のパリ到着からブリュッセルへ旅立つまでの約2カ月間は、フランスにとっても日本を知る絶好の機会となった。英国と同様、条約改正に対する反応は冷たかったが、文化的な交流にはフランスは積極的な態度を示した。それはエリゼ宮におけるティエール大統領主催の歓迎レセプションでも遺憾なく発揮されたようである。また、彼ら日本人たちが見学を希望する国家施設はすべからく開放するとともに、美術館や博物館・図書館・学校等の文化施設の見学にも多くの時間を割けるよう配慮するのであった。こうしたフランス側の好意的な態度に接し、随所で丁重なもてなしを受けた使節団一行が、フランスを「百貨幅輳ノ都、文明煥発ノ枢ナリ(53)」として褒め称えたのもうなずけようというものである。

　ちょうどこの頃、鮫島の文化外交を手助けするのに格好な人物がやってくることになる。旧幕臣出身で、幕末江戸の文人としての評判も高かった長田銈太郎である。二等書記官心得の資格で彼がフランスへ赴任してきたのは、1873年1月17日のことであった。長田は趣味人であったばかりでなく、幕末には開成所頭取の役職にあってフランス語を得意とした。フランス語と日本文化の双方に造詣の深い、長田のような人間が、公使館にとっても必要であった。

　岩倉使節団一行の到着直前に、鮫島が、1867年パリ万博に出品展示された日本家屋のモデルを、ルーヴル美術館へ寄贈しようと思いついたのも、あるいは日本文化の良さを知ってもらうための文化交流的意図が多分にあったのであろう(54)。

　鮫島は1872年11月から12月にかけて弁理公使昇格の報告と信任状提出の

572

ためベルリンを訪問し、11月29日にはドイツ皇帝ウィルヘルムⅠ世への謁見をすませた。このベルリン訪問にはもう一つの目的があった。新たな公使館開設の仕事である。ドイツに専任外交官を常駐させた方が適切と判断した外務省は、鮫島に公館開設の準備を命じていた。とりあえず公使館はベルリンのアルゼン街4番地にある建物に置かれることになった。12月14日、パリに戻った鮫島は岩倉らの到着を待って、その後の交渉を進めることにした。かねて内命のあった長州藩官費留学生青木周蔵が、岩倉全権大使の名で外務一等書記官心得に任じられ、ベルリン公使館在勤を命じられたのは1月16日である。さらに「何分右一人ニテハ御用間ニ合兼」るとして、使節団中文部理事官随行の文部中助教近藤鎮三を、外務二等書記生心得をもってベルリン在勤にするよう、鮫島より2月9日付で全権大副使あて上申がなされ、これを認められた。[55]

前年の8月には寺島宗則が大弁務使(10月に特命全権公使)に任じられ、英国ロンドンへ赴任していたから、岩倉使節団一行のパリ到着と前後して、鮫島は英独両国兼任を免じられ、ようやくフランスの専任外交代表として職務に専念できるようになったのである。

陸軍省派遣理事官の陸軍少将山田顕義や兵学大教授原田一道らの軍事学調査[56]、文部省派遣理事官の文部大丞田中不二麿、文部中助教今村和郎らによる教育行政調査や教育用図書の蒐集[57]、工部省派遣理事官の造船頭肥田為良の海軍工廠・造船所視察調査[58]、司法省派遣の警保助川路利良のパリ警察制度視察調査[59]、使節三等書記官川路寛堂、大蔵省検査大属杉山一成らのオランダ水利制度調査[60]、これらはいずれもレミュザ外相、シセー陸相、ポテュオー海相、ルノー警視総監(Léon Renault)などのフランス政府要人をはじめ、ドイツ・ベルギー・オランダの各国外相などに対し、あらかじめ鮫島がヨーロッパの外交慣行や儀礼に則り、便宜供与や調査協力依頼の書簡をたびたび送り交渉した結果、比較的スムーズに実現されたものであった。岩倉使節団のヨーロッパにおける大がかりな西欧の文物制度の調査研究も、こうした鮫島の文化交流と並行した外交上の努力なしには成功しなかったであろう。『書簡録』に

収録の数多くの要人宛書簡が、彼のそのような努力の片鱗をのぞかせてくれる。

　文化交流といっても、基本的にはフランスから日本への一方的な流れのかたちが多かった。日本からの留学生にしても、日本へ向うお雇い外国人にしても、西洋文化の流れは常に一方向であった。教育の場合は特にそうした側面が強かった。それ故、レミュザ外相を通じて、鮫島にパリ東洋学校の日本語教師が欲しい、という文部大臣からの要望が届いた時、彼はこれを貴重な要請として歓迎した。文化交流の一方的な流れを双方向へ変えることのできる良い機会だと考えたからである。73年1月21日付のレミュザ外相からの書簡には、今村和郎の名が記されてあった[61]。鮫島も彼のことを適材だと思った。今村は当年とって27歳、土佐藩出身の若手官僚で、文部中助教として理事官田中不二麿に随行しヨーロッパの教育制度調査に従事していた。フランス語にも堪能な逸材であった。

　鮫島は早速副使の木戸孝允に対し、今村の滞留方を申請する[62]。木戸は田中理事官の承諾を得たうえで、「和郎儀ハ兼テ当国ノ東洋学校ニ於テ人物所望ノ趣当政府文部卿ヨリ鮫島方へ依頼有之候儀ニ付右方ニ差遣シ申度」いが、いかがなものかと1月28日付で岩倉大使へ上申に及ぶ[63]。大副使評議の結果、差支えないとのことで今村の滞留が認められる。岩倉大使から今村をパリ東洋語学校の「教授試補」に任じて差支えない旨の正式な指図書が発せられたのは2月10日であったが、鮫島はすでに1月29日付で、文部大臣が推める職務に今村が就くことに、何ら支障がない旨伝えられることは大変嬉しい[64]、との喜びをこめた書簡をレミュザ外相に書き送っている[65]。

　今村はこの後パリ東洋語学校の教授試補として、ヨーロッパ人に日本語を教えたばかりでなく、日本文化も積極的に紹介するよう心がけた。こうした今村の活躍は、岩倉使節団離欧後に開催された国際東洋学者会議(Congrès international des orientalistes)で大いに注目されるところとなる。

　岩倉使節団の一行は7月20日、予定を早めてマルセイユから帰国の途につくが、半年以上にわたる彼らの滞欧活動は、ヨーロッパに一時的ではあれ日

本旋風を巻き起した。「旋風」は、ジャポニスムのような主に美術・工芸にかかわる領域から政治・経済・教育の現状分析といった学術的領域にいたるまで広範囲に及ぶものであった。中でも9月1日から5日間にわたってパリで開催された、ヨーロッパで最初の国際東洋学者会議には各地から東洋研究に従事する、政治・法律・教育・歴史・文学・宗教各分野の専門家たちが大勢集まった。(66)

　会議初日の開会挨拶は、議長を勤める鮫島であった。彼は挨拶の中で、日本がヨーロッパ諸国と目的、将来を同じくするひとつの共同体に入った旨を宣言し、教育と国民啓蒙よる文化交流の促進を強調した。そこには文化外交に自らの威信をかける、鮫島の熱い想いが込められていた。こうした鮫島のフランスにおける文化的活動は日本へも伝えられ、翌年1月20日付の『東京日日新聞』は次のような記事を掲げた。

　　近頃巴里府ニテ東洋集会ニ支那及ビ日本ノ国語並ニ工芸ノ事ニ付大議論アリシコトヲ聞ケリ、ソノ時日本公使鮫島ナオノブ云エルコトアリ、曰ク我邦当時西洋諸国ト関係ノコトハ唯政事上ト商法ニ付テノミナリ、今我レ思ウニ一般智識ヲ立ツルノ教育他日遂ニ各国ト連合シ真ノ和親ノ域ニ至ルハ疑イ無キ所ナリト(67)

　この後、鮫島は第3分科会で議長として簡単な挨拶をしただけで、直接討論には参加しなかった。翌2日から休暇をとってノルマンディーへ赴くため、その準備をしなければならなかったからである。会議で鮫島の代わりに活躍したのは今村であった。各分科会において、今村は得意のフランス語を駆使して多分野にまたがって日本文化の紹介に努めたほか、討論にも参加している。今村の活躍も含めて、この時の会議の内容分析については、松田清氏の論文「フランスから見た文明開化」(林屋辰三郎編『文明開化の研究』所収、岩波書店、1979年)が詳しい。

　いずれにしろ、さまざまな形でヨーロッパの知識階級に多くの波紋をひき起した第1回の国際東洋学者会議は、9月5日にその幕を閉じた。鮫島が休暇のため数週間公館を留守にする旨、新外相のド・ブローイ公爵(Albert, duc de Broglie）に告げた 2 日付の書簡の記録が残っている。

5 「交法学」の建議

　鮫島が出発して 1 週間後の 9 月 8 日、公使館がジョゼフィーヌ街 75 番地にある新しい建物へ移った。凱旋門から東南へ 300 メートルほどの一等地であった。建物の持主はリール市に住む市会議員ソワン・ダルガンビ（Soins d'Alégambie）という人物で、鮫島との間に賃貸契約が交わされたのは、7 月 10 日である。移転の理由は、これまでのラ・レーヌ・オルタンス街 26 番地の公使館用建物が老朽化して破損箇所も多く体裁が悪いというものであった。鮫島は 9 月 6 日付の上申書で述べる。

> 過便ニも申進置候通当公使館も追々破損多く相成加之体裁も不宜候間一家屋見出シ右方へ来ル八日頃ゟ引越候積ニ御座候、就而者家具飾付并家屋修復料旁大凡略算致し候処、英貨ニ而三千ポント程も相費ヘ可申候ニ付大凡見積を以右金高御差越ニ相成候様致度、いつれ右ニ付而之惣会計ハ家具等惣而相持候上精細算を以可申進候、且亦唯今既ニ家具等も相成之運ヒにも相成候而払方も差迫候間右金高御廻無之而者不都合不少候間速ニ御送致被下度候

　フランス外交界のみならず、各国の大公使等外交責任者との交際が多くなるにつれて、賓客を招くにも、従来の公使館ではあまりに手狭で薄汚なかった。公館そのものが一国を代表し、その威信をかけたものである以上、それに相応しい建物を手に入れる必要があった。条約改正等ヨーロッパ各国との間で対等な外交交渉を展開していく上にも不可欠であった。今回の新しい建物は鮫島がパリ到着以来 2 年の歳月をかけて、ようやく手に入れたものであった。苦しい公館財政事情にあって、公館そのものの維持費用だけは節減したくないと鮫島は思ったに違いない。

　これに対し政府当局は、11 月 20 日付で家具その他備品代並に移転費用として 1 万円、その他公館諸費として 5 千円、合計 1 万 5 千円を公使館費用として拠出することを認めている。

この建物は現在もマルソー街75番地にその姿をとどめている。高級アパルトマンとして使用されているが、オスマン様式の外観をもつその堂々たる風格は今も変わらない。日露戦争後の1906年、栗野慎一郎大使が、現在のオッシュ街7番地に新しい大使館を建てるまで、実に33年間にわたり、鮫島が苦心して手に入れた建物は、日本の在仏公使館として使用され、パリの目抜き通りにその威容を誇ったのである。

　ところでこの時期、鮫島が数週間も公館を留守にしたのは、公使館引越しの雑事を避けるためもあったが、その閑暇を利用して、鮫島が常々必要と考えていた「交法学」の研究を、マーシャルの協力で進めたいと思ったからであった。この時にノルマンディーの保養地で行われた鮫島とマーシャルの論議も含めて、ヨーロッパの外交慣行をめぐる両者の研究内容とその成果については、横山俊夫氏の論文「不思議のヨーロッパ——在仏日本公使館雇マーシャル氏の西洋発見——」(吉田光邦編『一九世紀日本の情報と社会変動』所収、京都大学人文科学研究所、1985年)が詳しく分析しているので、ここでは触れない。

　10月24日にパリに帰り、ひと月半ぶりに新しい公使館での公務に戻った鮫島は、ひとまず新任の外務大臣ドゥカーズ公爵(Louis Charles Elie Amanieu, duc de Decazes)や着任間もないトルコ大使へ祝辞を述べるなど、留守中の非礼を詫びつつ、外交儀礼を尽くした。落ち着いたところで、彼が次に行なったのは、館内業務の整備・安定化を図ることであった。それは館内人事の充実という支援もあってのことであった。鮫島自身が11月22日付で特命全権公使へ昇格したのをはじめ、同24日には厚東樹臣が三等書記官として赴任、ついで岩倉使節団司法理事官随員であった司法権中判事中野健明が一等書記官へ転任し、それぞれ公使館職員となったのである。

　ノルマンディーの保養地で鮫島とマーシャルが共同で進めてきた「交法学」の研究は、1874年の春には、外交実務書の作成段階に入っていた。外交実務の能率向上を図るためにも、館内で使用するに足る外交の実務書を早急に作る必要がある、と鮫島は考えていた。

しかし、この頃から鮫島の体調は思わしくなく、4月25日付で中野一等書記官を臨時代理公使に任命し、自らは帰国願いを出していた。現在手がけている「交法学」を、病気療養を兼ねていったん帰国のうえ、整理し直したいという意志があったのかも知れない。こうしたさ中の6月1日、フランス政府から鮫島に対し、レジョン・ドヌール・オフィシエの叙勲が通達された。[70]これは鮫島にとって最高の喜びであったに違いない。これまで3年にわたり日本とフランスの架け橋となって果たしてきた努力が、ようやく報れたという想いで一杯になったであろう。いきおい実務書作りにも熱が入ったのではなかろうか。

　*Diplomatic Guide*と題されたその実務書がようやく出来上がったのは、鮫島がフランスを離れる直前であった。彼はそれがパリの公使館内だけでなく、端緒についたばかりの日本の外交筋で広く利用されることを願った。それだけの自負が鮫島にはあったし、宣伝するに足る自信作でもあった。帰国直後に外務卿寺島宗則に宛てた書簡で、鮫島は次のように述べている。

　　先般小生巴里府在留中遣外諸官之勤方近要之事件易知之為メ外国交法上ニ関渉候諸書籍中より実緊之箇条ヲ抜萃シ且現今該府各国公使館ニ於テ用居候実地適当之交法ヲ相添即チ外国交法案内ト名クル一小冊ヲ編輯シ遂ニ彼地ニテ活板印行之義依托置候処、今般、右製本出来之分百九十弐冊本年一月三日馬耳塞開帆之仏国郵船ヲ以差送候趣ニテ中野書記官ヨリ右荷物壱箇会社之請取証書到来候間即チ閣下ヘ差進申候請取方之義ハ可然御下命可被降候。右ハ元ヨリ浅近之書ニハ候得共万一補益之一端トモ可相成候得ハ大幸不過之ト奉存候。尤元来訳本ニテ出来致度素志ニ候得共小生在仏中事務多端不得閑隙無拠原文之儘編成候義ニ付自然此後翻訳製本被命候得ハ読者之便利不一方ト奉存候右之趣申上度如此御坐候。[71]

　この手紙によると、*Diplomatic Guide* 192冊は1875年1月3日にマルセイユから送り出されている。もともと鮫島は、この本を日本文に訳して出版するつもりであったらしい。だが、「在仏中事務多端」で、ひまがなかったため、やむを得ず「原文之儘」編集刊行したという。改めて訳本が出版されれば、

便利この上ないと思うがどうかと寺島に奨めている。かなりの自信のほどが行間ににじんでいる。

　本書の目的はヨーロッパのさまざまな外交慣行や外交実務上の基礎知識を日本の外交官たちに理解させることにあったが、基本的には外交官たちが現地で多くの経験をつむことが必要だとして、国際法を金科玉条のごとく考えることを戒めている点に特色があった。いずれにしても、この *Diplomatic Guide* は、まだ足場の定まらない明治初期の日本の外交筋に、ヨーロッパの外交が如何なるものかを教えたにとどまらず、今後採るべき日本の外交方針を示唆するうえにおいても、多大の裨益を与えたのでは、と推測しうる。しかしながら、この書がどの程度斯界に流布したかを知る手がかりはない。明治14年1月7日付の『朝野新聞』が、「故鮫島尚信君の曾て仏国にて著わされたるプロマチックガイドは所謂交際の道案内ともいうべき者にて彼地にては余程珍重する由、(中略)その稿本の紙数は二三百枚もあれど例の謙遜家なれば手箱に秘蔵して親友の外見たる者無しと、君が在世の節懇意にせし人の物語り」と語っているところをみると、これを手に入れた者は案外に少なかったのかも知れない。

　本書はどういうわけか現存している部数が少なく、現在のところ、英国の大英博物館に1冊と、国内では、国立国会図書館、東京大学史料編纂所、早稲田大学図書館、それに鹿児島純心女子大学図書館の4機関が、各一冊ずつ所蔵しているにすぎない。米国やヨーロッパ諸国での蔵本も寡聞にして未だ詳らかにしない。

　鮫島は11月19日付でベルリンのホルツェンドルフ教授(Joachim Guillaume François Philippe, baron de Holtzendorf)に手紙を認め、自分の健康状態が思わしくなく、パリを発つ前にベルリンへ赴き多くの友人たちにも別れを告げたかったのだが行けそうにもないと詫びを入れた。彼の体調は相当悪かったに違いない。鮫島はすぐには帰国できず、しばらく療養を必要とした。保養地であるリヴィエラのイエールに向けてパリを発ったのは、11月20日であった。リヴィエラで鮫島は約ひと月の療養生活を送り、12月中旬、見舞いに来たマ

ーシャルとともにマルセイユに移る。

　12月20日にはマルセイユを出帆し、翌1875年1月29日に香港到着、ここから鮫島は工部卿伊藤博文に宛てて、「今廿九日当香港迄到着仕候。早速東京へ参着可致筈之処何分大病後之事故、殆と快復には候得共未タ余寒も相退き不申折柄に付、当分神戸辺に而凡二三周日間計滞在、其内追々暖気相催候比入京之積に罷在候」⁽⁷⁵⁾と書き送ると、暫時療養のため神戸へと向かう。神戸入港は恐らく2月中旬であろう。東京帰着は4月23日であった。

　帰国後しばらくして、鮫島は「書記見習ヲ各国公使館ニ派出之義」と題する一片の建議書を書き上げる。「交法学」の必要と若い外交官たちの実地研修の重要性を説いたものであった。その冒頭にいう。

　　我国欧米各国ト締盟之後交際日ニ親睦ヲ加ヘ今ヤ使臣ヲ派出シ公使館ヲ各処ニ設立候得共、特ニ外国交際上ヨリ所得之実利実益ニ到テハ尚未タ進捗セサル者有之、蓋シ是レ我国初テ外交之場ヲ開キ候際、交法学未タ開明ナラス実地熟達之人無之故ニ而時勢不得止義ニ有之候

　外交上の実利実益が未だに見出せないのは、「交法学」が開けず実務に熟達した人間が育たないからだというのである。それにはまず、年少の者を「書記見習」として、各地公使館に2、3名ないし4、5名ずつ派遣し、「実際之交法」を学ばせる必要がある。彼らを外務省派遣の「交際学専門」の留学生と位置づけ、「実地之交際」を学ばせながら、「一国之名代人ナル名ニ不負之器」となるよう教導し、いずれは書記官、さらには公使として「終身唯外交ニノミ従事」させるようにしなければならない。とりあえず、パリは「交際学」のメッカでもあるところから、在仏日本公使館から着手してはいかがだろうかと述べ、「右者目今外国交際上急緊之義ニ付速ニ実地御施行有之度此段仰高考候也」と結んでいる⁽⁷⁶⁾。

　なお、この建議書の中で鮫島は「是レ外交ハ全ク通常一般之諸学科ト同シカラス、専ラ実地之経歴ヲ主トシ候」とも記しているように、その「交法学」は、外交実務学の謂にほかならなかった。彼はここで、自らその構築にとりくんできた「交法学」を、外交部門の一分野として確立させることを提唱し

ているわけである。「交法学」が学問として確立すれば、鮫島の編んだ *Diplomatic Guide* は、その重要な手引となるはずであった。

　鮫島のこの時の建議が直接に奏効したのかどうかは詳らかではないが、明治９年(1876)に書記生の下に「書記見習」が置かれ、のちの外務大臣西徳二郎は同年３月付で、留学先のペテルスブルクから二等書記見習としてパリの公使館へ赴いている。鮫島の「交法学」確立への努力は実を結びはじめたと考えても良いのではなかろうか。

おわりに

　在仏日本公使館の三等書記官であった鈴木貫一が、東京の鮫島に宛てて、こんな手紙を書いている。

> 過日本野氏来巴ニ而貴公十月中ニハ御出航ニ可相成旨申聞候ニ付、一同大ニ悦小生抔ハ色々心積リイタシ楽居候処、本月十二日忽然御転任ノ電報来館大ニ驚折角楽待居候処右ノ報ニ而落胆仕候、素ヨリ政府ノ拠ナキ御都合随而御辞退ニ言ナキ場合故、御病体ヲ顧ズ御奉命被成候義ト奉存候、先以為国家大賀此事御坐候、乍去御本復トモ全ク申上難ク且久々ニ而東京ノ厳寒何卒御用心被為在候様奉祈仕候。(77)

　手紙の日付は1875年11月19日付である。鈴木は、在英公使館の本野盛亨一等書記官からの伝聞として、鮫島が10月中にはパリに戻ってくると思っていたと記している。再会を楽しみにしていたのに、がっかりしたというのである。「落胆」の言葉には、鈴木の気落ちした様子がよく表れていて興味深い。鮫島のいないパリの公使館は、恐らく火が消えたように寂しかったに違いない。ここでいう「転任」とは、鮫島が11月10日付で外務大輔に任じられたことを指している。この日、寺島外務卿は、関税自主権の回復を目的に、各国との条約改正交渉を開始する旨、太政大臣三条実美へ具申していた。鮫島の大輔任命は、寺島がこれから行なおうとしていた条約改正事業を、実務レベルで補佐してもらうためであった。外交上は無論のこと、留学時代以来、さまざまな分野で世話になった同郷の大先輩である寺島から助力を頼まれれ

ば、鮫島も否とはいえなかったであろう。「御辞退ニ言ナキ場合故、御病体ヲ顧ズ御奉命被成候義ト奉存候」とは、そういうことを指すのであろう。

　鈴木が危惧したように、鮫島はこの後も病軀を押して働き続ける。それでも、明治9年(1876)12月には、烏森町在住の元福岡藩士太田廣正の娘サダを妻に迎え、周囲の勧めるままに家庭も持った。しかし、彼の病状は決して芳しいものではなく、予断を許さなかった。条約改正交渉の進展に伴い、現地での挺入れが必要となったため、鮫島は明治11年(1878)1月、再び駐仏公使に任じられてフランスへ赴くことになる。

　2月12日の明け方、鮫島は妻サダとともにフランス郵船タナイス号上の人となって、横浜を解纜した。だが、鮫島が日本の土を踏むことは二度となかった。フランスでの激務がたたって、2年後の明治13年(1880)12月4日、パリの公館で執務中に倒れ、そのまま息を引きとったからである。満35歳の若さであった。黎明日本の対ヨーロッパ外交を確立するために働き続けた一生であった。

　12月8日、モンパルナス墓地で盛大な葬儀が営まれることになった。外国の公使クラスの葬儀としては異例の特別扱いとなる。フランス政府の鮫島に対する敬愛の念がいかに深かったかを物語っている。公使館の正面玄関には日の丸を染め抜いた黒天鵞絨の幕が張り巡らされ、中央部に鮫島の遺骸を納めた柩が安置されてあった。柩を覆う黒天鵞絨は、銀製の釘でとめられ、周囲には香花が供えられてある。各国大公使をはじめ多くの貴顕紳士が弔問に訪れ、鮫島の遺徳を偲んだ。

　出棺にあたっては、儀杖兵一中隊が整列してこれを迎え、ついで六頭立の郭車の周囲を護衛しその前駆をなした。郭車のあとには大礼服を着用した日本の公使館員たちの一団が従い、それに続いてグレヴィ大統領の名代を勤めるピチエ将軍、ロシア全権オルロフ殿下、英国大使ライアンズ卿、オーストリア大使ド・ボイスト伯爵といった故人と親しかった外交界の大物たちが粛々と進む。

　葬地モンパルナスでは、門より儀場にいたるまで警備兵一隊が道の両側に

一線に並び、葬列の到着を待った。ドイツのホーヘンローエ殿下らが綱をひく柩が、黒布の天蓋の下に安置されると、来会の諸顕に対して灌木の小枝が１本ずつ配られ墓前に供えられた。鈴木書記官はフランス語で、そしてロンドンから駆け付けた駐英公使森有礼は英語で、それぞれあたかも死者に話しかけるかのように弔辞を読みあげるのであった。森のそれは、留学以来、その道を同じくした生涯の心の友ならではの言葉であった。(78)

　鮫島！　君がこの世で仕事をはじめた時からずっと、君は正義の最も忠実なしもべであった。君は懸命に働き、そして三十七年（ママ）の生涯を充分にりっぱに過した。ああ高貴なる魂よ！　ああ気高き働き人よ！　ああ光り輝く星よ！　もう君はいない。だが、多くの友の胸に、君は生き、働き、そして輝いている。僕をいちばんよく理解してくれたのは君だった！

　留学を終えて帰国するときに、森とともに誓った、あの祖国を再建するために最も小さな犠牲になれれば充分満足だという約束そのままに、鮫島は無欲に誠実に、ひたすら日本の外交の確立をめざして、ヨーロッパを相手に奮闘し、国際社会という大海原にその生命を散らしたといえるのではなかろうか。

（１）　加世田郷土誌委員会編『加世田市誌』上巻（加世田市、1964年）、185-188頁。
（２）　「鹿児島県戸籍」並に「鮫島尚信・武之助身上書」（国立国会図書館寄託『鮫島尚信文書』88）には鮫島尚信の生年月日は弘化２年３月10日と記載されているが、パリのモンパルナス墓地の墓石には「弘化元年三月十日于日本鹿児島」と刻まれている。ここでは戸籍上の生年を正しいものと見なして弘化２年生れとする。
（３）　市島謙吉編『鴻爪痕』一「自叙伝」（非売品、1920年）、45頁。
（４）　元治元年６月２日付、大久保一蔵宛西郷吉之助書簡（『西郷隆盛全集』第１巻、大和書房、1976年、302-303頁）、同書簡で西郷は鮫島のことを、村田経芳ら数人の藩士とともに「下地宜敷者」であるから、現在の長崎への私費留学を藩費留学へ変えるよう大久保へ推挙している。
（５）　慶応元年の遣英使節団及び留学生については、拙著『薩摩藩英国留学生』（中公新書、1974年）並に同『明治維新対外関係史研究』（吉川弘文館、1987年）第３章を参照。

（6）「故町田久成君洋行日記」（『史談速記録』第169輯、1907年）慶応元年閏5月朔日条。

（7）中林隆明「鮫島文庫目録稿」（『参考書誌研究』第30号、1985年）。なお、鮫島文庫については、『国立国会図書館所蔵個人文庫展——西欧学術の追求』（国立国会図書館展示会目録、1982年）所収の中林氏による解説を参照されたい。

（8）1866年8月13日付、町田久成宛鮫島尚信・吉田清成書簡（「町田久成宛書翰全」、東京大学史料編纂所所蔵『薩藩関係史料』）。

（9）1866年8月当時、スコットランドのアバディーンに滞在していた佐賀・長州・広島の各藩からの留学生についての詳しい研究は、前掲拙著『明治維新対外関係史研究』第4章のほか、アンドリュー・コビング『幕末佐賀藩の対外関係の研究——海外経験による情報導入を中心に』（鍋島報效会、1994年）等がある。

（10）トーマス・レイク・ハリスと薩摩藩留学生たちとの詳しい関係については、前掲拙著『薩摩藩英国留学生』及び『明治維新対外関係史研究』第4章・第5章を参照されたい。

（11）この時に米国に渡った留学生は、鮫島のほかに、森有礼・吉田清成・畠山義成・松村淳蔵・長沢鼎らがいた。

（12）薩摩藩からの第二次留学生たちは慶応2年3月に長崎を出帆、英国経由で9月に米国ニューヨークに到着し、その後、モンソン・アカデミーに入学した。彼らについての詳しい動向は、前掲拙著『明治維新対外関係史研究』第4章を参照。

（13）「仁礼景範航米日記」二（『鹿児島県立短期大学地域研究所研究年報』第14号、1985年）、25頁。

（14）門田明編「鷲津尺魔『長沢鼎翁伝』」（鹿児島県立短期大学人文学会論集『人文』第14号、1990年）、29頁。

（15）大久保利謙編『森有礼全集』第1巻（宣文堂書店、1972年）、311頁。

（16）山崎正董『横井小楠』上巻・伝記篇（明治書院、1938年）、995-997頁。

（17）外務省編『日本外交文書』（以下『外交文書』と略す）第3巻（日本国際連合協会、1955年）、58文書、71-73頁。

（18）「欧州ヘ公使在留伺并鮫島森両弁務使其他派遣ノ儀ニ付数条」（国立公文書館所蔵『公文録』外務省之部　全　庚午閏十月）。

（19）同上。

（20）『外交文書』第3巻、232文書、426頁。

（21）同上、399文書、688頁。

(22) 同上、400文書付属書、689-690頁。
(23) 同上、401文書、690頁。
(24) 前掲『公文録』並に外務省百年史編纂委員会編『外務省の百年』上巻(原書房、1969年)、70頁。
(25) 同上『公文録』。
(26) 『外交文書』第3巻、402文書、691頁。
(27) 同上、404文書、694頁。
(28) 同上、403文書、693頁。
(29) 同上、693-694頁。
(30) 『鮫島尚信文書』(鹿児島県歴史資料センター黎明館所蔵)
(31) 『外交文書』第3巻、404文書、694頁。
(32) 『外国新聞に見る日本』第1巻・本編(毎日コミュニケーションズ、1989年)、551頁。
(33) Sameshima to Earl Granville, 6 February 1871／本書書簡〔1〕。
(34) 『外交文書』第3巻、402文書付記「鮫島尚信ヲ英国駐箚少弁務使ニ任命ノ義英国公使『パークス』氏異論一件提要」(明治20年3月7日調)、692頁。
(35) Sameshima to von Bismarck, 4 April 1871／書簡〔2〕。
(36) Sameshima to Favre, 3 juillet 1871／書簡〔4〕。
(37) モンブランについては、高橋邦太郎『チョンマゲ大使海を行く』(人物往来社、1967年)に詳しい記述がある。
(38) 「仏蘭西人『モンブラン』ヲ仏国駐箚日本総領事及公務弁理職ニ任命一件」(外務省外交史料館所蔵、6-1-5-5)。
(39) Sawa to Ministre des Affaires étrangeres de France, 2nd 10me moi (Wouro) [sic] 3ème année de Meithi／書簡〔5〕。
Sawa to Comte de Montblanc, 2nd 10me moi (Wouro) [sic] 3ème année de Meithi／書簡〔6〕。
(40) Sameshima to Marshall, 6 July 1871／書簡〔7〕。
(41) 堀内節「御雇法律教師のブスケとボアソナード——雇入から雇止までの経過」(『比較法雑誌』8巻1号、1974年)、141頁。
(42) 同上、147-148頁。
(43) Sameshima to von Brandt, 8 janvier 1872／書簡〔12〕。
(44) 堀内前掲論文、170頁。
(45) 堀内論文によると、司法省は明治4年10月、フランス人法律教師の雇入を上申していたが、ブスケの来日をみたため、翌年4月従前の方針通りドイツ

人教師への変更を文部省と申し合わせ、その件を岩倉使節団随行の佐佐木高行司法大輔に一任することになった。しかし、佐佐木は鮫島とも相談の上、再びフランス人教師への変更を決め、7月に岩倉大使へ伺書を提出し決済を経て人選に入ったようである。ボアソナードと鮫島の間で契約が成立したのは、明治6年6月24日である。

(46) 篠原宏『陸軍創設史』(リブロポート、1983年)、316-317頁。
(47) Sameshima to Comte de Rémusat, 27 novembre 1871／書簡〔15〕。
(48) Sameshima to Général Cissey／書簡〔18〕。
(49) Sameshima to Général Renson, 18 mars 1872／書簡〔44〕。
(50) 鮫島はヨーロッパに来るわが国留学生たちの学識浅きを慨嘆し、早急にその整理にとりかかることを痛感、来欧中の岩倉大使一行に対し、明治5年7月21日付で、次のような建白に及んだ。

「海外留学の儀は普通学卒業の上文部省の検査を経留学免状を請発程可致は勿論の処近来無其儀直に太政官或は諸省より出候者多く有之候に付、中には一丁洋字をも不解片言一語も不通者不少依之来航の後一両年間は全く小細の普通学に苦其所費許多にして其所得甚些少なるは当然候、当節普通学の儀は御国に於て十分出来候而已ならず却て御国内にて学候方速成可致筈の処海外に来る後二十六字より学ひ始め留学致候様にては五六年の久を経候ても一学科をも極る能す、随て御国より来航の学生は進歩不相見様海外にも相開可申は必然の事に候へは自然御国の名誉にも関係致候事と存候(中略)自今留学生人撰は貴賤を不問普通学卒業の者文部省にて検査し其裏性に随て学科を命し学資等も総て同省より贈来候様有之度右に付海外留学規則確定無之候ては不相成儀と存候、即今右規則相立候迄は一時海外留学公私に不関御差留有之度存候」(『外交文書』第5巻、48文書付属書、84-85頁)

こうした鮫島のような弁務使からの要請や岩倉使節団らの報告、各省からの要望などを勘案しながら、文部省は海外留学の規制と組織化にのり出し、明治6年3月には「海外留学生規則」を制定するにいたるのである(石附実『近代日本の海外留学史』、ミネルヴァ書房、1972年)。

(51) Sameshima to Comte de Rémusat, 26 octobre 1872／書簡〔94〕。
(52) 久米邦武編『特命全権大使米欧回覧実記』第3巻(岩波文庫、1979年)、41頁。
(53) 同上、21頁。
(54) Sameshima to Directeur du musée du Louvre, 4 novembre 1872／書簡〔98〕。

(55) 『在仏雑務書類』(田中彰監修『国立公文書館所蔵岩倉使節団文書』、マイクロフィルム版、ゆまに書房、1994年)、R18-269・270・326。

(56) Sameshima to Comte de Rémusat, 6 mai 1872 / 5 septembre 1872 / 23 janvier 1873／書簡〔49〕〔87〕〔129〕。

Sameshima to Général Cissey, 21 septembre 1872／書簡〔89〕。

(57) Sameshima to Comte de Rémusat／書簡〔20〕。

Sameshima to Ministre de l'Instruction publique, 19 juin 1872／書簡〔61〕。

(58) Sameshima to Ministre de la Marine, 5 octobre 1872／書簡〔92〕。

Sameshima to Comte de Rémusat, 26 octobre 1872／書簡〔94〕。

Sameshima to Ministres des Affaires étrangères de Belgique et de Hollande, 4 novembre 1872／書簡〔96〕。

(59) Sameshima to Préfet de police, 25 janvier 1873／書簡〔130〕。

(60) Sameshima to Ministre des Pays-Bas, 15 février 1873／書簡〔149〕。

(61) Sameshima to Comte de Rémusat, 29 janvier 1873／書簡〔135〕。

(62) 前掲『在仏雑務書類』R18-268。

(63) 同上、R18-294。

(64) 同上、R18-327。

(65) Sameshima to Comte de Rémusat, 29 janvier 1873／書簡〔135〕。

(66) 1873年にパリで開催された国際東洋学者会議については、国立国会図書館鮫島文庫中に会議録(Compte-rendu de la Premiére session, Paris, 1873)が残されているので、同書により会議の内容の詳細を知ることができる。

(67) 宮地正人監修『国際人辞典』(毎日コミュニケーションズ、1991年)、267頁。

(68) 『借地及借家料関係雑纂(在仏大使館)』(外務省外交史料館所蔵、8-4-3-1-8)。

(69) 明治6年9月6日付、外務省宛鮫島尚信上申書(同上)。

(70) フランス外務省外交文書館所蔵リスト "Légion d'Honneur 1860～"。

(71) 明治8年3月19日付、寺島宗則宛鮫島尚信書簡(寺島宗則研究会編『寺島宗則関係資料集』、示人社、1987年、537-538頁)。

(72) 本書の全訳が東京大学史料編纂所の横山伊徳氏によりなされている。横山伊徳「パリ駐在日本公使館『外交入門』Diplomatic Guide (1874年刊)(上)」(『東京大学史料編纂所研究紀要』第4号、1994年) 及び「同(下)」(同第5号、1995年) を参照。

(73) 前掲『国際人辞典』、269頁。

(74) Sameshima to Professor Holtzendorf, 19 novembre 1874／書簡〔278〕。

(75) 明治8年1月29日付、伊藤博文宛鮫島尚信書簡(伊藤博文関係文書研究会編『伊藤博文関係文書』5、塙書房、1977年、96頁)。
(76) 「書記見習ヲ各国公使館ニ派出之義」(前掲『鮫島尚信文書』67)。
(77) 1875年11月19日付、鮫島尚信宛鈴木貫一書簡（同上、46-1)。
(78) 鮫島の葬儀については、*Le Monde illustré*, le 18 déc. 1880, p. 374 に"Les obsèques de S. E. Sameshima" の記事がある(前掲『鮫島尚信文書』81-2)ほか、明治14年2月2日付『東京日日新聞』にも「故鮫島公使の葬式」の見出しで詳しい記事が載っている。森の英語による弔辞は、*The London and China Telegraph*, 8 December, 1880 に全文が掲載されている。

フレデリック・マーシャルと鮫島尚信

横山俊夫

明治初年の世界

　明治維新のすぐあと、西暦1870年ころの、地球規模の鉄道、航路、通信網の連結は、"情報化"という言葉で現在語られている事態にも通じるような大きな環境の変化をもたらした。69年の北米大陸横断鉄道とスエズ運河の開通、71年のロンドン・上海間の電信開設、そして同じころサンフランシスコ・横浜間の太平洋定期航路の安定化——それらは、もとは疎遠であったはずの人やものを、いやがおうにも近づけた。

　日本から多くの留学生が西洋におもむき、西洋からは教師や技師が広範に招かれるという現象も、じつは当時の交通や通信の技術そのものが過剰に誘引してしまったという面が大きい。そして、かつては、長期にわたる準備や小規模で緩慢な移動のあいだに、時には当事者の心のやわらぎも期待されたが、この時代になると、そのような変化が追いつかない出会いが数多く展開する。したがって、宣教師にせよ冒険商人にせよ、また「御雇」の専門家や留学帰りにせよ、それぞれ異文化を体現する人間として、土地の人びとの旧来の生活様式や考え方におよぼした変化は、当初予測された度合いをはるかに越す激しさを帯びがちであった。しかもこのような出会いは、影響を及ぼされた側のみならず、及ぼしたほうにもまた、等量と見なせるほどの変化がおこる。つまり近代世界は、「中心」といわれる部分がその「周辺」を一方

的に変えたのではなく、出会いそのものが、遅かれ早かれ双方を変えたと見るほうが、ことがら全体の複雑さを損なわずに眺められるのではないだろうか——この、いわば作用と反作用の現象は、大小さまざまな事例のなかに見てとれるが、顕著な一例は、当時パリに開かれた明治日本初の在外公館での外交代表鮫島尚信(1845-1880)と彼に雇われたフレデリック・マーシャルとの場合であった。その内実を雄弁に語る一群の史料が、エディンバラのスコットランド国立図書館所蔵の出版社ウィリアム・ブラックウッド・アンド・サンズの文書、「ブラックウッド・ペイパーズ」(以下「ブラックウッド文書」と記す)のなかにある。マーシャルが、『マガ』と呼ばれた雑誌『ブラックウッズ・エディンバラ・マガジン』の編集長ジョン・ブラックウッド(1818-1879)に送った手紙類がそれである。マーシャルは、ちょうど鮫島にパリで出会う頃から、この雑誌に寄稿し始めていた。

　かつて筆者は、そのやりとりのなかでマーシャルが期せずして語る、鮫島との出会いによる心の変化を追い、それがマーシャルの寄稿文にどのように表現されたか、またそれに対する読者からの反響はどうであったかを調べた。その知見は、1987年出版の論文集『ザ・ヤトイ——お雇い外国人の総合的研究』の中の一文で述べ、2年後に米国で出された英語版では原文を多く引いておいた。[1]その後、87年の日本語版が90年に再版されるにあたり、本文ならびに脚注の十数箇所に補訂をほどこした。

　このたび、在仏日本公館開設当初の数年間の通信記録を翻刻、試訳するにあたり、これらの通信文が作られる背後で重要な役割をはたしたフレデリック・マーシャルについての紹介は欠かせないと考え、上記の一文の骨子を、あえてここに再録することにした。もちろん、その後知りえたことや、この翻刻過程で見えてきたことを出来る限り採り入れるよう、心がけてはいる。ただ諸般の事情により、筆者は鮫島やマーシャルに直接かかわる研究から久しく遠ざかっていたため、多くの新しい発見をふまえて別の論をたてるという域には未だ至っておらず、本稿ではむしろ、新たな疑問点や検討を要すると思われる史料群を指摘するにとどまることを、はじめに断っておきたい。

鮫島との出合い

　フレデリック・マーシャルが、イギリス生まれの人物であり、鮫島と出会う1871年までにすでに久しくパリに居住していたことは、「ブラックウッド文書」や日本の外務省外交史料館の関連文書からみて、ほぼたしかである。ただ、この人物の職業と生没年について、『ウェルズリィ・インデックッス』巻1の寄稿者別記事索引では、「おそらくは、1839年生まれ1910年没の法廷弁護士」と推定し[2]、根拠を Who Was Who や、フォスター編の Men-at-the-Bar にもとめている[3]。筆者は、かねてより、ヴィクトリア期定期刊行物研究の基本図書である『ウェルズリィ・インデックス』のこの記述は、日本の外交史料館にある、1905年5月11日にマーシャルが死去したことを伝える史料とは合わない（ロンドン荒川総領事より小村外相宛同年5月15日付け電報—『在外公館外国人雇傭関係雑件』3－9－3－12－2、以下『雇傭雑件』と略す）と気にかけてはいたが、さらにまとまった情報もそろわず、上記インデックスの編者が推定するままに従ってきた。もしそれが正しければ、マーシャルはノーサンプトンの郷紳ウィリアム・マーシャルの四男で1862年にロンドン大学で文学士、67年にインナー・テンプル法曹院生となり、70年に法曹資格を取得、84年から92年までは選挙人名簿の修正を担当する revising barrister、93年には、K. C. つまり二等勲爵士に叙され、1900年からは法曹院幹部たる bencher にと、法廷弁護士としてかなり安定した人生を歩んでいる。またこの人物は、1900年に妻と死別、2年後にパリのフランソワ・シーフェールの娘、マリー・アントワネットと再婚していることになる。

　マーシャルが鮫島に雇われたのが1871年の夏。当初は半日勤めであったが、翌年の岩倉使節団渡欧の前あたりから勤務は激しさを増している。上記のような経歴とはたして並立しえたかどうか。しかも後述するように、1871年のブラックウッド側の記録にも、鮫島側の記録にもマーシャルはパリに20年来居住していたとあれば、そのロンドンでの学生生活はどのようにして可能であったのだろうか。他方、英国図書館の『印刷本総合カタログ』の改訂版や

米国議会図書館の『ザ・ナショナル・ユニオン・カタログ』の増補版にも、マーシャル著作物一覧の冒頭に、普通なら掲載される著者生没年がないこと、また現在インターネットで簡単に検索できるハーバード大学オンライン図書館情報システム (hollis) の同大学図書館ユニオンカタログに掲げられているマーシャル著作物の項にも、著者の生没年は空白、つまり未詳扱いにされていることも気にかかった。

そこで、梅溪昇編『明治期外国人叙勲史料集成』の明治35年 (1902) の項を開いてみた。そこには、国立公文書館所蔵の『叙勲』と題する綴りの中の「……英国人勲四等フレデリッキ、マーシャル勲位進級議案」が収録されているが、添付された7月4日付の外務大臣小村壽太郎「謹奏」の文中に、「同人儀ハ本年七十余ノ老齢ニモ相達シ候ニ付」とのくだりがある。上記の法廷弁護士であれば、この年には60歳を少し越えたばかりで、これもつじつまが合わない。

そんな疑問から、上に少し触れた『雇傭雑件』の「マルシヤル」と題する綴りを再び繙いてみたところ、1888年6月1日付けで伊藤博文に宛てたマーシャルの書簡が目にとまった。当時彼は、日本政府から財政難を理由に解雇と低額の年金支給の通知を受けて驚き、その苦しい心の内を、岩倉使節団訪欧以来の知人であった伊藤にあえて訴え、年金の増額を求めている。曰く、提示された条件のままでは「17年間日本のために奉仕して64歳の齢をむかえながら、家族の生活のたづきもなくし、路頭に迷うことになります」と。この記述から計算すれば、マーシャルは、先の法廷弁護士より15歳年長である。しかも当時の生活は、ほとんど在仏日本公使館勤務による収入で支えられていたことになる。もちろん、かの弁護士なら語りえなかったことがらであろう。以上のことから、本稿では、鮫島に雇われたフレデリック・マーシャルは、『ウェルズリィ・インデックス』が推定した法廷弁護士とは同姓同名の別人で、1824年に生まれ1905年に没した英国人としておく。

では、鮫島に雇われるまでの彼は何をしていたのか。ジョン・ブラックウッドの娘、ジェラルド・ポーター夫人の手になるブラックウッド社の社史の

3巻目によれば、我らがマーシャル氏は「パリの古い住人」「フランスでの多年にわたる家持ち」と書かれているのみで、職業はわからない。ただ、アン・テイラーのロレンス・オリファント伝によれば、このマーシャルは「ビジネスマンで、(1871年の時点で)フランス在住20年、(普仏)戦争ですべての金を無くした」とある。この記述は、「ブラックウッド文書」中のおそらくは、ロレンス・オリファント書簡を根拠にしていると思われるが、筆者は同文書のオリファント書簡については1850年代、60年代前半のもの以外は未見であるので、論評できない。

かたや鮫島のほうの報告では「英人ニテ当府(パリ)ニ二十年来住居罷在候」と語る程度で(鮫島より外務省柳原大丞、楠本権大丞宛、辛未八月朔日付―『雇傭雑件』所収)、職業について曖昧さをのこしたままである。ひとつのヒントは、当時のマーシャルの住所が 86 Boulevard Malesherbes であったことであろう。そこはパリのモンソー公園の近くの第8区の目抜き通りで、かなり裕福なブルジョワが住んだところである。そして72年末に、おそらく同じ8区の、少し奥まった8 rue Fortinなるところへと移転する。なお、このマーシャルは1862年に一冊の八切判の本をロンドンで出版している。*Population and Trade in France in 1861-2* と題するものであるが、筆者は未見である。そのころのマーシャルの活動について語るところがあるかもしれない。また、1871年11月から73年7月にかけて、彼が『マガ』に8回にわたり発表した'French Home Life'も、彼のそれまでのパリでの生活を基礎にした叙述であるには違いなく、たとえば第3回「家具」篇は彼の万国博覧会や美術工芸展へのかかわりの深さをにおわせ、第4回「食物」篇は豊かな中産層としてのパリ暮らしを映すように読める。しかし、自分自身を直接に語ることは残念ながらしていない。1873年秋に、まとめて単行本として刊行する際に序文を付け、「パリ在住四分の一世紀」と述べるにとどまる。鮫島に会うまでのマーシャルについては、今のところはこれ以上判らない。

なお、彼はどのようにして鮫島に出会ったのだろうか。1871年5月末のコミューンをめぐる攻防で、市庁舎やチュイルリー宮殿をはじめ、いたるとこ

ろ廃虚と化していたパリに鮫島が入ったのは翌6月。そして、次の7月後半にマーシャルとの雇用契約をすすめている。本書収録の書簡〔7〕がそれである。ひと月50ポンド以内、全日勤務ではなく、しかも各月末に当事者いずれかの意思表示で停止可という慎重な内容である。また、将来もし正式の雇用契約を結ぶ場合にはこのとりきめを準拠とはしない、とも述べられている。マーシャルの返答そのものは、本書の中には出てこないが、契約はほぼ鮫島の提示した条件でまとまった模様で、日本の暦で辛未七月中（西暦8月中旬から9月中旬まで／以下旧暦は和数字表示）に「雇（い）入（れ）置」いた旨の報告が、上述の八月朔日（9月15日）付の鮫島から柳原外務大丞らに宛てた書簡でなされている。その報告文中、鮫島はマーシャルを選んだ理由として「至極実着之人物ニモ有之、殊ニ英仏両国之事情ニ通シ居候者」であり、また「博覧会一件」もあるゆえ、と語っている。

　この人選は、以下で明らかになるように、鮫島にとっても、ひいては明治の日本にとっても、運命的なものであった。ただ、パリに到着して日も浅い鮫島に、なぜそれができたか。もちろん彼には、1865年から68年にかけての英米滞在体験があり、本記録集中のいくつかの「御雇」選考をめぐる書簡が示すように、人柄を自分の目で見抜く力をそれなりにそなえていたことはたしかである。とはいえ、流血と破壊の余塵がくすぶり、人心もさだまらない当時のパリで、いったいどのようにして、との疑問がつきまとう——じつは、パリの9 rue du Centreなる、いまはその名をとどめない地番に、あるなつかしい人がいた。かつて東禅寺に英国公使館があったときの一等書記官、しかし日本に着任してまもなく攘夷派の襲撃で負傷して帰国、その後1865年に英国下院議員となり、鮫島を含む日本からの多くの留学生に庇護の手をさしのべた、かのロレンス・オリファント（1829-1888）である。彼が1867年にアメリカのトマス・レイク・ハリスの新興宗教コロニーに身を投じ、鮫島や他の　摩藩留学生もその誘いに従ったことはつとに有名である。普仏戦争時には、このオリファントは『ザ・タイムズ』紙の特派員として大西洋をわたりパリに来ており、プロシャ軍の包囲もコミューンの混乱も体験する。上記ア

ン・テイラーのオリファント伝によれば、教祖ハリス自身も、パリの荒廃に何がしかの使命を感じ、コミューン終焉直後にアメリカから到着。しかし、精神の不調を来たしてスイスへ向かう。オリファントが当時『ザ・タイムズ』紙から受けていた処遇は年俸1200ポンドという破格のもので、教祖も彼をスイスへ伴うことはなかった。

オリファントは、1850年代からすでに『マガ』や『ザ・タイムズ』にかかわりの深い文筆家・冒険家として著名であり、クリミア戦争におもむき、北米や極東でのエルギン卿の帝国外交に立ち合い、ガリバルディとともにあってはイタリア統一に奔走、と当時の人びとの耳目をさらいつづけていた。ハリスの教団についての世評の低さにもかかわらず、オリファントといえば、依然として時代の寵児であり、当時のパリの社交界の名士であった。その居所へは、行政長官ティエールや、ルイ・フィリップの第4王子で王党派の代表であったドーマル公爵、ドイツのフォン・アーニム大使のほか、著名な文人・芸術家などが出入りしたようである。作家エドモン・ド・ゴンクールによれば、オリファントは当時のパリで「大使のような」扱いを受けていたとのこと。(9)そしてその集まりの中に、後の『ザ・タイムズ』パリ通信員として名を馳せるアンリ・ド・ブロウィッツが、そしてまたフレデリック・マーシャルその人が、オリファントに極めて近い友人として顔をつらねていたようである。ド・ブロウィッツもまた、オリファントの周旋によってか、岩倉使節団に重要な協力をするにいたる。(10)

ただ、本書に収録した通信記録には、オリファント宛のものが見あたらないのが興味を引く。それは、鮫島とは、この記録が本格化する前のつきあいに限られたか、あるいは書簡のやりとりよりも面談が多かったことによるのか、あるいは当時オリファントは鮫島が公的な手紙を送る相手としては微妙であったのか、理由はさまざまに想像できる。しかしいずれにせよ、日本の在欧公館の活動は、オリファントの手助けで始まった可能性が大きいことを、ここに書き留めておきたい。

さて、以下に「ブラックウッド文書」を通して見える鮫島とマーシャルの

活動の中身を紹介するにあたり、まず日本外務省の史料をもとにマーシャルの経歴を略述しておきたい。

マーシャルの任免

　日本政府とマーシャルとのかかわりを示す史料でまとまったものとしては、既述の『雇傭雑件』(外交史料館3-9-3-12-2)、および『各国内政関係雑纂（仏国）ノ1』(同1-6-3-2-1)、『英人「フレデリック・マーシャル」ノ政況報告雑纂』(同1-6-3-3) が見られる程度である。もちろん、ヨーロッパでの日本外交の史料の分野ごとの綴りには、マーシャルの活動を示す文書も散見される。たとえば、外交史料館3門15類2項に配されている万国博覧会関連の史料群もその一例である。大博覧会への参加の記録にとどまらず、『各国ニ於テ開設ノ諸博覧会ニ帝国政府参会方謝絶雑件』(同3-15-2-4) といったものにもマーシャル筆の書面が出てくる。ただ、その任免・待遇に関わる記録は、冒頭に挙げた『雇傭雑件』に集中している。

　それによれば、1871年晩夏より半日勤務(月給50ポンド／1,250フラン相当)、72年には「御用殊之外繁多ニ相成」(鮫島)ったため、10月より全日勤務(同80ポンド／2,000フラン相当)となる。この処遇は1888年の退職まで続くことになる。75年暮れ近くには、「書記官格」(secretaire honoraire)となり、77年暮れには「四等賞牌」をうけている。また勤務満7年目の78年9月下旬には、彼に賞金800円が「下賜」されるよう、鮫島が外務省にかけあっている。その理由として、それまでマーシャルが「前後一日ノ如ク只管御国之為筋ノミ相考、忠誠一途ニ精勤致シ」たこと、また条約改正交渉のため前年に数多く英国へ出張したことに対する慰労が望まれること、さらにマーシャル家では「近年不幸打続キ」家計がほとんど「窮迫」していることをも挙げている。それを認可する外務卿寺島宗則の書状がパリに届いたのは翌79年早々であった。鮫島尚信の死はその次の年、1880年の暮れである。

　マーシャルは、81年8月「在勤満十カ年」を期に、「顧問格」(conseiller honoraire)の「栄称」を受けた。これは日本の在外公館では初めての資格で

あった(なおこの肩書きに対しては、「参事官格」との訳語が88年頃からしだいに定着してゆく)。この格上げを当時の外務卿井上馨に求めたのが当時の臨時代理公使鈴木貫一である。その上申書の一部を引いておく。

マルシヤル義、明治四年……已来日日勉強不懈、大ニ諸用弁致候……ニ付、明治八年中書記官格之名称ヲ与ヘラレ候、爾来益勉励シ、我国之栄誉利益タルヘキ事柄ハ、何事ニ依ラス間接直接トナク周旋奔走シ、著ク御用立候義ハ今更申進候迄も無御坐、畢竟本人之職掌トハ申ナカラ、我国之毀誉損益ハ恰モ自身ノ毀誉損益ノ如ク相考ヘ、忠実之精神ヲ以昼夜苦慮尽力、少モ懈弛不致段ハ深ク可賞義ト存候……

そして、83年には賞与金一万フランを下賜されるに至る。しかし、5年後の88年6月末「在外公館経費節約」のため「解雇」。賞与として月給3カ月分(6,000フラン/約1,500円)を支払われ、翌月より恩給を受けることになる。その額は年1,500円であった。マーシャルはパリをはなれ、英仏海峡を望む南イングランドの町ブライトンに居を移すが、さきに少し触れたように、新しい処遇への不満は強く、伊藤博文へも改善を請願し、結局同年秋、「日本ノ為メ有益ト認ムル事項ニ就キ報告」することへの「通信報酬」として別に機密費より年1,500円を給されることになる。

なお、91年度からは、この「通信報酬」についての外務省の経理上のあつかいは、経常費からの「毎期」銀貨375円、やがて、「毎月」金貨97円の支給にかわり、恩給をうけながらも実質は再雇用されたかたちとなる。この処遇は5年間の年限つきであったが、結局マーシャルが死亡する1905年まで更新されつづける。さきに述べた『政況報告雑纂』は、その「通信」の大部分を綴ったものである。なお、1902年7月には、再雇用以来11年間「精励シ常ニ有益ナル報告書」を送り続けたことに対し、勲三等瑞宝章を受けたことが、国立公文書館の『叙勲』綴りにある。[(11)]

もちろん、これらの記述だけでは、日本の在欧外交活動の草創期にあってマーシャルがどのような活動をしたか、という肝腎のところは漠としたままである。ところが、その欠を埋めてくれるのが、初めに述べた「ブラックウ

ッド文書」のなかのマーシャル書簡群である。この文書と筆者との初めての出会いは1977年の冬。エルギン卿遣日使節にかかわる記録を求めて繙いたのが、そのきっかけであった。

鮫島との協同

　ブラックウッド社の『ブラックウッズ・エディンバラ・マガジン』といえば、ナポレオンを敗退させたワーテルローの戦いからほどない1817年から、フォークランド紛争が起きた1980年まで、1世紀半あまりにわたり、毎月朔日に欠かさず出されつづけた、いわば大英帝国の歴史とともにあった雑誌である。それは、王党派でもとりわけ保守的な地主・軍人・植民地官僚など、いわば帝国の背骨をなすと自負する人々から『マガ』の愛称で親しまれ続けた。

　マーシャルの文章がこの雑誌に出始めるのは、1871年7月号からで、それはちょうど彼が鮫島に雇われるひと月あまり前であった。その最初のものは、パリ・コミューンの混乱、とくに自治能力の無さをリアルに描いたもので、大陸の革命の波におびえていたイギリスの保守的知識人たちに強烈な印象をあたえたようである。[12]この寄稿を掲載したのは、ブラックウッド社の社長でもあった編集長ジョン・ブラックウッド(1818-79)である。彼は、ジョージ・エリオットの才能を発掘した"目利き"として、またド・キンシィ、G・H・ルイス、サッカレーやトロロプとの交友でも英文学史上に名を残している。アン・テイラーは、典拠を示さないまま、マーシャルについて、パリ包囲中から、ロンドンの『デイリー・テレグラフ』紙に彼が寄稿しているのを、ジョン・ブラックウッドが注目していたことを記している。[13]ただ、マーシャルをブラックウッドにしかるべく紹介したのは、社史の記述から推して、やはりロレンス・オリファントと見てよいだろう。

　マーシャルはその後、71年11月から72年8月にかけて、つまり日本公館ではまだ半日勤務であった時代に、先に少しふれた「フランスの家庭生活」と題する連載を7回目まで『マガ』に発表する。[14]そのなかで彼は、フランス

の伝統的な都市中流家庭をイギリスの事情と比較しながら論じた。たとえば、フランスでは子供の教育が親子関係の緊密さで支えられていること、ごく上層以外の男子の徳育の不十分さ、使用人の扱いが平等意識に根ざしていて主人とは友情で結ばれうること、料理や食卓をめぐる賢明な工夫の伝統、家具や衣服にまつわる第二帝政期の装飾過多とその後の変化、あるいは礼法の洗練と道徳の実態との隔たりについてといったことがとりあげられ、編集長の判断ではなかなかの好評を博していた。ところが、このマーシャルの連載が突然に中断されるにいたる。雇主鮫島尚信から、たっての希望が出されたためである。

　1871年暮れに日本を発った岩倉使節団が、約7カ月にわたるアメリカ合衆国での旅程を終え、72年8月中旬にイギリスに到着、安政の不平等条約改正の可能性を探るとともに、ヨーロッパ各国の宮廷や公共機関・工場・軍事施設などを歴訪しようとしていた。鮫島は、この時期にあたり、日本の現状についてのわかりやすい説明を英国の一般の人びとにぜひ提供したいと、マーシャルにせまったようである。そこでマーシャルはブラックウッドの許可を得て、自分の連載予定のものとすりかえに、ヨーロッパでは「自分のほかは誰も知らない」はずの、いわば"鮫島直伝"の情報を盛りこんだ日本紹介文を書くことにしたのである。[15]

　この論文の作成作業はノルマンディの保養地ディエップで行なわれたが、その様子は注目に値する。8月11日付の編集長宛ての手紙でマーシャルはこの仕事が予期に反して困難極まるものであることを伝える。

> この恐るべき日本論をむやみにだらだらと書いているとは思わないでいただきたい。正真正銘1日10時間もそれにかかりきりです。しかし、ほんの些細な誤りをおかすことも恐れ、そのうえ思考が私のとは違う方向に向かいがちな人間から、正確な情報をそろりそろりと引き出すことの難しさたるや、じつに、非常に、大変です。長い時間とともに、ほとんどの人には耐えがたい辛抱強さも要求されます。そして、やっとすっきり合点が行ったとばかりに2ページほど大急ぎで走り書きし……それ

を我がディア・グッド・サメシマに向かって読みあげますと、彼は穏やかに、4度のうち3度まで「否、左様なことでは全くない」と言ってくれるのです。それでまた始めからやり直しというわけです。[16]

真っ黒な原稿は遅々として進まず、それが印刷にまわされたときの植字工の悲鳴さえ思いやられる。しかしそれでいてマーシャルは心の一遇に不思議な感動がわき上がるのを禁じえなかった。

　もっとも、この作業には愉快な一面もあるのです。彼(鮫島)は、ひたすら正確であることを求めるものですから、ひとつの言葉の正しい意味について、半時間にもわたり、我々ヨーロッパ人には永遠に到達できない厳正をこめて議論するのです。[17]

たしかに鮫島の「厳正」な思考は、本通信記録のなかでも、とくに自他の権限や領分を定義するくだりで、遺憾なく発揮されているところである。

　さて、この日本紹介文はマーシャルと鮫島の約三週間の格闘の後、ようやく完成した。その内容は、日本と西欧との交渉史の概観と日本の体制の現状についての周到な説明であった。当時の新聞や雑誌に依然として出ていた、前世紀のケンペル『日本誌』にもとづく"風変りな日本"の紹介と比べれば、まるで異質な、驚くべき一文であったと言ってよい。ポンドに換算された未公表の予算表(1872年分)をはじめ、中央や地方の統治機構の詳細、土木・港湾・教育などの公共事業の進展が具体的に紹介され、結論として、日本政府は良く組織された文明政府であり、その不平等条約改正の要求は至当である、とするものであった。[18]

　2人の作業でとくに問題になったのは、日本に在る事物と同じようなものが西欧にはなく、したがってそれを表わす日本語に対応する言葉が西欧語に見あたらないということであった。マーシャルは、たとえば、内乱に勝利した大名が自己の特権や所領まで投げ出した廃藩置県という事業について、西洋の歴史はそれに並ぶものを提供してくれない、と訴えている。たしかにこの論文には、鮫島とマーシャルの長時間にわたる「厳正」な討論を想像させる箇所が随所にある。たとえば太政官はザ・グレイト・カウンシルと英訳さ

れるのにたいして、左院は「法律の審議と（正院への）上達」という機能に「限っていえば」、フランスのル・コンセイユ・デタに「類似する」とされ、また集議院はア・パーラメントと訳している。[19]

　この論文は、9月1日に、当時の雑誌一般の様式通り匿名で、また情報源が日本の外交官であることも一切伏せられ、ある種の公平無私をよそおって出されたが、反響はいまひとつであった。鮫島は、『マガ』が当時2シリング6ペンスと高額であったことに鑑み、これを小冊子に刷りなおして鉄道の売店で一部6ペンスで売りたがったが、そのアイデアは立ち消えとなり、マーシャルは別にブラックウッドに頼んで『ザ・タイムズ』紙編集長ジョン・ディレインの注意を喚起させた。[20]評論界で「雷神」と呼ばれたディレインは、抑制のきいた一文を載せる。『マガ』の「筆者によれば、この論題（日本）は大変興味深い」といった書き出しで、日本の行政機構と政策動向を示すデータのみを抜粋し、肝腎の不平等条約云々の部分には触れることなく、9月5日号第8頁の中ほどに2段の記事を掲載した。

　鮫島にとってなによりも痛手であったのは、このマーシャルの論文が、翌月にロンドンの廉価誌『マクミランズ・マガジン』で叩かれたことである。1シリングで人気を博していたこの月刊雑誌は、「ジャパン」と題する数ページの小文を載せ、マーシャルの『マガ』の論文の情報源は信頼できず、条約改正など時期尚早もはなはだしいと批判した。[21]こちらも匿名文であるが、大英図書館の「マクミラン文書」によれば、筆者は、岩倉使節団の通訳をつとめていた駐日英国公使館員W・G・アストンであった。アストンの妻の父親がマクミラン社の所有者アレグザンダー・マクミランの旧い学友というつながりで持ち込まれた原稿であった。[22]アストンは『マガ』の論文の筆者が誰であるかを知らずに批判したのか、また十分ありうることだが、マーシャルと鮫島であることを知った上でのことであったのか。そしてその場合、アストン個人の意志で寄稿したのか、あるいは英国外務省の指示があったか。さらに岩倉具視や伊藤博文らはこのことを知っていたのかどうか。さまざまな疑問が残る。

マーシャルの西洋再発見

　当時鮫島尚信が直面していた課題には、このような至難の輿論工作にとどまらず、より緊急のものとして、日々の外交実務上のノウ・ハウを蓄積するということがあった。

　鮫島はどの程度素手のままパリに派遣されたのだろうか。明治三年九月十三日、西暦1870年10月8日の遣仏決定から横浜出港まで、ひと月半ほどの期間があったが、そのあいだに、たとえば外務大輔寺島宗則の周辺や、在日外国公館筋から体系的な実務上の研修をうけたような形跡はなさそうである。では、旧幕府のパリ駐在「コンシュル・ゼネラール」のポール・フルーリ・エラールや、1869年秋より同地で「公務弁理職」をつとめたド・モンブラン伯から鮫島にひきつがれた知識はなかったか。彼らとのやりとりは、この通信記録にそれぞれ数点出てくるが、鮫島が、彼らから実務上の知識や手ほどきを与えられた様子は窺われない。フルーリ・エラールは鮫島のパリ着任から約1年の後、1872年6月に、旧領事印や関連書類を鮫島に返すに至っている。それは、人を介しての返却であった(書簡〔55〕)。ド・モンブランは、明治三年(1870)閏十月二日付の外務卿澤宣嘉の丁重な解任状を鮫島から受け取った後(書簡〔6〕)、しばらくは金銭上の整理にまつわるやりとりが出てくるのみである。既述のように、鮫島が、自分なりに「至極実着之人物」と見抜いたフレデリック・マーシャルを早ばやと得たことで、ゆかりの上記2名は一層遠くへ押しやられたといえるかもしれない。

　ともかく1870年代の初めに日本政府が考えていた「外国交際」は、実務面では混沌としていたといってよい。マーシャルがいかにこの分野において鮫島のために働かされたかという事実が、なによりもそれを雄弁に物語っている。たとえばヨーロッパのどこかの国の外務大臣に手紙を出す場合に、どのような書札礼に従うのが適切かといったことも、鮫島は学ばなければならなかった。用紙の大きさ、1ページに許される行数、冒頭と結びの言葉、封蠟のしかたといったこと、ひとつひとつである。

1873年秋、マーシャルがノルマンディの保養地トルヴィル・シュル・メールからブラックウッドに宛てた手紙によれば、彼は「過去2年のあいだ」条約文のつくりかた、宮廷作法、称号や勲章など、「細かい分野での外交の詳細を研究」して「数えきれないほどのレポート……おそらく40ないし50篇」を鮫島に出しつづけたという。そのためにマーシャルが強いられた読書量は膨大なもので、この折の"保養"にも八切判の重い書物64冊を携行し、鮫島のために「通商条約の歴史」「治外法権の由来」「外国人取扱いの歴史」の3篇を作成することになっていた。岩倉使節団はすでに7月下旬にマルセィユから帰国の途についていたが、彼ら2人の激務はそのままつづいていたのである。

　やがてマーシャルは、鮫島のための調査研究報告を作る過程で、ある副産物を生みだした。「国際的虚栄(International Vanities)」と題する『マガ』誌上の連載である。たえず「厳正さをこめて」問いつめる鮫島を納得させるために、マーシャルが説明に努め、あるいは窮し、再考してきた西欧の外交慣行のあれこれは、マーシャルの頭の中でしだいにあらたな光を帯び始めていたのである。たとえば国を異にする大使どうしの通信で、相手が公爵の場合の結びの文は、

　　小生が光栄にも公爵様閣下の、いと卑しく、いと従順なる下僕と相成る名誉を荷うに際しまして、至高かつ深甚の崇敬の念を持ちあわせて居りますことの証しを、しかと閣下が御嘉納されまするよう乞い願い奉る。

と認めて署名する慣行など、"なぜ左様なことを言うのか"と問われてみれば、合理的な説明はできない。マーシャルは鮫島を教育しながら"不思議なヨーロッパ"を発見していたのである。ただ、ジョン・ブラックウッドは名うての保守派である。このような外交儀礼を"虚栄"や"見栄"といった観念で見なおすことなど、思いもよらない人間であった。そこでマーシャルはこの編集長にたいして、「古めかしい習慣」にもしかるべき敬意をはらい、事例はイングランドよりも大陸から引くといった約束をつらね、ようやく掲載を認めさせたのである。それは8回にわたるもので、73年12月から翌年

12月にかけて、いくつかのとぎれをはさんで完結した。それぞれの表題は、儀礼(Ceremonial)、形式(Forms)、称号(Titles)、勲章(Decorations)、象徴(Emblems)、外交特権(Diplomatic Privileges)、外国人法(Alien Laws)、栄光(Glory)であった。(26)

連載の冒頭にあたり、マーシャルは全篇のための序文を綴る。曰く、国際法というものは、紋章学・占星術・毒物学・鷹匠学などと同類の古ぼけた学問で、ごくかぎられた人間をのぞけば、誰もそのような知識を必要ともせずに暮らしている。国際法の知識には、抽象的で憂鬱な理論問題ばかりでなく、儀礼や勲章など、目にあざやかな要素も多い。にもかかわらず、それらを扱う書物は、けっして人びとの読書の対象とはならなかった——ところが、

> もし、ある変った必要から、むりやりそれらに注意を向けさせられるようなことになると、それらは霧中のランタンのごとく輝きだし、私たちに珍しいストーリィを語ってくれる。

「ある変った必要から」というのが、鮫島に雇われたことを意味していることは、もはや我々には明白であるが、読者には最後まで明かされない。

> それらはまったく新しいかたちで人間の本性を示すことが多い。とりわけ国民国家(nations)というものが自己主張の虚栄の高みにゆきつくについては、個人が達しうる限度をはるかに越えていること……を教えてくれるだろう。この事実は世界中に知らされる価値がある。(27)

マーシャルは、国王たちの優先順位、つまり多国間儀礼の際の席次をめぐる16世紀の教皇ユリウスⅡ世の企図、すなわち神聖ローマ皇帝を筆頭とし、フランス国王は4位、イギリス国王は5位などとする案にたいする諸王の反発や、おなじ問題に決着をつけようとした17世紀のウェストファリア会議の難航、あるいは外交官相互の優位あらそいの歴史を綴る。極端な例は、ルイⅩⅣ世とスペインの王女の結婚の条件を決めた会議であった。フランスからジュール・マザラン、スペインからドン・ルイス・ド・アロが出た。

> 自国の全き威厳を保つため、たがいに一歩も譲るまじと、両宰相は……会見室に入るにあたり、ぴたりと並んで、ともに右足から同時に踏みだ

し、厳密に寸法をとられた正方形の机のほうへと進み、おなじ瞬間に正確に向かい合い、数学的に等しく作られた肘かけ椅子に腰をおろした。(28)

マーシャルの見るところ、外交交渉のマナーや原則、宮廷対話法や国家の権利についての表現形式などの研究に血道をあげてきたのはドイツの理論家たちであり、彼らの重々しい著作こそ、国際的虚栄について考える格好の素材を提供する。ふつうなら「3分とたたぬ間に何も啓発してくれなくなる」書物の数々から、マーシャルは、鮫島に雇われたばかりに、つぎのような「啓発」を受けている。

理論家は、諸国家の平等権というものはその国の政府の外交通信用の言語にも及ぶ、としている。そこでマーシャルはいう。

> 我が英国外務省……がダホメの王に英語で電報を打つとき、それは"諸国家の平等権のひとつ"を行使しているのである、ということにいったい誰が気付いたであろう。

この発見はマーシャルを有頂天にさせている。

> 日常のもっとも単純な行為が、輝かしい諸原理の表明であること、また我々のどのような行為も、かならず自分では気付かない別の意味を帯びざるをえないことを、このように突如として学ぶことは、人をなんと誇らしく思わせることだろう。(29)

彼は読者に向かって鮫島との出合いの豊かさを訴えるかのようである。

外交文書の種類と作成法にかんするマーシャルの解説も、彼の鮫島への説明ぶりを髣髴とさせるものである。仏国外務省は416種の雛形を用意しているが、そのうちの近似の範疇の相互の微妙な違いは「神秘」にちかく、このような「半考古学的遺物たる専門用語」のほとんどは、国家の虚栄、見栄の誇示にしか役立たない。しかし、「いちばん荘厳でない」ものをえらび、「敬意を失わぬよう、かつ説明にあたり、吹き出さぬよう最善を尽くしたい」と前置きして、マーシャルは国際法学者には思いもよらぬ方法で「暫定協定(protocol)」や「覚書(memoir)」「教皇教書(bull)」などを説明する。

たとえばプロトコールは、会談内容全体にわたる正確かつ信頼できる公式

記録。つまり『デイリー・テレグラフ』紙の記者が、特許潜水呼吸器会社の株主総会の一部始終を報じるのにおなじ。メモワールは、ある問題の始終を総括したり、下された決定を正当化する文書。人生いたるところ、とくに夫婦のやりとりによく見られる。それらの意思表示につき、おごそかに"プロトコールヲ作成イタサム"とか"メモワールヲ出スノデアル"とのたまうのが国家間の見栄だというわけである(30)。

文書実務にまつわる「もっとも奇妙な事実」とマーシャルが特筆したのは、「破棄(abolition)」「許諾(remission)」「認知(legitimation)」などの書状が、緑色の封蠟でとじられることであった。フランスのある学者によれば、「この色が、若さ、名誉、美、そしてとりわけ自由を表現するから」という(31)。「もっとも奇妙な」とは、もとは鮫島の口からもれた言葉ではなかっただろうか。

各国の元首が「絢爛たる」称号をめざしてしのぎをけずる様は、紀元前5世紀のクセルクセスにさかのぼって説明される。マーシャルにとって、元首の称号こそは「諸国民の攻撃的な虚栄の形式」そのものであった。たとえばロシアのツァーは17世紀に皇帝(Imperator)を自称しはじめるが、すぐさま、ローマ帝国以来の由緒を誇るドイツ皇帝の抵抗にあい、さらに18世紀には、スペイン、フランスが頑強に抵抗し、その称号を認めはしても、以前からのロシアにたいする宮廷儀礼上の扱い、たとえば席次のようなものは変えないという態度を通したのである。

現代の元首は、自らの正式の称号として、宗教上のもの、所領を示すもの、血縁や由緒を示すもの、あわせて一人あたり最低50はつらねて張りあっている。この傾向は、じつはヨーロッパにかぎらず世界中に及んでおり、アメリカ大陸の共和国とて類似のもので頑張っているとマーシャルは論じ、唯一の例外として、日本の元首に注目する。この元首はエジプトのネブカドネザル王の時代以来不変の位を保ち、その「偉大さを表すには、ただひとつの称号……テンノー」で十分とし、それ以外には一切の修飾を拒み、姓すら持とうとしない。この「すばらしい発明」こそ、諸国民のモデルとされるに値する、とマーシャルは日本の欧化にくぎをさしている(32)。国立国会図書館の憲政資料

室に鮫島家より寄託されている「鮫島尚信関係文書」のなかに『備忘　一』と題する綴りがある(整理番号 76)。その冒頭に「神代其年歴不得考、自神武天皇即位至明治六年、歴数二千五百三十三年、世伝百二十三代」と書かれ、以下に、当時の『年代記』や『袖鑑』、あるいは日用百科型の厚冊本『節用集』などに出そうな日本に関する歴史・地理・言語・政体・宗教などにわたる特徴が列挙されている。この種のノートを脇に、鮫島はマーシャルに自国を説明し続けたのであろう。

さらにマーシャルは、この「国際的虚栄」の連載で、ヨーロッパの外交界では不可欠の知識であった十字軍起源の勲爵位の歴史とならんで、ナポレオンによるレジョン・ド・ヌール勲章の発明いらい各国に急増している「大衆のための騎士身分」の様相がとりあげられる。また「象徴」の問題にかんしては、旗や制服が扱われる。西欧における元首の旗は初期メロヴィング朝のクローヴィスⅠ世が用いた聖マルタンの外套にはじまり、7世紀にダゴベルトⅡ世が鷲印、やがてキリスト教の影響で花や十字架や聖人印が幅をきかせたが、楯に紋章が入れられるようになると、野獣が旗のなかにも再登場する。おなじころ、ゲルマンは蛇とライオン、ゴートはライオンと雄鶏と熊、デーンは三頭のライオンと鳥、ブルグンドは猫、サクソンは白馬であったという。マーシャルはフランスやイギリスの旗の歴史、コミュニストの赤旗の由来、天地相感的思考の色濃いアメリカの星条旗を説明し、現代にも続く旗をめぐる人間の真剣な態度を皮肉る。

このようにヨーロッパをつきはなして観察するマーシャルの視点は、「外交特権」や「外国人法」をめぐる議論にも一貫している。外交官の特権ということでは、たとえば大使の職能などは、それが歴史を越えてあるかのように自然法学者が説くのとは違い、実際は13世紀からの「本質的に今出来のもので」、その後、王権神授ということが信じられた時代にのみ、大使もまた不可侵の重みを帯びたが、19世紀後半の世では、そのような理論は、「革命、庶民教育、輿論、そして電報」がうみだす現実によって、はなはだ軽くなった、と。

日本での外国人処遇の改善は、日本の条約改正要求に直面した西洋諸列強が逆に声高に要請していたものであるが、マーシャルは「外国人への礼譲」などというものは、西欧でもごく最近に「発明」されたものにすぎないとして、民刑事上の外国人連帯責任制や難破船奪取権、あるいは外国人遺産没収権といった古い原則の一部が、19世紀後半にまで尾をひいていたヨーロッパの実情を説く。じじつ、「難破した船の乗員は全人類の敵なり」という観念は、ながらく自然なこととして疑われず、ドイツやイギリスの海岸地方の教会ぐるみの被災者略奪、殺害による経済活動を支えてきた。「ヨーロッパは不思議な見かたをしていたのである」と、マーシャルはコメントを付している[36]。彼が鮫島への情報提供によって逆に受けた心の変化、情報反作用の深さを示す言葉といってよい。

西欧社会の壁

　しかしながら、このマーシャルの連載に対する読者からの反応は冷淡そのものであった。彼は自分の議論が当時のヨーロッパではかなり異端のものであることを連載当初から感じており、その反響を大いに気にしていた。しかし一般読者層の反応のなさは、彼の淡い期待をも砕き、すでに連載半ばに確定的となっていた。5回目が出たあと、マーシャルはブラックウッドにつぎのように訴えている。

> 「国際的虚栄」については意気沮喪気味です。私が扱ったテーマについて、ほんのすこしでも興味を持った人は誰もいないようです。それらをきっちり論じるための苦労は相当なものですから、今後も続けるかどうか、迷っています[37]。

　「国際的虚栄」への一般の沈黙は、しかしながら、単なる無関心を意味したのではなかった。連載にこめられていた徹底したヨーロッパへの距離感の裏には、西欧諸国民も他の諸民族も人類の構成員として平等であり、見栄を張る愚かさにおいては西欧はさらに他の地域にまさる、というラディカルな主張が盛り込まれていた。しかし、当時のヨーロッパにおいて、このような

考えを現実に必要としていた集団は稀であり、マーシャルの連載への沈黙は、むしろ敵意あるいは嘲笑を含む無視、といった種類の反応であったように思われる。このことは、鮫島との出会いでマーシャルの心が被った情報反作用がさらに深まることで、より一層明白となる。彼の筆は、ヨーロッパ諸国が東洋やアフリカの国々に治外法権をおしつけ領事裁判権を行使していることを全面的に非難する論へと進む。

「国際的虚栄」連載の第2回目が出た1874年1月の中旬に、マーシャルは1篇の小論をブラックウッドに送り、2月1日号への掲載を求めている。「海外における正義（Justice Abroad）」と題し、イギリスは非ヨーロッパ世界での治外法権を撤廃せよ、との具体的提言を含んでいた。ブラックウッドは「国際的虚栄」に含まれる風刺のきいた文章をある程度楽しんではいたものの、今度の原稿を見て沈黙してしまった。マーシャルの再三の督促で、しぶしぶ校正刷りまでは作ったものの、結局『マガ』掲載を拒むのである。

 貴殿の「海外における正義」にとまどい続けています……遠い地域の些細な問題に対して輿論のはたらきかけをもたらそうとの提案は、実際上不可能です。それらの問題の判断は、現地の当局者や関係者でなければできません。……我々（英国人）は、貴殿が挙げられているような国々に対して、すばらしく折り目正しく振る舞っているはずです。もし出先の者が過ちを犯せば、本国からたいへん迅速に処罰されています……これを出版することで、なにか自分では合点がゆかないことがらに、闇くもに打ちかかるような始末になりそうに感じます。[38]

一部書き変えを、との編集長の勧めに対して、マーシャルは頑なであった。

 お気に召さぬとは残念です。たいへん残念です。しかし、かの一文はある目的のために、私の良心に照らして偽りのないものと確信する大義のために書いたものですから、それを変更することはできません。[39]

結局マーシャルは、この論文を他誌に掲載する承諾をとりつけ、急進自由主義派のジョン・モーリィが主宰する『フォートナイトリー・レヴュー』誌に、つまり政治的な立場では『マガ』と対極をなす評論誌に投稿する。モーリィ

は少しの間を置いた後、これを同年7月号に、同誌の編集方針に従って著者名を明記して掲載した。マーシャルの稿了後、半年が経過していた。

　ところが、マーシャルのこの一文は、出版されても彼の期待通りの反響を引き起こす文面ではなかったのである。たしかにマーシャルの議論は、歴史と国際法理論の双方をていねいに踏まえてはいた。16世紀のオスマン・トルコがキリスト教徒の諸国に治外法権特許を与えたいきさつや、その後、固定関税率制が、19世紀に至るまでに当初のトルコ側の思惑に反してヨーロッパ側を富ませるに至ったこと。また、とくにイギリスとの通商紛争の裁定者が1825年にレヴァント会社からイギリス国王任命の領事に代わったために、トルコの領土主権がそこなわれるに至ったこと。そしてこの方式が、北アフリカ諸国、ペルシャ、シャム、中国そして日本へと及ぶ際に、イギリスの軍事力が果たした役割が大きいことなどをマーシャルは強調する。すべて、鮫島の依頼によって調査したことがらであった。

　また、E・ド・ヴァッテルやR・フィリモア、C・カルヴォ、W・B・ロレンスらの国際法理論家の領事裁判権の解釈を紹介し、いずれも彼ら自身が国家主権の絶対性を正当化するために用いている議論との間に矛盾をきたしている点が指摘される。

　ここまでは、いわば論理で話を進めたマーシャルは、さらに読者の思考を柔軟にしようと、架空の文書を掲げる。それは、ある国の元首が『ザ・タイムズ』紙の投書欄に治外法権の不当を訴えるという想定であった——王曰く、当初、条約文の当該箇所の意味するところを何も知らされず、力を背景とする脅しに屈して約定を結んだところ、英国領事は緻密にできた条文の一言一句を楯に、いよいよその立場を強化し、国民に有害なものを売りつける者の側に立ち、我国がまるで領事自身の所有物であるかのごとく振る舞うに至った。しかし幸い、我国に教育熱が高まり、ヨーロッパへの留学生も増えた。そこである委員会を設け、ヨーロッパへ「ブランデーを買いに」と、口やかましい英国領事をだまして、パリ・ロンドンその他多くの地を巡覧させ、こっそりとヨーロッパ諸国家間の関係を調べさせた。

我政府に明きらかとなったことは……いかなるキリスト教国であれ、怒りと軽蔑をこめて拒んだはずの対外的義務を、我国が強制されていたということである。王としては、英国政府を動かすために強力な策をとらねばならぬ。それは、輿論にはたらきかけることである。ヨーロッパでは、それが軍艦よりも強力であることを発見した。「朕は現行条約の更新に応じない。もし英国が艦隊を送り朕を脅かして屈せんとするなら、不正より破滅のほうを受け入れるであろう」——この投書に対して、イギリスは非を認めるのか、居直り続けるのか、とマーシャルは問い詰めた。
　ところで、この架空の投書の主としてマーシャルが用いたのは、つぎの称号を持つ人物であった。
　　ゴビ砂漠の王、ザ・キング・オヴ・ザ・ゴビ・デザート。
　日本の元首の名を出すかわりに、治外法権の問題について、より普遍的な関心をひくと同時に、日本の実情を読者にスムーズに伝達しうる比喩のつもりで、マーシャルはこの王を語り手に選んだのである。すでに文化相対主義に徹していたマーシャルの感覚では、砂漠の王国もヨーロッパの帝国も同等のはずであっただろう。しかし、それは当時の西欧では冗談以外にはありえない過激な発想であった。
　この投書文にふれた読者は、日本をヨーロッパ諸列強と比肩されるべき国としてよりも、かえって遠い砂漠の別世界の一小国として想い描き、ブラックウッド同様、日本の苦悩は「遠い地域の些細な問題」と見てしまったのではないだろうか。マーシャルほど日々日本という国に接していた人物が、このような逆効果になりかねない隠喩しか選べなかった事実は注目に値する。
　彼は、読者を説得しようとする熱意のあまり、読者には未知のものを彼らに既知の近似のもので説明しようとし、その近似物を求めるあいだに、かえって当時の一般の人びとの意識に引きずられてしまったのかもしれない。それは、日本の領土主権を認めるべし、との情報作用が西欧社会には広く波及しえなかった現実の重みをうかがわせるエピソードである。たしかにある外国に関して人びとがいだくイメージや距離感は、彼らがその国についてふだ

ん使いなれている、あるいは抵抗なく受け入れうる一群の語彙や観念と切りはなして、自在に変えうるものではない。マーシャルは「国際的虚栄」を論じてヨーロッパを相対化し、なんとか日本と"おなじ遠さ"にまで押しやれたかもしれないが、日本をヨーロッパと"おなじ近さ"に並べて見せることはできなかったのである。

　鮫島への教育、情報提供の過程で情報反作用を受けたマーシャルの心が、ヨーロッパの読書層を相手に自らを表現しようとしてぶつかった壁は、ブラックウッド自身の認識をも越えるほど厚いものであったようである。1875年4月、ブラックウッドは、前年に交わしたマーシャルとの約束にしたがい、「国際的虚栄」を単行本として出版した。マーシャルが真っ先に1冊を献呈した相手は、もちろん鮫島であった。国立国会図書館の1881年10月1日鮫島家寄贈書のなかに、その1冊が蔵されている（請求記号80／85）。前表紙を開いた扉に、孤独なマーシャルの献辞が添えられている。

　　我が親愛なる友サメシマへ。／愛を一杯にこめて。／
　　フレデリック・マーシャル。／パリ　1875年5月1日　　　　　（／は改行）

　当事者の予測にたがわず、この書は刊行後4年半を経ても、刷部数1,000部のうち半数以上が在庫という失敗に見舞われる。(41) すでに刊行2カ月目に、マーシャルは編集長を慰めなくてはならなかった。

　　あの本が売れていないとのこと、まことに残念です。私自身はともかく、貴殿のほうが、はるかにお気の毒です。(42)

　米国議会図書館の『ザ・ナショナル・ユニオン・カタログ』から推測するに、ブラックウッドは、結局在庫をロンドンのJ. C. Nimmo and Bainなる会社に売却し、同社は書名だけを *Curiosities of ceremonials, titles, decorations and forms; or, International vanities...* と変えて出したようであるが、筆者はこの再刊書をまだ見ていない。(43)

出会いの産物

　マーシャルは、雑誌や評論誌を通じて日本への理解を広めようとする努力

を、つまり輿論なるものに直接はたらきかけようとすることを、それ以後は継続させなかったようである。20年後の1894年12月、日清戦争中に『マガ』に出した1篇 'The Position of Japan' も、ヨーロッパの輿論の推移を語りはしても、それを導こうとする内容ではない。マーシャルと鮫島がヨーロッパの"壁"を思い知らされた1874年の初夏、二人は日本の外交官のための手引書、*Diplomatic Guide* の作成に力をそそぎ始める。パリの公使館用の私家版ということで、マーシャルが印刷の可否をブラックウッドに打診したところ、快諾を得た。「国際的虚栄」や「海外における正義」の掲載をめぐって逡巡したのとは対照的な反応であった。まもなく原稿送付と校正刷り到着が繰り返される日々となる。「国際的虚栄」のなかからも引用がなされる。鮫島は校正作業にも加わったが、その"厳正さ"がまたしても予定を大幅におくらせた。「公使が最終的に可とするまで、あまりにも時間をかけるものですから」と、10月初めマーシャルはブラックウッドに弁明している。著者名は、はじめ「日本外務省」とされていたが、校正段階で取り消された。

　見本刷りの1冊がパリに届いた時、すでに鮫島の帰国がせまっていた。予定された全200部の製本が完了すれば、エディンバラからパリの公使館に送られるはずであったが、鮫島がパリを発つ11月20日になっても、ついに届かなかった。いずれはパリ公使館をへて日本にも送られるはずであったが、鮫島としては、なんとしても自分の手で幾冊か持ち帰りたかったようである。それは彼のヨーロッパでの活動の最良の証しとなるはずであった。彼はマルセィユで乗船する前にリヴィエラのイエールに休息する。そこへマーシャルも合流した。陽光とオレンジの香りが、激務に疲れた二人を癒した。マーシャルはあらためてブラックウッドに宛て、数冊をイエールまで郵送されたしとの鮫島の懇望と、ブラックウッドの協力にたいする鮫島からの丁重な謝意を伝えている。

　現在、国立国会図書館にこの *Diplomatic Guide* 1冊が蔵されている。1892年に東京図書館に寄贈された、北京公使塩田三郎旧蔵書の1冊である(請求記号I／12)。十二折本の、序文6頁、本文19章、148頁、索引4頁という小さ

なサイズで、著者名にはマーシャルとも鮫島とも記されておらず、つぎのような扉表記になっている。

  DIPLOMATIC GUIDE／
  DRAWN UP BY／THE LEGATION OF JAPAN IN PARIS／
  PRINTED BY／WILLIAM BLACKWOOD AND SONS／
  EDINBURGH AND LONDON／1874   （／は改行）

　序文にかかげられた11冊の引用書目も、各章でとりあげられているテーマも、当然のことながら、「国際的虚栄」を読んだ者にはすでになじみのものである。ただし Guide のほうは「吹き出さないよう努力」した形跡もなく、ひたすら簡明で、ヨーロッパ人以外でも英語さえ読めるなら了解しうる内容となっている。ただ、随所に「土地ごとの情報を得よ」とか、「絶対的な一般原則は無い」といった表現が見られ、ともすれば本に書かれた一言一句を規範としがちな未経験者への懇切な注意がこめられている。あるいは第7章「外交官特権」のなかで、若い外交官になによりも必要なのは赴任地の社会への適応であると説かれている点も興味を引く。また、アルゼンチンの外交官C・カルヴォをはじめとする共和派の理論家たちの、いわば故実より効率を重視する立場の紹介もめだっている。治外法権や対等な条約のための条件を論じる短い文章の背後には、鮫島とマーシャルの緊迫した表情が見え隠れするようである。内容についての詳しい検討は別の機会にゆずることにして、章見出しの訳のみを掲げておく。

  Ⅰ 公使館特権 Ⅱ 大使館、公使館構成員 Ⅲ 任命手続
  Ⅳ 着任手続 Ⅴ 席　　次 Ⅵ 儀　礼
  Ⅶ 外交官特権 Ⅷ 外交官職務 Ⅸ 外交任務の終了
  Ⅹ 通信と書式 Ⅺ 元首間の通信 Ⅻ 外交文書例
  ⅩⅢ 会議と会談 ⅩⅣ 条約と条規 ⅩⅤ 領事官職務
  ⅩⅥ 外務省組織と外務 ⅩⅦ 勲章規則 ⅩⅧ 外務図書館用書籍
  ⅩⅨ 国 際 法

　これらの各章は、19世紀日本外交の草創期の在外日本代表と、その「雇」

との真剣な出会いの産物として位置づけられるだろう。じつはこの種のいわば東西合作の作品群には、外国人むけの辞書、宣教師による道徳書、雇教師や技師による科学書・技術書などが数多く並ぶはずである。いずれも徹底して学ぼうとした側からの情報反作用を反映した視野の広さ、高度な普遍性が含まれているはずである。じつは、近代世界をかたちづくり動かしてきたものが、単にいわゆる西洋特産のものというよりも、この種の合作のものであることを、今後さらに検討してゆく必要があるだろう。

　なお、塩田旧蔵本の *Diplomatic Guide* の前扉に、つぎのような意の英語仏語混交の献辞がある。

　　シオダ氏に献呈せられたり／その友人／
　　ナカノにより。／パリ　1875年9月23日　　　　　　　　　　（／は改行）

　ナカノは、中野健明。鮫島尚信帰国の半年ほど前、74年4月から駐仏臨時代理公使に任じられていた、鮫島の右腕の一等書記官である。この献辞の筆跡は、しかしながら、「ブラックウッド文書」にのこるフレデリック・マーシャルのものと、まぎれもなく同一である。中野が塩田に贈るに際して、なぜ中野自身が筆をとらなかったのであろうか。パリの日本公使館において、200部たらずのこの書を、マーシャルは自分の分身のように管理していたのかもしれない。この書が日本の外交の歴史でどのような働きを持ったのかについては、これからの研究を俟ちたい。

　マーシャルの担った外交活動に関しても、筆者の知識はまだまだ断片のままである。1874年2月のディズレーリ内閣の成立とともに新外相となったダービー卿をマーシャルが「個人の資格」で訪問し、関税自主権交渉の実質的なきっかけをつかむ経緯は、故　萩原延壽氏がかつて『朝日新聞』の連載「遠い崖——サトウ日記抄」の1582-1584回（1988年11月29日-12月1日）で述べられてはいる。それでも、その奔走の全貌ということになれば、マーシャルについては、彼が活躍していた当時から、日本側でも英国側でも、記録されるところが乏しかったのではないかという気がしている。本稿前半でマーシャルの任免を略述したが、彼が解雇される前後から『雇傭雑件』の綴りに

含まれる伺いや起案書類に散見されるのは、経費問題はともあれ、外交をできるだけ日本人だけで遂行したい、あるいはしていると思いたいという意向と、他方マーシャルはあまりに深く条約改正交渉の機密に通じているので簡単に縁を切るわけにもゆかないという現実との間に生じていた矛盾である。外務省内で在仏公館草創期の彼の尽力を知る人は、しだいに少なくなっていたであろう。初めに触れた『英人「フレデリック・マーシャル」ノ政況報告雑纂』全3巻（1-6-3-3）には、マーシャルがまだパリで働いていた1882年12月から88年までのものも合わせ、1903年9月の第310通目までの報告のかなりの部分が合綴されている。ここに含まれなかったマーシャルの報告は、たとえば『各国内政関係雑纂（仏国）ノ1』（1-6-3-2-1）のような綴りにも散見される。英文10頁から30頁に及ぶ各報告に対する外務省の扱いは一様ではないが、翻訳局・政務局を経て、外務大臣の所見を添え、関連各省大臣に送られたもの、「上奏」扱いを受けたものも少なくない。付綴文書に押された事務処理上の認印類も含めての検討が俟たれるところである。

終焉そして拾遺

　拝啓　荒川様　　私どもの大きな悲嘆にご同情下さった　小村男爵様閣下に、母と私の謝意をお伝え下さいますなら、感謝にたえません。荒川様奥様にも短い手紙をと思うのですが、体調がすぐれませず、これまで失礼致しております。
　昨日の新聞にございました素晴らしいニュースは、ほんとうにおめでとうございます。まことに栄えある達成でございます。父が、日本のこの新しい成功を目にすることができましたなら、どんなにか喜んだことでございましょう。(以下略)

　これは1905年5月30日、ブライトンのティスベリィ・ロード19番地から、[47] フレデリック・マーシャルの娘ジュニヴェールが、ロンドンの荒川巳次総領事に宛てたものである。本稿の初めに触れたように、フレデリック・マーシャルは5月11日に死去した。それを日本政府に報じた「勲三等フレデリッ

ク・マルチヤル……死去セリ大蔵省ヘモ通知アリタシ」との電文は、15日午後零時25分にロンドン日本総領事館から外務大臣小村壽太郎宛てに発せられ、16日午前1時12分に東京着信。小村は同日午後1時に東京からロンドン総領事館に、遺族への「深厚ナル弔意ヲ表スル旨」の伝達依頼を打電。そして遺族のほうからは、約半月を経て、日本海海戦での日本海軍の勝利の新聞報道に力を得たかのように、小村の弔意に対する母子ともどもの謝意が郵送されたわけである。この手紙の後半部の引用は略したが、じつは恩給受給者死去の際には、生前最後の支払日から死亡日までの支給日数分を配偶者に支払うとのかねての取り決めが実行されるよう、領事館に穏やかに促した内容となっていた。

　晩年のマーシャルの暮らしがつましいものであったことは、むしろ彼の報告書通信報酬の支払いを管轄していた在仏公使館が熟知するところであった。ジュニヴェールが荒川総領事宛てにつらい手紙を綴った5日前、駐仏全権公使本野一郎は、小村壽太郎に対して、マーシャルの遺族への「相当ノ賜金アリタキ件申立」の公信を送っていた。文中本野は、マーシャルが二、三カ月前から「病気ニ罹リ」、日本政府への報告書も送れず申し訳なく思っていたこと、しかし政府からは4月分の俸給も受け「只管恐縮之至リナル旨」を本野に伝えていたこと、「多年忠実ニ其職務ニ尽サントシテ鋭意尽力セル精神」は、そのような通信にも示されていることを本野は力説し、さらにあらためてマーシャルの「従来ノ功労」を喚起し、今後遺族が「多少困難ヲ感ズル様ノ内情」がある旨を記し、死亡の日までの俸給の支払とは別に「法規ノ許ス限リ」、またもし法規上無理なら「特別御詮議ヲ以テ」「相当ノ金額恩賜相成候様御取斗相成度」く求めたのであった。

　これらの通信はすでに本稿で幾度も参照した『雇傭雑件』の綴りの末尾にまとまっているが、その内の2丁が、「大臣」から本野公使に宛てた、同年10月5日付の「急」の朱印のある機密文書起案書である。書中、「大臣」は本野に対し、「在外公館ニ於ケル雇外国人ノ遺族ニ賜金下附」についての法規上の定めがなく本省経費では「公然」と出せないが「同氏（マーシャル）ハ

多年忠実ニ其職務ニ尽力相成候儀ニ付、此際特ニ英貨百磅ノ高別途支出、及送金候」と、経常機密費の支出を認めたのであった。外相小村の回答の遅れは、7月の樺太での日露戦闘、8月からの講和会議と9月5日の講和条約調印、そして東京を中心に起きた講和条件反対の暴動という経緯と照らし合わせるなら、うなずける。むしろ、よくぞこのマーシャルの遺族の件が懸案にされ続け、それなりに決めうるときには急いで実行されたもの哉と言えるのではないだろうか。

綴じられている起案書は、省内各部署の認印の配置から見て、まず会計課支出掛が起草、会計課長が朱筆を加え、人事課長、文書課長、次官を経て、外相小村に至ったと思われる。(48) 支出掛は初め「英貨拾磅」と書いたあと、何を思ったか、「拾」の字の上に筆を斜めに下ろして消し、右肩に小さな字で丁寧に「百」と書き入れている。明治43-44年(1910-11)の『外務省年鑑』によれば、この人物は「会計課属四」武田正誠、慶応元年山形に生まれ、山形県と東京府の収税属を勤めたあと、98年に外務属として会計課に入っている。百ポンドが、その時点の外務省経費の内でどのような額であるかは、知るところであっただろう。しかし、公使本野やマーシャルの遺族にとっては、どうであったか——ともあれ、この機密信は、さらに額の訂正をうけることなく浄書され、10月7日にパリへと「発遣」された。署名押印したはずの小村の胸に去来したものは何であったか。小村はもと日向沃肥藩出身の、鮫島より10歳若い、ハーバード・ロー・スクール出の司法官僚であった。外務省に84年に入ったこの人物が93年に在清公使館勤務に出るまで約9年の間はたらいたのは、権少書記官公信局詰、ついで翻訳局長としてであった。マーシャルが送り続けた「政況報告」の価値を知り、時に下僚の翻訳を訂正しながら熟読しつづけることでヨーロッパ外交の要諦をつかんでいたのは、あるいは小村壽太郎その人ではなかったか。

なお、公使本野は翌年早々に新外相加藤高明宛てに機密信を送り、「マーシャル未亡人」が件の送金を「大ニ喜ビ領収」したこと、また「帝国政府へ深謝之意」を伝えてほしいと「呉レ〻モ依頼申来」ったことを報告してい

る。この文書が、同じ『雇傭雑件』の末尾に綴じられているのを見て救われたような気持ちになるのは、筆者だけであろうか。

「フレデリック・マーシャルと鮫島尚信」と題して、疑問や推定の多い小文を綴ってみたが、ふたりの出会いと、死別のあとのマーシャルの心の中でのつながりを考えるときに、これまで考慮に入れなかったものの、さらに知りたいことがらが少なくとも2点あることを、結びに代えて記しておきたい。

ひとつは、マーシャルが小説を書いていることである。1890年に3巻本の *Claire Brandon, A Novel*、また翌年にも *It Happened Yesterday, A Novel* がブラックウッド社から出ている。後者は米国版も出たようである。筆者はいずれも未見であるが、本稿のために読もうとして果たせなかった他の評論類とあわせて、是非読んでみたいものである。そのような評論は少なくとも『マガ』にさらに16点、『フォートナイトリィ・レヴュー』にあと2点、『ザ・ナインティーンス・センチュリー』に2点ある。そして、ブラックウッド社の出版台帳によれば、*Morals and Religion in History* なるマーシャルの著作もあったようである。これは当初別社で出版されたものをブラックウッド社が下取りして売った模様である。[49]

もう一点は、鮫島と音楽とのかかわりである。先に触れた憲政資料室寄託の「鮫島尚信関係文書」には、彼がヨーロッパの湯治場へ療養に出かけた折の経費記録があり、それらには「ピアノ借料」や「音楽代」が含まれている。また、鮫島没後のパリ公使館での「払下物」のなかには彼のピアノが含まれている(同文書整理番号 70・72・75)。あるいは妻のためのものであったのかもしれない。二人はどのような曲を楽しんでいたのであろうか。

(1) 横山俊夫「在仏日本公使館雇フレデリック・マーシャル」、嶋田正ほか編『ザ・ヤトイ――お雇い外国人の総合的研究』、思文閣出版、1987、314-329頁。Yokoyama Toshio, 'Frederic Marshall as an Employee of the Japanese Legation in Paris', eds. E.R. Beauchamp and A. Iriye, *Foreign Employees in Nineteenth-Century Japan*, Boulder: Westview Press, 1989, pp. 259-278.

（2）Houghton, W.E., *The Wellesley Index to Victorian Periodicals 1824-1900*, vol.1, Toronto, 1966, p.1001.

（3）*Who Was Who ... of those who died during the period 1897-1916*, London, 1920, p.475; Foster, Joseph, ed., *Men-at-the-Bar: a biographical handlist of the members of the various inns of court...*, London, 1885, p.305. なお、後者の日本での再閲覧に協力された国立西洋美術館の樺山紘一氏（元　東京大学）、三重大学の塚本明氏に謝意を表したい。

（4）書誌索引、カタログ類でのマーシャルの生没年の探索にあたり、東洋英和女学院大学の中林隆明氏（元　国立国会図書館）、京都大学人文科学研究所の藤井正人氏の協力を得た。記して謝意を表したい。

（5）梅溪昇編『明治期外国人叙勲史料集成』、思文閣出版、1991、第3巻、646頁。

（6）Porter, Mrs. Gerald, *Annals of a Publishing House, John Blackwood*, Edinburgh & London, 1898, pp.306, 308.

（7）Taylor, Anne, *Laurence Oliphant, 1829-1888*, Oxford, 1982, p.165.

（8）Blackwood Papers, The National Library of Scotland（以下 BP と略す）MS. 4294, fol.174: Marshall to Blackwood, 3 Dec., '72. なお、パリの地番の同定と当時の土地柄については、京都大学人文科学研究所の宇佐美　齊氏のご教示を得た。記して謝意を表したい。

（9）前掲 Taylor, p.165.

（10）前掲 梅溪、第1巻、37頁以下。

（11）前掲 梅溪、第3巻、645頁。

（12）前掲 Porter, p.306.

（13）前掲 Taylor, p.165.

（14）〔Frederic Marshall〕'French Home Life' / I Servants, II Children, III Furniture, IV Food, V Manners, VI Language, VII Dress, VIII Marriage, *Blackwood's Edinburgh Magazine*（以下 *Blackw.* と略す）, Vol.110, pp.622-637, 739-753 (Nov., Dec. 1871), Vol.111, pp.30-46, 121-139, 441-457, 519-538 (Jan., Feb., Apr., May, 1872), Vol.112, pp.154-169 (Aug., 1972), Vol.114, pp.23-38 (July, 1873).

（15）BP MS.4294, f.138: Marshall to Blackwood, 18 July, 1872.

（16）同上、f.146: Marshall to Blackwood, 11 Aug., 1872.

（17）同上。

（18）〔Marshall〕'Japan,' *Blackw.*, Vol.112, pp.369-388 (Sept., 1872).

（19）同上。pp.379-379.

(20) BP MS. 4294, ff. 158-159: Marshall to Blackwood, 22 Aug., 1872; BP Acc. 5653, D8, pp. 184-185: Blackwood to Delane, 26 Aug., 1872.
(21) 〔William George Aston〕'Japan,' *Macmillan's Magazine*, Vol. 26, pp. 493-498 (Oct., 1872).
(22) The British Library, Addit. MSS. 55392 (Macmillan Archives), f. 936: Alexander Macmillan to George Grove, 14 Sept., 1872.
(23) BP MS. 4308, ff. 131-133: Marshall to Blackwood, 21 Sept., 1873.
(24) 〔Marshall〕'International Vanities. No. II - Forms,' *Blackw.*, Vol. 115, pp. 65-66 (Jan., 1874).
(25) BP MS. 4308, ff. 132-133: Marshall to Blackwood, 21 Sept., 1873.
(26) 〔Marshall〕'International Vanities', *Blackw.*, Vol. 114, pp. 667-685 (Dec., 1873), Vol. 115, pp. 55-74, 172-193, 486-503, 607-625, (Jan., Feb., Apr., May, 1873), Vol. 116, pp. 346-364, 450-466, 723-740 (Sept., Oct., Dec., 1874).
(27) 〔Marshall〕'International Vanities. No. I - Ceremonial,' *Blackw.*, Vol. 114, pp. 667-668.
(28) 同上。p. 677.
(29) 〔Marshall〕'International Vanities. No. II - Forms,' *Blackw.*, Vol. 115, pp. 56-57.
(30) 同上、pp. 59-60.
(31) 同上、p. 62.
(32) 〔Marshall〕'International Vanities. No. III - Titles,' *Blackw.*, Vol. 115, pp. 175, 180-182, 192.
(33) 〔Marshall〕'International Vanities. No. IV - Decorations,' *Blackw.*, Vol. 115, p. 498.
(34) 〔Marshall〕'International Vanities. No. V - Emblems,' *Blackw.*, Vol. 115, pp. 607-609.
(35) 〔Marshall〕'International Vanities. No. VI - Diplomatic Privileges,' *Blackw.*, Vol. 116, pp. 346-347.
(36) 〔Marshall〕'International Vanities. No. VII - Alien Laws,' *Blackw.*, Vol. 116, pp. 450-453.
(37) BP MS. 4322, f. 171: Marshall to Blackwood, 4 June, 1874.
(38) BP Acc. 5643, D8, p. 422: Blackwood to Marshall, 17 Feb., 1874.
(39) BP MS. 4322, f. 147: Marshall to Blackwood, 19 Feb., 1874.
(40) Frederick 〔sic〕 Marshall, 'Justice Abroad,' *The Fortnightly Review*, Vol. 16,

new series, pp. 133-145 (July, 1874).
(41) BP Acc. 5644, F6 (Blackwood Publication Ledger: 1873-1881), p.299.
(42) BP MS. 4336, f. 57: Marshall to Blackwood, 16 June, 1875.
(43) ブラックウッド社からの在庫売却部数は540部。前掲注(41)。
(44) BP MS. 4322, f. 207: Marshall to Blackwood, 11 Oct., 1874.
(45) 同上, f. 213: Marshall to Blackwood, 26 Oct., 1874.
(46) 同上, f. 230: Marshall to Blackwood, 9 Dec., 1874.
(47) 『雇傭雑件』の綴りには、1891年6月6日にマーシャルがパリの臨時代理公使大山綱介に宛てた書簡があり、その住所は、ブライトン駅から約500メートル西の28 St. Michael's Placeとなっている。一家はその後さらに1キロ半ほど西方の Tisbury Road に移ったのであろう。英仏海峡を見おろすこの広い通りには、往時の面影を残す住宅が今も並んでいるが、19番地は、新市庁舎の構内にとりこまれ、跡をとどめない。1989年秋、当時のサセックス大学学長 Sir Leslie Fielding ならびに同大学事務局長 Dr. Geoffrey Lockwood に、この地番の古写真を博捜して頂いた。結果は、同大学図書館、サセックス公文書館、地元新聞社、市役所関連施設のいずれからも「発見できず」、とのことであったが、記して深甚の謝意を表したい。
(48) この起案書面の数箇の朱印の同定と相互関係の解釈については、外交資料館の熊本史雄氏の御協力と御教示を得た。記して謝意を表したい。
(49) 前掲注(41)、ブラックウッド社出版台帳、BP Acc. 5644, F6, pp. 414, 480.

あ と が き

　本書の表題にも入っている鮫島尚信については、伝記と呼べるものはもちろんのこと、近代史における彼の役割を検証する研究も、これまでなかった。鮫島の駐仏外交官時代における外交書簡類の写しがまとまって見つかったことで、そのような研究の端緒が、ようやく開かれた。1994年10月13日付の『朝日新聞』西部版夕刊は、この通信記録の発見について、「開国直後の日本が見える」という見出しで大きく報じた。近代日本外交の草創期の実態を知るきっかけが得られたことに、ジャーナリズムも積極的な評価を与えた。その声に触発されたわけではないが、間接的には研究の組織化推進の発条（バネ）となったことは確かである。

　鹿児島純心女子大学が本記録の購入を決定したのが同年9月、購入と同時に研究会結成への動きが始まった。当初、日本国内のいくつかの機関でも購入が検討されたようであるが、最終的には、鮫島の故郷である鹿児島の研究機関の所有に帰することとなった。

　「鮫島文書研究会」と名づけた組織が発足したのは、1994年11月であった。これに加わったのは、専門領域は異なるが、いずれも日欧間の文化交流に関心を抱いてきた研究者であった。そして、書簡の解読と分析の作業が本格化したのは、文部省科学研究費補助金交付の内定通知を受けた95年10月からであった。交付決定時の研究会の構成は次の通りである。なお、括弧内に現在の所属を付記しておく。

　　犬塚孝明・荒井聰子・三間晶生（以上、鹿児島純心女子大学）、望月通子（関西大学）、福山孝子（鹿児島純心女子短期大学）、松田　清・横山俊夫（以上、京都大学）、光永雅明（神戸市外国語大学）、中林隆明（東洋英和女学院大学）

　当初2年間の共同作業における、翻刻・翻訳作業分担は以下の通りで

ある。
（1）英文書簡翻刻・翻訳
　荒井聰子・望月通子・光永雅明
（2）仏文書簡翻刻・翻訳
　福山孝子・三間晶生・松田　清・横山俊夫・中林隆明
　その後、次の作業を京都で続行した。
（1）全英文書簡99通の翻刻補正ならびに翻訳文の校訂・改訳　横山俊夫
（2）全仏文書簡343通の翻刻補正ならびに翻訳文の校訂・改訳　松田　清
（3）全書簡の翻刻・翻訳の補訂・索引作成　松田　清・横山俊夫

　日本の近代化とは何であったか、19世紀とはいかなる時代であったか——このような問いをもつ研究者が、本書をひもとかれんことを。というのは、本書簡の内容は、外交・政治・経済・教育・軍事はもとより、広く文化にかかわるじつに多様な分野にまたがるからである。国内・国外を問わず、多方面で利用されることにより、本書簡の価値はさらに発見され続けると思われる。

　本書が出来上がるまでには、多くの方々の恩恵に浴した。鮫島尚信の弟武之助氏の令孫にあたられる鮫島武之氏には、貴重な資料や写真を提供して頂いたばかりでなく、尚信にまつわる興味深いお話しを伺うことができた。フランス外務省外交文書館文書室の歴史部長モニク・コンスタン女史は、犬塚の疑問に対して御専門の立場から丁寧に答えられたばかりか、鮫島の信任状の写しその他貴重な文書類をお送り頂いた。深く感謝申し上げる。また、鮫島の珍しい写真の掲載を御許可頂いた石黒コレクション保存会会長の石黒敬章氏にも、厚く御礼申し上げたい。

　さらに、ヨーロッパでの犬塚の調査にあたって、英国で御協力頂いたロンドン大学東洋アフリカ研究院講師(当時)のアンドリュー・コビング博士、フランスで御協力頂いた元パリ第四大学留学生の浦　留美氏の名を逸するわけにはいかない。また、解読にあたっては、京都大学人文科学研究所横山研究

室に滞在された次の方々から、折々の御教示をうけたことを、謝意とともに記しておきたい。すなわち、オックスフォード大学クイーンズ学寮フェローのフィリップ・ハリス博士、ベルリン＝フンボルト大学教授クラウス・クラハト博士、フランス極東学院主任研究員アン・ブッシュ博士である。さらに、銀行取引にかかわる書簡の翻訳については、京都大学人文科学研究所の山本有造教授の御協力を得たことも、何よりであった。また、京都大学人間・環境学研究科の三谷恵子助教授には人名・地名の発音につきご教示を受けた。なお、犬塚および横山が解説執筆にあたって受けた諸方面からの御支援については、それぞれの文中または後注に記した通りである。さらに、翻刻整理を手伝って頂いた鹿児島純心女子大学国際言語文化学部助手(当時)の幸野祐子氏や助手室の方々にもお礼申し上げたい。

また、本書刊行にあたって、国立国会図書館・国立公文書館・外務省外交史料館・在仏日本大使館・フランス外務省外交文書館・英国公文書館・東京大学史料編纂所・東京大学教養学部美術博物館・京都大学人文科学研究所図書室・鹿児島県歴史資料センター黎明館等の諸機関から御協力ならびに御高配を賜った。順不同ながら、記して感謝申し上げたい。

本書は、平成7年度・同8年度文部省科学研究費補助金基盤研究「『鮫島尚信在欧書簡集』の解読を中心とする近代日本外交形成過程の実証的研究(代表：犬塚孝明)」の成果であり、文部省科学研究費補助金「研究成果公開促進費」の交付を受けて刊行するものである。

諸般の事情により刊行が大幅に遅延したことを関係各位に深くお詫び申しあげます。また、当今の厳しい事情にもかかわらず出版を引き受けて下さった思文閣出版に対し、遅滞を重ねた翻刻・翻訳作業を忍耐強く待たれた編集ご担当の林秀樹編集長に心より感謝申し上げます。

2002年2月

鮫島文書研究会

◆責任編集◆

松田　清（まつだ　きよし）
1947年生．名古屋大学文学部卒．京都大学人文科学研究所助手・高知大学人文学部助教授を経て現在，京都大学総合人間学部教授．
著書に『洋学の書誌的研究』（臨川書店），編著に『国際日本文化研究センター所蔵日本関係欧文図書目録—1900年以前刊行分—』（国際日本文化研究センター），論文に「石川大浪筆『西洋婦人図』の源流」（『大和文華』第105号），'The reception and spread of Dodonæus' Cruydt-Boeck in Japan.' *Dodonæus in Japan*, ed. by W. F. Vande Walle, Leuven University Press）など．

横山俊夫（よこやま　としお）
1947年生．京都大学法学部卒．同大学院修士課程・京都大学人文科学研究所助手を経て現在，同人文科学研究所教授．オックスフォード大学哲学博士．国際高等研究所学術参与．
著書に*Japan in the Victorian Mind*(Macmillan)，共著に『日用百科型節用集の使われ方』(京都大学人文科学研究所)，編著に『視覚の一九世紀—人間・技術・文明』(思文閣出版)，『貝原益軒—天地和楽の文明学』(平凡社)，共編著に『二十一世紀の花鳥風月』(中央公論社)，『安定社会の総合研究』7冊(京都ゼミナールハウス)など．

さめしまなおのぶざいおうがいこうしょかんろく
鮫島尚信在欧外交書簡録

2002（平成14）年2月25日　発行

定価：本体12,800円（税別）

編　者　鮫島文書研究会
発行者　田中周二
発行所　株式会社思文閣出版
　　　　606-8203 京都市左京区田中関田町2-7
　　　　電話 075-751-1781（代表）

印　刷　同朋舎
製　本　大日本製本紙工

©Printed in Japan　　ISBN4-7842-0962-X C3021